沈克勤編著

孫立人傳

上冊

臺灣學生書局印行

謹獻與

全國對日抗戰的將士們

悲劇英雄全傳

彭歌

歷史學者常常說，每一個時代，有每一個時代的人物。

每一個悲劇時代，有屬於那個時代的悲劇英雄人物。古希臘悲劇中顯示，悲劇的形成並非單純的善惡的對比，冥冥之中，似有命運的因素。孫立人將軍可為一例。

旅居金山灣區的沈克勤，早年追隨孫將軍在台灣練兵，在公務上是深受倚重的助手，在私誼上親若家人，所以對孫將軍的畢生遭際，有深刻的理解，沈先生自外交界退休之後，花費七年時間，完成了《孫立人傳》全書上下兩冊，一千零九十五頁。這是到目前為止中外文上百種書刊裡，有關孫立人最完整而生動的傳記。作者對孫將軍性格的刻劃和心境的分析，皆有獨到之處，為同類著作所不及。我們看到的有關孫案的著述，有的是以「明冤白謗」為名，藉題發揮，抨擊蔣公與國府，動機有失純正，難求事理之平允。

沈先生這本書，排比事實，週詳細密；就事論事，讓事實經過來表達真相，由讀者自行尋求結論。上冊從孫將軍的家世、在國內外求學的經過、初入軍旅，以至抗戰時奉派遠征緬甸。仁安羌大捷一役，以寡敵眾，勇救被圍英軍，名震中外。更由於反攻緬甸贏得國際間的讚譽，在西方各國軍政圈中，視孫立人為東方的新將星。

下冊則寫到奉命來台練兵，總綰陸軍兵符以至涉及郭廷亮案的經過。所謂孫案是中外注目的大事。有關審判、處分以及各方的反應，當時因大環境關係，局外所知不詳，現在將有關公私資料陳示，可知「兵變」之說不實。不過，孫之歷遭挫折，他自己的性格要負相當責任。世間每謂黃埔和保定系統的將領排斥他這留美的新軍人，書中提到孫與黃杰、戴笠、杜聿明、周至柔，以至陳誠等人相處不諧的情況（他曾公開指斥杜的才能只夠當排長），所謂冰凍三尺，非一日之寒。孫立人對蔣公忠誠無二，可表天日；但美方的謀臣策士，在一九四〇年代末期確曾有過「以孫代蔣」的構想。書中關於這些經過講得很清楚。孫立人有些言行過分坦率，被人視為恃寵而驕，甚至功高震主；後來幽囚三十餘年，長才未展，不僅是他個人的不幸，也是國家的損失。

全案今已大白，孫將軍晚年得到了平反的結果。若干涉案者的下落，本書也有交代。作者總結全書說，孫立人一生追求的目標，在推行國軍現代化，強兵強國。「孫將軍的英雄悲劇，就是苦難中的中華民族的縮影，也是中國現代化進程的歷史寫照」。所以，作者將此書獻給「全國對日抗戰的將士們」，千秋萬世，英烈永昭。

自序

我生長在日軍侵華年代，對於執干戈以衛社稷的中華將士，無不崇敬。孫立人是抗戰名將，普遍受到當時青年們的仰慕。

民國三十六年夏，我步出校門，時逢中原戰亂，乃投效鳳山新軍，初任「精忠報記者」，孫將軍成為我採訪的主要對象，每天紀錄他的言行，對他開始有了些新的認識。

三十九年三月十七日，孫將軍榮膺陸軍總司令，調我為隨從秘書，每日隨侍左右，親炙謦欬，同食共居，形影不離，風雨無間，歷經其總司令任期近四年，因而對其立身行事，以至其家人師友，多所認識。

四十四年夏秋之間，「孫案」突然發生，軍中及社會上，散播著各種流言耳語，嗣經政府公佈調查報告，以莫須有罪嫌，將其交國防部察考。自是被幽居台中三十三年，迄至七十七年，台灣翻案風起，孫將軍雖獲得自由，但多年來冤獄案情，疑雲密佈，迄未全消。

七十九年十一月十九日，孫將軍逝世，我隨侍在側，親視含殮，並為其料理喪事。目睹老兵，跪地哭泣祭拜，哀痛如喪考妣。孫將軍視官兵如子弟，部眾亦視其為父兄，生死之間，真情乃見。

八十一年冬，我將各方致送的弔唁函電、輓聯詩辭、以及國內外報章雜誌的報導評論，搜集整理，並向孫將軍的親友故舊，徵集紀念文稿，編印「孫立人將軍永思錄」一冊問世，同時編印孫立人將軍「緬甸作戰實錄」及「鳳山練軍實錄」二書出版，以紀念其生平事蹟與抗日保台的功勛。

八十四年初，我移居舊金山郊區，常往史丹福大學胡佛研究所圖書館，搜求翻閱美國及大陸出版有關孫將軍生平事蹟的官方文書及私家著述，並遍訪其海內外親友，就各方面所提供的寶貴資料，詳加整理編寫，彙集成冊。

八十五年夏返台，承中央研究院院士張玉法、現代史研究所所長陳三井及研究員朱浤源教授的特許，讓我充分利用該所多年搜集訪談孫將軍及其舊部的珍貴紀錄檔案及資料。我如同到了寶山，埋首研讀四個多月，尚未能窺其全豹。對於該所秉持的公正客觀的立場，及其向歷史負責的態度，衷心敬佩及感激。

孫將軍生於二十世紀初（一九〇〇），去世於本世紀末（一九九〇），其一生奮鬥所追求的目標，在於建立國軍現代化，強兵強國，與這一代中國人所追求的民族自由國家富強同一歷程。孫將軍的英雄悲劇，就是苦難中的中華民族的縮影，也是中國現代化進程的歷史寫照。

我就親身所見所聞，以及多年搜集訪談所得的材料，平實記述其家世背景、求學歷程、師友交往、為人處世、性格志趣、思想言行、練兵作戰、遭誣受謗，及其在困阨中強忍苦撐，不粉飾、不妄評、和盤托出，並儘量抄錄當事人親身經歷的記述，以存真實，且有臨場感，讓讀者從中瞭解孫將軍一生奮鬥的心路歷程，及其是非功過，和這一代中國人所受的艱辛苦難，並供後世史家評鑑。

深感學疏識淺，本不敢為此鉅構，承蒙老長官張佛千先生多方鼓勵教導，乃經七年多不眠不休之構思編撰，方勉力完成。復獲好友雲鎮、雷飛龍、馬全忠、石遠謀、鄭繼孟諸兄校正全書文稿。學生書局丁文治、鮑家驊、孫善治諸友為本書編排校印，費盡心力。其外學者專家及軍中袍澤提供寶貴意見及有關資料圖片，增光篇幅，惟不克一一道及，併此誌謝。

竊思當世人記述當世事，不免主觀偏見，錯誤疏失，更所難免，尚望維護史實人士，不吝賜教匡正，以還歷史的真實面目。

沈克勤　八十六年十一月八日於矽谷蝸居

再版贅言

《孫立人傳》出版之後，得到海內外讀者熱烈迴響，專家學者紛紛著文評介，其中名作家彭歌先生曾在美國世界日報發表〈悲劇英雄全傳〉一文，簡介全書，我選為再版序。他繼在台北歷史月刊撰寫〈悲劇時代　悲劇英雄〉一文，評述孫立人的風範與事功，持論公允，我將其附錄在本書之後，以供鑑賞。名報人馬全忠先生在美國星島日報評論〈孫立人、曾國藩、岳飛〉一文，我將其附錄在美國維吉尼亞軍校展示三位校友第二次世界大戰英雄〈巴頓、馬歇爾、孫立人〉史蹟一文之後，彰顯孫立人在歷史上的地位，已獲得世人的肯定。

中史研究院近代史研究所研究員朱浤源博士盡畢生心力，研究「孫案」真相，走訪海內外有關人員，查閱中美日官方檔案，接受中華民國監察院之委託，寫成孫案調查研究報告，送請監察院審查。監察院於民國九十一年一月八日經全院委員審查會議決，判定「孫案」是冤案，郭廷亮並非匪諜。我據以撰寫〈遲來的正義〉一文，列在本書第二十八章〈翻案〉之後，以還給孫將軍及其受冤部屬的清白。

我曾接到海內外許多熱心讀者來信，指正書中錯失，均於再版中一一更正，併此致謝。

沈克勤　九十四年三月二十八日於舊金山南灣

孫立人傳　目錄

上冊

第九章　反攻緬甸

下冊

第一章　童年歲月

一、誕　生

清朝光緒二十六年（一九〇〇），庚子十月十七日（西曆十二月八日）子時，孫立人於安徽省廬江縣西北鄉金牛鎮誕生。這是一個寒冷的冬天，午夜人們都已熟睡，祇有孫家燈火通明。他的父親孫熙澤先生沐浴齋戒，穿着長袍馬褂，在堂屋中祖宗神龕前焚香，祭告祖先：孫家又添一男丁。

孫家世代書香，田連阡陌，生活富裕。孫家二房降生麟兒，遠親近鄰，紛紛前來道賀，家裡確實熱鬧一陣子，一直忙到嬰兒滿月，吃完滿月酒。

金牛鎮位於廬江與舒城兩縣交界處，金牛山南側。孫府座落金牛之南，鄉人習稱山南，是一個景色秀麗的農村。濱臨巢湖，魚米豐富。

孫家兄弟三人，大房孫浤澤，光緒三年（一八七七）進士，曾任台灣虎尾海關監督。二房孫熙澤，光緒二十年（一八九四）舉人。三房孫春澤，前清秀才。一門科第，鄉里稱羨。

孫熙澤二十一歲，與他的舅父定遠縣兩淮塩運判方侯立長女結婚，生三男三女，長子同人，次子立人，三子衡人。立人出生後，身體孱弱多病，終日哭鬧，幸賴他的母親細心照顧，直到五歲時，才能站立走路。

立人的母親，性情溫和仁厚，在隣里鄉族間，從不與人爭執。婆婆病了，她在病榻前侍奉湯葯數十夜不眠不休。她對待家中傭工，寬厚有恩，向不苛責。家中事情，無分鉅細，她都自己一身承擔。尤其是哺育陸續出生六個小兒女，以致積勞生病。在立人五歲時，她竟一病不起，享年僅三十八歲。❶

他的母親過世之後，父親續絃。後母清癯怕冷，老是穿著厚重的衣服，對小兒女們照顧週到。立人小時侯，性情馴順，沉默寡言，安靜如同女孩子。後母特別憐愛他，有時竟將他妝扮成「小女孩」，梳着一個小辮子，甚至在他臉上還擦抹些脂粉。當時他的父親也很疼愛他，時時擔心他的身體，常常對人說：「老二（指立人）將來最好學醫，因為醫生既可以救人，也會照顧自己。」❷

註　釋：

❶《龍舒孫氏宗譜》卷十〈孫熙澤記亡妻方夫人事略〉，台北學生書局重印。

❷《孫立人將軍鳳山練軍實錄》內載〈統馭學〉，台北學生書局。

二、龍舒孫家

據「龍舒孫氏宗譜」記載：孫氏始祖是春秋時代齊國大將陳書，他因伐莒有功，齊景公賜他姓孫，並將齊國「樂安」這地方，封給他作爲采邑，由他收租稅，稱爲「食邑」。書的兒子孫憑，亦在齊國做官。孫憑之子名武，投奔於吳國，呈獻他所著的兵法。吳王闔廬要觀其練兵之道，乃以宮女作試驗，以吳王兩愛姬爲左右隊長，因爲玩忽命令，孫武下令斬之，於是頓成節制之師。從此闔廬知道孫武會用兵，任命他爲吳國大將，率領一支勁旅，打敗西面強大的楚國，攻入楚國郢都，在北方的齊晉兩國都受到很大的威脅。孫武是中國歷史上第一位傑出的軍事學家，他的兵法十三篇，世稱「孫子兵法」，是今天全世界所公認的最好的一部兵書。❶

孫武死後百餘年，他的後代孫臏，與龐涓兩人同學兵法於鬼谷子，但是龐涓妒忌孫臏的才能。後來龐涓出任魏惠王的將軍，他認爲自己的才能不及孫臏，構陷孫臏罪狀，斬斷孫臏雙足，所幸得到齊國使臣淳于髡救回齊國，齊國大將田忌待以上賓之禮。後來魏國伐趙，趙國危急，請求齊國派兵救援。齊威王乃派田忌爲大將，孫臏任軍師，田忌計劃率軍趕往趙國，孫臏坐在輜重車中獻策，認爲魏國盡出精銳部隊攻打趙國，國內一定空虛，不如圍魏救趙，田忌依從他的計策，大敗魏軍。

後來魏趙聯軍攻打韓國，韓國乃向齊國求救，齊王派田忌率兵前往，直攻魏國首都大梁。魏國大將龐涓得到消息後，立即回師離開韓國救魏。孫臏預先在馬陵道兩側埋下伏兵，天黑龐涓率軍到達馬陵，見大樹上寫道：「龐涓死於此樹之下」。一時夾道的齊國伏兵，萬箭齊發，魏軍大亂，相互殘殺。龐涓自知兵敗，無力挽救，乃自刎而死。孫臏乘勝追擊，將龐涓帶領的軍隊完全消滅。這個神奇用兵的故事，就是中國民間傳說的「孫龐鬥法」。

到了唐朝懿宗咸通五年（八六四），南詔（今之滇緬邊區）叛亂。朝廷派孫氏四十代後裔孫萬登爲金吾上將軍，統率大軍前往征討，連連得勝。正準備進軍大理，犁庭掃穴。這時唐朝滅亡，孤軍無援，不能征討亂賊。孫萬登乃率領親信官兵數百人，回師屯兵於徽州休寧。一面駐防，一面從事農耕，披荊斬棘，闢荒耕耘，名爲「唐田」，以示不忘唐朝故君，後世尊稱他爲「忠義孫公」。

清朝雍正初葉，孫氏遷徽後第三十三代孫正仁，原爲清朝貢生，後來經商來到三河鎮。三河鎮位於廬江、合肥、舒域三縣交界處，瀕臨巢湖西岸，四通八達，是一水陸碼頭。孫正仁愛這裡山水秀麗，乃舉家遷居到這裡，棄儒爲商，經營布業。他做生意，講信用重誠實，二十年辛勤經營，成爲百萬富翁。於是廣置田地，後代接續發展，孫家產業乃益加富饒。自三河鎮步行到舒城縣城，凡六十里，腳不踐踏外姓人家的土地，沿途都是孫家田產，當時孫家的財富可以想見。落籍舒城這一支孫氏子孫，漸漸繁衍成爲大族。舒城在漢代稱爲龍舒縣，所以世稱「龍舒孫氏」。❷

清朝咸豐三年（一八五三），太平天國洪楊之亂，三河遭受戰火洗刼，孫家產業完全燬滅，家人避亂，四方流散。立人祖父孫炳焱隻身避亂到浙江。同治初年，長江以北各縣收復，才取道回到故里。三河舊居的房屋已蕩然無存，他在廬江縣西北鄉金牛山南的佃庄上，建築房屋一排數間居住。炳焱公生平持家過日，節儉勤勞，由是家庭生計一年比一年富裕。他的元配周孺人，生長子浤澤。繼配方孺人，生次子熙澤（立人父親），三子春澤。炳焱公對子女管教甚嚴，重金延請名師在家課讀，後來兄弟三人均中功名，蜚聲庠序。

孫氏子孫，都以世代「忠義傳家」爲榮，並以「族無怨（違）法之男」爲傲。孫立人也常在人們面前說：「我們姓孫家族的人，在歷史上沒有壞人。」從這句話可以看出，他是一位受家族傳統影響很深的人。他對於家族的人，對於家族中子孫親戚，祇要肯上進讀書，他無不盡力幫助，可是對於不肖的家人親屬，他絕不假以顏色，總是嚴詞苛責，不稍寬貸。在他一生中，這一類事例很多，與他有親戚關係的人跟他做事，很少有不敬畏他的。倘有不法舞弊的親屬被他發現，他一定要從重處罰。這完全是出自他對家人的愛護，希望他們做事不要犯錯，在社會上做個有用的人。

註釋：

❶ 司馬遷《史記》卷六十五〈孫子列傳第五〉。

❷ 孫新俊撰〈孫立人先生的家世〉，載於《孫立人將軍永思錄》第五頁，台北學生書局。

三、童年故事

孫家老宅，是孫立人祖父孫炳炎在金牛鎮營建的，房屋院子不大，是徽州老式屋「天井」型，在「天井」庭院中種有一棵名貴的桂花，已經有三四十年了，老幹虬枝，益發顯得蒼勁可愛。大門前有兩棵皂角樹，也長得枝葉茂盛，兒童們常在樹蔭下追逐嬉戲。

孫立人的童年歲月，就在這個老宅裡度過的。每逢秋天桂花盛開的季節，他們兄弟姊妹和隣家男女孩子們，總是爭先恐後地去拾散落滿地的桂花。因爲馥郁的桂花可以醃桂花糖，薰茶葉，所以大人們叫小孩們拾桂花，拾了一包桂花，可以得到點糖果的犒賞。

當着六七月間的暑天，是中國大陸中部天氣最熱的季節。每天黃昏時，農人從田裡工作回來，晚飯吃過了，澡也洗好了，大家自由自在的圍攏坐到「揚基」（晒谷場）上納涼，一天的疲勞，都被涼爽的晚風吹走，孩子們三三兩兩蹲在身邊，磨著大人們講故事。孫立人孩童時最熟悉而又最愛聽的故事，莫過於孫家老宅附近金牛山的神話了。

據傳：在古老時候，有兩句童謠：「金牛金耙，埋在金牛山下，誰人得到，可買天下。」就是指着金牛山裡邊，神人曾豢養一隻金牛以及耕田用的金耙，埋藏在金牛山下，金牛山旁另有一打鼓山（平頂狀似鼓因而得名）與金牛山齊高。當曹操領兵下江南時，路過廬江，曾調動無數大兵，在山的四週，遍山遍野的挖掘金牛，已經掘到地底，快要看到牛頭時，土地老爺着急了，便變做一個老年的伙夫，敲擊打鼓山發出咚咚鼓聲，士兵聞鼓聲紛紛奔往吃飯，大夥散開，他便牽起金牛溜走了。向東北走到三河鎮附近一條河邊，喚渡船過河，船將抵岸，船夫要渡錢。老人說：「沒有錢，我叫牛拉泡屎給你好了。」言畢，牛果在船上拉下一堆屎，下船而去。船夫帶着憤怒，用掃帚將糞掃下河流，快要清除完了，才發現掃帚上面沾着的是黃澄澄金屑子，懊惱不已，老人和牛已經杳無踪影了。從此那條河的俗名叫做「牛屎河」，金牛山只剩下一個金耙深深的埋在地下。又傳出一個預言說：「祇有將來一對生鬍鬚的太太和她懷孕的丈夫來了，才有福分，得着這個寶貝。」

每次聽了這個神話，許多小眼睛張大着問道：「這對夫妻什麼時候來呀？」在孫立人小小的心田裡，也藏下了這個神奇的謎。同時，他對那座金牛山，更覺得十分神秘。

還有一則有關他父親孫熙澤出生的故事，也是家人時常喜歡談笑的話題。孫熙澤在記述他嗣母石太夫人事略一文中，有以下一段記載：

初（石）太夫人與本（親）生母方太夫人同居屋三楹，方太夫人居東間，（石）太夫人居西間，中爲堂，堂兩壁，實以土塊，而梁以上空焉。同治戊辰（一八六八年）除夕之夜，方太夫人偃臥，夢開鏡自照，一金色蛇盤鏡匣中，方頭怒目，長可二尺許。方太夫人素畏蛇，急呼婢，婢來，拔頭上簪擊之，蛇聳身跳梁上，竄入堂西間。（石）太夫人是夜亦夢有蛇自方太夫人東房來，直入其被而臥。又夢胡孝廉崑山先生立堂中，呼贈桂花一枝，異香撲鼻。崑山先生者，（石）太夫人母家嫂氏父也，係內親。又爲本（親）生先考受業師，常來往家中，故識焉。次早，己巳（一八六九年）元旦，家人相聚賀年畢，（石）太夫人跪而言曰：「今年三嫂（指立人祖母）生子，當嗣我。」本（親）生先考（孫炳焱）躊躇至再。曰：「伯兄、仲兄、季弟皆無子，長兒浤澤，已爲伯兄後，以次論，再生子，當嗣仲兄，然弟妹苦節，亦可先祧季弟也」。方太夫人在側笑曰：「毫無朕兆，娣娣亦太早計，即生男女不可知。」（石）太夫人曰：「女亦嗣我。」得請，乃起。後各言夢蛇之形狀來去路徑皆合，驚以爲奇。蓋本年太歲在己巳，蛇屬，又得贈折桂，（石）太夫人以爲或男子之祥也，故預爲請。是冬十二月，熙澤生，（石）太夫人大喜，甫墮地，即抱去，令乳母乳之，而自與乳母同床睡焉。熙澤好夜啼，雖嚴寒，常披衣起，抱熙澤循床而走，盛暑則終夜以扇徐扇之，不令有微汗，不隨他人乘涼也。每隨熙澤啼笑爲憂喜，頃刻不見，則若有所失，愛熙澤過於己出，方太夫人常笑爲迂。❶

孫立人童年，最愛聽這些神奇古怪的傳說和故事，心中充滿了疑問，但又得不到解答，祇有留待以後自己去探索了。

註　釋：

❶《龍舒孫氏宗譜》卷十，藝文上〈石太夫人事略〉，台北學生書局重印。

孫立人將軍年輕時與父親孫熙澤公合影

四、家塾啓蒙

龍舒孫家，最重視子孫教育。各家莫不延師課讀，子孫成就，雖有不同，然無人不讀書，人人均能執筆爲文，里稱書香門第。

咸豐三年（一八五三），太平軍亂，孫炳焱（立人祖父）年方弱冠，往浙江避亂，「別無行具，惟身負雨蓋及小學之書而已。每宿之夕，必展讀。同行有所識者，笑其迂，而嘲之曰：「今此亡命之不暇，孫君猶負書行誦，眞可謂造次顚沛必於是者矣」。公認爲勉己也，起敬曰：「謹受教」。行程數月，未嘗釋卷。同治年（一八六四）初，亂平。孫炳焱回歸故里，重整家業，即不惜以重金，年奉束修一百二十串，延請名師黃繼純，設館於家，督教子孫。❶

孫熙澤（立人父親）在記述「先妣方太夫人事略」中有以下兩段記載，可見孫家延師課讀子孫甚嚴：

孫炳焱府君沒，負喪債數千金，家益窘，有弔者指熙澤而言曰：『若父過重讀書，不顧生計，一旦死，若輩不將乞食無路耶！』先妣（立人祖母）聞之，淚涔涔滴，然仍守先府君遺訓，以歲入之半，延名師，課不孝等，無吝惜。憶師有友來過訪，先妣飭老僕夏某，赴市賒酒肉，供午膳，日晡空手回。問之，則曰：『舉市無應者。』老僕泣，先妣亦泣。

熙澤少好玩弄，見燃燈，輒昏睡，館師屢責不悛。先妣每夕立窗外，聞朗誦則喜，否則召至後室，切齒鞭撻之。逢年節假，必請館師留數十詩文題目，督熙澤作一藝，親緘小篋中，俟開學，呈館師，評優劣。❷

孫熙澤自身受過中國正統嚴格家塾教育，又接受新制學校教育，後來出任北京中華大學校長，成爲一位著名教育家。他對子女教育，自有其自己見解。他認爲新式學校，管教鬆懈，恐怕子女壞了根柢，所以先在家中，設家塾，聘請中英文老師，專教立人和他的弟弟衡人，先將中英文兩科基礎打好。後來孫立人自述他受的家塾嚴格教育情形如下：

我六歲入家塾，起居飲食，與先生在一起，都有一定的規矩。同時我的父親，管教極嚴，在子女幼時，即加管束。常對我們說『坐有坐樣，站有站樣』，絕不許隨便，尤其不准子女說謊罵人，如果犯了，就要撕破口，不至滴血不止。記得我與弟弟入塾啓蒙時，父親帶着我們進入書房，他先向孔子像行三跪九叩禮，又向先生深深一揖，將一根五寸見方的木戒尺，双手捧給先生，意思就是要請先生對於子弟要嚴格的管教，期望成人。那位先生教書很認眞，脾氣也很急躁。有一次，先生有事告假外出，交代好學生應讀的課卷。但先生出去以後，眞所謂『先生不在家，學生滿牆爬』。大家只顧玩耍，全不讀書。等到先生歸來，弟弟背書不出，一味左右搖擺，信口胡唸。先生動氣，拿着戒尺，照着我的弟弟頭上，一下打去，登時鮮血直冒，濺衝到壁上掛的地圖上，至今那張地圖我還保存着。當時先生一見我的弟弟滿頭是血，也似乎覺得很過意不去。而我的父親，從外面跑進來，連說『打得好，打得好。』向先生恭敬一揖，絕沒有責怪先生的意思。以父母愛子之心，見兒子被打得頭破血流，焉有不心痛的道理，只因爲老師這種打罵，目的純在於管教學生成人，所以不但不責怪先生，反而十分感謝。那時先生吃的東西，比我們家裡自己吃的要好，凡有甚麼好吃東西，總要先敬奉先生，究其緣故，就是希望先生對我們嚴加管教。❸

孫立人六歲啓蒙，就在家塾中跟宋執中老先生讀古書。從三字經、百家姓，千字文唸起，進而四書五經，唐詩三百首和古文觀止。每天早起唸先生教授的新書，午後習寫大小字，背誦唐詩，晚間溫習舊課。整天關在書房裡，無從發揮個性，所以他的性格顯得特別馴靜。偶然聽聽大人們講述三國演義的故事，或是偷看一點俠義小說，在他幼小的心靈裡，自然對家喻戶曉的鄉先賢輩，如英姿煥發的周瑜，和鐵面無私的包青天，都引起了他的仰慕與嚮往。

註　釋：

❶《龍舒孫氏宗譜》卷十〈孫公桃潭（炳焱字）傳〉。

❷《龍舒孫氏宗譜》卷十孫熙澤撰〈先妣方太夫人事略〉。

❸《孫立人將軍鳳山練軍實錄》內載〈統馭學〉，台灣學生書局。

五、一塊紅花石

孫熙澤（立人父親）先生於光緒甲午科（一八九四年）考中舉人，光緒三十二年（一九〇六）分發山東候補，委充藩署文案（今之民政廳科員）。宣統二年（一九一〇）由山東候補知縣，考取法官，以推檢任用。宣統三年（一九一一）正月，補山東濟南府商埠地方審判廳廳長，三月調烟台地方審判廳廳長，五月又調回濟南本任，九月署登州府知府，兼署登萊青膠道，並管理海關事務。民國元年（一九一二）三月升任山東全省審判廳丞，十月調任廳長，民國二年（一九一三）簡放山東登州府知府。❶

這時正是辛亥（一九一一年）革命前後，各地社會動亂，山東盜賊蠭起，人民不得安居，熙澤公將眷屬及子女携至山東濟南居住，後將家人安頓在青島，並安排立人兄弟進青島德文高等小學五、六年級唸書。這所學校是德國教會辦的，管教嚴格。

青島位於山東半島膠州灣東南岸，城市背山環海，風景優美，是一個有名的避暑勝地。海港廣濶水深，冬季不結冰，成爲一個優良的天然海港。自光緒二十四年（一八九八）被迫租給德國後，經德意志帝國大力經營，將青島建設成爲德國在遠東的海軍基地。德意志民族一向自視甚高，住在青島的德國人，更是盛氣凌人，從不把中國人看在眼裡。

孫立人隨家居住在青島的時候，年紀雖然還只有九歲，但他親身所受到德國人的欺侮，使他終生難忘，因而在他幼小的心靈裡，種下了一棵雪恥愛國的種苗，隨着歲月的飛逝，却在他心裡不斷滋長，影響了他一生。他時常講這段心路歷程：

我很小的時候，還只有九歲大，大約那是宣統元年（一九〇九）我當時住在青島，而青島當時，德國人的勢燄很大，把中國人看的連狗還不如。一個星期天早上，我到海邊去頑，那海邊有一種紅色透明的石子，一般人常撿了回去，養水仙花。那天，我尋得了一塊紅色的，很是好看，當然以小孩子的心境，眞歡喜的如獲至寶。不料旁邊有一德國小孩，他也在尋石子，見我得了一塊好看的，就向我要，我不肯，那德國小孩失望的哭了。接著來了一個德國大人，不問是非，就從我手中搶去那塊紅花石子，給與德國小孩，並打我一記耳光，牽著小孩揚長而去。當時我雖然年紀小，就已經深深感悟到中國太弱，中國人太受欺侮，我將來非爭氣不可。當時我挨了耳光，雖不敢告訴家裡父母，但我的心裡，就已經種下了決心學軍事，以期將來獻身國家，爲國家爭光榮爭地位的志願。一直到我長大了，由中學而大學而留學外國，這志願始終不變。❷

註釋：

❶《龍舒孫氏宗譜》卷六第三十七至三十九頁。

❷《孫立人將軍鳳山練軍實錄》內載〈統馭學〉，台灣學生書局。

第二章　求學歷程

一、清華學校

孫熙澤先生於民國三年（一九一四）轉任北京中華大學副校長，五年升任中華大學校長，在這期間，携家遷居北京順直門大街一棟四合院。

清華學校是美國政府於光緒三十四年（一九〇八）退還我國庚子（一九〇〇年）賠款，在北京清華園辦的留美預備學校，按照各省分攤賠款數額多寡考選各省初中學生，進校肄業八年，分中等科和高等科各四年，畢業後等於大學預科，送往美國各大學深造五年，爲中國培養各方面專業人才，學校聲名一時大噪。

孫立人進清華學校讀書的情形，據他自己回憶說：

光復了，我們全家就由青島到北平，那時候家兄（同人）已在北京大學唸書。在前清的時候，北京大學是京師大學堂。他那時候也算是很年輕，不到二十歲。我們在青島的時候，進的是高等小學，一到北平，沒有學校進，就在家裡唸私塾，請先生教唸國文、英文、算學。正好那時候清華招生，我們一個同鄉宋晌考進清華。清華那時招生是從中學開始，全國各省都有名額；因爲清華是用庚子賠款辦的，那一省出的錢多，那一省分配學生名額就多；那一省出的錢少，分配學生的名額就少，規定每個省籍的學生還要回到本省去應考。譬如說，四川出的錢多，它的學生名額就多，大概有十幾位。安徽省有五名，比較少。當時我們也不知道清華是怎麼一回事，聽宋說清華很好，我就預備第二年回安徽安慶去應考。第二年，我跟我弟弟(衡人)兩個人去應考，同時參加考試的大約有上千人，我考正取第一，我弟弟考備取第一，我就是這樣進清華的。

記得上學的那天，父親帶我去見周校長詒春寄梅先生，父親對校長說：『我這兒子交給校長，請校長看作自己的兒女一樣，嚴加管教。』寄梅先生對我父親說：『你放心，我絕不會對他客氣。』那時候，周先生一直把我當自己的孩子看待。當時清華學校有一個齋務主任，姓陳名筱田，外號陳胖子，對學生一切管理極嚴，學生入校後，照慣例要將所帶的錢，全部交存齋務主任，以後每週的零用，再向齋務主任去領取，化掉一個，都要記賬，註明用途，一筆一筆記得清清楚楚，如果查出口袋裡有錢，而不是由齋務主任處領取的，就要開除，這當然是教學生撙節零用。並且無論是吃飯、睡覺、上課、遊戲，齋務主任陳胖子都隨時察看，當時我們眞覺得陳胖子有分身法，一舉一動都被他看到了，眞是一步也不放鬆。我們每人有一學號，我的學號是一百七十一號，這學號確定後，無論坐位、寢室、食堂，以及衣服都記着一七一，陳胖子連姓名帶號碼，記得很清楚，有時晚上就寢後說話，陳胖子就在暗中查察發覺了就喊：『某某號，明天幾時來辦公室。』第二天一定要到辦公室去聽候訓斥，或者還會教你站着唸完一本論語，但是學生都敬謹遵從，絕沒有人反抗一句話。直到抗戰前一年，那是我留學回國已很久了，見着陳胖子，仍是照舊的畢恭畢敬，我自己也不知是爲了什麼，只覺得對他非如此恭敬不可，而他也仍舊可以直呼我是一百七十一號。由此可見只要先生愛惜學生，認眞管教學生，不欺騙學生，縱然非常嚴格，學生仍是恭敬先生，並且越是管得嚴的先生，學生長大後對他越恭敬。❶

當時清華學校管教學生雖然嚴格，但是與家塾相較已經輕鬆多了。孫立人從中國傳統教學生背誦古書的家塾裡，進入重視啓發美式自由教育的學校，感覺上像是關在籠中的小鳥，突然飛到大自然的天空，可以自由自在的任意高飛了。他的中英文根基，在家塾裡已經打得很好，學校裡的功課已經難不倒他了，他初進清華學校除了上課自修之外，就在操場上和同學們玩耍遊戲。因爲從小沒有運動基礎，身手沒有別人活潑，但他卻對運動感到濃厚的興趣。在他進清華第二學期中，一天下課，他和班上一位同學玩蹺蹺板，他們玩得正在興濃的時候，他騎在蹺板上空一端，而騎在蹺板地面的同學，聽到上課鈴聲響起，站起來就跑去上課，把他從高空摔了下來，他的輸尿管給砸破了。送進協和醫院，經醫師開刀縫好。住院幾天，傷口尚未癒合好，因爲學校期末大考來臨，必須回校參加大考，否則就要留級。他勉強出院回校參加考試，因爲傷口發炎，使他無法考完期考，只好再進醫院治療，這樣就在清華學校多讀了一年，一直到民國十二年（一九二三）才畢業。

孫立人受清華九年教育，培養成他向德、智、體、群四育方面的發展。他在晚年回憶他在清華所受的教育說：

> 所謂四育並進，我覺得是一個完美的教育。我們那時候唸書，就用功唸書，運動的時候，就專心運動，什麼都忘記了。同時在體育方面，不論是鍛鍊身體，還是培養群育，大家同學對學校的愛護，有說不出來的信心，同學之間，相互團結，好像有一種親切感。也許是大家在一起久了，像我在清華待了九年，我實在把清華當作我的家，我的老師就像是我的兄長，那種親切感，誰都說不出所以然來。例如周（寄梅）校長，後來抗戰時我在桂林、貴陽，還碰見過他。他在貴州做財政廳長，後來做農林部長，那時候見到，不要說了，比父子見面還來得親切。回想起來，他對我的愛護是出自至誠。

我們從孫立人對清華母校的深情摯愛，可以看出他在清華所受的教育，對他一生有深遠的影響。他常說：「一日清華人，一世清華人。」

註釋：

❶ 孫立人講〈統馭學〉載《孫立人將軍鳳山練軍實錄》。

二、籃壇飛將軍

清華學校開辦之初，採用美式教育，特別重視學生體育運動。每天下午四點下課，圖書館、寢室一律關門，學生都要到操場上做各項運動。像陳齋務主任到了四點多鐘，也穿着運動服親自到操場參加運動。那時候在中學教體育的老師馬約翰，他在北平很有名氣。他對孫立人特別賞識，說孫是一個模範運動員，因爲他具有運動員的美德和技術。由於教師的鼓勵，一到賽球的時候，全校師生都出來到操場看球賽，假使校隊要去校外賽球，大家也盡量出去觀看。由於學校大力推動體育，儘量分配學生的體育活動時間，蔚成全校學生愛好運動的風氣。

孫立人傷癒復學，雖然他的父親不贊成他再多參加體育運動。可是他說：「我因此對運動更感到興趣，競爭心強烈，好像是有什麼地方不如人都不行，所以星期六下午和星期日都照樣的在操場度過的。」

據孫立人自己說：「我在（清華）中學三年級的時候，就選上了足球校隊，一直到現在我還是很喜歡足球。我在中學時，喜歡看俠義小說，極富正義感，平時好爲人代抱不平，受到同學愛戴，竟在一年之中，被選爲學校足球、籃球、棒球、排球、手球五項球隊隊長。」

據盛發緒先生追憶當時孫立人率領清華足球隊與英國隊比賽的情形：

那時故都足球風氣頗盛，各國使館的駐軍多組有足球隊，彼此相互比賽，其中以英國隊最強。我國民間並無足球隊，大專院校才有此種組織，而以國立清華大學、國立北京師範大學、私立民國大學最負盛名。有時英軍足球隊也向上述三校隊挑戰。那時孫立人正在清華學校讀書，他天資聰敏，性情活潑，喜愛運動，不但學業成績優異，且爲清華足球隊隊長。當英軍足球隊向清華挑戰時，清華隊由孫立人隊長領軍，欣然應戰。比賽時間多排在星期天下午，地點即在東交民巷北面圍牆外，面對東長安街那一片廣場。中英足球隊比賽消息經報刊發表後，北京市民萬人空巷，尤以青年學生們最爲熱烈，群趨東長安街爲清華隊打氣助威。筆者年齡雖幼，但亦每次必到，做清華隊義務啦啦隊員。多次比賽結果互有勝負，但當清華隊獲勝時，觀眾鼓掌歡呼，如醉如狂，於是孫立人的大名，立刻成爲北京市民們的英雄人物。英隊有時也向師大、民大挑戰，最精彩的是清華、師大、民大三校聯合隊與英軍比賽，公推孫立人領隊，第一次即大敗英軍，觀眾除北京市民及學生外，竟有由天津、保定及北京附近各縣市趕來觀賞的，眞是盛況空前了。筆者憶及當時場面，猶似昨日般鮮明。❶

孫立人在清華籃球場上嶄露頭角的經過是：

在我四年級的時候，新來一位體育主任，叫做布來斯博士（Dr. Brace），他開始教籃球。當時我對籃球也有興趣，除了田徑外，球類我都有興趣，像籃球、足球、棒球，還有手球。那時候的手球和現在手球不一樣，是在屋子裡，頭、手都戴皮套打的。他選籃球的球員，不僅看現在的技術，還要看球員將來有沒有潛能。他就選我作籃球隊員，說我將來籃球的造詣會比足球高。但是我自知我的籃球技術不如足球。當時我們球類、田徑都要配合天氣季節，像冬天只能打籃球與足球；春天、夏天是打排球、棒球、網球。在清華足球季節，祇能選足球或籃球一項，不能選兩樣，時間上來不及，所以我就選籃球。在籃球隊上，我是打後衛控球的。我的個子不是很矮，也不是很高，控球比較靈活點兒。那時在北方我們有幾個強敵，如師大、北大、南開……共有十多個，還有東北的大學，燕京那時候還沒有球隊，是後來才有的，輔大也不行，南方球隊更不行，像聖約翰、金陵、交大、齊魯……等，比較起來，我們都是打贏的。那時候大家的體育精神不太好，有時候北大球技不行，輸了就打人。我在清華的時候參加比賽，我們很少輸。

孫立人初當上清華籃球校隊隊長時，幾位高班隊員都不服氣，有時候不聽他調派，甚至搶着上場比賽。孫立人就想出一個辦法，凡是平時練球有缺席的，就不得上場參加比賽，由於他執法公平嚴格，慢慢的隊員們不但聽從他的調度，而且球隊的團隊精神也加強了。他在籃球場上職司控球後衛，擔負着發號施令的隊長重任，頭腦冷靜，控球靈活，指揮若定，是全隊的靈魂，有『飛將軍』之稱。他擔任後衛時，對方球員要衝過他那一關，簡直比登天還難，因爲他能預計對方運球的方向和速度，把球從對方手裡搶接過去，他也絕不肯隨便亂拋球，很迅速正確地把球送到同隊的前鋒面前，給自己球友一個進球的機會，這樣一來把全隊的士氣帶動起來，攻守默契得很好，無懈可擊。孫立人率領清華籃球隊，南征北討，連勝四十五場，獲得華北各大學冠軍。

那時候清華學校對於運動選手供給特別營養餐，大魚大肉，四盤四碗，有的同學忌妒他們吃得特別好，就罵他們同猪一樣，由學校供養。一天同班同學梁實秋暗地罵球員像猪一般，給孫立人聽到了，抓到梁實秋舉手就要揍他，問他以後還敢說不敢說，梁連忙討饒說：『以後再也不敢說了。』這樣才免了挨揍。

這時正是北方籃球盛行時期，孫立人是清華學校籃球隊五虎將之一。當時在校同學，都有一個綽號，孫立人說：「我在清華的時候，大家同學給我取個外號叫『站人』，因爲我的名字是『立人』，立者，站也。再就是大陸有一種洋錢叫站人洋錢，因此大家就叫我站人。」後來名文學家梁實秋，在台北見到孫立人將軍時，仍然直呼他的綽號「站人」，相互以此取笑戲謔。

關於孫立人膺選參加華北籃球隊，代表國家參加民國十年在上海舉行的遠東運動會，奪得籃球冠軍的經過，根據中國時報體育記者李廣淮先生的報導如下：

民國十年我國爲參加遠東運動會，特成立競賽委員會，由華北、華東、華西、華南、華中五大地區代表和駐上海執行部人員組成，專事中華籃球代表隊的選拔與訓練。孫立人以清華大學籃球校隊主將的高超球技，與北師大籃球隊五虎將，合組成華北代表隊，參加當時全國籃球選拔賽。他們分別以五〇比卅四大破天津，再以四六比十二擊敗華南，又以四一比十三擊敗華東。結果，由包括孫立人在內的北平大學籃球明星組成的華北隊，成爲中華籃球代表隊。他們於五月三十至六月四日，前往上海虹口公園參加第三屆遠東運動會，先以三十二比二十九勝日本，再以卅比二十七勝菲律賓，奪得遠東運動會籃球冠軍。

當時中華籃球隊長王瑞生，隊員孫立人、魏樹桓、王健吾、王榮春（耀東）、翟鳳芷、郭景儀、殷榮廉等人。兩場球賽中，孫立人都是由開賽戰至終場的後衛，當時熱愛籃球的人，對孫立人飛馳全場，閃電截球，矯若游龍的身手有不能磨滅的印象。李廣淮先生評斷說：「中華民國籃球隊，在亞洲籃球戰史上（包括民國二年起參加遠東運動會，亞洲運動會、及亞洲杯籃球錦標賽，迄今七十五年），僅孫立人將軍代表的中華隊，於民國十年參加第三屆遠東運動會贏過唯一的一次冠軍。」❷

孫立人在清華九年所受到的體育陶冶，和在球場上的磨鍊，不但使他在球場上嶄露鋒芒，成爲一位具有運動家風範的傑出運動員，而且他一生的事業，都是得益於運動家的道德與精神，甚至可以說他日後練兵作戰的成就，與他年輕時喜愛運動亦息息相關。他帶兵練兵，最重視體育及基本技術訓練，要求官兵須具有強壯的體能，精確的戰鬥技術，培養團隊合作精神，在作戰時，他要求官兵靈活運用戰術，奮戰到底，爭取最後勝利，這都是體育精神的最高發揚。

註釋：

❶《孫立人將軍永思錄》第三四九頁〈憶學生時代的孫立人〉一文，台北學生書局。

❷許逖著《百戰軍魂—孫立人將軍》第四八—五一頁，台北懋聯出版社。

三、弱冠完婚

民國八年（一九一九）五月四日，北京大學等校學生舉行遊行示威，反對巴黎和會決議，未能收回青島，要求罷免外交總長曹汝霖等官員，許多學生被捕，激起全國學生的愛國運動。

這時孫立人是清華學校中等科四年級學生，膺選爲籃球、足球、排球、手球、棒球五項球隊隊長，是班上活躍的學生。在五四運動時，清華學生會代表是高班同學陳長桐（一九一九級）羅隆基、何浩若、聞一多（一九二一級）等人。孫立人以童子軍身份參加天安門遊行，露宿二夜。

在五四運動之前，北大教授胡適之、陳獨秀等人倡導新文化運動，發行「新青年」、「新潮」等重要刊物，提倡科學民主，反對傳統禮教，主張自由戀愛，文明結婚，反對父母之命媒妁之言的舊式婚姻。一時風行全國，當時青年無不受此新思潮的影響。

孫立人生長在舊式家庭之中，父親又是前清舉人，一切生活方式依照傳統禮俗。他到了二十歲，古禮男子年二十歲加冠，稱爲成人，應該完婚，而且要與門當戶對人家女子，結爲夫婦。

當時在北京做官的有合肥舉人龔彥師，歷任交河、邯鄲、河間等縣知縣，與立人父親熙澤公有通家之好，兩人同屬皖系，在段祺瑞幕府做事。龔彥師有一女，閨字夕濤，生於光緒二十八年（一九〇二），芳年十八。經雙方家長議定這樁婚事，結爲親家。

孫龔兩家雖有世誼，但是依照當時禮俗，兩家男子與女孩不能交往，尤其是在龔夕濤許聘給孫家之後，更要與孫立人避不見面，到了暑假期間，熙澤公擇定吉日良辰，爲立人完婚。孫立人在清華唸書，受到新思潮的薰陶，對於這樁媒妁之言的婚事，自始即反對，但又不敢違抗父母，祇好聽家人擺佈，迎親拜堂，完成了終身大事。

龔夕濤雖未進學校唸過書，但龔家是合肥望族，先祖龔鼎孳與吳偉業、錢謙益稱爲清初江左三大家，清代出使英國的中國欽差大臣龔照瑗，民國北洋政府總長龔心湛，都是龔家先人，堪稱官宦門第，世代書香。她從小在家中私塾讀五經四書，知書識禮，寫一手秀麗的毛筆字。過門到孫家之後，侍奉翁婆，百依百順，甚爲翁婆憐愛，隣里稱讚。

孫立人一直覺得新婚妻子未受過新式教育，不懂得現代西洋生活方式，兩人在一起總是談不攏，很不投緣。他建議龔夕濤去進學校，補習英文，他的父親熙澤公堅持不肯，雖不認同女子無才便爲德，但認爲已經結了婚的媳婦，怎可再進學校讀書，使得孫立人心裡更加不滿意，回到清華學校，專心唸書打球，星期假日都不回家。

龔夕濤終年守在家裡，從無一句怨言。民國十三年夏，熙澤公調任安徽菸酒事務局局長，全家隨着遷回安徽廬江金牛鎭老宅居住。適値堂兄孫雨人生子至銳，乏人照料，託交夕濤代爲扶養。她視至銳如同己出，教養無微不至，兩人親如母子。一直到至銳九歲時，始離家上學。

孫立人每逢寒暑假，回家短暫居住。他在清華所受的男女平等教育，對於賢妻特別尊重，夕濤侍候夫君，更是溫柔體貼，兩人雖然聚少離多，相處却平靜無波，夕濤平時與姑嫂閒話家常時，嘴裡總是稱立人爲「我家二傻子」，但心裡却是深愛着這位英俊的洋學生。

四、強忍功夫

民國十二年（一九二三）夏，孫立人在清華畢業。依他自己志願是想赴美學習軍事，而他的父親認爲他從小體弱多病，性情柔順，不適宜去當軍人，主張他學醫，以後可以不求人。同時因爲他父親看到當時的北洋軍閥，割據地盤，爭權奪利，誤國害民，對軍人沒有一點好印象，所以他絕不允許自己兒子將來去做軍人，如果他一定要學軍事，他父親甚至不認他作兒子。在這種情形下，孫立人衹有聽從父親的意見，暫時放棄學軍事的念頭。他在清華原是學工科的，遂申請到美國普渡大學去學土木工程。

孫立人將負笈遠渡重洋，赴新大陸求學，在臨走的時候，他父親心裡充滿了依戀不捨之情。在家裡和兒子講了許多出國唸書應該注意的地方，並與愛子到照像館合攝一張照片，另外撰寫一段臨別贈言，題辭相勉。孫熙澤先生特將這篇家訓命工鐫刻在一個端硯盒蓋上，以壯其行。全文如下：

曾子曰：士不可以不弘毅。朱晦翁訓：弘爲寬廣，毅爲強忍。汝性忠實，立志亦頗不隨流俗；第規模狹隘，遇事非泄沓即急遽，皆才識不足之過，宜於寬廣強忍下工夫。交友爲品學成敗大關鍵，近朱者赤，近墨者黑，汝本中材，最易移染，愼之。遠適異國，所爲何事？望時時於此着想。愼寒暑，節飲食，懲忿塞慾爲保身要訣。今當遠離，特訓數語，携置案頭，朝夕省覽，以當面命。

煥廷誌　時年五十有五

煥廷是熙澤先生之字，由這段家訓裡，我們可以看出熙澤先生對愛子訓誨之切，寄望之殷。而孫立人對嚴親的家訓一生堅守不渝，無論遭遇到任何艱難困苦或是屈辱的時候，他都能以『強忍』功夫，堅毅不屈，有異乎常人的獨特表現。他常勉勵部屬們：『勝利是在最後五分鐘決定的，誰能堅持到最後五分鐘，誰就能打勝仗。』這是他對『強忍』功夫的體認，也是他帶兵作戰常能堅持到底而贏得勝利的重要因素。

五、普渡大學

清華學校一九二三年（民國十二年）畢業生共有八十一人，當時清華是個留美預備學校，大多數同班畢業的同學，都於民國十二年八月十七日，由上海同乘美國「傑克遜總統號」郵輪赴美深造。船行日期有半個月之久，海上風浪很大，孫立人雖感到暈船，但有同班學友吳文藻、顧毓琇、李迪俊、翟桓、梁實秋、王化成、吳景超、施嘉煬、熊式一、吳大均、李先聞、徐宗涑、周思信、姚愷、齊學啓、王國華等結伴同行，大家在船上談笑戲玩，減少了旅途的寂寞。

九月一日，郵輪抵達美國西雅圖港口，同學們上岸，各奔前程。孫立人偕同李先聞、夏彥儒、周大遙、梅陽春、黃異生搭火車東行，到印第安拉州拉法耶市美國普渡大學（Purdue U.），孫立人進入該校土木工程學系三年級。拉法耶市是一個大學城，環境清靜優美，人民純樸友善。孫立人租屋住在史密斯老太太家裡，這位老太太對待他像家人一般親切，和睦相處。

孫立人將軍留學普渡大學時於圖書館前留影

他在普渡求學期間，全班只有他一個中國學生，他恐怕成績不如美國同學，每天上課外，大多數時間都是到圖書館唸書，或是在實驗室做實驗，有時唸到深夜，還不休息。據該系主任海諾麥可（Harold Michael）教授說：「他在清華已經修讀了很多門普通學科，所以進入普渡大學三年級，祇需要修些專門課程。二年級的鐵路工程，三四年級的應用力學、公路工程、機械實驗、蒸氣動力、結構單元、公路建築、水力學、物質材料實驗、電機、經濟、結構、公路和橋樑設計、管理學等等，都是在普渡修的。那時普渡平均成績達到七，便是優（A）等的學生，孫將軍在校成績平均是六點多，所以他是一位很好的學生。」

孫立人初進普渡大學時，他還是喜愛運動和球賽。他是班上一位很喜歡玩球，也是很活躍的青年（Li-Jen was a fun loving guy in the class）。全班共有六十六人，只有他是東方人。他的一位很要好的美國同學歐塔士・奥伯萊特（OTUS K. ALBRIGHT）回憶說：

孫將軍是我最知己和親密的朋友，我相信我也是他在普渡最親密的朋友。當他一九二三年九月來到普渡大學，我就和他（非正式地unformally adopted）結拜爲兄弟。我是基督徒，我覺得我有責任使孫立人在新的環境中——完全無拘謹地向我問任何問題，要求任何的幫助。（與我同寢室的另一個美國同學，和另一個土木系的中國朋友），我們四個人，時常在一起，過着溫馨的學生生活。❶

據孫立人自己回憶他在普渡唸書的情形是這樣的：

我在普渡大學時，先生講的，即是命令，必須遵從，絕不反抗。學生有在課堂睡覺的，先生即開門教他出去，而學生也絕不敢反抗，有一次上微積分課，那位教授是六十五歲的老頭子，脾氣却非常的壞，每堂課的前十分鐘，指定學生在黑板上做題目，那次一個學生做了十分鐘一點也沒有做出，老頭子氣急了，走過去抓住他的頭，重重地在牆壁上撞了三下，撞得那學生面紅耳赤，而全體同學視爲當然絕不起哄，所以民主先進國家，對於先生仍是服從，對於學生管理仍是嚴格。❷

孫立人是公費留美，在普渡大學唸書時，每月公費有八十美元，在那時是夠生活的。但是他爲了幫助另一位中國同學，他將他的公費，每天節省一塊錢，一年積存三百六十元下來，寄給他的一位好同學，作爲出國求學旅費。而他自己每天啃麵包過活，並不以爲苦，因爲他頗講義氣，樂於幫助這位同學來美國求學。至於這位中國同學是誰，他從未說出他的姓名，也沒有任何人知道。

孫立人在普渡兩年，順利於一九二五年六月取得工程學士學位。

註釋：

❶《孫立人將軍永思錄》揭鈞著〈小兵之父〉第五十頁，台北躍昇文化公司。
❷孫立人講〈統馭學〉，載於《孫立人鳳山練軍實錄》，臺灣學生書局。

六、維吉利亞軍校

維吉利亞軍校（VIRGINIA MILLITARY INSTITUTE，簡稱VMI）創立於一八三九年，校址設在美國維吉利亞州賴森頓市（LEXINGTON, VIRGINIA），是美國南方最有名的軍事學校，以管理嚴格着稱，學生生活起居須絕對服從老生管理，課程以工程爲主，厲行榮譽制度，教育宗旨在爲軍隊培養優秀的軍官，爲社會培養品德良好的有用人才。

孫立人在普渡大學畢業後，他自己想學軍事意願更加強烈，他不顧父親的反對，偷偷寫信，向華府中國大使館申請，准許他去美國維吉利亞軍校學軍事。他說：

當時我已在費城一個美國ABC（American Bridge Company）橋樑公司實習，實習費每月可得一百六十美元，再加上公費每月八十元，薪給優厚，生活舒服，汽車也買了，實習了大約一個月的工夫，在星期六那天，接到了大使館的通知，中國政府已批准我轉入軍校，立即拍賣掉新買的汽車，檢點着行李，在星期日就趕到維吉利亞軍校去報到，而我自幼即決心學陸軍的志願，終於算達到了。

(一)初入軍校的情形——

維吉利亞軍校，在美國南部，與北部的西點軍校齊名，因爲美國的南北戰爭，北方勝利，所以西點就成爲國立，而維吉利亞只成爲州立，這學校有一百多年的歷史，有其傳統的風氣，即新生入校後要受極嚴格的管教，而管理的習慣，是以老生來管新生，所以竟以打人最兇而聞名世界，聽說近年來也稍有改進。當日我跑到維吉利亞去報到，因爲是星期日，無人辦公，不能註冊，就由老生服勤務的值星官，帶著去見一個中國學生周雁賓，意思是教我暫時在他那兒住一夜。我心裡想異國遇同鄉，多少會感到親切，那知他一見我的面，問明了來意，就破口大罵，說我既得有工程學位，已經受了國家的培植，爲何還要跑進軍校，佔去別人的一個學習機會。接着又恐嚇我說：『你吃得了苦嗎？將來一定會被他們打死，雖然不被打死，也會要犯不名譽事件而被開除。』我說：『打人的情形，我早已聞名，我是準備着吃苦被打才來的，但什麼叫不名譽事件而被開除呢？』他說：『譬如偷東西，說謊話，就是不名譽事件。』我說：『我是爲求軍事智識而來，並不是來偷東西的，並且我平生也從不說謊話，這個請你放心好了！』當我被他嘮叨得太多了，就堅決的說：『我來了，決不走，就是死，也要死在這兒。』他見我如此，只好說『好吧，晚上你仔細的想清楚再說。』第二天早上，他一醒來，就問我：『晚上想清楚了沒有？』我說：『想清楚了，我決定報到！』。

第二天上午，有兩個衛兵，那是三年級的同學擔任的，引着我去報到，當時我全是老百姓打扮，他們問知我是大學畢業生，對我頗爲客氣，我覺得這還不壞，誰知一經辦好註冊手續，穿上了軍裝，他兩就變了臉，在我背上重重地一拍說：『你現在已經是軍人了。』我說：『是的。』他倆厲聲的說：『軍人有軍人的動作你曉得嗎？』我說：『不曉得。』他倆就指着其他同學對我說：『不曉得，你可以看別人是怎樣做的！』我抬頭看看其他同學走路，都是把頭豎起，下顎收起，兩眼平視，胸膛挺起，雙手下垂，背胛骨要緊緊的併在一起。他倆教我將下顎收起要成七道皺紋、頭部豎起，兩眼平視、胸膛挺起、双手彎下垂、背胛骨併緊，變成一根直木頭一般，眞有如上了鐐銬，絕不許亂動，走路要成直綫、轉彎要成直角，稍有不對，就給一拳。從報到處到我的寢室不到三百公尺，一路上就挨了七八拳，可是就這七八拳，我走路的動作，差不多就做對了。假如不是如此，幾百個老生人人都可以打你，這些動作姿式，無所謂課目教導與學習，就在這眾目睽睽，人人可打你的情形下，很短的時間內，就要使你養成很自然的動作，養成你絕對服從、絕對盡職、絕對誠實。

(二) 老鼠生活——

維吉利亞軍校，對於新生流行着一個特別的名詞，就是大家都叫新生爲老鼠（Rats），這就表明新生爲老鼠，老生爲貓，隨時可以捕捉老鼠，老鼠一定要怕貓，當時我是新生，當然也就是老鼠之一了。那個學校每天集合的次數非常多，如早晚點名，出操吃飯，都要集合，而新生一定要每次在老生未到之前集合好，尤其早上起床，要在起床號未吹以前起床，整好內務，整好服裝，照照鏡子，一切端整，及至起床號一響，就要趕緊站隊，老生聞集合號才站隊，老生到了，即刻檢查新生的一切，服裝和扣子是否完整，鬍鬚刮了沒有，皮鞋要擦得像鏡子一樣發亮，站隊更應當切合基本姿式的要領，稍有錯誤就是一拳，這是他們原有的風氣，百多年來，一向就是如此。他們的操典，不注重正步，只有齊步，但齊步是沒有距離的，前行的臀部緊貼着後行的腹部，一聲口令下來，非得一齊出腿不可，並且新舊生前後間隔着站，脚步稍錯誤，不是踢着前面的，就是踏着後面的，那就非遭打不可了。就是一個人走路，也得挺胸抬頭，兩眼平視、雙手稍爲彎曲的提起，步法更是不能隨便，並且校中道路，都有老鼠綫與老生綫之分，老生可以走捷徑，老鼠則只能走方塊與直角，一定要按着直綫與九十度轉彎的法則進行，如果錯了，每一個老生隨時都可以打你，全校共有四五百位同學，新生約佔四分之一，以三百多雙眼睛隨時在監視着你，試問誰還敢亂犯規矩，豈止十目所視十手所指而已。吃飯的規矩更是嚴格，每桌八人，最高班的老生坐在最上頭，老鼠坐在最下面，兩旁是二三年級老生，菜盆子先由上頭依次分派下來，假如一盆八塊肉，照理每人應分得一塊，假若老生要向你開玩笑，偏要多吃掉一份，那你也就無法可想，只好挨餓。並且新生還要負責管理水壺，那個老生要喝水，只用手拿着杯子在桌上一擊，就算來了暗號，隨即那杯子飛也似的擲了過來，老鼠就得双手將杯接住，倒水給他喝，偶一不愼，接不穩杯子摔碎了，就非得挨打不可。所以老鼠吃飯時坐凳，只不過用臂部沾着凳子邊而已，隨時都要躭心着站起接茶杯的工作，至於眼睛更絕不能上下左右亂望，所以我在第一年當中，竟不知飯廳的天花板，是黑是白，直到老鼠生活結業的前三天，才看清飯廳的全部內景。至於住房，老鼠住在最上層，按級遞減，最高班住在最下層，假使上下樓梯或是在房中脚步聲音稍爲高了一點，下層的老生，馬上就會上樓來干涉；還有美國人睡覺，照例是要開窗子的，每天都得派定老鼠輪流替老生在早上未起床前，將所有的窗子關好。

他們還有一種習慣，叫做「蘇醒」（RESTORATION），大約每二三週就要舉行一次。什麼叫「蘇醒」呢？就是老生要特爲打你而早起，通常老生都是吹了起床號才起來，吹集合號時才集合，老鼠要在起床號音一落，就已經將隊站好，如果老生在起床號以前，已經起來，那就是要舉行「蘇醒」運動了。記得有一天早上起來，同房的美國同學就預告我，要我準備，說今天會要玩「蘇醒」的把戲了，我一聽樓下果然有些響動，老生似乎已經起來了，那美國同學正在用拍紙簿塡在胸口，以防打傷，並勸我也塡上兩本，但我自稱好漢，不屑於那麼做，並且也不知道「蘇醒」的厲害，待至一聲起床號響，老生已在各樓梯各路口嚴密把守，來一個打一個，過一關打一關，他們的打人，不許用拳頭，大家是用巴掌，我出門第一道，受了一掌正打在胸口，雖然很重，還能支持。第二道又受一掌，已經是吃不消了，第三道一掌竟至昏倒了，他們將我扶起，幌了幾幌，清醒了，仍舊要跑，仍舊要受打，一直打到站隊的地方，仍是乒乒乓乓打個不停，就好似婦人們在河邊洗衣時，前前後後一陣搗衣的聲音一般，及至吹集合號了，老生要站隊，才算停止。我當日被打過之後，胸口疼痛不已，回房後將胸脯抵在桌子角上，緊緊地壓著，才稍微舒服些，直至現今，每逢陰雨的時候，還覺隱隱作痛。

學校每週要舉行一次分列式閱兵，每人都穿着很整潔的軍服，戴着白手套，而這些手套襯衣之類，老生常常教老鼠代他洗滌。有一個冬天的上午我有一堂課的時間得閒，正自慶幸可以稍作休息，不料有一個老生，送來一大包襯衣白手套等衣服，並限定在十二時以前洗晒整潔送去，當然無可還價，只得照辦，但我只有一堂課的空閒，天氣又是冬季，洗雖可以趕辦，晒乾就大傷腦筋了，結果終於給我想出用書本儘量的煽風，因爲空氣流通，可以增加蒸發作用，好艱難的給我完成了任務，準時送到那位老生房中，照規矩老鼠在門外一聲「報告」，老生答應「進來」，然後一個溜步，用脚尖立正，站在老生面前，後跟懸起，雙手捧著衣服，我自以爲一切如法，滿可以得著幾句讚許，不料那老生正架著二郎腿，斜坐在椅上，嘴裡含著快要抽完的紙煙，只向我淡淡的看了一眼，也不說甚麼，隨手將吸殘的紙煙蒂，向我的領下一放，教我將下顎收緊，這樣那還燃著的煙蒂，就放挾在顎下，燒著皮膚，自然是痛得双淚欲流，他看著笑了。像這種情形，大家如身臨其境，眞會活活氣死，可以說從早到晚，隨時隨地無不在磨難之中。人說鄉下婆婆虐待童養媳，一日三頓罵，三日九頓打，這情形只有過之而無不及，每天起來後，就時時提心吊膽着吃苦頭。在未入校以前，我自以爲一個大學畢業生頗足自傲，及至進了軍校，就覺得眞渺小如滄海之一粟，別人隨時隨地都可以磨折我，所以每天直到晚上脫衣上床睡覺，双腿一伸，這時才覺得還有我存在，那種恐懼消失肌肉鬆弛的快樂，眞是如登天堂。我初進軍校，覺得那種生活如坐針氈，到無可告訴時，只有寫信告訴父親，父親雖然感到疼愛，但也無可爲計，回信說：『你自己不聽教訓，偏要去進軍校，今日之受苦，眞是咎由自取了』。

(三) 學生法庭──

維吉利亞軍校，不獨對於新生的生活及基本動作的訓練，是由老生管教，凡平日學生間發生了不名譽事件，如「說謊」、「欺騙」、「盜竊」及有損學校名譽的事項，都是由學生自己制裁，執行這種裁判權力的叫做學生法庭，是由每一班選派代表五人合組而成。記得有一天早上，尚未到吹起床號的時侯，忽然緊急集合，在那四面都是宿舍中間一大塊方坪上站好隊伍，大家都面向着方坪的中心，中心早已放好一張長方桌，由學生法庭庭長報告，說今天本校發生了一樁很不名譽的事件，有一個同學偷了另一同學六十金元，案情經已審問明白，現在不能不照本校歷來的習慣懲處，說完，就由兩個學生服勤務的衛兵，帶着一個同學繞場一週，給全體同學認識清楚，然後帶到中央，教他伏在桌上，由每一個組成學生法庭的代表，輪流用大板子笞責他兩板，一共是二十位代表，共打了四十大板，那被責的同學，眞是羞愧得無地自容。我想假如地下有洞，他一定會鑽到地洞裡去。打後，仍由這兩個衛兵押着，另外有兩個衛兵拿着行李包，走到大門口向豎立在大門口的華盛頓紀念像，敬了一個禮，然後將那同學推出大門，跟着在他的臀部上踢了一脚，表示一脚踢了出去，行李包同時也扔了出去，接著回到集合地點，仍由庭長向大家報告：『這椿案子我們已經處理完結，不名譽的同學，也經踢出大門，我們這裡容不了那樣的人，我們的同學錄中，永遠沒有他的名字，但是各位對外界任何人，甚至自己的家長，以後都不要提起此人此事，讓他今後在外面好重新做人！』當時我看完這一場處置，覺得眞有些過分，但過後一想，也只有這樣嚴格的處置，才能根除一個人做壞事的念頭，藉以養成不爲非作歹的習慣，如果做壞事不嚴格懲處，則利之所在，何事不可爲。現在我國貪污風行，未嘗不是「刑賞不週」「有罪不罰」優容所致。我們當日在那校中考試時，根本不用先生監考，先生出好題目，略加解釋後，即行出去，每個同學絕不作弊取巧，因爲根本覺得作弊是莫大的耻辱，分數不及格而被開除，大家還承認你是同學，如果犯不名譽事件而被開除，則大家根本不承認你是同學了。所以嚴格的教育，才是養成善良習慣的有效方法。

㈣精神上的痛苦——

我在維吉利亞軍校時，生活受嚴格管束，雖覺難受，但那是無論中國美國或其他國家的學生，都是同樣待遇，還勉強可以忍耐，惟有我中國人，因國家的不進步，同時又給美國人誤解了，因而所受到的精神上的刺激與侮辱，眞是一時很難於忍受。當時美國人並不了解中國，認爲中國是一個神秘的國家，認爲中國人是低劣的民族，稍爲穿得體面點的中國人，他們不認定你是中國人，而說是日本人，造成這種錯誤的偏狹的謬見，也自有其複雜的原因。

當時美國人非常看不起中國人，甚至有時同坐在一塊吃飯，他也認爲恥辱特意走開，使人難堪。還有中國人在美國以開飯館、洗衣房的爲最多，這自然是由於中國烹調著名，而飯館洗衣房，也不需要多的資本，但外國人不了解中國，以爲全中國人都是幹這兩個行當。有一次有一個美國大學教授，竟然問我『中國的城市是不是中央都是飯館，四面都是洗衣房。』這一方面足證其愚蒙無知，一方面也足證其對中國的隔閡。還有一個笑話，李鴻章在外國時，有一次請客，將各色各樣的菜，拌合一起，俗稱「十樣景」，當時外國人問他叫什麼菜，他隨口答道「雜碎」（Chop-Suey），至今美國的中國飯館還流行著這樣菜，將肉絲、豆芽、芹菜、洋葱等炒在一起，美國人因爲吃慣了這樣菜，甚至見了中國人，不叫"Chinese"而叫"Chopsuey"，在中國人聽來，當然覺得是一種侮辱。有時他們寫紙條送衣服給我，不寫姓名而寫「孫洗衣匠」（Laundryman），好像我在開著洗衣房。還有一種最難堪的，就是那學校裡，往往教中國新生（老鼠）站在大門口，讓來來往往的人，任意問你：『你家裡開飯館嗎？開洗衣房嗎？』『你是不是抽大煙？』『中國軍隊是不是都抽大煙？』諸如此類，但你卻非回答他不可。有時也不是美國同學存心侮辱，一方面或許他們眞不了解，一方面是美國孩子很頑皮，好開玩笑，隨隨便便說說開心而已，如果眞的去與他論理，有時他也認錯。記得有一次，有一個中國學生來報到，那時我已是老生了，一個美國學生說：『又來了一個抽大煙的！』我回頭就給他一拳，他不服氣，到我房中來談判，他說我不該打他，我說：『你不先說侮辱我的同胞的話，我不會打你，你說了我就打你！』結果他終於認錯了事。

(五) 我在軍校的收穫——

我在維吉利亞軍校兩年，在學科方面對於戰史及戰術作業最感興趣，同時我也將我國的孫子兵法介紹給同學，他們都也感到很有興趣。自認爲最得益的，却是那種嚴格的訓練，以及千奇百怪的苛虐，將我的性情磨鍊下來，後來在社會上做事，雖然曾遇到種種挫折，但一想到在維吉利亞軍校時的情形，就覺得我應當忍受，而且也就覺得可以忍得下了。否則我這二尺五的軍衣，早已脫下不幹了。

因此我在維吉利亞時任何橫逆之來，都能忍受，所謂忍受，並不是被環境征服，而是抱定自己的志願去忍受橫逆之來侵，即所謂「逆來順受」，強忍到底。我的脾氣原來也是火爆脾氣，就是在維吉尼亞接受了這種嚴格教育，我的火爆脾氣終於改了。記得維吉利亞軍校校長常說：我們這種打人的風氣，嚴格的訓練，並無惡意，對任何人也沒有歧視，因爲我們的唯一目的，在鍛練你成人（Make a man of you）。❶

維吉利亞這種優良的傳統，可以從它校歌中體現出來：

維吉利亞的軍刀，由最優良的鋼鐵製成，
精匠磨成工藝，妙手擦得光亮，
還要經過火煉。
維吉利亞的學生，一個很特別人，
自律而邁向至善，
良師精心教化，校友默然鼓勵！
他們是榜樣：醫生、律師、工程師、經理和軍官，崇尚榮譽制度，
有多元性的社會、文化和體育經驗，
驕傲地接受四年的磨鍊，
結果：一個有個性的學者，社會的領導人，
一個維吉利亞的軍人！❷

孫立人前已在普渡大學土木工程系取得的工程學分，爲維吉利亞軍校所承認，所以他轉入維吉利亞軍校三年級，被編爲學校步兵科第四連列兵，轉攻文科，鑽研世界歷史與文學，參加美國政治學會爲會員。他畢業時，獲得文學士學位。同學錄上給他的評語：

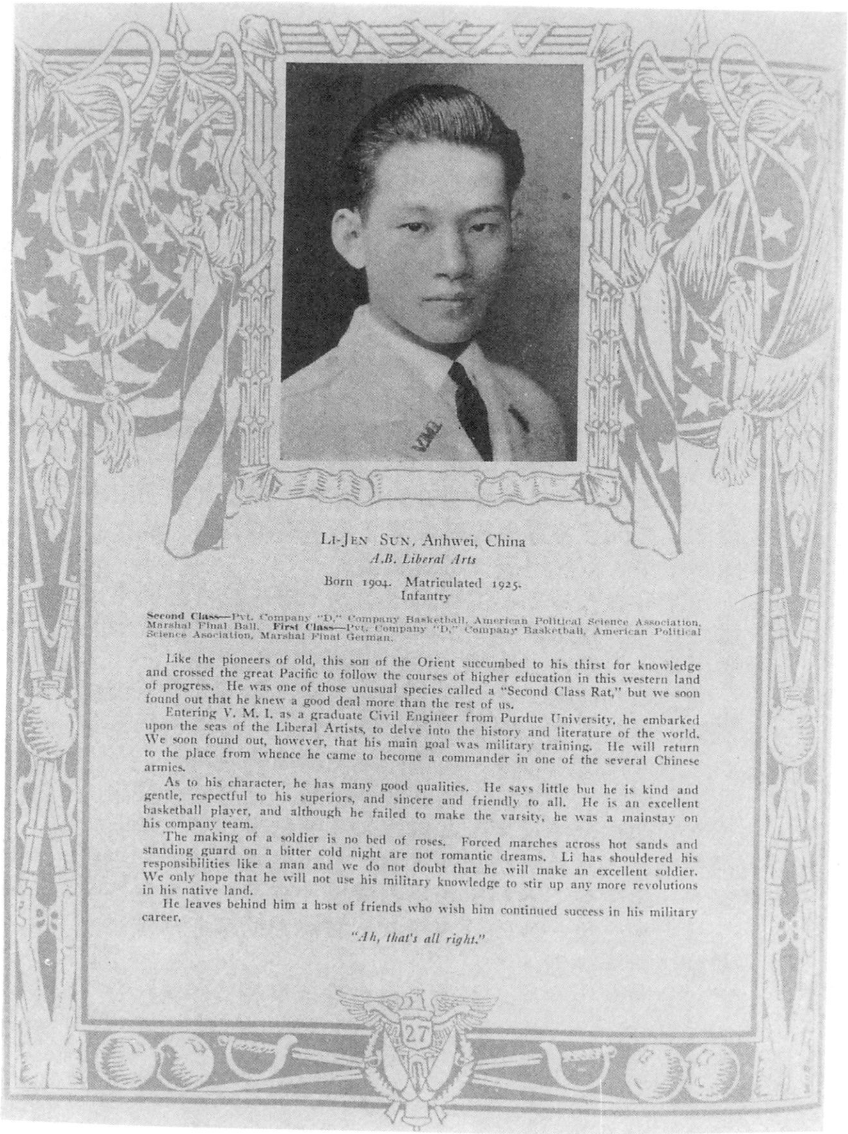

LI-JEN SUN, Anhwei, China

A.B. Liberal Arts

Born 1904. Matriculated 1925.
Infantry

Second Class—Pvt. Company "D," Company Basketball, American Political Science Association, Marshal Final Ball. **First Class**—Pvt. Company "D," Company Basketball, American Political Science Asociation, Marshal Final German.

Like the pioneers of old, this son of the Orient succumbed to his thirst for knowledge and crossed the great Pacific to follow the courses of higher education in this western land of progress. He was one of those unusual species called a "Second Class Rat," but we soon found out that he knew a good deal more than the rest of us.

Entering V. M. I. as a graduate Civil Engineer from Purdue University, he embarked upon the seas of the Liberal Artists, to delve into the history and literature of the world. We soon found out, however, that his main goal was military training. He will return to the place from whence he came to become a commander in one of the several Chinese armies.

As to his character, he has many good qualities. He says little but he is kind and gentle, respectful to his superiors, and sincere and friendly to all. He is an excellent basketball player, and although he failed to make the varsity, he was a mainstay on his company team.

The making of a soldier is no bed of roses. Forced marches across hot sands and standing guard on a bitter cold night are not romantic dreams. Li has shouldered his responsibilities like a man and we do not doubt that he will make an excellent soldier. We only hope that he will not use his military knowledge to stir up any more revolutions in his native land.

He leaves behind him a host of friends who wish him continued success in his military career.

"Ah, that's all right."

孫立人將軍在美國維吉尼亞軍校畢業紀念冊上之畢業照及評語。

這位東方青年，正如昔日的拓荒者，渴求智識，橫渡太平洋，來到西方進步的國度裡，追求高深教育，他在三年級新生中，稟賦優異，超越同儕。

他的性格具有許多優良品質：他不多言，但仁慈溫順，尊敬長官，對人誠實友善。他是一位優秀的籃球球員，雖未能加入校隊，但是他是連上球隊的主將。

要練成為一個軍人，生活並不舒服，更非浪漫夢想，須要在炎熱沙漠中行軍，在酷寒的夜間站崗守衛。孫立人有男兒志氣，肯負一切責任，我們堅信他將成為一位卓越的軍人。❸

註　釋：

❶ 孫立人講〈統馭學〉，載《孫立人將軍鳳山練軍實錄》。

❷ 揭鈞《小兵之父》，第五八—五九頁，台北躍昇文化公司。

❸《孫立人將軍永思錄》生平事蹟照片第九幀。

七、學成歸國

孫立人在美留學四年，他對學校功課並不覺得有何困難，就是在軍校中所受的身體折磨，他也還能忍受，因為這種嚴格的軍事管教，對任何人都沒有歧視，唯獨當時美國社會歧視中國人的心態，更加激發他的愛國心，堅定他的報國志願，認為強國必先強兵。他在美國軍校結業後，對於美國舒適生活毫不留戀，對於美國優厚的待遇也不羨慕，一心一意祇想回國從事軍事工作，報效國家，爲謀求中國富強而努力奮鬥。

爲擴大他的見聞與對國際情勢的認識，他去華府拜見中國大使施肇基博士，向政府申請，准許他赴歐洲參觀各國軍事設施。獲得批准之後，他把公費留美時的一點積蓄，買了一個德製的來卡照像機，準備沿途拍攝各種鏡頭，留爲紀念。

他先到華府中國大使館辦理各項簽證手續，並向施肇基大使辭行。施大使慈祥誠懇，對青年人非常愛護，鼓勵孫說：『國家正處在動盪不安的時候，你有這種難得的機會，到歐陸各國去考察軍事，要好好把握機會，學習各國的長處，更要觀察各國的立國精神。』

孫立人和另外兩個同學結伴，搭乘郵輪先到英國、參觀英國皇家軍校和參謀大學、海軍軍港及空軍設施。他也參觀了英國的民主殿堂──國會，英國人民守法和愛國精神，給他印象深刻，他對於大英帝國對海外殖民地所施行的欺壓剝削政策，極表不滿，認爲英國已經過了極盛時期，正在向下坡走。

十月初，到了法國巴黎，參觀法國軍校及軍事設施，但未能一睹馬其諾防綫的風貌。法國人認爲馬其諾防綫堅不可破，不許外國人窺視他們的國防機密。同時也去觀光巴黎大學及里昂大學，凡爾賽宮和羅浮宮。法國藝術文物的精美，非美國所能比擬，但是法國人的民族性，浪漫而衝動，遇事勇往直前，但不能持久。從法國順道前往比利時與荷蘭，遊覽各地名勝。

十一月中旬，到了德國柏林。孫立人小學時曾學過德文，多年不用，已經不太記得了，當他到了德國，與德國人接談時，恢復的很快，語言沒有什麼隔閡。德國自第一次世界大戰失敗後，由於人民具有強烈的民族優越感，經濟復興得很快，看不到一點戰敗國跡象。他去參觀德國軍事參謀本部及技術學校，看到他們人民講求效率與精確絲毫不苟的精神，令人佩服。順道到了丹麥，參觀北歐風光。

一九二八年（民國十七年）一月，到達瑞士日內瓦，湖光山色，風景優美。因爲它是中立國，沒有受到歐洲戰爭的影響，社會秩序井然，人民和善可親，眞是人間天堂。接着去義大利米蘭，參觀古蹟及藝術彫刻。

二月由奧地利維也納，經過東歐捷克首都布拉格及波蘭首都華沙，於五月底到達俄國莫斯科，遊覽了市區及克里姆林宮，觀望高聳雲端的清正教教堂。天氣轉寒，人民態度冷漠，斯拉夫民族給人一種莫測高深的神秘感，共產黨赤化世界的野心，使身臨其境的人，更感覺到不寒而慄。

孫立人這時無心觀賞俄國風光，決定不多停留，搭火車經過荒涼的西伯利亞，回到了自己的國門，中俄交界站「臚濱」，經哈爾濱到達終點「大連」，六月中旬，再由大連改搭海輪回到上海家中。孫立人是抱著滿腔熱情和希望，回到自己的國家了❶

註　釋：

❶《孫立人回憶錄》內〈遊學時期，赴歐參觀〉，台北中國時報連載。

第三章　初入軍旅

孫立人回到家中，他的父親已經從公職退休，看到愛子留學歸來，英俊不凡，舉止文雅，心中甚是歡喜，很想給愛子在北京謀個一官半職，找個適當的職位。孫立人在家裡盤桓多日，以娛雙親，可是他心中念念不忘要去做軍人，報效國家，且下定決心，要從基層做起，就是去做個士兵，他都願意。據他回憶說：

我一回國，當然我自己有抱負。我那時覺得，無論如何都要有一個強盛的國家，不要做一個弱小國家人民，受人欺侮。要想國家強盛，當然武力要強，國際間只有強國人民才受到尊重。我回國後，正是國家混亂的時候，茫茫大海，起步維艱。家父已經退休了，實際上安徽人那時還是很有勢力，因爲安福系大老段祺瑞是安徽人，軍界中還有許多安徽人。先父問我是要幹土木工程還是軍事？我說：「現在國家正需要軍人，當然是幹軍事。」父親說：「你要幹軍事，要不要我替你寫介紹信，軍界中人你都不認識哪！」我說：「不要，我一個人去闖闖好了。」❶

那時已經是民國十七年，北伐的國民革命軍已奠都南京，全國瀰漫著革命氣氛，人心都歸向南方革命軍，青年人都嚮往黃埔革命搖籃，接受革命洗禮，北方快要全部平定了。孫立人初回國內，卻是一個十足的洋學生，中國軍隊裡一天也沒有做過，所以他決定從下層做起。他的父親要介紹他到馮玉祥部隊去幹軍人，他對北洋軍閥印象不好，所以不願去北方部隊中做事。當時他說：

> 我有一個同學陳崇武，他的叔叔陳嘉佑是革命軍一個軍長，他在長沙要成立一個騎兵團，他要我去，我就到長沙去了。誰知所謂騎兵團僅有四人，一個團長，一個副團長，兩個傳令兵，外有幾套破馬鞍，一匹馬也沒有。這位陳同學是我在清華打球的夥伴，我們什麼話都說，像親兄弟一樣。我就問他：「你這是做甚麼？」他說：「我叔叔那個軍長還不是空頭的，什麼東西都沒有。」他叫我住在他家裡，沒事就到體育館打打球。我見到這種情形，知道騎兵團的成立甚是渺茫。我們都是在外國學軍事，對中國操典極不熟悉，於是就找來七八位同學，組成一班，輪流當班長，練習各種口令及小動作，學習帶兵的經驗。就這樣過了兩三個月，終覺不是一回事，還是到南京去看看有什麼機會，於是去到南京謀事。[1]

孫立人到南京後，對於當地的軍界，依然是舉目無親。因為聽人說，日本士官出身的方鼎英將軍的部隊屬於國民革命軍，很有新生氣象。那時方鼎英正在南京下關浦口，他的部隊在安徽蚌埠。孫很想到他的部下去見習，就拿著一張名片登門拜會方將軍，方適不在家，由他的參謀長代見。

他問我來意，我說：「聽說革命軍北伐，我特來投效。」這位參謀長說：「老兄，你是一位出洋留學生，將來必爲國家重用，幹嘛要當軍人呢？」我雖申說只要求當一個學兵。他仍是滿口客氣地說：「要是當大兵，一下子犧牲掉，那太可惜了。」我說：「我有這個志願來，還怕犧牲！」他說：「老實說，我們不敢用，須待將來有相當機會時，再行奉邀。」我就被這麼一套高帽子婉却了出來。❷

註　釋：

❶ 許逖著《百戰軍魂》第六二——六三頁，台北懋聯出版社。

❷ 孫立人講〈統馭學〉，載《孫立人將軍鳳山練軍實錄》，台北學生書局。

一、中央黨校軍訓隊長

孫立人在南京自己闖了兩個多月，要想謀求一個工作崗位，仍是茫無頭緒，他又不願靠家庭關係去鑽營。後來有一天，他遇見了一位山西籍的同學姚愷，他是美國諾維琪（Nawitch）軍校畢業的，一天和他談起了工作問題。

他就告訴我，有人教他到中央黨務學校去當隊長，他嫌職位太低，不願幹，因爲他回山西，起碼可以當營團長。我當時就說：「你不幹，我來，請你設法替我介紹」。

那時正是中央黨務學校開始籌辦，全校學生有四百餘人，成立一個大隊，實施軍事教育。校長是蔣中山先生，谷正綱先生爲訓導主任。於是他就去看谷正綱，谷先生對這位留美青年很欣賞，就聘請他擔任中央黨校第一期學生中校大隊附和教官，輔助從日本士官留學回來的大隊長曾廣棻上校。他回憶說：

這樣我才進了中央黨務學校做事，那學校就是現在國立政治大學前身。當時離開課還有一個月光景，我就利用那一段時間，向南京各書局，搜購各種軍事學書籍，如操場野外和筆記等項課目，日夜演習。後來開課了，甚至晚上看到半夜，以備翌日拿到操場上去教學生，這樣經過了七八個月，才自覺稍爲具備了一點教練能力，可以勉強到軍中作一個班排長而無愧了。❶

當時就讀中央黨校第一期的同學，都是富有革命熱情的優秀青年，後來許多同學都做了地方行政首長和中央民意代表，對於在校時所受的軍事教育，他們出了校門，在從事抗戰剿匪工作上有很大裨益。他們對孫立人隊長有很好印象，黨校一期同學華壽崧回憶說：「他是一位標準軍人，一舉一動，對我們政大第一期同學有極深的印象。他在操場上不多講話，畢挺地站在曾大隊長身旁，看我們操練，偶然矯正我們的動作，課餘同我們一齊打籃球，沒有一點官長氣習。有一次一位英文老師請假，孫立人來代課講授英國詩，同學們不禁對他刮目相看。」

孫立人當中央黨校學生隊長時，主張訓練嚴格，因男女同學身體強弱不同，分別施以不同的軍事教育。初期曾有女同學不以爲然，主張男女平等，要求受同等軍事教育，一起操練。孫立人說：

我給他們編隊，按男女性別分隊，這是天經地義的，她們反對。她們說要男女平等，爲甚麼要男女分隊？應當一視同仁。我說：「不是我小看妳們，男女在體格上或是其他方面都不能說是一樣。」我又說：「假使我叫男生把頭剃光，妳們女生是不是也把頭剃光？要是妳們也把頭剃光，我就把妳們和男生編成一隊。」她們說不。我說：「妳們女生按月要請假，這還要我解釋嗎？」我說：「妳們出操的體力根本和男生不一樣。」她們不服氣，因爲當時我年紀輕，她們和我年歲也差不多，我一定要男女分隊，她們硬要不分隊，說我輕視女權。我說：「假使妳們一定要男女混合編隊，可以，可是不許懊悔，不可以再改了，我們決定一件事，要做就做。」她們女生一個個都口口聲聲說不改了。我還沒有開始要她們剃光頭，第二天出操光是步伐就走不整齊。同時女生好笑，喜歡講話。我說：「妳們頭一天上操，我給妳們試驗，妳們看看適不適合混合編隊。」到了第三天，大家都要告假了。睡在床上說這兒瘦，那兒痛，這兒有毛病，那兒有毛病。我說：「既然是軍隊，就是要求整齊劃一，像妳們這樣還練什麼軍。」有一個女孩，帶有日本血統，她就哭了，說要退學。我說：「妳上課還不到一天，怎麼就要退學呢？」後來打野外，女孩子又吃不得這個苦。我說：「妳們根本就不知道軍隊是甚麼一回事，這一個禮拜，我讓妳們嚐夠了苦頭，是不是能忍受？天下事情都要合情合理，是不是要考慮一下繼續男女混合編隊？」結果她們自動要求分開編隊，這樣才相安無事。從這一件事也可以看出，她們當時的革命熱情是如何的高漲。

孫立人在中央黨校任職約有一年時間，但卻留下一段頗堪回味的回憶：

我一方面當教官，一方面當隊長。全校同學一共分三個隊，其他一隊是一個黃埔畢業的當隊長，另外一隊是日本士官回來的當隊長，各有各的不同教法。起先他們覺得我的教法太嚴格了，我拿事實給他們看，我的教法是有成效的，後來慢慢他們也不覺得嚴格了。一年光景，我都跟他們在一起，他們吃什麼我吃什麼，他們運動打球，我也帶著他們打球，晚上自修，有不懂的地方我教他們。過了一年，大家的感情就很好了。我本身對政治毫無興趣，可以說我一生討厭的就是玩政治，所以我不願意與政治有關聯，但在這個環境裡，有的時候政治和軍事就是不分的。老實一句話，我反對狐群狗黨。我並不反對一個正正當當的政黨，但是大家喜歡搞小組織，小圈圈，喜歡搞派系，互相排擠。我覺得我們只有一個國家，爲什麼還要分黨分派？大家如有才能，哪兒都能做事；爲什麼要靠背景？搞關係？這是我的基本看法。❷

民國十七、八年間，正是國民黨清除共產黨，國民黨內部也發生分裂，明爭暗鬥。中央黨校初期，受了當時政治環境的影響，也時有學生風潮。孫立人看不慣學校裡鬧政治派系鬥爭，這是他離開黨校的原因。他說：

某日，我在中央黨務學校當值星官，忽然接到電話，要我把隊伍帶到那裡去。我說：「這要校長的命令才行，沒有校長的命令不行。」那時候各派系爭得很厲害，甚至說哪一個是國民黨的叛徒，哪一個殺死廖仲愷。我不敢帶著隊伍去，帶著隊伍去是要鬧事的。同學與憲兵、警察衝突，會造成慘案。我說我自己來，我一個人來。那時，憲兵、警察和學生已經打開了，打得頭破血流，我去就把學生帶回來。學生回來就開大會，標語是打倒這個，打倒那個，鬧得一塌糊塗。我一視同仁，對於國家有利的事我做，對國家沒有利的事我不做，後來我看看這個學校黨派色彩太濃厚，我也不想做了，我就想離開。❷

註釋：

❶ 孫立人講〈統馭學〉，載《孫立人將軍鳳山練軍實錄》，台北學生書局。

❷ 許逖著《百戰軍魂》第六五—六六頁。

二、陸軍教導師排長

民國十七年底，政府奠都南京，積極從事建國建軍工作。蔣總司令在南京小營成立陸軍教導師，派馮軼斐將軍爲教導師師長。馮爲廣東人，保定軍校第一期畢業，在當時國民革命軍陣營中，是一位傑出的將領，深得蔣公器重，畀以訓練新軍任務，專司培訓陸軍幹部。

當時德國在第一次世界大戰之後，軍中許多優秀軍官被裁編失業，沒有出路。蔣總司令為要成立新軍，於民國十九年，特聘德國名將方賽克將軍（Gen. Hans Von Seeckt）為軍事總顧問，法爾根豪仁（Von Falkenhansen）為軍事顧問團團長，率領德籍顧問史坦因等四十六人來華。他們都是德國最傑出的軍事人才，尤其是方賽克將軍，在第一次世界大戰期中任德軍參謀長，德國戰敗後，方賽克曾協助希特勒建立德國國防軍，在很短期間內，就把戰敗後的德國國防軍重新建立起來。他們建議訓練國軍二十個師，先從陸軍教導師實施起。後來陸軍教導師的裝備軍械，也向德國採購，因而教導師成為陸軍中最精銳的部隊。

正好那時候，孫立人想離開黨校，聽說馮軼斐將軍在練新軍，就想辭職求調。而且到那裡要從基層做起，孫認為這正符合他自己的想法，表示願到學兵營從教育班長做起。他上書黨校蔣兼校長，請求調到陸軍教導師當教育班長，獲得批准。他去南京小營報到，派任陸軍教導師工兵營第三連上尉排長，這才是他一生軍事生涯的開始。

據他自己說：

我在黨務學校幹了不到一年的光景，恰值中央成立陸軍教導師，招訓學兵，請有德國軍事家作顧問，目的是想新建堅強的國防軍，於是我要求調到馮軼斐將軍部下去工作，以期得到更實際的帶兵經驗。大家要知道，當時的中央黨務學校，雖然也完全軍事管理，但比起部隊的訓練情形，多少有些兩樣，結果我被調為教導師的排長，實際還是教育班長。那時我們工兵營一連有四個排，四個排長中，惟我年齡最小，而且又是洋學生，他們都把我當作初出茅廬的小孩子看待，希望我鬧笑話。而我呢，只知熱心做事，時時去尋事做，所以常常代替他們值星，因爲我認爲值星，是學習帶兵的最好機會，可以由此多接近士兵，多了解士兵，多學習處理士兵方面的事，甚至一個月有二十至二十五日歸我值星，而他們那兩位卻也正可藉此偷閒，出去玩耍，好在連上的事，有我負責。他們一個連長，三個排長，就有兩人抽大煙。記得總司令蔣公常常清早四五點鐘時，就來點名，有一次點名的時候，總司令問我們這連多少排，那位抽大煙的值星排長，舉起三個指頭，搖頭擺腦神氣活現地說：「報告　總司令，我這連有三排！」那種散漫的態度，總司令看了非常生氣，當即予以申斥。但他們那些人，表面上與我雖親熱非常，利用我替他們多做事，暗地裡卻非常排斥我。記得年終考績時，連長對我的評語是「青年浮躁，經驗缺乏」，全不是好的批評，我因爲是決心去學習帶兵，去求得經驗，所以也只顧做事，絕不過問甚麼考績評語。這樣的幹了將近一年，馮將軍見我能夠吃苦，還沒有洋學生的驕傲派頭，就要我介紹幾個同學去工作，於是我分別向同學們寫信，希望他們能夠參加教導師工作，不料好幾個同學回信說：「有團長當即來」。這是他們沒有志氣去實心做事，如果是有志氣的，只要能求得學識能力的眞實經驗，能建立事業的眞實基礎，又何在乎職位的高下。可是他們才從學校出來，就不肯下身份，低頭去做，這種毛病一直到現在，軍隊中還依然流行著，說來眞堪浩歎！」❶

孫立人在陸軍教導師中埋頭苦幹，表現優異，獲得馮軼斐師長賞識，予以不次提拔，不到一年中，先調少校連長，後又調升為陸軍教導師第三團第三營中校營附。但是「營長呢？日本士官學校出身的，也抽大煙。」孫立人看看這個新軍，實在沒有什麼新希望，就想再求他去，後又調升為步兵第三團第三營營長。

註　釋：

❶ 孫立人講〈統馭學〉，載《孫立人將軍鳳山練軍實錄》。

三、憲警教導總隊大隊長

民國十八年五月，陸海空軍總司令蔣公成立憲警教導總隊，特派溫應星中將為總隊長。溫應星曾在美國維吉利亞軍校就讀一年，後轉至西點軍校畢業，曾任孫總理中山先生英文秘書，上海市公安局長，國立清華大學校長，是一位文武兼資的將領。溫將軍特邀請從美國「諾維琪」騎兵學校畢業的齊學啓為大隊長，齊學啓是孫立人清華同班好友，孫就呈請蔣總司令調往憲警教導總隊任上校大隊長。

據他回憶說：

我在陸軍教導師幹了一年多，恰巧那時成立憲警教導總隊，預備全國訓練二十萬憲警，我又被調去工作。因爲事屬草創，無論大小事情，我無不盡心竭力地去做，可以說是從我一個人幹起，慢慢地訓練全體幹部。後來成立第一大隊的軍官大隊及軍士大隊，都是我當大隊長，訓練出一團幹部，就成立一個團部隊，慢慢的依次擴充。

當時憲警在草創之初，不僅兵員缺乏，而且經費也感困難。按照規定，每年發給士兵單、夾、棉三套衣服，最初每兩月發給草鞋五雙，後來因爲經費不夠，改爲三個月祇發草鞋兩雙，士兵每天都要出操打野外，一雙痲織的草鞋怎能夠穿呢？孫立人見到這種情形，認爲國家窮，士兵草鞋應該節省，作合理分配。規定士兵草鞋一隻壞了，呈驗不堪再穿的壞草鞋，換取新草鞋。也許大家要問，兩隻腳穿著新舊不同的兩隻鞋子不是很難看嗎？是的，他叫連裡面的弟兄互相調換，成色相同的配成一雙，不是一樣的美觀嗎？這樣把多餘的草鞋儲存下來，日積月累，隊部控有一批新草鞋，平時士兵都有草鞋穿，遇到校閱或大集合時，這一隊士兵都換上新草鞋穿。當時齊學啓大隊長卻感到驚奇，他的隊上的士兵卻沒有草鞋穿，而腳上穿的草鞋，都是「前頭賣生薑，後頭賣鴨蛋」，破舊不堪穿用。經向孫問明情況，才恍然大悟，後來齊常常拿這一樁事，告誡部下，治軍一定要從小處留意，一點一滴做起。

他這樣盡心竭力去做事，想不到竟受到撤職處分。孫立人回憶這件事的經過說：

當憲警第一團成立時，照理應派我爲團長，因爲一切都是我草創出來的，結果派齊學啓爲團長，齊先生就是我後來任新三十八師師長時的副師長，與我是同學，我當然贊成，不能多說話。及至第二團成立，總隊長爲要應付別人，又派了黃埔畢業的宓熙作團長，我仍在教導隊當大隊長，在訓練第三大隊的官兵，及至第三大隊訓練將告成熟，快要成立第三團了，照情理非我任團長不可，果然不幸的事發生了，結果我受到撤職處分。我記得那是一個上午，因爲有幾個學員的薪餉，三四個月未發，我基於大隊長的職責，應替學員解決困難，就去找軍需主任，說到那位軍需主任，平日自恃與總團長有親戚關係，勢燄薰天，不可一世，當我進房和他交涉時，我站著很客氣的和他講，他泰然坐著很神氣的愛理不理，我很正當的說明那幾個學生薪餉非發清不可的理由，他因爲這是向他要錢的事，傷了他的心，就毫無理性的推諉，堅持不肯發放，於是我們由道理的爭執，而互相吵嘴，大家鬧得不歡而散。當時他那種不講理的態度，說來眞夠使人氣憤，不料這樁事情，給上面知道了，不獨不問是非，不辨曲直，對軍需主任加以懲處，反而利用這個機會，不加詢問，不等候我的報告，於正午十二時吵嘴，下午四時就來了撤職命令，所加的罪名第一是勒索軍餉，大家試想學兵的薪餉是不是應該按月發清，何況這還是幾個爲了特殊原因未及領餉的學兵，要求與其他的同樣發放而已；第二是目無長官，以一個大隊長與一個軍需主任是平等的，何能謂之長官；第三是性情粗暴不能表率士兵，這也是不著邊際的話；我當時一句多話也不說，馬上移交清楚，隨即走開。其實那時的憲警教導總隊，正辦理得蒸蒸日上，力事擴充。就是因爲他們做事，全是自己人折台，所以不到好久，也就完了。後來才由谷正倫先生接替，培訓現在的憲兵。❶

孫立人回到上海家中，他的父親問明原由，責怪他性情暴躁，勸他回營向長官道歉，孫立人堅持不肯。他說：「我自問我沒做錯，爲甚麼要我去道歉？」他父親說：「你既然要從事軍旅生涯，你在軍營中的長官，都是你未來事業上的夥伴，你今天去道歉，留個餘地，大家將來還會見面共事的。」可是孫的脾氣，寧願在家賦閒，也不肯去道歉。

註　釋：

❶《孫立人鳳山練軍實錄》內載〈統馭學〉。

孫立人將軍與夫人張晶英合影

四、英雄美人駢轡馳騁

當孫立人在憲警教導總隊幹得很起勁時，他一向以軍營爲家，日夜都待在營房裡，專心做事。一天有個同學邀他去參加一個晚會，介紹南京匯文女中一位女同學張晶英小姐與孫認識，孫立人看到張小姐清秀嬌美，活潑純眞，有著妙齡青春的熱情。孫立人本是周瑜英姿俊拔型的人物，若不著戎裝，更顯得神采瀟洒，舉止文雅，兼具西方紳士與武士的風華。張晶英生長在湖南的大戶人家，從小就傾慕軍人。又在教會學校唸書，個性獨立開朗，兩人一見面就談得很相投。孫立人邀她跳舞，她的舞也跳得很好，在晚會上兩人玩得很開心。從此之後，兩人成了很好的朋友。張晶英生性好動，喜歡爬山、游泳、騎馬、跳舞，每逢假期周末，兩人相約，不是到鍾山遠足，就是到玄武湖盪舟，有時也去參加舞會，婆娑起舞，沉醉在音樂的曲調中。天朗氣清時，雙雙到南京郊外棲霞山騎馬，駢轡馳驅，英雄美人，羨煞許多過路的人。男女墜入愛河中，歲月在不知不覺中飛逝。很快暑期來臨，張晶英從匯文高中畢業。學業結束，兩人聚會的時間更多，張晶英也不顧升學的考試，一心一意在想和這位青年軍官共渡良宵美景。

這一對青年男女，感情發展到快成熟的時候，一天晚間，兩人相會在一起，孫立人遂向張晶英求婚，當時張晶英說：她願意和他結婚，但他必須依照她一項要求。那就是她倆結婚之後，他一定要孝順她的媽媽。張說：她媽媽生了她兄妹四人，祇撫養她一人長大，受盡辛苦，她倆結婚後，如果對她不好不要緊，一定要孝順她的媽媽，否則，她會感到對不起媽媽。孫立人聽了之後，觸動他內心傷痛，他自幼喪母，未有得到親生母親的撫愛，現在有了一個岳母，要他孝順，他自然滿口答應。兩人說好之後，張晶英回家稟告她的母親，她的媽媽不贊成這樁婚事。張老太太認爲孫是軍人，又不是湖南同鄉。當時張晶英是匯文女中校花，追求她女兒的青年很多，張老太太卻囑意一位江西青年熊式輝，因爲這時熊也在追求張晶英。可是張晶英的心上人，是英俊瀟洒的孫立人，張老太太不願意過於拂逆她心愛的女兒，也祇好答應了。

張老太太同意之後，孫立人就利用一個週末，搭車回到上海哈同路家中，去和他父親商議，說明他要和龔夕濤離異，另娶張晶英爲妻，熙澤公乍聞之下，大爲震怒說：「龔夕濤是一位賢慧媳婦，你出外讀書多年，她空守在家，上事翁姑，從無怨言，而今你留學回來，就不要鄉下老婆了，這件事我絕不答應。」

龔夕濤聽到孫立人要和她離異，就在房中哭泣。她告訴夫君說：「我既嫁給你，就是孫家的人，我一定要從一而終，絕不離異。你若嫌我不好，你可以再娶，我願在家侍奉你的父母。」孫立人聽了這番話，無言相對，賭氣離家出走了。

孫立人回到南京之後，把他父親反對他倆結婚之事告訴了張晶英。張晶英具有湖南女性倔強的性格，愈是遭到挫折的事，她的勇氣愈大。她對孫立人說：「我能不顧我母親的反對而願和你結婚，而你就一定要聽從你父親的安排嗎？」這一對在熱戀中的男女青年，在當時自由戀愛神聖的標榜下，他們決定不顧家庭的反對，自由結婚了。

他們結婚良辰，訂在民國十九年十月十七日，地點選在上海滄州大飯店禮堂，婚前二日，張晶英由其母親和孫立人陪同，搭乘京滬鐵路快車到達上海，預爲準備喜宴並製禮服。到了良辰吉時，舉行文明婚禮。證婚人宣稱：新郎孫立人，安徽舒城人，年三十歲，是陸軍上校少壯軍官，青年才俊。新娘張晶英，湖南人，芳年十八，正是一位荳蔻年華的青春玉女，郎才女貌，天生一對，祝福他們婚姻美滿，家庭幸福。有好事親友贈送賀軸懸掛在禮堂讌席前，大書「海外凱旋日，情場得意時」，禮堂中喜氣洋洋瀰漫著親友喧鬧的祝賀聲。

婚禮完成，這對新人在衆親友祝福聲中步上禮車，駛往杭州渡蜜月。這時正是秋高氣爽的季節，西子湖畔的風光益發秀麗，湖光山色更加明媚，花前月下，處處留下這對新人的雙雙倩影。蘇堤散步，湖心盪舟，觀三潭印月的綺麗風光，至靈隱寺內焚香拜佛，美景當前，情意濃蜜。一天上午兩人走到岳王墓前，孫立人趨前瞻仰膜拜，朗誦墻壁上刻的岳飛親書的滿江紅，並對新婚夫人講述岳母在愛子岳飛背上刺書「精忠報國」的故事。他聚精會神地講述岳飛的歷史，哪知張晶英卻漫不經心。她心中的英雄已經擁有，其他過往英雄豪傑，她卻毫不在意。

回到南京之後，在營房附近租了一個新居，小夫妻過著恩恩愛愛甜甜蜜蜜的生活。孫立人回到營房去了，張晶英過著當時官太太的生活，每天邀約同學好友，打牌看戲或是上館子，腦海裡祇是想到當天要怎樣才能玩得盡興，從來就沒有想到明天。她感覺到眼前的榮華富貴，已夠美滿無缺了。

冬去春來，春暖花開，人們紛紛結伴到南京郊外踏青。一天假日，兩人攜手前往棲霞山騎馬，興高采烈中，放馬自由奔馳，峯迴路轉，到了深山，山陡路狹，張晶英一不小心，馬失前蹄，踩了個空，身不由主，人從馬背上給摔到山溝中。孫立人騎馬緊隨在後，大驚之下，趕快躍下馬來，攀附樹根和亂石，爬下陡坡，幸澗水不深，又是沙地，張晶英手腿並未折斷。孫忙把正在呻吟的夫人抱起，一步一步地抱到路邊，找到鄉間農夫幫忙，用擔架抬到南京中央醫院治療，經醫師檢查結果，僅外部擦傷，當予包紮，遂回家休養。在夫婿細心照料下，經過三個星期的調養，就復原了。

以後每逢週末假期，這對年輕人又去騎馬郊遊，在南京郊外各名勝地區，並轡而行，留下他倆的儷影倩蹤。

第四章　海州練兵

一、侍衛副總隊長

孫立人一氣之下，離開了陸軍憲警教導總隊，這時陸海空軍總司令部成立侍衛總隊，由德國顧問仿照當時希特勒鐵衫隊的成軍而向蔣總司令建議設立的。主要幹部及兵員，多由德國顧問從陸軍教導師及憲警教導總隊中挑選。孫立人曾在陸軍教導師及憲警教導總隊中，工作表現極爲優異，深得德國顧問的賞識。侍衛總隊長王世和（寧波人，黃埔一期）獲悉後，經向蔣總司令推薦，於民國十九年九月，委派孫立人爲陸海空軍總司令部侍衛總隊上校副總隊長。

陸海空三軍總司令部侍衛總隊，正如中國傳統上所稱的御林軍。當時孫立人擔任蔣總司令侍衛總隊副總隊長，如果他想攀龍附鳳，這是一個晉升的好階梯，善自利用這個機會，他的前途就會一帆風順。可是他心中所想的，並不是他個人職位的高升，而他一心一意所要追求的，就是要有一個強盛的國家。要想國家強盛，先要爲國家建立一支強大的軍隊。爲了發展他的這一抱負，他想找個給他練軍的機會，替國家練成一支世界上第一流的軍隊，爲國家爭榮譽，使中國人不再受外國的欺侮。因此他對於侍衛蔣總司令身邊，擔任日常警衛工作，並不感到多大興趣，更不想從中謀求個人前途。所以他在陸海空三軍總司令部侍衛總隊祇幹了四個多月，就請求調到稅警總團練兵去了。

二、編練稅警團

民國十九年，財政部設立稅警團，其任務為緝查走私鹽販。及至二十一年，宋子文博士出任財政部長，銳意改革稅務，毅然將鹽務行政，劃歸稅務稽核所兼辦。為謀事權統一，乃將各省緝私局裁撤，改組為稅警局，由各省稽核分所直接指揮，原有官兵，汰弱留強，厲行軍需獨立，實施點名發餉，採用執證制度，以杜冒名頂替及吃空缺的弊端，一掃往昔貪污腐敗陋習。同時選用優秀軍官，提高素質，增加官兵待遇，保障職位，一時聲譽鵲起。嗣後在廣東擴充編制，成立稅警總團，由美國西點軍校畢業的王賡任總團長，下轄第一、二、三步兵團，直接隸屬於財政部。成立之初，招募各方青年，配備新式裝備，施以嚴格訓練，成為全國一支精銳部隊。

一二八淞滬戰役之後不久，財政部特在浙江省嘉興縣成立稅警特科兵團。當時孫立人聽說稅警總團有新興氣象，就想請調前往工作。後經一位清華同學趙君邁的介紹，去見宋部長，說明前來投效的志願。宋部長見到這位年輕的留美軍官，儀表不凡，志氣可嘉，相見之下，大爲欣賞，談了一陣，知道他是蔣總司令侍衛副總隊長，當即任命他爲稅警總團特科兵團上校團長。

當時稅警總團長是王賡將軍，孫立人在清華唸書時，王賡將軍曾任清華軍事教官，孫去向他報到時，王總團長便將稅警團的任務告訴他，要他先選練幹部，再補充兵源，逐步把特科兵團成立起來。

稅警特科兵團的編制很特別，團之下沒有營，祇有直屬的特務連、騎兵連、迫擊砲連、平射砲連、工兵連、有線電連、無線電連、運輸連及重機槍連，一共九個直屬連。團本部設中校團附一人，下設參謀室、副官室、軍需室、書記室及傳達排等單位。

成立初期，兵源不足，裝備尤缺。孫團長到差後，就派員分赴蘇北、皖北及魯南地區招募新兵。時值民國二十年長江大水災之後，農村凋敝，人民生活艱困，青年謀生無路，紛紛應召當兵。經過半年的努力，兵員逐次充實，到了初秋，全團始編組完成，旋即奉命移師江蘇東海整訓。

孫立人團長率領全團官兵，由嘉興乘火車到上海，在南市招商局碼頭登上三北輪船公司的汽輪，碰到海上發生颱風警報，船長以風大不宜航行。如不航行，船靠碼頭，需付鉅額碼頭費，團部沒有這筆額外經費，只好不顧一切，連夜開航。當輪船一出吳淞口，就遭到強風侵襲，進退不得，任其隨波逐浪飄流。留在甲板上的人員馬匹，很多被巨浪捲入大海，損失慘重。經兩晝夜與強風掙扎，船已被颱風吹到青島外海漂流。風過之後，再回航駛向連雲港登岸。船上官兵經數晝夜之顛沛，登岸以後，頭昏腳軟，休養五六天，仍有人站立不穩。

稅警總團在海州整訓後，加以擴編，除原有之第一、二、三團外，將特科兵團改編爲步兵第四團。這時特科兵團只有兩個營，擴編時將獨立第六營編入該團，才成爲一個足額的步兵團。新編入的這一營幹部素質不高，士兵知識水準較差，連排長全是行伍出身。他們知道孫團長是洋學生，從外表看起來洋氣十足，那股帥勁，有襲人的氣勢，內心感到不安，怕自身沒有學歷，工作得不到保障。孫立人卻認爲他們曾參加過北伐汀泗橋戰役，俱有作戰經驗。爲了未來作戰目的，遂將新來的第一連留在第一營，第二、三連編入第二營，第四連編入第三營。第一營營長葛南衫中校，留學法國，文武兼備，年輕英俊。第二營營長唐守治少校，第三營營長張在平少校，他們兩人都是軍校畢業生。全團擴編完成，孫團長集合講話，告訴官兵說：「日本人有侵吞中國領土的野心，希望全體官兵要立定決心準備抗日，參加稅警團不是來抓走私的鹽販子，而是要善練戰技，打倒日本帝國主義。」他又提升一位新來的資深排長任連長，無形中使新編入的官兵人心安定，從此樹立了上下的相互信心。[1]

稅警總團經擴編之後，共轄六個步兵團。總團長繼由美國西點軍校畢業的溫應星將軍出任，副總團長是古鼎華，參謀長是周平海，古、周兩人都是保定出身。六個步兵團分屬兩個支隊，第一支隊轄一、二、三團，支隊司令是何紹周，第二支隊轄四、五、六團，支隊司令是王公亮，何、王兩人都是黃埔一期畢業生，其餘各級幹部都是經挑選出來的。

孫立人在編訓第四團時，有一套獨特的練兵構想。他要求訓練的地點遠離城市，而又有符合操練的環境。他所選定的理想地點是江蘇東海南城，這個地方附近只有幾家農戶，距新埔市二十多華里，濱海靠山，靠山兩面是丘陵地，濱海兩面是沒有耕種的一片荒野，俱有班、排、連戰鬥演習所需要的各種地形。他將此一構想呈報宋子文部長，宋部長命令鹽務總局局長黎度公撥款興建。孫本人又是學土木工程出身，營房及訓練場地完全依照他練兵需要而設計，在建造中他又經常去巡視督導工程進度，經過一年多建造，一個加強團的新營房順利完成。

這個新營房四周圍有高牆城廓，外有三公尺寬二公尺深的壕溝，四角有四個瞭望亭，以保護營房的安全，營房道路寬敞，遍植樹木，官長有辦公室，官兵每人有單人床，並有廚房、廁所及浴室設備，全部房舍均有上下兩層窗戶，空氣十分流通，冬天有隔離式熱水浴，最特別的設計是每一個連一出門都有各自的操場，出營門前後即爲戰鬥演習場及射擊場，均有固定完善的設備。孫立人給這座新營房命名爲「南城營房」。

孫立人練兵的重點，第一是體能，第二是射擊，第三是戰鬥。他認爲官兵身體健康，才能接受嚴格的軍事訓練，所以訓練一開始，他就十分重視官兵生活的安定及伙食營養衛生。他特別要求每一個營房內不能有蒼蠅，倘若那個連營房內有蒼蠅被他發現，這個連的特務長會受到處分。第一期訓練，每週操課時間是六天半，星期日上午是總理紀念週及內務武器檢查。其餘六天每晨四時半起床，先由值星官帶領部隊晨跑五千公尺。然後集合全團排長以上幹部，講解當天課表上所列的射擊戰鬥操練的動作，極大部分都是由他本人親自來講授並示範，解散後，這些受示範的幹部，跑步回到各自的連上，急忙的扒幾口飯，又跑步回到操場，開始一天的操練。午飯後，孫規定士兵一定要睡午覺，以充實體力，但幹部多要準備下午的課目或演習器材。每週有一次夜間教育或夜間行軍，有時部隊上體育課，軍官則須上講堂，加強軍官學科教育。就這樣一天復一天，緊張的循環訓練。到了星期日，反而使官兵最擔心，因爲團長要親自檢查武裝，每週檢查結果，總有半數的連難使他滿意。他如發現某一連武器保管與清潔不理想，他從不處分誰，而是心平氣和的集合幹部，由他本人示範擦槍動作，所以星期日往往是幹部最難挨的一天。

稅警團的武器裝備，全是捷克式「七九」步槍，此種槍枝後來經河南鞏縣兵工廠依式仿造，名稱爲中正式步槍，分發中央部隊使用。機槍是用法國哈其開斯氣冷式機槍，較水冷式輕便而耐用，迫擊砲也是採用法國製的八二口徑砲，其他裝備許多是採用德國製的，在當時算是精良的新式裝備。❶

孫立人認爲我們是工業落後國家，自己不能製造足夠的械彈裝備，大部分仰賴外國，所以對於槍械彈藥必須珍惜保養，不能作無益的消耗。他認爲武器如果擦拭清潔，保管良好，不但可以維持原來的壽命和精確度，還能增強殺敵的信心。他自己曾研究出一套擦槍法和擦槍工具。當時部隊官兵習慣使用隨槍附有的鐵通條，他認爲鐵通條易於磨損槍膛，尤其是槍口，並且不易把來復線中的塵垢擦拭淨盡，因此他主張改用竹子通條，擦拭時沿著來復線的溝紋旋轉，很容易擦拭清潔。所以在孫立人部隊中，擦槍的工具，都是使用竹子通條，大竹籤、小竹籤、大毛刷、小毛刷、大方布和小方布，而小方布裡又分油布與乾布。他並創立助手擦槍制度，二人共同擦拭，互爲助手，擦拭完畢，相互檢查，使武器保持在最好狀況。

稅警團官兵的薪餉，按照當時中央軍待遇，以十足數額發放，不折扣、不拖欠。上校薪餉爲二四〇銀元，中校一七〇銀元，少校一三五銀元，上尉八十銀元，中尉六十銀元，少尉四十二銀元，准尉三十二銀元，上士二十三銀元，中士十八・三銀元，下士十六・三銀元，上等兵十二・三銀元，一等兵十一・三銀元，二等兵一〇・三銀元，士兵增發三角是草鞋費。當時物價低廉，生活便宜，普通人一月伙食費只要三銀元，十銀元就可養家活口。稅警團有如此高的待遇，被人稱爲「少爺兵。」

那時並無糧餉劃分之規定，孫團長爲官兵身體健康著想，並體恤部屬薪給高低不同，特別規定按官階高低分攤數額不同之伙食費，對士兵伙食加以補助。每月伙食費，除士兵一律三元外，上校二十元，中校十六元，少校十二元，上尉十元，中尉八元，少尉六元，月終由給養副官結帳，如有節餘，則平均分別發還。因此官兵早晚在一起共餐，不得另起小灶。[2]

在抗戰前，國幣信用良好，各地物價便宜。鷄蛋一元可買到一五〇枚，一連有一六〇人，每天只需一塊錢買蔬菜可以夠一天吃，魚一元可買六十斤，鷄鴨一元可買十多斤，只有燒火所用的柴木較貴，一元只能買到四十斤。孫團長叫軍需直接到煤礦去採買，每運一節火車回來，全團夠用好幾個月。騾馬吃的乾草，由全團組織的馬乾委員會，向皖北一帶便宜的地方，統一採購。部隊經過如此調教下來，眞是人壯馬肥。

孫立人對於官兵的升遷，也有一套公平的辦法。他規定全團連排長每連舉行一次軍官學術考試，學科以典、範、令及曾湖治兵語錄爲主，術科是班排攻防作戰的紙上作業，考試成績作爲翌年升遷參考。官長升遷主要視服務成績，連排「運動」及「射擊」成績優越者佔先。士兵要想升級，第一要四百公尺跑得出色，五千公尺或三千公尺障礙賽跑得不理想者，很難上榜，射擊成績不好的，也是一樣升遷黯淡。事實上，當時人事安定，升遷機會太少，團裡遇有缺額，團長會調升誰，大家都會猜中八成半，可見人事公開與上下均有信心。

註釋：

❶ 潘德輝撰〈從稅警總團特科兵團到第四團的經過〉一文，載於《孫立人將軍永思錄》第一五九頁，台北學生書局。

❷ 許逖著《百戰軍魂》第七十八頁。

三、臥薪嘗膽練勁旅

稅警總團官兵訓練採用德式軍事教育，爲訓練部隊幹部，特在海州洪門成立軍官教導隊，召訓各團尉級軍官，由財政部聘請德國軍官二十餘人擔任軍事顧問，史坦因上尉率領各兵科顧問在軍官教導隊實施德式幹部教育，並分赴各團隊實施很嚴格的部隊訓練。

稅警第四團全體官兵集中海州南城營房整訓，除一般課程外，孫團長特別重視官兵的基本教練。所謂基本教練，包括各種兵器的操作，與連以下至單兵各種基本動作，培養官兵的強壯體能，加強官兵個人的戰鬥射擊及劈刺的戰鬥技能。規定各人每天要做瞄準、握槍把、扣板機等基本動作，反覆練習，隨時檢查。

孫立人爲了鼓勵官兵射擊技術競賽，每一年終全團有一次射擊實彈考試，統一規定，由各連選出優良射手參加，成績達到一

海州練兵，精習游泳

定標準，在一年內，每月可領射擊獎金二至四元，一年屆滿，又重新考試，若連續幾年都得到獎金，除照規定每月領獎金外，並頒發獎章。這樣一來，連排長認為這是他連排上的榮譽，大家都要努力爭取，自此之後，全團射擊風氣更為蓬勃。

孫立人很喜歡官兵平時「打赤膊」，他自己也經常赤膊短褲參加官兵的各項運動。孫最愛騎馬，他個人養有三匹駿馬，他騎在馬上的雄姿，很少人有他那大將的威風。平時他愛穿長統馬靴，他穿的軍裝，質料與式樣與全團官兵從無異樣，只是相同的質料與式樣，穿在他身上，顯得特別的帥，這是因他的身材修長，又受過美國維吉尼亞軍校嚴格訓練，走起路來兩肩胛骨幾乎靠攏，精神挺拔，有股頂天立地的架勢。

孫立人天性似乎不喜歡交際應酬，他全神貫注於部隊，天天守在營房裡，與官兵生活打成一片。他對部屬極為信任，他規定官長出營門不須請假，任何時在衛兵室登記外出與歸營時間就夠了。他認定官長無事絕不會外出，有事要請假太麻煩，他這種想法與做法，反而使幹部自重自尊。自訂下此項規定之後，他從未提及過有官長外出不當，或某人出營次數太多情事。他一向對部下不苛求，部隊就是他的家，也是官兵的家，使人感到在軍隊裡，就像一個人平時在家一樣的愉快，有人情味、有安全感，他的訓練要求雖嚴，但很少對官兵有過處分，他的誠實作風，極得官兵的敬愛。❶

孫立人當團長時，特別重視體育訓練。運動時，他親自教導官兵打球。後來他特地請來一位體育教官李元祥，李教官是全國運動會八百米名將，做事負責盡職，從不怕任何困難。

他教全團官兵游泳，每個人的游泳姿勢都很正確。孫團長看到官兵動作有不對的地方，就和李教官講，他就照著去做，把官兵的運動姿勢改正過來，努力耐煩，從無怨言。官兵逐漸對體育的興趣增加了，體育的水準也提高了。夏天，孫團長帶著全團官兵三千多人，一齊到連雲港海邊去游泳，狂風大浪中，個個矯健猶如游龍一般。

八一三淞滬對日戰爭爆發，稅警總團調往上海作戰。孫團長指定李教官留在後方擔負收容工作，不要他上前線，他無論如何不肯留下，堅持要與官兵同上前線。在孫團長負傷之後，他跟騎兵排在一起，終於犧牲在日軍炮火之下。後來孫將軍每每想念到他，說他是一位難得的軍中體育人才。

孫團長爲了鼓舞士氣，他聘請音樂教官應尙能教導官兵唱抗戰愛國歌曲。他還請他父親孫熙澤老先生作了一首軍歌，請名音樂家應雪痕先生譜曲，在軍中歌唱，這首軍歌歌詞全文如下：

吾軍欲發揚，精誠團結無欺罔，矢志救國亡，猛士力能守四方，不怕刀和槍，誓把敵人降，親上死長，效命疆場，才算好兒郎。

第一體要壯，筋骨鍛如百煉鋼，暑雨無怨傷，寒冬不畏冰雪霜，勞苦是故常，飢咽粃與糠，臥薪何妨，膽亦能嚐，齊學勾踐王。

道德要提倡，禮義廉耻四維張，誰給我們餉，百姓脂膏公家糧，步步自提防，驕縱與貪贓，長官榜樣，軍國規章，時刻不可忘。
大任一身當，當仁於師亦不讓，七尺何昂昂，常將天職記心上，愛國國必強，愛民民自康，爲民保障，爲國棟樑，即爲本軍光。

這首軍歌歌詞，是孫熙澤老先生用來教導他的愛子孫立人的庭訓，孫將軍一生立身處世帶兵作戰，即奉這首歌詞爲圭臬，身體力行，並用此軍歌砥礪部屬，這首軍歌，後來也成爲新三十八師及新一軍的軍歌。

稅警四團的士兵，多是招募而來的農村子弟，受不了如此嚴格的訓練，常有藉機逃亡的。別的團抓到逃兵，非打即殺，孫團長對於逃兵並不以嚴法來懲辦，他尋求出逃亡的原因，想出防制逃亡的方法。他先在營房四周裝設象徵式的鐵絲網以防範，並灌輸新兵們的榮譽感和責任心，用恩威去感化他們。凡經抓回的逃兵，令其穿上特製的背心，前後印上「逃兵」二字，並令其負責打掃營房內的清潔，然後站在大鏡子面前自省，激發其羞恥心。久而久之，第四團逃亡士兵日見減少。❶

孫團長在海州練兵，是以軍營爲家，和全團官兵共同生活，連吃飯、睡覺、運動、休息都在一起；甚至上課、出操、打野外等，他也隨時去察看、檢查、詢問，時刻不離。看到士兵射擊動作有不正確的，他就地做示範，使得官兵們都不敢怠忽。他利用公餘，常常召見官兵去談話。問他的家庭狀況、過去經歷，生活情形，工作困難及將來志願，發現部下心理有痛苦的，當即婉言安慰，遇到官兵有困難的，就設法替他解決，就這樣很自然的打入部卒的心底，得到官兵的眞誠信服。

孫立人回憶當時他帶兵的情形說：

從前我當團長的時候，絕無固定的衛兵，而是由全團士兵輪流充當。在我辦公室門口，掛上當日衛兵的名牌，我在出進時候，見了衛兵的面貌，看一看名牌，就很容易幫助我認識他。有時工作稍閒，不妨和衛兵談天，問問他個人的家庭狀況、經歷、工作情緒，以及面臨的困難，同時可以問到他所屬營連的情形，對長官的觀感，他所講的未必完全眞確，但總可以作爲瞭解部屬的參考。而且一個士兵覺得長官願意和他談家常，他一定感到榮幸，增強對長官的信心。因爲我常常接近官兵，不獨見面識名，甚至聞聲知姓，就是因我常與部下談話，深知他們每個人的個性聲音笑貌的緣故。

後來部隊移駐蘇北的贛榆，孫爲了練習勤勞堅忍的精神和習慣，帶了六七十個帳幕，特意駐軍在一個山上，每天未見天亮，就要起來跑步爬山，上午出操，下午打野外，晚上集體唱歌遊戲，按時操作，按時休息，擬以鍛鍊忍苦耐勞的精神爲主，稱那營地爲『臥嚐營』，學習臥薪嚐膽的精神。❷

孫立人爲了進一步加強部隊的戰鬥訓練，有計畫的實施官兵「體力」與「戰力」相接合的一種耐力訓練。於是他假設各種情況，親自指導，令各連反覆實施：一、搜索警戒，二、行軍，三、夜間教育。

初期，官兵不配備武裝，每日（夜）行六十里，漸增至七十里，每週兩次。第二期，官兵全副武裝，一律揹背包，還有子彈五十發，炒米二日份，手榴彈二枚，圓鍬或十字鎬，軍服及換洗衣褲、日用品、背包重九‧五公斤，乾糧、水壺、子彈帶內子彈一百發及槍支與配件，開始步行六十里，漸增至七十里。每週實施兩次，然後進至夜間戰鬥行軍，同時賦予搜索警戒課目。

最後更要加強戰備行軍訓練，日間行軍六十里，部隊就地午睡六小時，接著再實施夜間行軍，中途賦予各種敵情，進行搜索警戒，到了次日拂曉，再行軍二十至三十里。二日休息一天，然後再重複實施，如此負重與連續高度疲勞的訓練，孫本人則隨著部隊，日夜不離。孫帶兵最與衆不同的地方，就是訓練你能吃苦，他自己也跟著你吃苦，所以部下毫無怨言。

一次全團由新埔至連雲港，行程六十里，中午部隊在海灘休息六小時後，孫團長下達演習戰況說：新埔已發現敵情，我因爲避免與敵遭遇，回程從今天下午六時經雲台山返回新埔。官兵步行通過雲台山約耗了八小時，這時已是翌晨二時了，部隊搜索警戒前進，第一連連長陳鳴人，特務連連長趙狄以爲這時團長已回團部去了，乃大膽的在路上一面行進，一面抽煙，孫在後面一眼瞥見，每人打一馬鞭說：「演習還抽煙！」並不問他是誰，自己逕向前走了。其實孫早知道是誰，裝作不知，演習完畢，抵新埔講評時，孫絕口不提抽煙的事。孫帶兵極嚴，但處處爲部下著想，使部下敬畏他，而不討厭他。當時抽煙的這兩位連長，後來陳鳴人當了新三十八師師長，趙狄當一一三團團長，都是訓練作戰的好手。

第四團經過最艱苦耐力訓練之後，孫內心深感滿意而有信心。有一天他告訴官兵說：「星期天在新埔街上，六個團及總團部六個直屬營都有士兵在街上走，有時同途就有四五十人向同一方向行進，我在他們後面一看，就可清楚的認出，其中那幾個是第四團的士兵。因爲他們的體型步伐速度不一樣，你們沒有注意吧？」由於第四團的士兵平時守衛行軍作戰都揹背包，六年下來，兩肩後張已自然成了習性。平時規定走路後頸要緊貼後衣領，行進時兩眼不要左顧右盼，步伐速度每分鐘要快於一一五步，要有頂天立地的架勢，士兵都有一份自尊，都以第四團爲榮。又有一次，孫在紀念週上說：「全團官長及班長下士以上的，白天在一百五十公尺，夜間只要在有一點月光下，三十公尺內，人向前走，我在後面一看，我可以喊出他的名字來。」

孫立人說上面這兩段話，是他貫注心血訓練部隊所獲得的成果，表示出他內心的喜悅。第四團的官兵，經他六年的嚴格訓練，個個身體健壯，精神抖擻，技術精良，眞如出山之虎。加以部隊集中在海邊實施游泳訓練，使得官兵都成爲水陸英雄。

註釋：

❶ 潘德輝撰〈從稅警總團特科兵團到第四團的經過〉，載於《孫立人將軍永思錄》第一五九―

❷ 孫立人講〈統馭學〉，見《孫立人鳳山練軍實錄》。一六〇頁。

四、江西剿共

稅警第四團經過一年多的嚴格訓練，部隊戰力大增。至民國二十二年初秋，部隊奉命移駐蘇州閶門外營房繼續訓練，後又分駐常州、無錫、江陰要塞等地，擔任護路機動部隊。當時蘇北有張志高股匪到處搶劫，在鹽城、益林一帶搶刼擄掠，綁架富商地主的子女數百人到處流竄。江蘇省保安團追剿無功，特請稅警第四團前往協助追剿。孫團長派第二營營長唐守治率一加強營配屬砲兵，由鎮江乘船過揚州，到泰州尾隨張匪之後，加緊追剿，經過二十多天，終於在漣水縣之王二庄上遭遇，激戰竟日，始將該股匪全部消滅，並救出被綁架的肉票數百人，獲得當地人民的讚揚。

民國二十二年冬，江西共軍猖獗，稅警第四團奉調江西剿共。全團官兵由長江搭船運至九江登岸，奉令歸北路軍指揮。孫立人率領部隊先至永豐參戰，打了一次小勝仗，並遵命打通通往龍岡的交通線，佔領沿線高地，以防堵共軍流竄，任務均一一完成。

當時參與剿共的四十八個單位，在南昌舉行射擊總比賽，稅警第四團獲得團體總分第一，而且個人成績，前十名中，稅警第四團的射手竟有七名，這是孫團長在海州練軍重視戰技的成果。

還有一次，稅警第四團駐地附近，一支友軍在打灰靶，那是用火油鐵筒，裝著石灰作射靶，距離約一百五十米，命中油筒，可以看到石灰飛起，但那支部隊的士兵，很多都打不中，連一個排長，也打得零分。其時恰巧孫團有一名士兵在旁邊觀看，覺得好笑，那排長看見，非常生氣，就教孫團的士兵也去射擊，結果三槍都中。那團長見他技術好，問他是甚麼職位，那士兵說：「我是傳令兵，在團中打靶是不及格的啊！」

後來新淦吃緊，原有的兩師國軍，駐在那兒防守，都吃了共軍的大虧。原駐防的八十三師劉戡的部隊調走，孫立人奉命率領稅警第四團去接防。他回憶在江西作戰的經過說：

我團的防地，是在新淦的七琴，那兒是一個小鎮，裡面情況卻非常複雜，所以原駐防部隊都吃了大虧，而且八十三師不等待我們去接防，就早已撤防而去。及至我團開到，全鎮都貼有共軍標語，明白的寫著我軍是甚麼番號，有多少個人，多少支槍，團長是誰，他都寫得清清楚楚。而且還恐嚇說：『一個星期內，就要消滅這支部隊，活捉這個團長。』這當然是共軍的宣傳戰，先予以精神上的最大威脅，藉以減低我軍銳氣。同時亦由此可見當地人民都已赤化，我們行軍時，竟有人在點數我軍的官兵和槍枝，所以數目說得那麼準確。並且當天晚上，共軍就來『摸黑』——利用黑夜來偷營，幸虧我團一切都老練週到，早有防範措施，所以不曾吃虧。因爲我們是以一個團接一個師的防地，所以陣地必須變換，我們將主陣地縮小，改建在山上，而以原來主陣地所在的村莊改爲僞陣地，一切重新佈署，白天拚命做工事，晚上放哨防衛，眞是日夜辛苦，無一刻安息，經過兩星期以後，一切工事做好，才以三分之一兵力防守主陣地，抽出兩營兵力，作機動部隊，在白天隨時出擊共軍，於是收穫很大。

當時附近的共軍爲數很多，大約有四五萬人，再加以民眾多已赤化，替共軍作眼線，所以勢力不小，但共軍所用的武器，多是步槍，很少自動武器，所以白天不敢出擊，一到晚上必來偷襲。我們就白天出擊，驅之於數十里外，隨處搜索肅清，以減少夜襲的威脅。我鑑於彈藥補給困難，嚴格規定，有月亮的晚上，非待敵人近至五十公尺處，不許開槍，即使是黑夜，也要等到二百公尺處有響動，才開槍。至於白天，更絕不准無目標放槍。因爲射擊軍紀很好，所以收效很大，每次作戰後一小時，就將消耗子彈實數報告上來。記得有一次，一個德國顧問來視察，睡到夜半，忽然槍聲亂起，他驚慌失措地跑來問我：『爲何亂放槍？』我告訴他：『這不是我們士兵放的槍，而是共軍偷襲放的槍聲。』只要仔細一聽，共軍槍聲與我軍槍聲不同，迥然可以辨別，但那顧問不內行，不能聽出來，並且不相信我的說法。一小時後，我得到報告，只消耗子彈十餘發，他還是不相信。及至天明，我帶他檢視彈殼，分辨出匪彈與我軍彈殼的形狀不同，他才肯相信。

當時還有一個類似的故事。因爲那地方的老百姓，平日一聽到槍聲，就到處亂跑，非常影響戰鬥的進行。同時他們多已赤化，也常有人藉口逃避槍彈，乘機刺探軍情，或爲共軍傳遞消息，我們實在難於週查。恰好共軍傳說我們有新武器，我就利用這種傳說，大賣玄虛。用白紙很精緻的包著磚塊，上面寫著很大的『瓦斯』兩個字，搬向廣場大太陽下曝曬。一面派衛兵像煞有介事的看守，一面卻分明讓老百姓能夠看到。同時派政工人員勸導老百姓說：我們於必要時，將放射毒瓦斯，惟恐老百姓吃虧。老百姓就問如何防禦毒瓦斯？我們政工人員說，只要緊關門窗，將棉被蒙頭蓋著靜睡，庶可免害。此言一出，老百姓都很驚懼。果然，第二天放槍時，老百姓不再亂跑，而捉到的共軍，也個個戴了口罩，問他是何緣故？他說：『聽說你們會放毒瓦斯，所以防備。』這樣清剿了半月，繳得共軍槍械六百餘支，俘虜共軍五六百人。

當時我軍糧彈所存不多，土共用封鎖的方法，不許老百姓『趕場』，以斷絕我軍糧源。因爲江西農村交易，還是用『趕場』的方式，按期集合，附近幾十里地的物產，以及外來雜貨，都利用場期交易，平時並沒有甚麼多的東西可買。這種交易方式，西南各省，普遍通行，或謂之『趕墟』，或謂之『趕會』，其實性質是一樣的。七琴小鎮，沒有了『趕場』，穀米就無法採購。所以我就急電總團長，請求速運糧彈接濟。不料復電到了以後，眞教人哭笑不得。因爲復電說：『關於糧彈接濟，由該團長自行設法辦理可也。』幸而彈藥早已嚴格控制，一經檢查，尚可勉強支持一月。至於糧食問題，因爲我軍入贛省食鹽缺乏，所以就多帶幾十擔鹽，而這時江西的食鹽貴得很，老百姓甚至幾月不知鹽味。我於是規定，凡賣米一石與我軍者，送鹽半斤，多少以此類推。老百姓知道了，都想盡方法，賣米給我們，很快的收集了一月所需的糧食，而共軍的『封鎖』政策，因而無效，共軍見到他的『偷襲』『封鎖』都得不到便宜，反而吃虧不小，就慢慢地都竄向別方去了。

誰知正在這地方安靜的時候，九十二師自永豐前來清剿，梁華盛師長來電說：『我師由南向北清剿，即希貴團在北面堵剿。』那時我團奉命在此次大清剿中歸九十二師指揮，當然不敢怠慢，就在新淦七琴一帶展開佈署，堵了一天一夜，未見一個土匪，未聞一聲槍，而師長也就很快的到了。他先問我：『匪竄何處？』我說：『在我的防地內，佈置週密，這次未見一個匪，未聞一聲槍，也絕未逃竄一個形跡似匪的人。』師長又問：『然則你這一團在這兒剿共月餘的成績呢？』我說：『從前此地共軍多，經我團力剿，俘獲五六百人，繳槍六百餘支後，共軍即他竄，今已絕跡。』師長就教我將俘虜及繳獲的槍械交給他，我不肯，要請示總團長。因爲我團此次作戰，雖屬他指揮，但並不完全歸他統管。並且各部隊的戰利品，由各部隊統管建制，依次呈報，蔣委員長已有命令規定。梁師長見我如此堅持，過了三天，就毫無聲息的走了，仍回永豐去，聽說在永豐，還大開其祝捷大會。再過三天，南昌蔣委員長行營來電說：『據梁師長報告，新淦方面之共軍，經梁師痛剿，殲滅甚多，可惜孫團不聽指揮，堵剿不力，致使殘匪北竄，仰該團長速將情形具報，以憑查究。』我於是將蔣委員長的命令，及當時實在情形，詳細陳報，請派大員澈查，並請追究虛報者的責任。』結果也就沒有下文。所以過去剿共不成功，在江西時代，就已種下禍根，一般高級指揮官，沒有指揮道德，『消耗』與『苦頭』讓別的部隊吃，『功勞』及『戰利品』爭歸自己部隊，因此互不協調，致使共軍有喘息逃竄的餘地，否則早已剿滅，何至今日，說來眞夠痛心！」❶

當孫團駐防江西時，曾登報招考三名司書，應考的青年有五十多人，其中有一名中學生袁子琳曾來應試落榜。他去見孫團長，說他在蘇州唸書時，看見孫團長和官兵一起打籃球，球技高超，內心非常敬佩。這次特來應考，未獲錄取。他願在孫團裡當個兵，從軍抗日。孫團長見他說話坦誠，就把他收下了，派在軍士隊擔任司書工作。孫團長兼軍士隊長，少校團附田世英兼隊附。一天中午，孫團長留在隊部吃飯，伙伕把菜送上飯桌，發現菜裡有一個小蟲，立刻把伙伕叫來，罰他跪在那裡。這時袁子琳感到心裡不安，因而放下筷子，呆呆坐在那裡。田隊附問他爲什麼不吃？袁說：「他跪在那裡，我吃不下。」這時孫團長立即叫那位伙伕起來。飯畢，孫團長要袁隨他去團部，到了團長室之後，孫團長以溫和的語氣，對袁的正直稱讚一番後說：「我絕沒有軍閥習氣，你以後凡是發覺我任何處置不當的事，不要怕，儘管說好了，我會改的。」

有一次，袁子琳到團部辦事，看到孫團長的三弟孫叔平在管錢發餉，有幾位階級比他高的官長向他行禮，他都似理不理，他們都稱團長的三弟是「三大人」。袁子琳大爲生氣，上去和「三大人」理論，一語不合，就給「三大人」一個耳光，打得孫叔平大為光火，指責袁子琳為何打人。袁說：「我看不慣你作威作福的樣子！」抓著「三大人」要去見團長，孫叔平知道他二哥的脾氣不好，硬是不敢去。

過了幾天，孫團長知道了，查出孫叔平有挪用公款情事，大為生氣。孫團長把袁子琳叫來站在一邊，同時把他的三弟孫叔平叫來。一進辦公室，孫立人拿著馬鞭就打，孫叔平抱頭而逃，不敢反抗一聲。打過之後，下令予以革職，孫團長又把軍需主任王緒讚革職，責怪他不應該擅自派孫叔平掌管金櫃。同時孫團長又在江西上饒縣登報，說孫叔平影響軍譽，與他脫離兄弟關係。

民國二十四年，稅警第四團由江西調往浙江五夫營房訓練，這時孫團長對人事上的升遷調補，都要親自批閱，哪怕是一名二等兵報升或補進，連長報到營部，營長不能決定，一律要轉請團長裁決，有時還要傳見後才能決定。當時李鴻是機槍連上尉連長，他連上新補兩名二等兵，報上來快一個月了，還未批下去。當時孫團長規定任何公事，不能延誤三天，逾期嚴懲。一天李鴻來到書記室，請書記官袁子琳查一查。袁子琳發覺是他把這件公事放在破卷宗內忘記了。袁子琳發覺後，立即寫好一張自請處分的簽呈，附上李鴻補新兵的報告，送請團長核辦。孫團長看了報告之後，把李鴻找去，准許補進新兵，因報告積壓在團部一個月之久，並准兩個新兵提前支餉一個月，孫念袁子琳誠實認錯，未予追究。❷

孫立人又奉命率部回到江蘇省東海縣新浦鎮（即現今的連雲港）駐防，繼續加緊部隊的戰鬥技術訓練。那時他每天起居飲食，與部卒在一起，事無大小，他都與所部官兵同樣去做，軍營眞如他的家庭。他對部下一切情形，都非常清楚，而部下對他也非常信服，他要如何做，就如何做，不受外來任何干擾。他把部隊訓練成爲一支指揮自如的精銳部隊，又像是一個和諧團結的大家庭，他認爲那種生活眞有意義，是他一生帶兵精神上最快樂的時光。

孫立人訓練部隊，把平時戰時，打成一片，戰不忘學，學不忘戰，隨時隨地都要部隊有訓練，有準備，到了戰場，才能從容作戰，贏得勝利。部隊長平時不努力訓練部隊，到戰時就驅使士兵去作戰，等於平白葬送了部隊。從下面一個例證，可以見到孫立人規定他的部隊，平日要加緊訓練的實際情形。

> 民國二十五年，西安事變的時候，孫團由海州開到潼關，當時高級司令部教孫派一連人去作警衛，這一連到達司令部後，除了當日在服勤務的士兵外，其餘的士兵仍照孫平日的規定，出操訓練，而司令部的參謀長卻大罵那連長說：『你們是來訓練的，還是來擔任警衛的。』連長說：『我們團裡的規矩如此，除現場勤務者外，每日都要不斷訓練。』參謀長說：『這是作戰時候呀！』連長說：『平時戰時都是一樣。』參謀長說：『胡說，我不懂這些洋規矩！』自然那連長也只能唯唯而退了。❸

註釋：

❶ 孫立人講〈統馭學〉，載於《孫立人鳳山練軍實錄》，台灣學生書局。

❷ 袁子琳撰〈懷念健公〉（李鴻字健飛），載於《抗戰名將——李鴻將軍》書中第九九—一〇三頁，湖南出版社。

❸ 同❶。

五、孫夫人皈依佛門

張晶英自和孫立人結婚之後，深感家庭美滿，在南京確實過了幾年幸福甜蜜的生活。直到二十多歲，才漸漸體會到做一個軍人眷屬，有時心裡不免感到空虛寂寞。孫立人又是一個事業心非常重的職業軍人，雖然她心裡明白，立人非常愛她，但是軍人的事業在戰場，立人一向以軍營爲家，祇有假期偶然回來相聚，聚少離多，日夜思念。那時她心中根本無所謂宗教，也是人云亦云的認爲宗教不過是愚人的迷信而已。可是她怎樣和佛教結緣呢？據她事後一再對人講述她信佛的經過：

記得在民國二十三年七月裡，那時立人正在江西剿共，我也到了南昌。一天下午，在朦朧中睡覺，恍惚間同一位朋友在一片田場上散步，像是夕陽西下的辰光，天空是蔚藍色，襯托著一望無際的青秧，使人感到輕鬆和暢快。當我們正在爲這自然的美景所陶醉時，突然間一陣燦爛的光華閃過，就在我們前面僅僅一丈多遠的半空中，現出兩位佛像，雖然我並不認識這是什麼菩薩，但從這位高達五六丈，身穿白衣，左手拿水瓶，右手執拂塵，他那莊嚴的法身和充滿著慈祥的眼光，我油然生出無限敬意，不由自主的在柔軟的青秧上朝著他跪下。儘管我那位朋友牽著我的衣裳要我走開，可是我並不理會。彷彿我所穿的衣服也變成金銀絲所織成一般，閃閃的發光。這時，在我的心裡祇有一個想念，我祈禱這位相隔不遠的菩薩，請求他增延家母的壽年。雖然我是那樣誠懇，那樣心急，但菩薩並不回答我，我俯伏在地，向他膜拜，最後我大聲哭起來，菩薩仍然是那樣慈祥的望著地上，而不開口答允我的請求，直到他和他身旁的一尊小佛慢慢消失，我怔住了，感到無比的悲傷和徬徨。但是，徬徨中又生出一線新的希望，我看見半空中，走出一位慈祥的老太婆，他慢慢的在我的前面走下來，又從我的身旁走過去，由於好奇和新的希望，我默默的跟著這位老太婆走，不知不覺的走進了一棟在田園中央的小平房，堂中還有許多和這位年紀服裝相同的老太婆，他們正在繞成一個圈兒走，都是那樣慈祥的望我一眼，但也都是默不作聲，每人手裡都拿著一串黑色發光的唸珠，我意料她們一定是在唸佛，祇好靜靜的站在一旁。正在這時候，剛才領我進來的老太婆遞給我一杯晶瑩的淨水，要我喝下去，毫不猶豫地，我把它完全喝下去了。眞奇怪，像這樣一小杯水，它就好像洗乾淨了我的肺腑和心臟一般，從嘴一直到內臟，感到令人難以形容的舒暢。這時，她開口說話了：『你是來替你母親求壽嗎？我想你剛才所祈求的可以成功。』我連忙回答說：『是的。』他接著說：『求壽不難，不過我要說幾句話，你要記著。你前生有大善根，與佛有緣，可是你現在被紅福迷住了。現在我告訴你，越早修行越發好，你要記著我的話。』我驚醒過來，夢中的情景清清楚楚的印在腦子裡，雖然其中有些話我並不大了解，但自此以後，似是心裡所想的一切和從前漸漸兩樣，同時，一天比一天我更喜歡接近出家人了。

夢醒後，『愈早修行愈發好』，這句話一直縈繞心裡，我就到廟裡求解夢境。看到殿堂上的觀世音菩薩正是夢中的白衣大士，非常驚喜，就要求方丈教我修行。那時我自己有點私房錢，打定主意要到深山去修行。於是寫了兩封信，一封給母親，一封給我丈夫，告訴他們我要去修行了。

當時孫立人正在前線打仗，收到我的信後，立刻來信責怪我：『妳作了個夢就當眞，妳要信佛我不阻擋妳，妳想修行，在家修不也一樣嗎？爲什麼一定要到山洞裡？不管妳躲到那兒，我一定要把妳找回來。我對妳這麼好，妳怎麼忍心離開我？』❶

她母親也來信說：「妳想修行，我很欣喜。但妳不懂佛教，作個夢就要出家修行，我希望妳多了解佛教教義，多看經典，研究明白之後，再出家不遲。」

民國二十四年初，她回到南京，母親贈她一串唸珠，教她唸佛。但本性活潑的她，當那些官太太們一來，找她去玩，她就甩下唸珠跟她們玩去了。

民國二十四年夏，立人和隊伍調到浙江寧波附近的五夫駐紮。記得我們是住在一棟大的公館裡，古老的房子，有幾層院門。一天晚上，我莫明其妙的走到大門外想去眺望夜景。原先，我以爲這裡也像上海一般，晚上是燈光輝煌，誰知外面是一片漆黑，一條靜靜流著的小河，越發顯得陰森可怖，我害怕看這樣的黑暗，我趕快跑進來，但是一會兒，我又像喝醉了酒的人一般，瘋狂的跑到大門外去，一陣習習的涼風，像薄紗一般從頭上罩下來，我並不感到怎樣，但是我回到房中以後，從鏡子裡發現我的嘴歪了，跟著口中又吐出一塊一塊的鮮血來。朋友們都說這是被邪風吹了，我用盡了一切方法去治療，經過土法和中西名醫，又用金圈子去勾嘴，這是人家介紹的方法，又用鱔魚血去敷臉，又到寧波華美醫院去用電療，都不能治好這怪病，甚至名醫們連病源都找不出來，朋友們和我都束手無策。眼看臉歪得更厲害了，我感到萬念俱灰，因此萌了自殺的念頭。發動部屬太太們到城內外一人買兩顆安眠藥來，準備足夠的安眠藥自殺。我不想再繼續診治，祇想最後能見家母一面，即刻服毒。此時拍了一封電報給母親，過不了幾天，母親由南京趕來了。她是信佛的人，見百藥無效，祇好命全家齋戒一天，在院子裡擺下香案，焚香祈禱，誦二十一遍大悲咒，畫了一杯神水要我喝。此時，我已經是感到一切皆空的人了，就遵從家母的慈命，虔誠的跪下，腦子貫注著夢中的佛像，將咒水吞下。這是上午吃的咒水，到傍晚時分，嘴就正過來了。如此三天，竟用三杯咒水的功力，不藥而癒，由此乃知佛法之不可思議。❶

自此之後，她日益親近佛法，信心也日益加深，有時夫妻兩人在一起，她也常勸立人信佛。孫立人常常笑著回答說：「我不信任何宗教，我祇信良心，我絕不做違背良心的事。」民國二十五年，她的母親到南京棲霞山求受菩薩戒，也帶她去皈依在退居老和尚卓塵長老座下。當時星雲大師也在棲霞律學院讀書，算得上是同門弟子。

註釋：

❶ 三十七年八月三十日《中流》第六卷六七期孫張清揚撰〈我學佛的因緣〉。

六、返鄉奔喪

孫立人自幼接受中國傳統文化及倫理教育，極為重視忠孝之道，立志要為國家盡忠，民族盡孝。從美國留學歸來，投身軍旅，一心一意要為國家建立一支強大的部隊，故以軍營為家，致疏於親情，甚少回鄉探視雙親和家人。民國二十四年期間，他率部隊從江西返回海州，正在加緊訓練部隊時，一天他接到一封電報，說他父親因病逝世。獲悉後，立即告假，束裝返鄉奔喪，及抵家門，始知父死後三日，繼母亦隨父而逝，家中堂屋雙棺並放。孫立人見此情景，不禁跪倒在地，放聲大哭，內心痛苦萬分，覺得為人子而不能侍養父母，算不得是人。他披麻戴孝，在父母棺前守靈，夜晚睡在稻草地上，追思父親對他的教導，繼母撫養他長大的恩澤，回報不及，椎心泣血，悔之晚矣。

孫立人父親熙澤先生，一生在清末民初政局變改紛擾中，歷任司法、行政、教育及稅務主管，著有政聲。民國十年（一九二一）退休返歸安徽廬江鄉梓，修祖墳、建宗祠，編纂「龍舒孫氏宗譜」一部，共十鉅帙。彰顯孫氏祖宗盛德，鼓舞後世子孫興起，恪守忠孝傳家之遺風。書成，宗族無不稱許。逝世時享年六十七歲。育有三子三女，子同人、立人、衡人、女復人、吉人、靜人，均各有成就。出殯之日，鄰里親友前來弔祭送葬者衆多，喪儀甚隆，安葬於廬江西北鄉金牛山南馮家莊東龍燈橋，立人生母方太夫人墓旁。

孫立人在家鄉居喪期間，完全遵守中國傳統孝子的規矩，見了長輩，或是前來弔喪的親友，他都要下跪磕頭，鄉里親友都感到驚奇，認爲他不是留美喝洋水的洋學生嗎？怎麼也會這樣，可是鄉人不知他卻是一個極尊重中國文化舊傳統的人，誠於心，形於外，他認爲做人子盡孝道，這種行禮方式，是孝子對父母感恩的眞誠表現，絕不能免。喪事料理完畢，他回到南京家中，在堂屋香案上，擺上父母靈位，逢年過節，以及父母生日忌辰，他一定敬置酒餚，焚香跪拜。他不迷信，但他要遵守中國傳統禮俗，來表達他對父母的追思。

第五章　淞滬抗戰

民國二十六年七月七日蘆溝橋事變發生，燃起了中國全面抗日戰爭火炬，到八月十三日，日軍進攻上海閘北，揚言在三個月內征服「支那」，激起全國軍民英勇抵抗。淞滬戰役展開，我方出動張治中的第九集團軍，羅卓英第十五集團軍、薛岳第十九集團軍，對抗日軍的一、三、十一師團及六、八、十六師團之一部共十萬人，於上海北站、劉行、施相公廟、劉河沿線發生激烈戰鬥。

一、智取丁家橋

那時黃杰中將升任第八軍軍長仍兼稅警總團長，下轄六個步兵團，孫立人任第四步兵團團長，是一支訓練有素裝備精良的部隊。抗日戰火掀起全國軍民復仇的高潮，稅警總團官兵向中央請纓殺敵，於九月二十八日奉命由海州開赴上海前線作戰，配屬張治中第九集團軍，先後參加蘊藻濱和大場兩個戰役。在戰鬥中，敵我雙方傷亡重大，孫立人率領的稅警第四團在這兩次戰鬥中，戰績最爲輝煌，這是由於孫立人指揮有方，官兵英勇沉著應戰，受到上級頒令嘉獎。

孫立人指揮作戰的特點，是在任何情況下，都掌握一部份預備隊，增援戰況最緊急方面。在大場戰鬥中，他曾兩次親率預備隊去增援被敵人突破的第一營陣地。由於孫立人團長親到第一線指揮，很快將突入陣地的日軍擊退。在大場戰鬥後，稅警總團的兩個支隊司令何紹周和王公亮均因指揮無方而被免職。十月十六日，孫立人因戰功升任第二支隊少將司令，仍兼稅警第四團團長，並管轄第五及第六兩團。後因稅警第六團傷亡較大，孫立人將第六團番號暫時取消，所餘官兵撥補第四及第五兩團。孫立人回憶當時率部前往淞滬作戰情形說：

民國二十八年『八一三』上海作戰的時候，日本海陸空軍聯合猛攻淞滬，稅警總團奉令增援。當時稅警總團開上前線有六個步兵團，共二萬五千餘人，裝備齊全，可以當作三個師用，如果擔任一個方向的攻守，可以發揮很大的戰果。可惜上面指揮官沒有整個計畫，竟被別人分散著用了。當時我們奉命開蘇州河待命，接著又開往南翔。十月七日，到達南翔車站，已經天黑，只見這一師的副官、那一師的副官，都在搶著接兵，好似旅館的茶房在車站接客一般，互相爭搶。原因是各師都有損傷，大家爭著接兵補充，送到最前線，用來抵抗敵人。稅警總團官兵一下車，就有好幾個團分別被各師接去，我團當時撥歸第八十八師，師長孫元良指揮著三個殘破團，令我團作爲總預備隊，無論那一團那一處被敵人突破，就要我團分兵補上，記得當晚大雨，不到翌日中午十二時，我團兵力已經零碎補完。八十八師的三個團都補得有我團的官兵，我的身邊只剩下二十餘人了。到了下午二時，忽然來了一道命令，說丁家橋指揮所正面，被敵軍突破，情勢非常緊急，教我即刻補上去，收復陣地。我報告說：『部隊業已分散補完了。』上面說：『這是命令，違者軍法從事！』我只得遵從命令，率領著二十幾個傳令兵上去應戰。丁家橋下的河面，約有二三十米闊，而河水卻很深，無法徒涉，非從橋上過去不可。我只見橋那邊的友軍，潮湧般敗退下來，勢如山倒，不可遏止。於是我站立橋頭，大聲喊道：『你們爲什麼後退？』他們說：『他媽的，官長都逃了，我們不要命嗎？』我說：『我就是團長，你們不要退，聽我指揮，快回去收復陣地！』他們都說：『好，團長不怕死，我們也不怕死！』於是一湧上前，反使敵人驚惶失措，以爲我軍敗而復進，一定是增援了大軍，即刻退回原陣地去了。我恢復了陣地後，去見師長報告作戰情形。當時連日大雨，我從頭到腳，遍體淋濕，而且天氣很冷，難受已極，但是一看師長身旁，還安穩地坐有兩位團長，他們不上前線指揮，卻躲在那兒清閒。後來師長向上面報告，還說：『稅警團無作戰經驗，聞砲聲就散掉，因此影響全局。』」❶

註釋：

❶ 孫立人講〈統馭學〉，見《孫立人將軍鳳山練軍實錄》。

二、血戰蘇州河

稅警總團扼守蘊藻濱及大場一線連續二十餘天，在日軍重砲、艦砲及飛機集中轟炸下，傷亡慘重，十月十八日，奉命撤至蘇州河南岸整頓，孫立人因戰功升任第二支隊少將司令，率領第四、第五兩團殘餘官兵，擔任緊靠滬西租界周家橋一帶的防禦任務。從十月二十日起到十一月三日止，敵我隔蘇州河戰鬥將近兩週，戰況激烈，祇在晚間九時以後至翌日黎明前，戰鬥稍爲和緩，這時我軍才能升火造飯。當時因我空軍處於劣勢，白天敵機不斷在戰場上空襲擊，轟炸掃射，發現地面上有炊烟處即行炸射。所以不論軍民白天都不敢升火造飯。孫立人每天在拂曉前和日落之後，帶著鄭殿起參謀及兩名衛士到第一線視察，白天有時戰鬥激烈，則帶著鄭參謀到戰鬥最吃緊的前線指揮督戰。

十月二十七日晨，日軍乘漲潮和晨霧之際，用事先連接好的小型橡皮舟作浮橋，偷渡到南岸四五十人，隱蔽在岸下儲煤坑內。孫立人接到報告，親到第一線指揮第四團的兩名班長，在岸邊豎起四塊厚鋼板當擋護墻，連續投了一百多枚手榴彈，將日軍的橡皮舟炸毀，然後將十幾捆用汽油浸透的棉花包點燃後，推到岸下滾到儲煤坑內，將大部日兵燒死，殘留下的日本兵，因浮橋已斷，進退無路，我軍用了兩個多小時，便將偷渡到南岸的日軍全部消滅。

孫立人率軍與敵血戰三天兩夜，擊敗日軍七次進攻，未曾合眼，身體精神實在疲乏極了。總團長黃杰要他下去休息，他覺得他的戰鬥任務還沒完了，堅持不肯下去。

由於機槍連陣地處於全團防線的突出部，位置十分險要。孫團長下令李鴻連長死守三天，不准退却。李鴻舉手敬禮說：「團長放心，有我李鴻在，就有陣地在。」不久，孫團長來巡視防禦陣地，看到所構築的掩體均未留下通路，即查問爲何不留退路出口？李鴻報告：「團長，你命令死守，當然不考慮退路。」臨行，孫立人緊緊握著李鴻的手說：「堅持著，等我回來。」後來日軍久留米（第十八）師團對機槍連陣地發起最猛烈進攻，雙方展開了肉搏戰。李鴻腿部受傷，血流如注，他叫劉立忠排長解開他的綁帶，用勁綁著傷口，繼續向敵人衝殺。孫立人聽到機槍連陣地危急，親率敢死隊一百名官兵前往支援。孫團長急忙跑向槍聲激烈的地方，只見李鴻單膝跪在機槍射手身邊，指揮數挺機槍交叉火力射向正在逃竄的敵兵。敵人被擊退了，孫立人看著官兵用血肉之軀守住的陣地，對李鴻說：「你連損失太大了，我交給你堅守三天的任務已經完成，你組織好剩餘官兵，準備轉移吧！」李鴻回答說：「這時不能動，一動整個防線就潰了，先把敵人的氣焰壓一壓再說。」孫立人很讚賞這一意見，立即提升李連長爲少校營長。❶

十一月三日拂曉開始，雙方戰鬥異常激烈，日軍趁晨霧之際，將國軍左翼稅警第一支隊陣地突破，稅警第五團（在第四團之左）當面之敵，也正在利用橡皮艇架設浮橋向南岸強渡。孫立人帶少校參謀龔至黃趕到第五團指揮所（距第一線約一百米）指揮，全天戰鬥激烈。下午六時接到軍部命令，稅警第二支隊防地由第三十六師接替，限當晚九時以前交接完畢。但在周家橋西端有一兩層高的小紅樓，在黃昏時被二十餘名日軍侵入，第五團第一營幾次攻至樓下，日軍仍在樓上頑抗，因此接防部隊以上級命令中未說蘇州河南岸已有敵兵爲理由，而拒不接防。當時孫立人仍在第五團指揮所，他說：「好吧，等我們將侵入小紅樓日軍消滅後，再把陣地交給你們。」當即要求軍部送二十個地雷來，因軍部沒有地雷，得向上級請領，直到四日凌晨三時許，軍部才將地雷用汽車送到第五團指揮所，此時日軍已經開始拂曉進攻前的砲擊。孫立人知道地雷已送到，很高興，立即走出指揮所掩蔽部，彎腰低頭用手電筒看地雷，一顆榴散彈在他的上空爆炸，將孫立人的背部臀部炸傷十三處，有八九塊彈片射進體內，幸好因戴著鋼盔，正低著頭，所以頭部未受大傷，部下立即將他抬到掩蔽部內。當時他滿身是血，軍醫搶救裹傷，但他仍堅持令第四團第二營營長張在平代理第四團團長，並負責用地雷將小紅樓炸燬，消滅侵入的日軍，然後孫立人則由胡讓梨連長搶救背下火線，軍部派汽車送到上海租界辣斐德路宋子文部長臨時所設的醫院治療。在孫立人由周家橋赴上海市內途中，軍長黃杰趕來看望他，並溫語慰問。四日上午，稅警第二支隊的陣地全部交給第三十六師接替，稅警第四、第五兩團撤至徐家匯附近休整。❷

孫立人追述蘇州河這一段戰鬥經過是這樣的：

我團調回蘇州河整理，但當我們自火線撤下來時，又很冤枉的受了些犧牲。當時我團防守的陣線，規定由第一軍第一師所部接防，我爲了顧及陣線的穩定，恐怕友軍接防在佈署未定之時，給敵人以可乘之機，會要吃虧，就教他們從後面接上去，步步站穩，以求安全，這實是一種非常友好的措置，不料有一營經友軍接了後面的防地，就不許我營前頭的士兵撤下來。我營分明是奉命調防，他也不管，竟向前面奉命撤下來的開槍，結果冤枉犧牲大半，全是從後面打死，然後他們撿了槍去報功，這種情形，眞是令人氣憤。及至我們撤到蘇州河以後，上面指揮官還以爲大場可以守住兩月，我們足有兩個月時間，可資整理。當時我向上級報告說：『三五天內，蘇州河就要成爲第一線，我們必須從速佈署。』果然，不幸而言中，某師開上大場，一碰即垮，接著敵人就來到了蘇州河，並且有日軍五百多人渡過了河。當時蔣委員長曾有嚴厲的命令，敵人如在何處渡過蘇州河，該處防軍首長，即要軍法從事。於是總團長即來電話責問我。我說：『我雖未能阻止敵人渡河，但我確有把握，即行消滅渡過來的敵人。』結果在當日下午五時以前，就把五百名敵人消滅了，並破壞了他架好渡河的輕便鐵橋。五時，我將任務達成的情形以電話報告總團長，並問他處有何情況。我認爲敵人既在我團防地渡河，則在其他各團防地，也有可能敵人強渡情事。總團長肯定的說：『沒有。』於是我放心了，就由火線走回指揮所，距離不過一千公尺，總團長就來電話告訴我，左翼劉家宅，我軍第五團防地，敵已渡河，正待消滅。當時我甚覺奇怪，因爲剛才還說沒有人渡河，現在忽然又有了，而且正是總團長平日認爲最精銳的第五團防地。稅警總團共有六個團，第五、六兩團是黃總團長到任以後成立的，所以總團長平日祇認爲第五、六兩團最好，而第五、六兩團長也就驕矜自許，自認爲是總團長的中堅，頗看其他各團不起。不料第六團參與上海之戰後，聽到砲聲就散了，而第五團呢？恰在我團的左邊佈防，敵人在我團防地渡河時，同時也在第五團防地渡河，不過那位團長，自認爲是總團長相信之人，平日行動上也就隨便多了，同時他又相信敵人不會那麼快就打到蘇州河，所以他在上海城內跳了三天舞回來，才知道敵人業已渡河，而他連自己的陣地在何處，也不知道，甚至連長也有不知陣地在何處的，現在突然聽說敵人已在自己的防區渡河，就虛報情況，向上面請援。總團長當然異常關切，就派第三團一團兵力去增援。因爲作戰的場地實在狹小，而第五團官兵分不清陣地，一味胡亂放槍，及至第三團加入後，一面有敵人的攻擊，一面加著自己部隊的互相射擊，天黑冤枉死的很多，兩團官兵就這樣被消滅了。因爲我當時升任第二支隊司令，所以那天晚上總團長又來電話，教我去指揮第五團，我去看了一趟情形，只得回來報告總團長說：『我沒有辦法指揮第五團，因爲他們太混亂了。』第二天，又從三十六師調來一團增援，又以同樣的情形被消滅。又過一日，已經是第三天了，我記得好似是十一月三日，拂曉之時，敵人放了煙幕彈，大家於是風聲鶴唳的驚擾起來，以爲敵人在用毒瓦斯，又說敵人業已大舉渡河。總團長只氣得張惶失措氣急敗壞的說：『大勢已去！大勢已去！』因恐受到軍法處分，提起手槍，就要自殺。我當時見到這種情形，覺得長官如此著急，軍人天職，應當見危授命，殺敵致果，救護長官。就自告奮勇的說：『請總團長回去休息，讓我帶兵去抵擋。』本來那既不是我團的防地，就不屬我的責任，總團長平日待我無恩，照普通一般人情勢利的說法，就犯不著去替死，但我絕不是那麽想法。我只覺得守土衛國，義所當爲，盡忠長官，是軍人本分，就毫不猶豫畏怯的帶了李邦欽營衝向第五團防地，與敵人拼命。從上午九時，一直打到下午四時，陣地給我收回了，渡河的敵人多被消滅，未消滅的也逃退回去了。但我營傷亡很大，李邦欽營長陣亡，連長只剩下一個未死，排長死的更多，士兵四百多人，只剩下兩百多了。我報告總團長說：『陣地已經收復，敵人已經退去。』總團長說：『好了好了，你去休息。』因爲我三天兩晚，兩度大血戰，全未休息，身心實在疲乏極了，因爲該地敵人渡河，已有三日的時間，工事已經做好，使得我們反攻十分困難，待我們打退敵人後，敵人所架的輕便橋，還不曾被破壞，敵人仍舊隨時可以渡河。我當時報告總團長：『我一定要在當晚將敵人的輕便橋破壞，才算完成任務。』當晚我就想盡方法，去破壞那輕便橋。第一次用棉花醮了火油，從上游放下，順流去燒。因爲防地就在申新紗廠那兒，所以取用棉花甚便。不料敵人早就預防到這一點，在橋的上游，架有鐵絲網，因此這辦法失敗了。第二次選出些最勇敢而善泅水的士兵，隨身帶著手榴彈，從水中游過去，破壞那橋，也不成功。第三次派人繞道偷襲，也未完成。及至第四次，會同工兵營，調派一排工兵，用水雷從上游擲放去破壞。可是那排工兵不是我訓練的，大都畏怯不前，藉端推諉，工作很慢，我們雖陪著工作，但技術上卻仰賴工兵，因此到清晨四點鐘的時候，還未達成任務，而已被敵人發覺，遂以猛烈砲火，輕重機槍、迫擊砲都集中向我陣地掃射，我軍死傷枕藉，我個人也受傷十三處，被部下從死屍中尋出來，早已是人事不知了。及至稍爲清醒，覺得自己的責任還未完畢，教他們抬我到指揮所通電話，報告總團長說：「輕便橋仍未破壞，我已受傷，無能爲力，職務已交張在平營長代爲指揮。」話一說完，我覺得責任已了，頭眼一昏，電話筒隨即從手中掉了下來，我也就昏迷不醒了。」❸

據日本史料記載：與孫立人率領的稅警團作殊死戰的對手，是日本號稱「長勝軍」的久留米師團。自入侵中國以來，這個第十八師團第一次在中國土地上付出了沈重的傷亡。日軍佔領上海後，這個師團的司令默默地站在孫立人率領的稅警團官兵誓死保衛過的陣地上，雙手合十，爲他的戰死者祈禱，並下令立石碑一塊，上書「遇華軍最激的抵抗於此！」這是侵略者在中國土地上自己樹立的第一塊「恥辱柱」。❹

註釋：

❶ 周宗達撰〈將軍行〉一文，載於《抗戰名將——李鴻將軍》書中第一一七一頁。

❷ 鄭殿起撰〈孫立人將軍智勇報國〉一文，載於《八一三淞滬抗戰》一書中第一九四——一九七頁。

❸ 孫立人講〈統馭學〉，載於《孫立人鳳山練軍實錄》，台灣學生局。
❹ 同❶。

三、香港療傷

孫立人住進上海租界體仁醫院，當時因流血過多，已奄奄一息，不省人事，需要緊急輸血。幸有一位愛國的大學生，睹狀立即捋臂爲他輸血五百cc，挽救了他在垂危中的生命。那個大學生連牛奶也不肯喝一杯，姓名也不肯留就走了。

孫立人身上中彈十三處，六、七個醫師立即爲他開刀八個小時，將身上碎彈取出，惟胸肋間尚留有一顆子彈無法取出，衹能嚴密消毒，不讓其發炎，聽其自然長好。當時醫生說：「骨頭已傷，恐怕要成殘廢，需要長期休養，慢慢恢復。」

孫立人昏迷了三天，直到十一月六日，他才蘇醒過來。事後他對家人說：「這三天猶如做夢一般，只記得老太爺（他叫他父親老太爺）每天來教他吃藥。」當天下午，他的隨從參謀鄭殿起和龔至黃兩人來到上海體仁醫院看望他，問明他住在二樓的一間單人病房內，兩人走上二樓，向護士說明來意，並說明他們倆人是孫司令的參謀。護士說：「宋子文部長有手令貼在孫司令的病房門外，不准許任何人進去探視。」他倆人又去找護士長，說明孫司令負傷時，他們在一起作戰，現從前線下來，希望能看孫司令一面。於是護士長領他倆到孫立人病房的門前，果然看到宋部長寫的不准許任何人進內探視的手令貼在門上。護士長要他倆在門外等一等，她先進病房內問孫立人。不久，護士長開門讓他倆進入病房，見孫立人側臥著身體，面向外，他倆向他敬禮，看他面色蒼白，上身及頭部均裹著繃帶，但精神還好，他點頭還禮。他第一句話就問部隊現駐在甚麼地方？然後說：「你倆在上海休養兩天再回去。」鄭殿起告訴他說：「今天報上消息，從杭州灣登陸的日軍已進逼淞江，戰況吃緊，我倆今天即須回到部隊防地。」孫立人說：「前線情況既然吃緊，你倆就趕快回去吧！」孫立人隨即送他倆每人五十元，他倆就告辭出來。

十一月七日，黃杰總團長在稅警團從上海戰場撤退前，派一位副官，趕來醫院探望孫立人，要他安心養病，並送他五百元慰問金。這位副官告訴孫立人：黃總團長聽到孫立人受傷時，很感動地說：「孫立人眞對得起我，以後祇要我有飯吃，孫立人不用愁沒有飯吃。」當時孫立人聽了心裡感到很大安慰。

十一月九日，日軍進佔淞江，國軍開始撤退，淞滬落入敵手。宋子文部長深恐孫立人如不撤離上海，要是讓日軍發覺，定被捉去當俘虜，特令他的弟弟宋子安親往醫院，於十一月十二日護送孫立人到香港，住進跑馬地養和醫院繼續療傷，並囑託該院名醫李樹芬爲他悉心診治。經過了兩個多月，他才勉強可以下床，有一個臂膊，還是僵直的垂下，不能自動彎曲。

每天經過醫生的診治，護士幫助他搖動手臂，以及他自己很有毅力不停的做復健動作，才慢慢地好了起來。

十二月十三日，日軍攻佔首都南京。他在香港醫院療傷期間，心中所最繫念的就是他的官兵弟兄，他不知道他的部隊撤退到那裡去了？午夜夢迴，他也想念他的愛妻張晶英，他也不知道她現在何方？回顧他在淞滬作戰中，他深深體認到中國士兵眞勇敢，可惜高級軍官指揮失當，整個國軍精銳部隊都被犧牲掉。上級若能採取有效的策略，國軍可以保留一部分精銳的部隊，作爲繼續抗戰的本錢，後來戰局可能就不同了。而他自己在作戰中，雖然盡了力，流了血，但他仍然抱著一息尚存，一定要報效國家，爭取抗戰的最後勝利。

民國42年，宋子安先生專程由港來台，與孫立人將軍歡敘。八一三淞滬會戰時，孫將軍身負重傷，經宋子安於國軍大撤退前，親自護送至香港治療，故與孫將軍結為終身至交。

上：孫立人將軍向美國參議員蒲立德指出八一三戰後傷痕

第六章　艱苦中成立緝私總隊

孫立人在香港療傷期間，躺在病床上兩個多月，他無時不在惦念著他的部隊。等到他能起床了，雙手仍舉不起來，兩腿也還乏力行走，可是他要求出院，重上前線。宋子文部長知道了，交代他的弟弟宋子安送去一千五百元港幣，給孫作爲路費。孫卻把這筆錢，用來收容同在香港治療的傷患官兵二百多人。

一、夫妻長沙重逢

孫立人從九月二十八日率部開上淞滬前線，就與家人斷絕了消息。十二月十三日敵軍攻進南京城大屠殺，他從報上看到這則驚人消息，卻不知道住在南京的愛妻是否已經逃出？更不知她逃到何方？心中的焦慮掛念，使他躺在病榻上輾轉難安。在這烽火連天的歲月裡，他內心深感愧疚，覺得沒有照顧家人，對不起自己的妻室。

他雖十分惦念著他的部隊，但是打聽不到部隊的下落。一天他看報，才知道稅警團已退到陝西寶鷄，第三戰區司令長官顧祝同將稅警總團收編爲第四十師，黃杰總團長調升第八軍軍長兼第四十師師長。後來又聽說黃總團長到了漢口，請求財政部給予補給，孔祥熙部長不予批准。

這時孫立人傷勢雖未完全康復，但已經能夠行動，決心要回部隊去。民國二十七年二月十日他就搭機飛到長沙，下機後，去長沙城裡岳母家故居，那裡已人去樓空，找不到愛妻。再向鄰里探問張家下落，才知道張家爲躲避日機轟炸，已經避難到長沙郊外的一個尼姑庵裡。

再說孫夫人張晶英，在上海國軍撤退之後，南京岌岌可危的時候，慌忙中陪著老母，攜帶著家中一些細軟東西，搭乘江輪逃到漢口，再擠上火車，到達長沙故居。這一路逃難顚跛辛苦，她倒不在意。她心裡最焦灼掛慮的是得不到夫君孫立人半點消息。她猜疑他也許在上海會戰中陣亡，也許受傷未能逃出，也許被俘，無論是那一種情況，都令她寢食難安，日夜傷心落淚。她和她的老母借住在一個鄉間尼姑庵裡，她每天燒香跪拜，祈求佛祖，護佑她的夫君，早日平安歸來。

戰局一天比一天惡化，時光更爲難過。這令她難以肩負的感情重擔，把她折磨得精神恍惚，每天都像個癡子似的，在滿是傷兵的街上晃蕩。逢到軍人就問：「我是孫立人的太太，而孫立人呢？」「我是稅警第四團的團長太太，而你們團長呢？」有人看到她那種徘徊不去的癡呆樣子，以爲她是神經病，都不理她，有人要是提一點線索，她就緊追不放，甚至跟到人家家裡去問。她找團長，許多稅警團軍官眷屬也在找團長太太，要她告訴她們，她們的丈夫呢？

有一天，暮日四合，夜幕甫落的黃昏，尼庵窗口突然出現一個人影，昏暗中她無法辨認。後來他喊她的名字，她驚喜得說不出話來，原來是立人回來了！但這長日相煎，企盼了許久，忽然間降臨的強烈欣喜，瞬忽間就消失；代之而起的是令她和她的母親深感難過，有若切膚之痛的憐惜。青燈下，她看他穿著長棉袍，一身風塵，蒼白瘦削，病容滿面，手臂僵直，不能抬舉，已經認不得了。夜裡又聽他敘述負傷醫療的經過，她難過得沒法忍受了，這個明明已到了鬼門關又勉強回來與她相會的人，她再也不能放他走了，她一定要打消他那一直盤據在他心中的固執信念——獻身沙場，躍馬揮戈的壯志。她起了橫決以行，瘋狂的、連自己都不能相信的破壞念頭。這無可解釋的情感陷溺，像緊鎖在額頭的金箍咒，使她在絕望的深淵中痛苦掙扎，得不到任何解脫，逼得她那種湖南女兒的剛烈性，寧毀不回的個性徹底展現出來了。那天深夜她斷然的告訴她的母親：「我要磨利一把刀，今天晚上就砍斷他一隻手臂，使他永遠不要再當兵。我會的，我是湖南人，說做就做。」這完全喪失理性的話，大大震驚了十分疼惜女婿的張老太太，老人家當時正色的跟女兒說：

「妳瘋了！妳一認識他，就知道他天生要當軍人的。領兵征戰，爲國捐軀，獻身於沙場是他一生的志向，也是他唯一的志業，妳這樣毀了他，比殺掉他更令他難過。」然後又說了許多教誨女兒要明白義理的話，使張晶英在母親面前淚流滿面。❶

孫立人回到家中，看到嬌妻憔悴癡呆的樣子，心中萬分憐惜疼愛；借住尼庵中一個角落容身，破舊荒廢，室內一切非常狼狽。他的內心又感到萬分愧疚，覺得太對不起家人。他知道張晶英要留他在家久住，他又感到萬分爲難，不知如何解說。最後他祇能對愛妻曉以大義，說明「現今國難當頭，做軍人的天職，就是執干戈以衛社稷。國家養兵千日，用在一時，此時不去保國衛民，敵人會很快打到長沙，到時國破家亡，家人仍難長相廝守。而今全國人民同仇敵愾，人人都要請纓殺敵，軍人豈能貪生怕死！何況報效國家是我終生的職志，不問敵人如何橫強兇險，我都要去捍衛祖國。」張晶英聽不進這些話，也不願找話來反駁他，祇偎依在夫君身旁哭泣。

孫立人在尼姑庵住了一個星期，離去前夕，他將身邊所有的二百多元現款，留給張晶英過日子，他自己隨即搭火車趕往漢口。

註釋：

❶ 詹西玉女士撰〈將軍白髮〉一文，載於《孫立人將軍永思錄》第二四三頁。

二、漢口尋找殘部

孫立人於二十七年二月底趕到漢口，當時漢口是中央政府軍政最高指揮中心，從各方面撤退下來的軍政人員都會集在這裡。他下了火車，人海茫茫，不知道到那裡去找他的長官和部隊。後來他找到軍事委員會，方打聽到稅警總團長黃杰將軍下榻的旅館。孫立人抱著萬分的熱情去見黃總團長，在孫心想他與總團長在上海作戰共過生死患難，今日死而復生，能夠在後方重行相見，該是如何親熱感動，就像是離家失落的孩子，重行尋到了父母一樣的歡欣。未曾料到眞的見到總團長時，他竟非常的冷漠，好似不曾相識一般。當時孫立人內心非常難過，想起上海作戰時，他見危授命，自告奮勇的代總團長上第一線拼命，眞是以性命相搏鬥，這種犧牲的報酬，豈眞只值得他當時所送的五百元嗎？兩人面對面的僵持了片刻，最後黃杰轉換了口氣說：「你還得回去休養休養。」孫立人堅持著說：「我已經好了，願意回到原部隊去工作。」黃杰只說：「好吧！明天再談。」孫立人還抱著希望的說：「我明天一定再來晉謁請示。」未想到黃杰第二天就回陝西寶鷄去了。當時孫立人心裡雖然難過極了，可是還未絕望，第二天他雖未見到總團長，他立即寫信到寶鷄給總團長，請示回部隊報效，等了許久，也不見回音。

後來孫立人才知道，當時稅警團正在改編爲第四十師，黃杰仍任第八軍軍長兼該師師長。

因爲第四十師的幹部，都是稅警總團的基本幹部，孫立人曾任稅警總團第二支隊司令，如果這時讓孫回到原部隊，就必須派爲副師長，才合軍中體制。而黃杰心中早已選定副師長人選，所以不顧人情的拒孫再回原部隊，而派孫到西北胡宗南將軍部下作高參。可是孫立人向來不願做高參一類的閒差事，決定提出報告辭職，自己祇好另謀出路。

稅警總團本來共有二萬五千人，經過上海八一三戰役，死傷的約及萬人，那時傷病在後方醫院中療養的約五千餘人，有的身體逐漸康復，有的尚待休養，有的還在醫療中。可是他們餉也沒有，也沒有長官去照顧他們，眞如失了父母的流浪在街頭的孩子一般，沒有人照管。他們聽說老長官孫立人出來了，現住在漢口，大家都來投奔，要求衣食工作。孫立人覺得他們都是國家的官兵，在前方作戰流血受傷下來，在情理上非收容不可。但是這時連他個人都沒有辦法，那有力量去幫助部屬呢？

這時孔祥熙先生是行政院副院長兼財政部部長，爲了保護鹽稅，有意重建稅警，孔部長遂徵詢財政部德籍稅警顧問史坦因的意見。這位德籍猶太人毫不考慮的說：「如果你要重建稅警，非用孫立人不可。」原來這位德籍顧問，過去經常駐在稅警總團，他對孫立人瞭解最深，知道孫不但勇於作戰，而且還善於訓練。

孔部長採納了史坦因的建議，召見孫立人。孫遂向孔部長報告說：「前稅警總團在上海作戰受傷下來的官兵約有五千餘人，散失在後方，衣食無著，他們過去都是屬於財政部的人員，請部長設法予以收容救濟。」孔部長說：「不要緊，你去再把他們重組起來。」

孫立人遵照孔部長的指示，與財政部有關部門的官員會商，重建稅警總團的名稱編制。格於戰時的特殊環境，大家認為有更改名稱的必要，因恐沿用稅警舊名稱，隨時都有被徵調上前線的可能，乃更名為「財政部鹽務總局緝私總隊」，任命孫立人為中將總隊長，於是他又從頭開始訓練新兵了。

三、重組緝私總隊

民國二十七年三月十一日，緝私總隊在湖南長沙正式掛牌成立，一時找不到營舍，遂借住清華大學在岳麓山附近新建的校舍辦公。當時清華大學從北平搬遷到長沙，新建了一批校舍，尚未開學使用。孫向校方借來暫用，以便收容前稅警總團淞滬作戰傷癒及失散歸來的官兵，同時對於國軍官兵有自願前來投效的，也予收留，編成軍官大隊，步兵第一、二、三大隊（每一個大隊的編制等於一個步兵團），及通信、輜重、工兵等直屬中隊（每個中隊等於一個營）。一時招募不到全部兵員，就先成立各隊部。臨時成立的各隊部，分散住在長沙郊外各村落的祠堂及廟宇內。

緝私總隊成立之初，不但兵員缺少，而最迫切需要的是中上級軍官幹部。孫立人乃邀請清華同學進美國諾維琪騎兵學校畢業的趙君邁為總隊附，賈幼慧為幹部教練所教育長，美國西點軍校畢業的王之爲工兵營長。後來又把原稅警總團的老幹部李鴻、唐守治、陳鳴人、劉放吾、趙狄等人相繼招回，分別擔任重要隊職官。

正在這需人孔亟的時候，一天，孫立人在長沙街上，不期而遇到一位老同學，也是軍中一位老戰友——齊學啓將軍。兩人相見甚歡，把臂暢談別後情況。

孫立人與齊學啓二人進清華學校是同班同學，在校同窗共硯，度過青少年黃金歲月。畢業後同船赴美深造，後來齊學啓進了美國諾維琪騎兵學校，回國後又同在陸軍教導總隊及憲警總隊共事，兩人志趣相投，情同手足。

齊學啓於民國二十一年「一二八」淞滬抗日時，任憲兵第六團團長，奉命協同十九路軍與日寇作戰。齊團長以兩營兵力駐防南市，親率一營官兵，繞道奇襲閘北的日軍，一舉奪回閘北火車站。一時報章傳播，名揚中外。滬戰結束後，憲兵第六團改編爲上海保安處第二團。二十三年夏，上海保安處裁編，齊學啓的團長也被裁編掉了，成了編餘軍官。他一氣之下，接受浙江大學之聘，當教授去了。這時齊學啓因母親生病，返鄉探親。他目睹當時政黨派系紛爭，軍中排除異己，極爲憤慨不滿，因而對於仕途，已無興趣，原打算回到湖南大學繼續任教。他認爲從事教育工作，爲國家培養人才，也是一樣的報效國家。

孫立人聽了之後，雖表示無限同情。但他認爲「當前敵寇橫行，大好河山，半壁淪陷，國亡無日。國人當務之急，是要奮起抗戰，驅除倭寇，挽救民族危亡，光復失土。我輩當年改文習武，正爲今日馬革裹屍，不能以個人際遇而消壯志。」說得義正辭嚴，力邀齊學啓參加緝私總隊，共同爲國家訓練一支勁旅。

齊學啓深爲孫立人的誠意所感動，當即欣然放下粉筆，重披戰袍，出任緝私總隊參謀長。兩人攜手共事，精誠合作，從無間言。舉凡緝私總隊之組織規章，操訓典範，多由齊參謀長擬訂，無不妥適。兩人「行則連袂，止則接席，肝膽相照，榮辱與共。孫則剛正嚴肅，齊則寬容有度，相輔相行，相得益彰，軍中有嚴父慈母之稱。」❶

爲培訓緝私總隊各級幹部，孫立人首先在長沙岳麓山清華大學農學院成立稅警教練所，孫兼任所長，賈幼慧任教育長，下設軍官隊、學員隊、學生隊及軍士隊。從武漢、長沙等地招收高中程度的流亡青年學生三百名，編爲學員隊第一期，於二十七年四月中開始訓練。學員隊隊長初爲張其禮，後由陳鳴人、趙狄接任。

孫立人爲辦好教練所，多方延攬國外學習軍事回國人才及外國軍事專家擔任教官，講授專門課程。他聘請德籍顧問史坦因教導射擊及應用戰術，史顧問身先士卒，從課堂到操場，認眞教學，一絲不苟，與同學員們一同流汗，爲幹部訓練作出了很大貢獻。他手下的兩位德文翻譯官陳麓華和崔德新（韓國留華軍官，戰後任韓國陸軍總司令及駐西德及越南大使），日以繼夜的工作，白天隨著史顧問行動，入教室，上操場，到野外，擔任口語翻譯，晚上譯講稿，分發給學員閱讀。孫總隊長又聘請一位曾在義大利陸軍大學畢業的海外華僑譚展超，擔任山地學教官及騎兵訓練，教導學員馬術及爬懸崖陡壁的技能。他不畏艱苦，誨人不倦，很得到學員的好評。

抗戰時期，青年學生志氣高昂，投筆從戎是爲了上前線殺敵，到了教練所，一看招牌是財政部緝私總隊，將來當稅務警察，大家都不願意幹。他們深表不滿的說：「我們都是青年學生，爲了抗日救國，前來投筆從戎，願意下部隊當兵，上前線打仗，完成抗戰建國大業，但不願做緝私稅警。」總隊長孫立人親自出面向他們解釋說：「你們要效力於抗戰建國大業是對的，我也正因爲抱有此種志願，才來訓練你們，假如僅僅爲了緝私做稅務警察，我也不會願意這樣去虛擲光陰。可是我們爲著部隊經費的來源，及裝備補給種種便利起見，雖用了緝私總隊的名義，實際卻是要爲國家訓練一支勁旅，作將來國軍反攻失地光復國土的基幹。」可是因爲大家相處時日太短，上下信心沒有建立，仍有不少學生藉故請長假，或是私自逃走，最後只剩下百餘人受完訓。二十八年三月一日畢業，分派至各大隊充任下級幹部。後來這一百多位幹部，在緬甸作戰，發揮了很大的力量，爲國家建立了很大戰功。❷

至於那時緝私總隊的兵源，更是困難。因爲當時兵役法剛開始實施，絕對禁止募兵，可是緝私總隊行文向軍管區師管區等兵役機關要求撥派徵集兵，回答是緝私總隊並非軍政部所轄正規軍，未便照撥；緝私總隊向中央軍官學校請求撥派畢業生前來服務，也以非正規軍的理由被拒絕。於是孫總隊長只得在稅警教練所設立軍官隊，由收容的稅警官兵輪流抽調受訓，並任命軍校四期畢業生唐守治爲隊長。另設立軍士隊，隊長是軍校畢業生劉放吾，受訓期間爲三個月，二十七年七月十四日畢業。軍官隊畢業人數三十九人，軍士隊八十三人，分發至部隊，充實基層幹部，像彭克立、張琦這樣優秀的青年軍官，便是軍官隊畢業的。

同時，孫總隊長設法要舊有部屬分別回到自己家鄉，就其親戚朋友中，有志投軍救國的，互相介紹，三三五五的帶來。當時各地交通路上，檢查甚嚴，又不能多帶，如果被發覺了，就被兵役機關抓去抵充壯丁兵額。緝私總隊初期進行成軍工作，非常的艱難，但在萬難中很快的編組成立了緝私總隊第一團，派教練所教育長賈幼慧出任上校團長。

在夏天一個黃昏時分，孫總隊長坐在家院子裡與家人乘涼，門前衛兵拿進來一包禮物，說門外有位部屬前來請見。孫大發脾氣，喝令衛兵說：「誰叫你把禮物拿進來的！」說完，一腳就把禮物踢出門外，衛兵嚇得慌忙退出。從此之後，逢年過節，沒有任何部屬，敢再來孫府送禮說情。

二十七年十月二十五日，武漢撤守，長沙吃緊，緝私總隊奉命遷移到貴州都勻。第一團官兵由賈幼慧團長率領，從長沙出發，徒步行軍，經湘西川東各地入黔。這支部隊雖然成軍不久，但是軍容壯盛，行軍所到之處，無論是借住民宅、學校或廟宇，軍紀嚴明，秋毫無犯，給沿途人民留下良好的印象。

註釋：

❶ 齊新撰〈孫將軍義重桃園〉，載於《孫立人將軍永思錄》第一三九—一四〇頁。

❷ 《孫立人將軍鳳山練軍實錄》第三二六—三二七頁。

四、貴州都勻再度練兵

民國二十七年年底，緝私總隊全部官兵移駐貴州都勻、獨山一帶，總隊部設在都勻市內武廟。這時孫總隊長一面積極補充兵員，同時加強幹部及部隊訓練。

孫立人根據過去他在海州訓練稅警的實際經驗，又經過滬戰的實戰體驗，他與齊學啓等高級幕僚，共同研訂出一套教育訓練方案，從士兵體能訓練、基本戰鬥射擊教練、兵器教練及戰術教練，都明確規定實施計畫與步驟。任何新的訓練方案，先在緝私總隊教練所試行，俟有成效，再推廣到各營各團。

孫立人為訓練這支新成立的部隊，他每天雞鳴即起，深夜始息，出操上課打野外，旅次行軍，夜間教育，他總是一步不離的盯著，如發現任何一處有錯誤，一定要官兵反覆的把它糾正過來，務須做到完全正確。

每當晨光熹微，號音一響，孫立人總是最先到達練兵場，隊伍集合完畢，開始跑步，孫立人總是跑在隊伍最前列，跑步之後，進行健身防身的武術訓練，早晚升降國旗，官兵要唱原稅警第四團團歌，這首歌詞是孫立人的父親孫熙澤老先生為他在海州練兵時特意創作的，現在成為緝私總隊隊歌。孫立人又在軍中提倡「義、勇、忠、誠」四個字為緝私總隊隊訓，要求官兵共同信守不渝，成為全軍的信條，漸漸蔚成為一種新風氣。

孫立人練兵特別重視官兵的體力，官兵有強壯的體能，才能應付戰場上艱苦戰鬥的需要。他參照學校裡實施的體育教育，推廣到部隊裡實施，以班、排、連爲對象，培養團隊合作精神。在緝私總隊專門設有體育處，特聘請北平師大名體育教授魏振武、史麟生等十多人擔任體育教官。體育設施較爲完備，訓練項目較爲齊全，分爲球類、團體操，五千公尺越野賽跑、爬山、游泳武裝渡河等項運動。規定每年三月到九月，部隊官兵必須天天游泳，而且要利用隨身攜帶的裝備，實施一排一連集體渡河訓練。總隊部每年舉行一次體育運動大會，分連隊集體參加，成績優異的個人及團體均給予獎勵。嚴格的體育訓練，不僅增強官兵的體能，而且培養成官兵的團隊精神。

孫立人對部隊的軍事教育訓練，特別注重射擊教育、實彈射擊、野外戰鬥演習等項。孫立人對官兵實施射擊訓練，要求確實與熟練，射擊動作要反覆操練，一定要達到純熟的程度。士兵在演練時，他站在一旁觀察，發現有絲毫錯誤，他立即加以糾正，有時他親自示範給官兵看，每一個動作都要做到確實正確，不能一點馬虎，這樣射擊的命中率才會提高。對於武器保管，他要求更嚴。例如武器的拆卸與擦拭，拆卸要求熟練，擦拭既要保持武器清潔，又要不損壞武器，他規定擦拭步槍槍管，不能用步槍附有的鐵通條，而以他自己創製的竹通條代替，以保護槍管的來復線。

孫立人訓練部隊，除了注重軍事訓練以外，還十分重視政治教育。總隊部設有政工處，任命齊學啟副總隊長兼任政工處長。齊具有慈祥的愛心，和誨人不倦的精神，官兵都覺得他不僅是一位開明的長官，而且是一位循循善誘的導師。他常告勉政工人員：要以身作則，做官兵的楷模。剛從北師大畢業的孫克寬、孫克剛兄弟及王景佑等人前來投效，參加軍中政治工作。各團設有政治室，各營設有教導員，實施政治教育，灌輸官兵愛國思想。孫在軍中主張「存誠去僞」，他提倡「軍人五要：一要有鐵一般的體魄，二要有鋼一般的毅力，三要有敏慧的智力，四要有高尚的道德，五要有犧牲的決心。他不贊成黨在軍中有組織活動，他說：「一個軍人就要做一個單純軍人，能夠保國衛民，就是好軍人。」

孫立人訓練部隊，最重視幹部教育，有優良的幹部，才能訓練出有戰力的士兵。在貴州招考的稅警教練所學員隊第二期，於二十八年三月一日畢業，學員一四四人，隊長是陳鳴人。學生隊畢業生七十人，隊長是趙狄。同時受訓結業的有軍官隊七十四人，隊長曾琦。軍士隊一七六人，隊長劉放吾，這時緝私總隊在雲南招募了新兵六千多人，成立第二團，任命唐守治爲該團上校團長，分發新畢業的學員生，至該團擔任各級幹部。

緝私總隊稅警教練所教導總隊幹部第三期，於二十八年八月二十七日訓練結束，軍官隊九十九人，軍士隊一九八人，隊長分別爲趙狄、郭立、胡煜。當時就地招收了八千苗胞青年，組成第三團，任命葛南衫爲團長。這批苗胞經過嚴格訓練，後來到緬甸蠻荒山區打仗，他們成爲山地叢林戰的高手，均有極好的表現。

緝私總隊成軍之初，最感困難的是兵員問題，孫總隊長派幹部分別回到自己的家鄉，招募志願從軍青年。有一次招來一連新兵，走到貴州馬場坪，當地駐防的別動隊，就想吃掉這批新兵，以補充他們部隊裡的缺額。因爲領隊的官長不肯，他們就架起機關槍，把這一連毫無抵抗能力的新兵剿掉。當時軍政部軍法執行總監部，正有人路過該地，親眼看見這種事實。孫總隊長要求懲兇，結果還是沒有處置。緝私總隊處處受到欺侮，竟無處可以申訴，孫立人深感氣憤與痛心。

孫立人住在都勻三年期間，經常親眼看到兵役機關向前方輸送新兵情形，慘不忍睹，令他痛心髮指。有一次他在公路旁邊聽到有人呻吟聲音，他四下查看，發現十幾公尺外有一堆新土，露出一個人頭在外面。孫趕緊叫衛士把土扒開，把人抬出來，只見他奄奄一息，不能說話，只是淌眼淚。孫不用問，心裡已經明白，是他病得重，部隊長不等他斷氣，就給他草率埋了。

當即把他抬回醫務所治療，診斷他是患急性痢疾，經過一段時間治療，他身體復原了。據他說：「我名叫李長發，今年二十歲，我家在貴州畢節縣，家裡種田，有父母和兄弟三人，我是老二，大哥已在去年當兵，至今沒有消息，弟弟才八歲。兩個月前，軍政部補訓處強迫我去當兵，我只好揮淚離別了父母和弟弟，到了營區一看，我渾身打顫，那不是人過的生活。六月大熱天，一直把我們關在屋子裡，過了一個多月，有許多人打擺子（瘧疾），鬧痢疾，又沒醫藥治療，簡直是人間地獄。十幾天前，我染上了痢疾，病得很厲害。第二天，跟著部隊出發開赴前線，每天行軍要走六十華里，第六天走到清鎮，我的病一天比一天重，身體虛弱得幾乎都站不起來了。就這樣我還得拼死拼活往前走，又拖了兩三天，我的病情已經到了絕望的地步，可以說是死定了。不久，全身發冷發熱就暈了過去，以後的事就不知道了。」孫立人問他：「你現在是想歸隊還是要回家呢？」他說：「隊上已把我埋葬了，我還歸什麼隊！你救了我命，我到死都感恩不盡，我願跟你去打日本鬼子！」李長發就這樣加入緝私總隊，後來他在緬甸作戰很勇敢，在東北作戰也立了功，他由二等兵積功升至少尉排長，可見人無廢才，需要善加培育訓練。

孫立人日常在軍中，盡量利用時間，和官兵們生活在一起，瞭解部下的生活狀況，隨時予以改善。他到各單位去視察，和官兵在一起吃飯，看到飯菜質量較差的，必責令軍需加以改善；看到營房內有不合衛生的地方，必令官兵清洗打掃乾淨；看到有病患的，必令送醫救治，而且親至醫院探視，減少他們身心痛苦。他認爲訓練一支能征慣戰的國防軍，不僅是上操打野外，所謂三操兩講，將學術科都做好，就算完事。最要緊的要把營務管理好。所謂營務，包括人事、經理、財務、裝備、衛生以及官兵的衣食住行等日常的生活，要能符合科學的管理，井然有序。他一再指示營務處長張明信，軍中經濟公開，錢都用到士兵身上，不得有絲毫浪費。

到了二十八年底，緝私總隊的兵員逐漸充實，先後成立步兵第一、二、三團、特務團及學兵團，另有五個獨立營，官兵經過一年多嚴格的訓練，戰力已經壯大起來。賈幼慧統率第一團駐防四川五通橋一帶，擔任護鹽任務，其他各團營分駐在貴州都勻、獨山、興義等地，擔任地方防務。

貴州向稱地無三尺平，人無三兩銀。自古以來，就是一個貧瘠地區。因爲山嶺崎嶇，交通閉塞，黔南一帶盜匪出沒，給抗戰大後方交通治安造成嚴重問題。當時政府任命吳鼎昌爲貴州省主席，周貽春爲貴州省財政廳長，孫立人進清華讀書時，周貽春是清華學校校長。孫立人這時在貴州都匀練兵，有時見到周校長，仍然執禮甚恭。周校長對於這位後輩在都匀埋首爲國練軍，甚爲器重。黔南土匪猖獗，正需要軍隊征剿。貴州省政府遂任命孫立人兼任貴州第二綏靖區中將指揮官，征剿在黔南一帶流竄的土匪。這一任務，正好給緝私總隊一個實戰演練機會。經幾次戰鬥，就將黔南各縣土匪肅清。軍政部於二十九年九月特傳令嘉獎，並頒授給孫立人甲種一等干城獎章。

黔南剿匪諸役，不過是緝私總隊一次訓練實習，孫立人並未看重這種剿滅土匪的軍事行動。他利用在貴州大後方不受前線戰火的影響，投注全副心力，要爲國家練成一支精兵，參加抗日戰爭。

緝私總隊雖非正規軍隊，但孫立人的目標，卻要爲國家訓練一支精銳部隊參加抗日救國。民國二十九年三月二十二日汪精衛在南京成立僞「國民政府」時，緝私總隊的成員已經受了一年半的嚴格訓練，官兵們對殺敵致果更具信心。但是孫立人絕不以此自滿，只要有時間，就將全部精力投入部隊的訓練工作，要求紀律嚴整，絲毫不放鬆，一切以作戰殺敵著眼。所以在都匀方圓百華里之內，不論白天黑夜，都可以看見緝私總隊的健兒在作戰鬥技術訓練、射擊教練、戰鬥演習、夜間教育、山地戰、森林戰，這些戰鬥技術訓練，後來到緬甸作戰時都派上了用場。

五、請纓殺敵

民國二十九年十一月，緝私總隊奉命恢復稅警總隊的番號。孫立人任總隊長，齊學啓調任副總隊長兼參謀長。改編後的稅警總隊，兵力已增加到六個團，四個團駐防貴州，兩個團駐防四川，加上直屬部隊，達到八個團的實力，這支部隊經過孫立人兩年多的苦心經營與訓練，已成爲一支精銳之師。

那時中美軍事情報合作，美國有意幫助中國組織游擊隊，成立游擊幹部訓練班，而無部隊可資改編，於是軍事委員會調查統計局局長戴笠看中了孫立人訓練的稅警總隊，就想方法吃掉它。

民國三十年十二月十五日，財政部頒發命令，在鹽務總局下設緝私總署，派戴笠兼任緝私署署長，孫立人任副署長，要孫把整個稅警總隊交出來，孫自然不肯。因爲孫親手培訓的這支部隊，目的是要它成爲國防軍，參加抗日戰爭，十分不願意把它改編爲游擊部隊。

孫立人追述這件事，心有餘痛的說：「戴局長曾報告層峯說：『這支部隊無紀律、無訓練、又無中心思想，應予整編。』於是由軍政部派二十五人前來校閱。校閱官到了部隊，官派十足，如同欽差大臣來巡察。住的吃的，當然要好，閒時要派人陪著牌賭，所謂明輸暗送，晚上還要副官給他找女人。我們把校閱程序排定之後，他們總是多方挑剔。當戰鬥演習團對抗開始時，我們給校閱官準備了馬匹，但是他們不要，還說：『他們坐轎子坐慣了，沒有轎子至少坐滑竿也好。』眞令人啼笑皆非，這還是頭一次聽說，閱兵官要坐滑竿閱兵。」

他們既有無上的權威，我們只好給他們準備了滑竿。演習到了中途，軍隊正在崇山峻嶺間行動，校閱官好像看得不耐煩，雖然再三地向他們講解演習的過程，他們卻說：「你們訓練這些幹甚麼？你們又不是作戰部隊，你們只是緝私稅警。」

孫立人很不客氣地說：「我們雖以緝私爲名，但實際上我們是作戰部隊，抗戰有我們的份，任何人沒有辦法抹殺的，況且國家正在與敵作生死之戰，需要能征慣戰的部隊，我們作此訓練有甚麼不對呀？」

當時大家很不愉快的中止了戰鬥演習。從他們的言談舉止看來，這些校閱官都是以搞情報的姿態來校閱部隊，根本不知軍事訓練爲何物。但孫還忍氣吞聲的敷衍他們，盡量不使他們難堪。

吃飯的時候，我們官兵向例都是一樣的大鍋菜，爲了他們卻破例供應羊羔美酒招待。他們這樣校閱了二十多天，見操場野外，無可疵議，但因不會招待，他們回去報告，仍是一個莫須有的罪名：「無中心思想。」不到半個月，上面就有批示下來：「著即交緝私總署嚴加整頓。」

孫立人不禁慨嘆的說：「我覺得軍人的思想，只在於保國衛民，擁護政府，服從命令，盡忠國家，效忠領袖，眞不知別有甚麼中心思想。」但是上面卻以他們的報告爲準，決定將緝私總隊改編，並派李默然前來接收。❶

當時孫立人和副總隊長齊學啓商量，認爲大敵當前，怎能讓自己人來摧毀這支勁旅，決定由孫去重慶打聽事實內情，盡量設法挽回。

民國三十一年元月五日，孫立人由張晶英夫人陪同，搭車抵達重慶，就去見外交部宋子文部長，宋部長正在華盛頓開會，只好去見行政院孔祥熙院長，把情形跟他報告之後，孔院長說：「這是蔣委員長下的條子，要把緝私總隊撥歸戴笠整訓，我也沒有辦法！」孫問：「手諭是否還在院長這裡？」孔院長說：「仍在這裡，還沒有發下去，但是也不能壓得太久。」孫又追問：「院長爲甚麼不把實際情形告訴委員長？」孫就把這次校閱的情形報告了院長，「他們看部隊訓練好了，就想據爲己有，這對官兵士氣打擊太大，這樣蹧蹋一支訓練精良的部隊，實在太危險了。」孔院長嘆了一口氣說：「我是知道你的，我也跟委員長說，你是非常的能幹，在上海作戰負傷，你的部隊在上海作戰如何的好，所以才要你成立緝私總隊。你訓練部隊非常努力，而且我還提到在江西南昌舉行射擊比賽時，你的團在一百多個團中得到冠軍，委員長曾發給銀杯。」委員長卻一再否認說：「沒有，沒有，他沒有得到冠軍。」你想我還能再說甚麼？」孫聽了這番話，覺得院長已無能爲力了。可是他仍要求院長，把手令再壓幾天，讓他向其他方面去想辦法。孔院長說「好，那你就去辦吧！」

孫立人從行政院出來，就去看委員長辦公廳主任賀耀祖，賀很表同情，但是他說：「委員長的手諭都已下了，我們沒有甚麼辦法！」孫接著又去看軍令部劉為章廳長，把情形說了之後，劉廳長搖搖頭說：「蔣委員長都已下了條子，我又有甚麼辦法呢？但我會留意。」後來孫又想到清華同學何浩若與戴笠關係很好，就去找他想辦法。何浩若直截了當回答說：「這還有甚麼話說，就把部隊交給他好了！」

孫立人這時眞是走投無路，內心煩悶極了。一天，孫夫人硬拉他去重慶郊外觀音洞散散心。孫夫人進入觀音洞，向觀音銅像燒香祈禱之後，就勸夫君也燒支香，誠心誠意的向觀音菩薩求個籤，孫立人便仰首問蒼天，很誠心的抽了籤，想不到竟抽支上上籤。籤文大意說：你現在是隻困在籠子裡的仙鶴，有朝一日會破籠而出，遠走高飛，鵬程萬里。孫立人得到這一啓示，認為事在人為，不管結果怎樣，都要奮鬥到底。❷

民國三十年十二月中旬，日軍大舉南侵，緬甸告急，英國要求中國派軍協防，中國同意派遠征軍前往支援，接著英美軍事代表團前來中國西南各省，考察國軍實力。一天，他們抵達貴州省貴定縣時，當地行政督察專員徐實圃，是中央政治大學第一期畢業同學，奉命接待，設宴歡迎，並邀孫立人將軍作陪。英美軍事考察團人員與孫晤談之下，知道孫所訓練的緝私總隊具有一個軍的實力，就問孫何以他的部隊不開赴前方對敵作戰？孫立人率直答道：「蔣委員長所信賴者，祇黃埔保定兩系的將領，我駐守偏遠地區，擔任緝私工作，沒有效忠作戰機會。」英美考察團人員聽了，銘記在心，他們認為緝私總隊是一支具有戰力的勁旅，建議

以孫立人所屬的稅警總隊改編爲一正規師，由孫立人任師長。❸

軍政部部長何應欽將軍接到此一報告，因爲此時國內已無兵可以調用，立即派人去找孫立人。適值孫正在重慶爲稅警總隊改編奔走。孫立人就去見何部長，「何問：『你是緝私總隊孫總隊長嗎？』我說：『是的。』，他問：『你們的部隊作過戰沒有？』我就把上海作戰的情況告訴他。他又問我：『願不願意去打仗？』我告訴他：『練兵原是爲了作戰，養兵千日，用在一時，這是我們軍人天職，只惜找不到作戰機會。』何又問：『部隊能不能作戰？』我說：『自信還有幾成把握。』何說：『那好，我就給你簽上去，派遣你的部隊去參加遠征軍。』」

加入遠征軍抗日救國的願望雖然實現，可是孫接到軍事委員會轉來財政部的命令卻說：「㈠著緝私總隊現有六個團之第二、三、四團編爲國軍第六十六軍新編第三十八師，新編第三十八師總隊部人員及其直屬部隊，編爲師部人員及該師直屬部隊，師長由該總隊長孫立人接任。㈡原第一、五、六三個團改隸財政部緝私署。㈢該師師長於接到命令後，即日率部開拔，向昆明進發，並於行軍前進中改編就緒，不得停留，到達目的地後，即刻向該軍軍長張軫報到歸隊。」

孫立人帶著留下的三個團，每團只有一千二、三百人，要求由別團補足名額，亦復不准，其餘有五個團的兵力，完全編入戴笠的緝私總署，其實八個團的訓練是一樣的，可是編入緝私總署後，並未獲得發揮，不久就完了。

接著軍政部成立西南各省校閱組，校閱西南各省四十個師。孫師長請示校閱範圍、校閱組長指示：「不閱兵，不看操場動作，只看射擊及戰鬥。」孫立人回到師部，即規定各團以連爲單位，造好班排名冊，準備迎接戰力校閱。當進行校閱的那一天，孫師長爲了要展示他部隊的高度戰力，官兵全副武裝，揹背包，軍容嚴肅壯盛。全師集合在一所學校大操場上，孫師長首先呈上一份全師四十個連的建制名冊，請校閱官隨意指定任何班、排、連出列受校。校閱官說：「先看射擊。」隨即在每一個團指定四個建制班，同時在四個靶位實施實彈射擊。這天射擊仍依平日規定，揹背包，全副武裝，戴鋼盔，射擊距離一五〇公尺，臥射有依托，每人一次連射五發，一次報靶，時間由報告「好」開始，共三十五秒，逾時扣分。

當時射擊教範規定使用圜靶，靶爲圓形，計有一至十二圜，圓周中心爲十二圜，射中十二圜爲最高分，一圜爲最低分。射擊開始三分之一時，靶溝每次報出圜數最低爲七圜，極大多數爲十至十二圜。這些校閱官很不以爲然，竊竊私語，表示懷疑。於是有人提議由校閱人員去靶溝看靶，然後仍令各靶原班士兵依次射擊。此時對方所報成績，仍是最低爲八圜，這時各校閱人員面面相覷，都佩服了。下午只是在一一二團隨意指定一個建制班出列，實施班攻擊，在進行中，校閱人員極重視組與組的協同，班長的指揮能力，及各個兵協同、掩護、地形地物利用，及衝鋒的火力利用，無不可圈可點。❹

校閱全師完畢，校閱組長劉老將軍作總獎評說：

校閱了四十個師，應以新三十八師戰力爲最好，不獨戰鬥技術好，動作確實，就以官兵的身體而論，個個面龐紅潤，如同擦了胭脂一般，亦可知道它的戰力必定很強，可惜我現在年紀老了，不中用了，不然，我願意在這部隊中當一個排長，我相信這個部隊將來一定打勝仗。

孫立人聽到校閱官如此讚譽他的部隊，深感欣慰。他說：「我部自成立以來，這還是第一次聽到獎勵，眞是受寵若驚了。」

稅警總隊成立以來，因爲官兵待遇好，武器裝備也好，常受正規軍的嫉視，譏笑他們是綉花枕頭，中看不中用。今天軍事委員會校閱委員們，對他們的訓練，大爲稱讚，並核准新編三十八師，由丙種師提升爲加強師，派赴緬甸遠征。孫立人多年來的願望終於達到，自有說不出的高興，全師官兵也都興高采烈，義憤塡膺，決心要到戰場上打個漂亮的仗，爭回這口悶氣。

註釋：

❶ 孫立人講〈統馭學〉，載於《孫立人將軍鳳山練軍實錄》，台北學生書局。

❷ 台北中國時報連載《孫立人回憶錄》中〈緝私總隊〉。

❸ 華壽崧撰〈我所認知的孫立人將軍〉一文，載於台北中外雜誌。

❹ 胡德華撰〈孫立人練兵與緬甸仁安羌大捷紀實〉一文，載於《孫立人研究》第四七——五八頁，台北李敖出版社。

第七章　遠征緬甸

一、中英美盟軍共同防禦緬甸

民國三十年（一九四一）十二月八日，日軍偷襲美國珍珠港，太平洋戰爭爆發，中國於十二月九日對日正式宣戰，全國軍民由單獨抗戰，進入了一個與英美盟國聯合作戰的新階段。

當時經美國總統羅斯福建議，設立中國戰區，推軍事委員會委員長蔣中正爲中國戰區統帥，任命美軍第七師師長史迪威中將（Joseph W. Stilwell）爲中印緬戰區美軍司令兼中國戰區參謀長，指揮中印緬戰區同盟軍聯合作戰。

史迪威生於一八八三年三月十九日，一九〇四年，美國西點軍校步兵科畢業，歷任美軍在華語言教官，駐天津美軍十五隊隊長，及駐華大使館武官。在華工作十年，能說華語，識中文，性情粗率，但長於訓練，勇於作戰，深得美國三軍參謀總長馬歇爾賞識，經馬歇爾推薦，獲得美國陸軍部長史汀生贊同，於一九四二年一月二十三日，美國政府正式任命爲中國戰區參謀長。

一九四二年二月初，日本第十五軍團司令飯田祥二郎（SHOFIRO IIDA）率領第十八、三

十三、五十五及五十六等四個師團及特種部隊十萬之衆，兵分海陸兩路，進攻緬甸。陸路由泰國侵入緬甸毛淡棉（Moulmein）北進，海路由仰光（Rangoon）登陸，循滇緬路進攻。

這時駐緬英軍只有英緬軍第一師，英印軍第十七師，英澳軍第六十三旅及英裝甲兵第七旅，擁有戰車一百五十輛和砲兵及空軍等部隊，由英緬軍總司令亞歷山大將軍（Gen. Harold R. L. G. Alexander）指揮，他自忖兵力單薄，不能抵擋日軍進攻，經美國建議，向中國求援。

蔣委員長依照一九四一年十二月二十三日「中英共同防禦滇緬路協定」，決定接受英國政府要求，派遣杜聿明的第五軍，統率新編第二十二師、第九十六師及二百師，甘麗初的第六軍，統率第四十九師，暫編第五十五師及第九十三師，及張軫的六十六軍，統率第二十八師，第二十九師及新編第三十八師，組成中國遠征軍，於一九四二年一月起，先後分道由滇西趕赴緬甸戰場，支援英軍對日作戰。並在緬甸成立中國遠征軍司令部，任命羅卓英爲司令長官，杜聿明兼任副司令長官。緬甸中國遠征軍屬中國戰區，統歸中國戰區參謀長史迪威指揮，中國另派林蔚將軍爲中國遠征軍軍事參謀團團長，前往緬甸，協助史迪威督導國軍作戰。

二、新三十八師出國遠征

民國三十一年元月底，孫立人師長接到軍事委員會令他率師出國援緬的命令之後，他立即將稅警總隊總隊部與第二、三、四團改編爲新三十八師，兩位副師長是齊學啓、唐守治，參謀長是何均衡，參謀主任是張炳言。下屬三個團。

一一二團　團長陳鳴人，副團長梁砥柱，第一營營長李克己，第二營營長書劍，第三營營長陳耐寒。

一一三團　團長劉放吾，副團長曾琦，第一營營長楊振漢，第二營營長魯廷申，第三營營長張琦。

一一四團　團長李鴻，副團長王東籬，第一營營長彭克立，第二營營長李克彧，第三營營長姚鳳翔。

新三十八師改編完成，孫師長立將駐在八寨、獨山兩地的部隊，集中到都匀，二月二十七日在都匀集合全師官兵，莊嚴宣讀作戰命令，之後，他說：

「這次我們出師緬甸和英軍聯合作戰，共同打日本鬼子，目的是保衛緬甸，保衛雲南，保衛盟國援助我國的國際運輸線。目前國家形勢危急，我們一定要負起這一艱巨的任務。」

接著他堅決的說：「我們的部隊出國，只能打勝仗，不能打敗仗，你們打死了，倘若祇留下我一個人，我也要拼到死，爲民族的生存而戰死，是最光榮的！」

孫師長對官兵講話後，接著召集軍官會議。會中，他宣佈三條紀律：「第一要愛護士兵，行軍沿途要辦好伙食，使士兵吃飽；士兵有病要好好照顧，即時醫治，不准隨意丟下一個人。第二要嚴守軍風紀，不論在國內或國外，都要遵重當地民族的風俗習慣，不准騷擾老百姓。第三，在作戰時，不論兵力大小，要充分利用地形地物，盡量避免正面作戰，多運用迂迴側翼襲擊，減少不必要的傷亡。孫子兵法所謂『出其不意，攻其不備』，是指揮官作戰求勝的密訣。」孫師長連續講了兩個多小時，叮嚀囑咐全體官佐，要誓死爲國家民族爭取最後的勝利。

二月二十八日一大早，新三十八師即在孫立人師長率領下，離開了他練兵三年的都勻，徒步向貴州西南隅的興義進發。都勻距興義約一千華里，部隊全副武裝，扛著機槍，揹迫擊砲，官兵們邁開大步，向前進發。因爲部隊訓練有素，又因長期受到歧視與壓抑，一朝獲得出國殺敵報國的良機，官兵都異常興奮，便不覺得長途跋涉的辛苦，反而藉此磨練，增強了官兵的體力與毅力。

孫立人率領全師官兵行軍到達興義，立即去見張軫軍長，當晚在讌席上，張軍長說：「據我看，本軍以新二十八師戰力最強，新二十九師次之，而以新三十八師最弱。」孫立人坐在席上，聽了這些冷言冷語，雖覺嘔氣，也不敢申辯，只好留待將來的事實表現了。

到達興義的第二天，新三十八師舉行誓師遠征大會。齊學啓副師長提出：「將有必死之心，士卒無生還之念」的誓言，「以戰勝爲榮，戰死爲榮」的決心，激勵戰士。當時官兵情緒振奮，高呼「打倒日本帝國主義」，「爭取抗戰最後勝利」等口號。齊副師長在會上引吭高歌他的詩句：「男兒生兮不成名，死當葬蠻夷域中！」把全師士氣推向高潮。

誓師大會後，這一群滿懷興奮的戰士，遂邁開雄健的步伐，從興義出發，經雲南羅平、師宗至宜良，再南繞滇池，到達安寧。部隊在這裡停留兩天，官兵到著名的溫泉，洗了一個痛快的溫泉澡，把半個多月來行軍中渾身沾滿了的塵垢，洗個乾淨，感到舒爽極了。

孫師長住在安寧溫泉飯店，夜深人靜，他在構思。爲了部隊出國遠征緬甸，決定以「藍鷹」爲師徽，請名家繪圖，製成臂章，配戴在官兵肩上，作爲標誌，後來因爲這支部隊戰功顯赫，被稱爲「藍鷹兵團」。

三月二十七日，在晨光曦微中，這群戰士依次登上停在滇緬公路旁三百五十輛排列冗長的卡車。車上貼滿歡送的紅紙綠條，上面寫著：「歡送新三十八師出國遠征」、「揚威異域」、「爲國爭光」的標語。老百姓夾道歡呼，砲竹聲不絕於耳。太陽剛剛從東方昇起，汽車的馬達聲隆隆發動，隨即沿著公路，像一條游龍似的，浩浩蕩蕩，從安寧向西開往緬甸。

出征的官兵滿腔熱血，鬥志昂揚，進軍路上，軍歌響徹雲霄，迴蕩山谷：

槍，在我們肩上，
血，在我們胸膛，
我們要齊赴沙場！

三、曼德勒衛戍司令

新三十八師先頭部隊，於四月二日開抵臘戍（Lashio），五日全師人馬都已趕到。這時日軍已從仰光打到平蠻，曼德勒（Mandalay）告急，臘戍已進入警戒狀態。孫立人師長得知情況後，除派彭克立一營兵力警衛臘戍機場外，全師主力迅速向曼德勒推進。

曼德勒又名瓦城，位於伊洛瓦底江東岸，當滇緬鐵公路中心，是緬甸第三故都，有皇城及外城。皇宮建築在皇城內，古殿雄偉，用玻璃瓦蓋覆，屋頂塗金黃色，在烈日照耀下，金碧輝煌，充滿東方建築莊嚴華麗氣派。

連日來日機瘋狂轟炸曼德勒，全城陷入一片火海中，潛伏的緬奸又乘機到處放槍搶劫，秩序十分混亂。市面商店關閉，老百姓逃亡一空。在斷瓦頹垣的廢墟中，無辜的人民被炸得焦頭爛額，血肉模糊，到處屍體臭氣薰人。

四月五日，中國戰區統帥蔣委員長偕同夫人飛臨緬甸梅苗（Maymyo），視察戰局。梅苗位於曼德勒以東五十英里，是緬甸避暑勝地，當時盟軍指揮中心及中國遠征軍司令部就設在這裡。

四月六日，蔣委員長在梅苗接見英軍總司令亞歷山大和中國戰區參謀長史迪威將軍，商討緬甸共同作戰計畫。七日召開軍事會議，中國遠征軍的軍師長等高級將領均參加，蔣委員長在會中宣佈：他授權中國戰區參謀長史迪威將軍，指揮在緬甸的中國遠征軍，並指派新三十八師擔負保衛曼德勒的任務，任命孫立人爲曼德勒衛戍司令。

四月七日，新三十八師開進緬甸故都曼德勒。八日，蔣委員長夫婦偕羅卓英、杜聿明、林蔚、侯騰等中美高級將領由梅苗來到曼德勒，在孫立人師長陪同下，檢閱儀隊，赴各地視察防務。蔣委員長看見新三十八師軍容嚴整，士氣旺盛，頓時喜形於色，滿面笑容，頻頻向肅立道旁的官兵致意，連聲說：「好！好！」

走到王城門前，蔣委員長邀孫立人、李鴻與他夫婦合影，並對孫立人說：「我對你這師希望很大，扭轉緬甸戰局就靠你們了，我等著你們的捷報。」他還指出曼德勒與南京有相似的地方，伊洛瓦底江（Irrawaddy R.）的形勢，猶如南京城外的長江，城東一座高山很像紫金山，保衛曼德勒正如保衛南京一樣重要。講畢，他沉思片刻，遂將曼德勒一幅地圖親自授予孫立人。他的意思是說：「我將曼德勒交付給你，你要死守曼德勒。」孫師長恭謹的接受這一幅地圖和這一重要任務。

孫師長接受任務後，當即下令佈防，派一一二團防守曼德勒山地區，一一三團防守伊洛瓦底江大橋沿線，一一四團分駐市區通衢要道，警衛城區，師部直屬部隊駐王城內外。

新三十八師官兵進駐防地後，在漫天烈火和炎日的薰蒸下，誰也沒有顧及那薰人欲昏的污濁空氣，冒著三十五度酷暑天氣，奮不顧身，一面構築工事，同時進行撲滅火焰，掩埋屍體，打掃街道，肅清緬奸等項綏靖工作。

四月十一日上午九時，一架銀灰色飛機從昆明飛抵臘戍，載來軍事委員會派來一位戎裝專使，他下機後，立即坐著吉普車趕往曼德勒。他帶來蔣委員長下達給孫立人師長擔任曼德勒衛戍司令的手令，及一封指示軍機的書信，當面交給孫師長。蔣委員長在信內親切的寫著：「即由吾弟負起衛戍曼德勒責任……」另撥發印緬幣盧比二萬盾，囑作慰勞官兵及安撫難民之用。

孫師長遵即以衛戍司令名義，發佈中、英、緬三種文字的安民通告，張貼在曼德勒全城的斷垣殘壁上：

本司令奉命衛戍是間，保此土，安斯民，職責所在，茲特與全城民眾共約四事：一、放火者殺無赦。二、殺人越貨者殺無赦。三、充當敵人間諜偵探者殺無赦。四、造謠惑眾擾亂治安者殺無赦。其餘一切良善民眾僧侶等生命財產，均在本司令保護之列……❶

這是中國將領在外國地方擔任軍事行政長官第一次。孫立人師長住在城郊一位英軍上尉的官邸內，作爲軍事行政發號施令的指揮所。

綏靖工作開始第二天，緬甸親華青年黨領袖宇素知甲率衆前來請求保護，逃避在山林裡的難民也相率來歸，由師政治部分別登記，並發給盧比及米糧。緬人對中國軍人這樣愛護他們，表現極爲親切。只一個星期光景，曼德勒從廢墟中復甦起來，市面漸漸看見人煙了。

註釋：

❶ 孫克剛著《緬甸蕩寇誌》第一至三頁，上海國際圖書出版社。

四、仁安羌大捷

民國三十一年（一九四二）三月七日，日本大軍攻陷仰光後，分兵三路北上，盟軍亦分三路迎敵。東路爲甘麗初的第六軍，當面之敵爲日軍第十八師團。中路爲杜聿明的第五軍，當面之敵爲日軍第五十五師團。西路爲英緬軍第一師，當面之敵爲日軍第三十三師團。新三十八師駐防曼德勒，擔負東西策應的機動任務。

四月十四日，英緬軍第一師放棄馬格威（Megwe），退到仁安羌（Yenanyaung），影響國軍正面第五軍側背。四月十五日下午三時，孫師長奉到中國遠征軍司令部的命令，派遣新三十八師陳鳴人的一一二團和劉放吾的一一三團，由齊學啓副師長率領，開往納特曼克（Natmank）與巧克柏當（Kyaukpadaung），負責支援西翼的英軍和掩護正面國軍的側背。曼德勒衛戍任務，只留下李鴻的一一四團第二、三兩營擔任。一一四團的第一營，仍然留在臘戍，擔任飛機場的警戒。最令孫立人擔心的就是他的全師兵力被分割使用，現在竟然出現了。

日軍三十三師團，探聽到英軍退守仁安羌，馬上就派二一四和二一五兩個聯隊兵力，迅速沿伊洛瓦底江東岸，繞到英軍後方，將英緬軍第一師全部及戰車旅一部七千多官兵，包圍在仁安羌以北地區。另以一個大隊快速佔據拼墻河（Pinchong R.）北岸渡口，阻截英軍的救援。當時在拼墻河北岸和敵作戰的英軍，只有少數步兵戰車和山砲，自身都已難保，實無力分兵去救援在南岸被圍的部隊了。

緬甸英軍總司令亞歷山大將軍於四月十五日深夜，與中國戰區參謀長史迪威將軍及中國遠征軍司令羅卓英將軍、副司令杜聿明將軍緊急會商，請求國軍迅速派兵救援在仁安羌南面被圍的英緬軍第一師。杜聿明認爲戍守曼德勒的新三十八師，委員長曾有命令，不許調離該城。除新三十八師之外，又無其他部隊可以分兵相救。亞歷山大將軍說明被圍英軍情況危急，一再懇求。羅卓英爲了顧及盟軍友誼，下令新三十八師齊學啓副師長，就近率領駐防巧克柏當的一一三團，立即乘汽車前往仁安羌救解英軍之圍。

孫師長獲悉他的三團兵力，就這樣四分五裂的被調走，使得曼德勒無兵可守，實在非常危險。現在長官部又要齊學啓帶一團人去救英軍，受英軍指揮，一定不能發揮戰力。他心想：「我又不是諸葛亮，叫我死守空城。日本人也不是司馬懿，豈可以嚇得跑的。」因而心裡非常氣惱。

十六日晚上九點多鐘，孫立人趕到瓢背（Pyawbwe）遠征軍長官司令部，找司令長官羅卓英理論。這時楊業孔將軍走出來說：「杜長官不在，我是他的參謀長。」孫師長率直報告：「英軍一師，受日軍八千之圍，今派一團人援救，眞能作戰者，不足一千，又受英人指揮，英人從來未曾指揮過中國軍隊，中國軍隊又從未受英人指揮，上下情意，必難貫通，作戰必無表現。況且英軍是敗兵之將，不足以言勇，如此處置，結果此一團人，必遭消滅。一旦前線挫敗，敵人乘勝來攻曼德勒，我帶一團人守曼德勒，亦必無功，等於坐以待斃。現在我願意自己前去指揮，力量必大，而且我坐城待斃，亦非得計。兵法所謂：『與其戰於城，寧戰於郊。』如果此次增援部隊勝利，那麼守城部隊，也就高枕無憂了。」

孫雖如此誠懇的說明利害，楊參謀長仍是不准，卻冷冷地說：「既然上面已經決定了，就不必再多說了。」孫看了手錶已是晚間十點多了，心裡萬分著急。孫爲了大局著想，又向楊參謀長詳爲解說：「與其坐著被敵人各個擊破。不如趁早合兵一擊，也許能打垮當面日軍，穩著西線。」楊參謀長竟說：「你不知道麼？這一團是送人情的，以一萬人被圍，一千人何能解救？」孫師長說：「我作部隊長的，不能白看著部下去送死！就是去死，我也要同死，死馬也得作活馬用。」

兩人從午夜一直磨到次日清晨二時十分，楊參謀長總說這是司令長官的命令，他不能承擔這個責任。孫遂對楊說：「如果參謀長不肯負責，那我自己負責，不過請你報告總指揮官，就說按照當前情況，我勢在必行。不合理的命令，不一定要接受，責任問題只有等任務完成之後，再來承擔。」楊參謀長這才鬆口說：「好吧！你去吧！如果打了勝仗，算你首功。」言語之間，料定孫立人此去必敗無疑。❶

救兵如救火，劉放吾團長於四月十六日接到救援英軍命令之後，立即率領一一三團官兵乘車連夜奔趕，十七日黃昏時分，到達距拚墻河北岸五英里處，進入準備攻擊位置。

齊副師長命令一一三團，要在十八日攻佔拚墻河北岸及渡口，敵軍無論如何頑強，都要將其消滅。他指示一二兩營由劉團長率領進佔公路東面，第三營由曾琪副團長率領進佔公路西面，各距公路千米以上向南推進，要在翌日清晨四時到達拚墻河北岸，四時三十分，採取兩翼包圍，開始向公路夾擊行動。

次晨天還沒有拂曉，槍聲響起，戰鬥漸趨激烈。日軍連日來長驅直入，從未遭到抵抗，因此沒有防禦準備，都在車上睡覺，做夢也沒想到，突然衝出一支中國勁旅，措手不及，倉皇應戰，在我軍機槍咯咯的點放下，彈無虛發。敵軍傷亡枕藉，紛紛渡河逃命。

齊副師長乘著吉普車，沿公路南下，看到英軍遺棄的車輛，日軍遺棄的屍體，公路兩側沒有防守工事，也沒有散兵坑，可見英軍是聞風北逃，而日軍是尾隨北追，全未經過戰鬥。

齊副師長指示部隊暫不渡河，待師長到後再作決定。

孫師長於十八日天快亮時，率師部參謀人員，趕到前線，進佔距北岸五哩路東的柚木林莊園。他先聽取戰況報況，知道十日來，官兵不分晝夜東奔西跑未停，疲憊不堪，加以天氣溫度高達華氏一百一十度，又缺乏飲水，全團有不少官兵因沒有水喝而中暑。這時劉團長在電話中向師長報告：「官兵沒有水喝，有人中暑休克。」孫師長察明地圖後對劉說：「你眞笨，你團第一線所在的位置距拚墻河只一千多尺了，你不會告訴官兵，向前十次躍進，一股衝鋒，即抵拚墻河，有的是水！」孫放下電話筒，命令隨從參謀，通知水車，立刻運水，開往前方。

孫師長隨即乘坐水車開到團指揮所，沒提運水的事，劉團長剛下達向前攻擊命令，孫只問了一句：「前面一千公尺就是拚墻河，他們都曉得了嗎？」劉團長答道：「他們都曉得了。」

第一線官兵爲了水，要活命，顧不得甚麼障礙，各個拼命向前躍進，彼此相互掩護，都拿出平日跑四百公尺比賽的速度，向敵陣疾進，到達衝鋒距離，連長尙未來得及下達衝鋒命令，只聞全線官兵在晨霧中殺聲震天。日軍未及還手，刺刀手榴彈已經上了身，敵軍很快被瓦解。這時敵方南岸砲火猛射，但砲彈都落在我軍攻擊前進時的位置，對我毫無損傷。

我軍第一線營在攻佔敵陣拚墻河北岸最後一線後，殘敵逃過了河。這時我官兵誰也不顧獲取戰利品，一個個從敵屍體上躍過，跳入拚墻河，飽享一頓清涼的河水。❷

上午七時半，兩組搜索兵返回報告：拚墻河南岸渡口有陣地，右側似是哨所。孫師長認爲戰機應充分把握，當即命令迫擊砲向南岸敵軍陣地連射半小時，使敵無喘息時刻。

正午十二時，拚墻河北岸日軍已被肅清。孫師長認爲，十日來官兵奔馳戰鬥不停，體力透支過度，指示該團暫停，在原地部署工事，防敵反撲，並派兵向左右兩側及正面搜索敵情。

孫師長告訴劉放吾團長說：「這次援救英軍的任務，關係非常重大，只能成功，不能失敗。但是一一三團兵力有限，面對數量上強大的敵人，必須發揮我軍優勢，以大無畏的精神，慎謀善斷的智慧，隱蔽我軍行動，出其不意，攻其不備，期一舉於明天拂曉殲滅日軍三十三師團。」❸

孫師長將一一三團佈署妥當後，匆忙趕到英軍前線指揮所，去見英軍第一軍團長史林姆將軍（W. J. Slim）。史林姆問孫立人帶來多少援軍，孫說：「只有一團人。」史林姆聽了非常洩氣，他心想英軍一師人被圍，你來一團人，如何能以解圍？當即要求孫師長立刻率師渡河攻擊，把被圍英軍解救出來。孫師長認爲被圍英軍距南岸約有十哩，日軍數量至少有兩個聯隊，而且南岸地形暴露，敵軍又是居高臨下，我軍處在仰攻地位，一旦攻勢頓挫，敵人可能立即窺破我軍實力，這樣不但不能達成解救英軍的任務，並且可能把一一三團陷入危險境地。因此，孫師長決心暫時停止攻擊，打算在黃昏以前，用盡種種方法，把當面的敵情和地形偵察清楚，再利用夜間去週密佈署，準備在第二天拂曉進行攻擊。英國第一軍團長史林姆將軍對於孫師長這樣萬全的作戰佈署，雖然表示敬佩，但他更焦急被圍英軍的生死存亡。

正在這時，英緬軍第一師師長史高特（Maj. Gen. J. Bruce Scott）用無線電話向史林姆告急求援：

我們已經兩天沒有水喝了，官兵無法繼續維持下去，敵人正從四面八方包圍我們，情況萬分危急！

中國軍隊打到什麼地方？什麼時候可以渡河？

中國軍如不迅速到達，我們將不堪設想！

史林姆將軍很窘迫地望著孫師長，要求他無論如何要立即渡河攻擊援救，不能等到明天。孫師長一再的解釋利害，請他打電話通知斯高特師長務須再忍耐一天。史林姆正在猶豫不決的時候，斯高特師長又打來了第二次告急電話，說是被圍部隊已經到了最後關頭，再也不能撐持下去了。史林姆將軍臉色大變，凝視著孫立人，目光慌亂，神情顯得非常緊張。孫師長平心靜氣地問道：「可否由我和斯高特直接通話？」史林姆將軍將電話筒交給孫師長，孫以堅定口氣告訴斯高特說：「貴師既已忍耐了兩天，無論如何還要再堅持這最後一日，中國軍隊一定負責在明天下午六點鐘以前，將貴師完全解救出圍。」那邊以焦急而懷疑的語氣從無線電話中傳來「有無把握」的詢問，孫師長堅決地回答：「中國軍隊，連我在內，縱使戰到最後一個人，也一定要把貴師解救出來！」史林姆將軍聽到這句話，大爲感動，緊握著孫師長的手說：「好吧！就這樣說定。」❹

史林姆將軍轉過頭來，交待他的隨從參謀，通知留在拚墻河北岸的英軍第七裝甲旅一部分戰車及砲兵部隊，交給孫師長指揮。這是有史以來，英國皇家軍隊，第一次交由一位中國將領指揮。

接著孫師長與史林姆將軍研討次晨攻擊計畫。孫師長以戰術為著眼，主張我軍主力應佈置在我軍左翼，攻擊敵之右側，因為我軍右翼地形暴露，全是石山，側背又是伊洛瓦底江，背水為陣，萬一攻擊頓挫，危險極大。史林姆將軍深恐被圍英軍受我軍砲火損傷，且英軍解圍後撤退亦感困難，堅請將我軍主攻點，改由我軍右翼施行。孫師長接受了史林姆將軍此項請求。

在十八日拂曉攻擊前，孫師長邀史林姆將軍同往前線視察。史林姆在「反敗為勝」一書中回憶說：「在相當接近前線的營部，我對軍隊的部署相當滿意，並準備回去之際，劉放吾上校說：『我們再往連部去看看。』史林姆將軍遲疑一下，『我不確定在戰爭即將開始的時刻，我是否該接近連部，但為了面子，雖然不情願，我還是涉水到達連指揮所。』孫偕史一行人甫抵連指揮所，敵人攻擊的槍砲聲頓起。『劉上校轉身看我，我眞擔心他會說要到排部去。所幸他未再提議，只是望著我微笑。』這一趟視察，史林姆對新三十八師一一三團官兵的信心大增。他說：『只有優秀及幹練的軍人，才能在槍林彈雨中面無懼色。』❺

孫師長回到前線指揮所，一切計畫妥當，立即對劉團及英軍戰車及砲兵部隊下達作戰命令：

㈠敵情：日軍主力爲兩個聯隊，人數約五千之眾，有快速砲多門，陣地距南岸約八哩的山地南沿，分佈在公路兩側約一哩左右。

㈡被圍英軍在仁安羌油田北面，距日軍陣地約一千公尺。南岸約六百公尺處，公路西側爲一足球場，有被日軍俘獲的英美記者牧師及公職人員約六百人。

㈢第一波攻擊佈署：

1.第一、二兩營入夜之後，自渡口東側一千五百米處渡河，迂迴至敵之東側及背後，在明晨四時前完成攻擊準備，待我方砲擊停止後開始攻擊。

2.第三營在明晨五時，在渡口兩側準備完成，隨著英軍戰車正面渡河。

3.英軍榴彈砲八門，陣地在拼墻河北岸二哩，作殲滅性的面積射，即正面寬六百公尺，深五百公尺，由東而西，由近而遠，發射時間自明晨四時起至四時四十分止。

4.英軍戰車大隊，在第一波砲擊時，到達拼墻河北岸渡口，由我方連絡官鍾山率領第三營隨戰車渡河，攻擊正面敵人陣地，直到佔領南岸，解救出英美記者等人，即加油加彈作第二波攻擊。

㈣第二波攻擊佈署：

1.第一、二、三營要用最快之速度前進，主攻公路東側之敵，達成各個擊破之目的。

2.英軍榴彈砲陣地不變，射程改爲十哩至十二哩，目標爲公路東側之敵，戰車繼續向前推進。

㈤第三波攻擊佈署，公路西側的日軍陣地。

夜幕展開，黑暗的天空，閃耀著震耳欲聾的砲火，日軍向我施行幾次小規模反撲，均被我官兵分別擊退。

十九日午前四時三十分，全團攻擊準備就緒。

孫師長坐在一位印度人駕駛的給水車上，出現在第一線，他手持望遠鏡，不停地瞭望公路兩側地形，隨即下達緊急作戰命令：「準備拂曉攻擊，強渡拚墻河！」

部隊官兵都抱定「有死無生」之決心，在肅靜秘密中，全部強渡過河，隨即開始突擊。

十九日清晨，東方還未露出一線曙光，槍砲聲由稀而密，閃電般地火光向敵陣地打過去。官兵人人奮勇，個個爭先，士氣的旺盛，戰鬥意志的堅強，無以復加，眞如怒馬奔騰，拼命向前衝殺。打得日軍頭昏眼花，一直還不曉得這支「奇兵」是從那裡來的？究竟有多少人馬？破曉時分，左翼部隊將日軍第一線陣地完全攻佔。戰鬥轉進到山裡，敵軍不顧一切猛烈反撲，我軍已攻佔的陣地，三得三失。在敵軍優勢兵力的壓迫下，我軍必須處處防備敵人偵知我軍實力，用種種方法，設置疑兵，虛張聲勢，又用小部隊進行擾亂突襲，教敵人無從判斷我軍的虛實。主攻部隊利用山砲，輕重迫擊砲及輕重機關槍的掩護，反覆肉搏衝鋒。第三營張琦營長奉命率部增強我軍左翼陣地，向敵施行包圍攻擊，他奮不顧身，匍匐爬到最前線陣地。

「弟兄們衝鋒呀！向前衝呀！」張營長嘶啞地喊著。

狡滑的日本鬼子用架在大樹上的機關槍，對準張營長掃射，一粒子彈打中他的脊背，穿到腳底，張營長滾到後面一個小土坡的後面，弟兄們搶著去救他，被敵人的機槍火網罩住，犧牲了七八個人。張營長發出最後的命令：「你們不要到這裡來作無謂犧牲，趕快衝向前去，集中我們機關槍的火力壓制敵人，把樹上那個傢伙打下來！」英勇的張營長壯烈成仁了。

密集火網連珠似的發射過去，樹上那兩個傢伙連人帶槍的跌了下來。

弟兄們眼看著自己的營長倒了下去，大家心頭火辣辣地要為營長復仇，前仆後繼拼死衝殺上去，一直衝上了油田。

第一營營長楊振漢率部向右翼及五〇二高地攻擊，敵人頑強抵抗，我軍用四七迫擊砲向敵轟擊，然後官兵猛衝上去，與敵肉搏格鬥，敵軍立腳不住，紛紛潰退，直到下午二時，我軍才將油田區制高點五〇二高地佔領，並逐步向前推進。❻

這時孫師長親自在前線督戰，看到日軍陣腳動搖，立即指揮第二營營長魯廷甲率一部官兵迂迴至敵背後，切斷敵軍退路。過了一小時，我軍突破日軍對英軍的包圍圈，與英軍取得聯絡。被圍的英軍乘機向外突擊，日軍陷於兩面夾攻，力量不支，紛紛向伊洛瓦底江東岸撤退。

孫師長親率一一三團官兵，不顧己身生命，在火網中用白刃與敵人肉搏，從凌晨四時半打到下午六時許，僅僅十三個半小時，就擊潰日軍兩個聯隊，把被圍困的英軍七千多人及各國記者及傳教士五百多人解救出來，並將日軍搶去的英軍戰車及輜重一百多輛奪回，交還給英軍。

被解救出來的英國官兵看到中國官兵，就豎起大姆指高呼：「中國萬歲！」「中國軍人頂好！」更有許多英國官兵壓制不住感激的熱情，抱著中國官兵跳了起來。斯高特師長率領二十多名英國軍官，下午七時來到新三十八師司令部，向孫師長表示感謝。當時孫師長仍在前線，他們把齊副師長抱起來，高舉起歡呼十幾次。史林姆將軍見到孫師長，緊握著他的雙手，連說：「中國軍人眞勇敢！」接著英緬軍第一師的步兵、騎兵、砲兵、戰車部隊七千多人和一千多匹騾馬，在我軍安全掩護下，連夜從我軍左翼向拚墻河北岸撤退。❼

孫立人師長率一一三團實際作戰的官兵八百多人的劣勢兵力，擊潰十倍於我的日軍，解救十倍於我的英軍出險。沒有飛機大砲的掩護，他們只憑藉著平時練成的射擊技術和堅定的信心，以及旺盛士氣，在萬分危險的戰局中，攻堅克險，殺敵致果。一天鏖戰下來，全團陣亡二百零四人，負傷三百一十八人，幾佔全團官兵的半數，終於擊退了敵人，救出了英軍。仁安羌之役，在軍事上眞是一個奇蹟。國軍官兵勇敢善戰，以少勝多，以寡救衆，孫立人將軍卓越的指揮才能都充分地表現出來，一掃英美軍人過去輕視中國軍人的心理，轉而對中國軍人十分敬佩。

戰訊傳到盟軍總部，一向目中無人的史迪威將軍，對孫立人大加讚揚。誇耀地說：「好得很！這傢伙太有種了，又不怕打仗。一個貨眞價實的軍人，我希望我們有更多的孫立人！我希望英國人永遠記著孫立人爲他們做了些甚麼！」

遠征軍司令長官羅卓英於民國三十一年四月二十日致電蔣委員長報告仁安羌大捷說：「孫師原派喬克巴黨（按即巧克柏當）之一一三團，篠日掃蕩平河（按即拚墻河）以北敵人，復進而救援在彥南揚（按即仁安羌）被圍之英軍，現據孫師皓未報稱：劉團經兩晝夜激戰，佔領彥南揚，救出被圍英緬軍第一師七千餘人。（英軍）情形狼狽不堪，我軍並由敵人手中奪獲之英方輜重百餘輛，悉數交還。敵向南退卻，其死傷約五百餘名，我亦傷亡百餘，該團暫在彥南揚佔領陣地等語。查孫師劉團作戰努力，除獎勵外，謹聞。」後來，軍事委員會頒給孫立人師長四等雲麾勛章一枚，第一一三團團長劉放吾獲六等雲麾勛章一枚，齊學啓副師長及何均衡參謀長均記大功一次。

被救出的各國記者，包括英國路透社記者，都把他們親身突圍的經過，詳實的報導出來。他們認爲：這是近百年來，中、英、日三國軍隊，在同一時間，和同一戰場，第一次所做的較量，結果中國軍隊贏得了勝利。

各國報紙均以頭條新聞，報導仁安羌大捷的戰訊。勝利消息轟動了重慶、倫敦、華盛頓，振奮了盟國的民心士氣，無不稱讚中國軍人捨己救人的英勇戰績。

五月三日，新三十八師在掩護轉進途中，接到英軍緬甸戰區統帥亞歷山大將軍來函感謝：

孫將軍麾下：

謹代表我第一軍及所有英國軍隊，對

閣下熱誠相助，及
貴師英勇部隊援救並肩作戰之盟軍美德，深表謝忱。而本人奉英皇陛下之命，頒贈
閣下帝國司令（COMMANDER of BRITISH EMPIRE）勛章，尤感欣慰。因
閣下受命掩護
貴國友軍之故，未得盤桓，殊以爲憾。謹祝
康泰百益。

緬甸作戰區統帥
亞歷山大上將（簽字）

隨後又接到英軍第一軍團長史林姆中將來函稱：

孫將軍勛鑒：
欣悉亞歷山大上將已代表英皇頒贈
閣下「英帝國司令」榮譽勛章，藉資表揚。
閣下對英軍第一師無價之援助，爲此敬請接受本人及敝軍全體官兵之衷心感激與祝賀。
在未將該勛章奉上之先，謹將勛章之綬帶奉呈，敬乞查收爲禱，謹此再申賀忱，並代表
全體官兵致意。

史林姆中將（簽字）五月三日

孫師長收到亞歷山大和史林姆信後，向全師官兵宣讀。他說：「勛章的授予，是全體官兵的光榮，是死傷的袍澤，以血肉之軀換來的光榮！它的意義不僅在於這是中國軍人第一次以戰功獲得外國的勛章，而是表現了國軍和盟軍第一次並肩作戰所付出的血汗和捨己救人不背盟信的中國精神，這一精神已得到了公平的評價。」❸

後來史林姆將軍在其回憶錄〈反敗爲勝〉（Defeat into Victory）一書中說：「孫立人將軍，機警，有幹勁，冷靜，有進取心，是優秀的戰術家。維吉尼亞軍校應以有孫將軍爲榮，他在任何國家，都是最好的指揮官。」❺

戰後美國國防大學及參謀指揮學校，均將「仁安羌戰役」列爲學員生研究世界第二次大戰中，盟軍以寡擊衆戰術成功的典範教材。

孫立人將軍與緬甸戰友史林姆將軍在倫敦重逢歡敘。

孫立人在回憶仁安羌戰役中指出：「觀乎我軍參戰的一一三團，全團合計不過戰鬥員兵一一二一人，與七倍於我的敵軍卅三師團二一四、二一五兩聯隊和特種兵激戰三晝夜，我軍雖陣亡員兵二〇四人，傷三一八人，但是斃傷了敵中隊長吉柳仲次以下約一千餘人，並且達成了解救英軍七千餘人生命的任務，這一犧牲的代價，是很值得的。」

孫立人認爲這次致勝的原因是：「敵寇與英軍作戰幾個月，英軍只是後退，從不對敵施行一次強烈抵抗，養成敵人驕氣。忽於此同一戰場同一時間，遇我國軍出其不意的猛烈攻擊，使敵軍突然轉居被動地位，一時不知所措，只有挨打。而我官兵在國內已經一年餘嚴格的訓練，一般戰鬥技術都能發揮典令精神，早已躍躍欲試；而幹部都是經千錘百鍊的戰士，得心應手的手足，個個都知耻近勇，逢此千載一時出國遠征作戰的機會，當然緊緊把握，毫不放鬆，故士氣異常旺盛，人人爭先，以戰勝爲志，甚至以戰死爲榮！」

註釋：

❶ 孫立人講〈統馭學〉，載於孫立人《孫立人將軍鳳山練軍實錄》，台北學生書局。
❷ 胡德華《孫立人練兵與緬甸仁安羌大捷紀實》。
❸ 薛慶煜《鷹揚國威》第六三—七八頁，台北東大圖書公司。
❹ 孫克剛《緬甸蕩寇誌》第四—八頁。
❺ 《史林姆將軍回憶錄》〈反敗爲勝〉（Defeat into Victory）第六六—六七頁。
❻ 鍾山《藍鷹》書中〈仁安羌大捷〉，尚未出版。
❼ 戴廣德〈我們怎樣打進緬甸〉——載於《隨孫立人將軍遠征紀實》第五—一一頁，三十四年貴陽中央日報發行。

新三十八師由緬甸轉進印度行軍路線圖

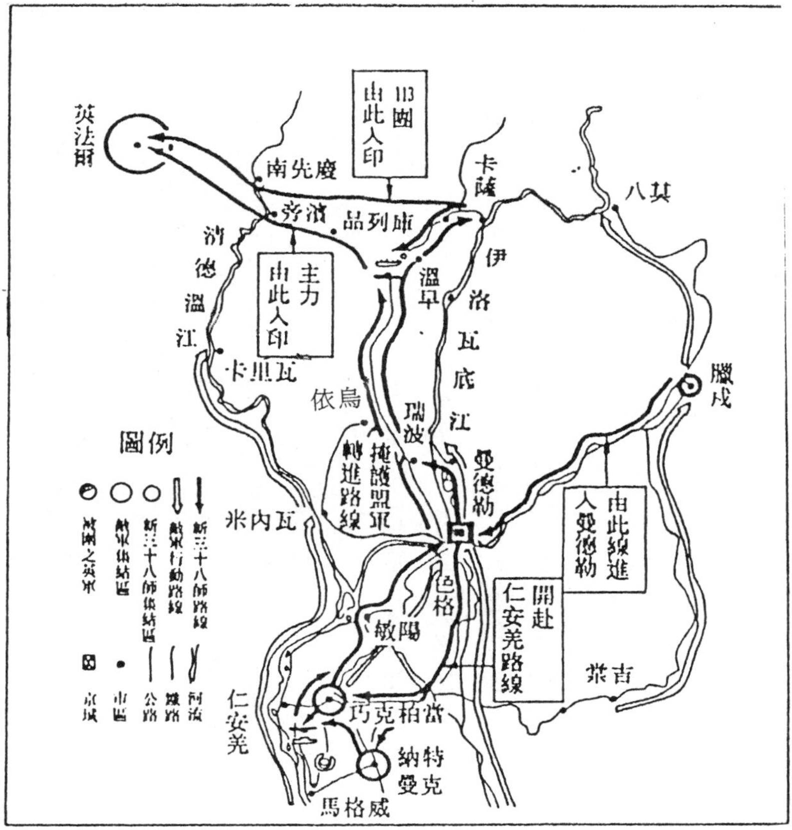

五、掩護國軍和盟軍撤退

仁安羌大捷，日軍傷亡千餘人，銳氣大挫。孫立人師長計畫乘勝攻擊，迅即飛調駐防在納特曼克待命的一一二團及衛戍曼德勒的一一四團開赴前線。計畫在二十一日拂曉再來一次攻擊，先從敵軍右翼迂迴，斷其歸路，打算把日軍三十三師團，壓迫在伊洛瓦底江東岸，一鼓予以殲滅。

陳鳴人團長率一一二團在二十日下午如限趕到前線，李鴻團長率一一四團也在汽車輸送途中，一切佈署停當，靜候二十一日清晨，下達向日軍攻擊的命令。

在二十日午夜前，孫師長忽然接到英軍羅伯孫上尉送來英軍團長史林姆的緊急通知：「四月十九日，日軍第五十六師團突然從毛奇北犯，攻佔羅依考，第六軍五十五師已被擊垮，盟軍左側被日軍突破。貴師不可孤軍深入，希即撤至喬克柏當地區待命。」這個突如其來的命令，改變了孫師長原訂的追擊日軍計畫。

同時孫師長又接到我遠征軍長官司令部命令，指責孫師長未向長官部請准，擅自將衛戍曼德勒的一一四團調離防地，有違軍令。孫師長在此雙重壓力下，趕緊於二十日午夜一時三十分下令，全師後撤到伊洛瓦底江北岸，遵照上級命令，沿江佈防，掩護國軍和英軍撤退。

敵軍偵知我軍後續部隊陸續增加，並有準備繼續攻擊的模樣，忽然間又向後撤退，弄得日軍莫明其妙，如墜五里霧中，不敢冒然追擊。因此新三十八師得以安然轉進，佔領伊洛瓦底江東北岸的色格（Sagaing）附近地區，佈署防禦陣地。這時日軍五十六師團已突入西保（Hsipaw），似有從南北兩路夾擊我軍的企圖，緬甸盟軍全線爲之動搖。

盟軍高級將領史迪威、亞歷山大、羅卓英、林蔚、杜聿明、張軫等於二十五日夜間，在瓦城南方二十五里的考克西（Kyaukse）舉行緊急會議，決定英緬軍從曼德勒退往印度，國軍新三十八師、新二十二師及九十六師從曼德勒經密支那北撤回國。❶

四月二十八日上午，孫師長在曼德勒第五軍軍部參加杜聿明召集的軍事會議時，向杜聿明提出建議說：「日軍在東線，以五十六師團向臘戍猛撲，第六軍和第二百師都未能阻其前進，看來現在臘戍的新二十八師和新二十九師不足兩個團的兵力，實難抵抗五十六師團的進攻，那麼畹町、八莫也就難保，我軍回國之路必被切斷；而西線日軍第三十三師團此刻正向卡內瓦突進，其企圖當在捕捉英軍，切斷盟軍退往印度的道路；而中路日軍第十八及五十五兩師團的進攻卻不甚猛烈，固然是第五軍新二十二師和九十六師在平滿納以北地區給了敵軍以重大打擊，使其不敢輕舉急進，但同時也顯出日軍意在拖住我軍主力，以便其東西兩個兵團之合圍，壓迫我軍主力於曼德勒地區圍而殲之。因此，我建議：第一、集中我軍主力先擊破臘戍方面日軍，以畹町、八莫爲我軍後方基地，在緬北適當地域與敵決戰，創造收復仰光之契機。第二、以我軍有力之一部配合英軍，先消滅向卡內瓦進犯的日軍第三十三師團主力，確保通往印度的道路，使英軍不致奪路逃往印度，而能留緬配合我軍作戰。第三、對於當面之敵第十八及五十五兩師團仍應積極予以阻擊，遲滯其行動，俟我軍主力在東線和西線作戰得手後，再回師邀擊之。」此項建議，就當時的形勢來說，仍不失爲挽救中英聯軍免於覆滅的良策，可惜杜聿明缺乏勇氣和膽識，竟然未予採納，使中英聯軍最後喪失了逃脫厄運的機會。❷

四月二十九日夜晚，英軍第十七師及廖耀湘師長率領的新二十二師，均已從曼德勒大橋安全退過伊洛瓦底江，英軍遂將鐵橋炸毀，阻止日軍追擊。英軍續從卡內瓦後撤，向印道前進。

五月二日黎明，在色格防守的新三十八師一一二團梁砥柱營，在晨星閃爍中，發現日軍先遣部隊潛伏在伊洛瓦底對岸的森林中，襲擊正在半渡中的國軍九十六師迫擊砲連及機槍連的官兵。當即用迫擊砲將日軍擊敗，半渡中的友軍遂得安全到達北岸。新三十八師掩護國軍及英軍撤退第一階段的任務，到此已經完成。

這時孫師長又奉到長官部命令，新三十八師主力須轉進到溫藻（Wantho），繼續掩護國軍撤退的新任務。同時調派一一三團星夜馳赴卡薩（Katha）佔領陣地，對八莫（Bhamo）方面敵軍嚴密警戒，掩護國軍右側。孫師長爲達成任務，趕緊去見杜聿明副司令長官，要求分配一部分車輛，以便迅速輸送部隊。杜竟不准，要孫自行設法。

五月六日，劉放吾團長率先頭部隊徒步行軍抵達卡薩，立即沿伊洛瓦底江沿岸佔領陣地，構築工事，嚴密實施警戒。杜副長官於七日晚七時曾來視察防務，表示滿意。

當時盟軍處境，極為不利，日軍戰術，採取雙重鉗形攻勢，兵分四路向北挺進。敵軍一路即沿三十八師退却路線，進佔色格，尾追不捨；中路由同古（Toungoo）陷曼德勒和曼打牙（Modaya），直趨新喀（Singe），這是內鉗。外鉗的企圖更大，東路由東枝（Tounggy），攻陷臘戍，進攻八莫密支那，斷我國軍歸路。西路沿清德溫江（Chindwin R.）侵入卡內瓦（Kalewa），截斷英軍歸路。如果讓其計畫實現，盟軍便被裝在它的大口袋裡，難以逃出。

孫立人師長看清日軍這種毒辣企圖，非常心急。他在五月三日清晨四時，不顧沿途危險，帶了兩名衛士，由鍾山少校駕車，匆促從色格趕到依烏（Ye-U），把當時敵我狀態，報告英軍總司令亞歷山大，請求英軍配屬我軍一部份砲兵和幾輛坦克車，我軍便可用新三十八師全部兵力，先和侵入卡內瓦之敵作一決戰，把它的左鉗斬斷，然後再從容部署，使敵人不敢有進窺卡內瓦，這樣戰局轉好，盟軍才可安全退出緬甸。亞歷山大將軍對於孫立人師長的意見，雖然十分讚賞，但對他要求英軍砲兵和坦克配屬作戰，則婉詞謝絕。他的理由是英軍已經奉命撤往印度，不便再作攻擊措施，並且山砲及坦克都已後撤，一無汽油，二無給養，不堪再戰。孫師長認為這一舉關係盟軍整體的安危而再請求，終遭婉拒。孫師長深感無奈，最後與亞歷山大將軍握手話別，無心說出一句：「倫敦再見。」（see you in London）後來這些大砲、坦克和輜重車輛走到卡內瓦，被日軍截斷去路，全部丟棄在清德溫江東岸，留給敵人，國軍因而陷入苦戰。❸

孫師長連夜奔趕，未有得到結果，失望之餘，仍須於五日夜間三時，自依烏乘吉普趕回溫藻師部。他知道大家都沒有睡眠，極爲疲倦，要求每人扣緊安全帶，指令後座兩名衛士，每人數一二三四之後，就用手打駕駛鍾山少校的後腦一次，不要讓他睡著。可是誰也不知道，等到河水沖洗著駕駛鐘山的小腿使他驚醒時，吉普車已在河中了。幸好是沙河，沒有翻車，而且河水不深，他們便下車沖洗一翻，才把車推到淺灘，上岸再行發動，開回師部只有八哩路程了。❹

撤退的英軍已遠離戰場，日軍窮追不捨，使得殿後的新三十八師陷於苦戰。參加這次戰役的新三十八師袍澤葉英周回憶說：

五月上旬我們部隊到達卡薩時，幾乎快被打敗了，當時英軍和中國軍隊，奉命相互掩護撤退，其實說相互掩護，根本是中國軍隊掩護英軍，英軍在前面逃，我軍斷後，使我們損失了不少弟兄。孫將軍一直在軍隊的最後方，帶領兩個連掩護。一天，我軍又在一個村落與日軍相遇，立即發生激戰，上級不久即下撤退令，要我們朝村邊一條大河退去。英軍已在橋上放了炸藥，隨時可能引爆。這時日軍砲火猛烈，我們幾乎動彈不得，一連一百名左右弟兄，眼看陷入重圍，日軍增援部隊又要抵達。英軍上校指揮官惟恐日軍增援部隊抵達，追擊中英兩國部隊，要求提早炸橋。意即犧牲中國一個連，纏住日軍，好讓他們安全後撤。當時英軍的確不把中國人命看作一回事，但是孫將軍不准，他怒不可過，以英語痛斥英軍指揮官說：『我們救你們於生死之中，你們怎可置我們的安危於不顧呢！』該英軍指揮官自知情理不容，乃下令待新三十八師通過後再炸橋。隨後，孫師長親率一排弟兄，留在橋頭，以砲火掩護我們這批斷後部隊過橋。記得我軍和日軍交火了半個小時，才被逼向橋頭。這時撤退的英國部隊已經遠離，擔任炸橋的英國軍官也等不及的跑了。

在我們一連人通過那座寬約四公尺的水泥橋時，只見孫將軍穿著草綠色軍服，馬褲紮起呢綁腿，頭戴鋼盔，腳下踏著皮靴，帶著衛士，站在橋頭，他一手拿著白朗寧手槍，一手扠著腰，指揮我們快速通過，在我最後押陣過橋後，孫將軍問我，後面是否還有人，我答說已無。隨後他才下令炸橋，我們部隊歷盡艱辛，終於順利撤出。事後其他連隊告訴我：孫將軍知道英國人不講道義，恐怕會犧牲我們一連人，所以他親自站在橋上，英軍不敢犧牲中國的指揮官孫將軍，我們這一連人才能安全撤出。❺

五月八日上午，中國遠征軍長官司令部在印道一個小火車站內召開軍事會議，史迪威、羅卓英、杜聿明、孫立人、廖耀湘等高級將領出席。這時日軍已搶先佔領密支那，國軍回國退路已被切斷，會中商討國軍撤退計畫。羅卓英首先宣佈：「本司令部決定從這裡西撤至印度的英法爾（Imphal）」。他說完話，就站起來和史迪威走了。這時長官部只有一個憲兵營，實際大軍掌握在杜聿明手裡。

杜聿明認爲國軍兵敗至此，與孫立人擅自離開曼德勒，出兵仁安羌，拉長了國軍防線有很大的關係。他僅看了看軍用地圖，未加考慮，就匆促決定：所屬各部隊分路向西北撤退，穿越高黎貢山，回到雲南的葡萄國境。這時新三十八師歸杜指揮，孫立人不贊同杜的此項撤退計畫。他認爲這時杜手中尙掌握有四個師，建議集中兵力，乘敵人立足未穩之際，實行強攻，奪回密支那、八莫，循著中緬路，一面打，一面退，打開歸國通路。杜聿明對孫立人提出的建議，根本聽不進去，他還要續派新三十八師斷後，隨著第五軍，退往緬北野人山返國。

孫立人知道密支那以西以北是野人山熱帶叢林，縱橫千里，渺無人煙，給養困難，前面成萬大軍席捲而過，他的部隊跟在大軍後面走，恐怕連野菜樹皮都沒得吃。孫遂站起來要求說：「副座，目前本師位置，離中緬邊界尙有千里之遙，且道路艱難，而西去印度只有三百餘里，請准本師在達成掩護任務後，先撤往印度，經大吉嶺，再假道康藏回國。」杜聿明指示：中國遠征軍應同進同退，並規定撤退次序是長官部先行，繼爲第六軍、第五軍、新三十八師殿後，擔任掩護任務。孫立人堅持要求新三十八師在掩護國軍撤退任務達成後，得視當時情況，許其率軍自由選擇，經野人山返國或先撤往印度。杜副長官聞言不悅，未予裁決，即宣佈散會。

新三十八師官兵奉到命令後，認爲杜聿明偏心，危急關頭爲救他的第五軍，不惜拿新三十八師殿後，感到憤懣不平。

孫師長回到師部，立即召集全師官佐訓話，他說：

「就軍事心理方面講，我們絕不可存撤退的心理，但在軍事應用方面，我們不能不學習撤退的戰術。一個部隊攻城佔領消滅敵人是勝利，而在撤退時保存自己的實力，不遭潰敗，也是勝利。當一個部隊在整個大的戰略上必須作撤退時，如果有良好的撤退戰術，安全達成撤退任務，這同攻佔城池是同樣的勝利，甚至還遠勝於代價很大所得很少的攻佔城池的勝利……因此，我們軍隊不可不學習撤退的戰術。現在我們奉命掩護國軍撤退，這一任務，是我們花錢和求情也弄不來的機會，我們要勇敢的接受這項挑戰，要虛心從撤退中獲取寶貴的經驗。」

情況一刻比一刻緊急，英軍日夜兼程向印度撤退，這時已距離我軍甚遠。孫立人師長指揮全師主力掩護國軍由色格向北轉進，同時令陳鳴人率一一二團斷後，堵截尾追之敵，並收容落伍及傷病官兵，且戰且走。

五月八日國軍主力已安全通過溫藻，新三十八師亦陸續到達。當部隊退到實階渡口時，官兵看到孫師長一個人獨坐在附近一株大樹下，身邊僅有一隻左輪手槍和一個水壺。在這關鍵時刻，他來看守過江的渡輪，等候部隊渡江。當時敵人的第五縱隊非常猖獗，敵人的飛機一批又一批地在上空盤旋掃射。孫師長怕他的部隊遭受不測的損失，從容地安排全師官兵渡過，直到晚上十點多鐘，他才坐最後一隻船過江。

五月十日，新三十八師主力到達米咱（Meza），得到八莫密支那已被日軍佔領的消息，判明敵軍對我雙重鉗形攻勢已經完成。同時又得到一一三團正在卡薩苦戰，和一一二團在溫藻被圍的報告。孫師長面對這種嚴峻局勢，認爲不出奇制勝，便可遭受到不可想像的結局。他下定決心，揮師日夜兼程，反回溫藻，殺敵人一個回馬槍，先解救一一二團，打擊尾追的日軍，以頓挫其追勢。

當天夜裡大約兩點多鐘，正在急行軍的官兵，在米咱火車站以北的地方，突然看見師長騎著馬，從密支那方向走來，他一面走，一面叫部隊向後轉。他趕上尖兵連，低聲對連長說：「大家的行動要快點，一定要在拂曉以前，趕到溫藻，不然溫藻被敵人佔領，我們就麻煩了。」

當新三十八師主力接近溫藻時，天已朦朦亮，遠處敵人隆隆的坦克聲，正由遠而近。孫師長立即跳下戰馬，領著尖兵連跑步前進搶佔溫藻車站南頭西側高地，命令全師主力上山，避開道路村莊向西前進。時間一分一秒地緊張過去，我軍作好了迎敵準備，埋放在公路上的集束手榴彈安好了，士兵在各自的掩蔽體沉著待命。師長的指揮所設在尖兵排的一株大樹下，眼看著日寇步兵隨五輛坦克耀武揚威而來。我軍讓它接近，再接近，到敵人坦克的履帶正輾在集束手榴彈上，坦克在強烈的爆炸聲中被毀，我軍的自動火力集中掃射，逼使剩下的坦克掉頭逃跑，敵軍驚惶失措，竟不知這支援軍從何而來。這時被包圍在溫藻的一一二團聞聲向外猛攻，殺聲震地，日軍在我軍內外夾攻中，經一日一夜衝擊，斃敵八百餘人，殘敵死命奪路逃竄，一一二團安全出圍。孫師長在戰鬥結束後，即離開尖兵連，並交待連長兩個小時後，循來路退卻，他自己追趕部隊去了。❻

孫立人率新三十八師殿後，掩護英軍及國軍先行，他仍不時採取主動，抵抗日軍追擊，邊戰邊退，不斷打擊敵人。有時掘好戰壕，佈好陣地，等敵來攻；有時埋伏奇兵，給追敵來一個偷襲；有時用疑兵，使敵不敢窮追，有時反找敵打一陣，再向後退，好像與敵人在玩捉迷藏遊戲，故佈疑陣，讓小部隊打著新三十八師旗號，去迷惑敵人，使敵人不知我軍去向。

註釋：

❶ Stilwell and The American Experience in China, 1911-1945, By Barbara W. Tuchman, P. 289.

❷ 王楚英撰〈緬甸戰場上蒙哥馬利——李鴻將軍〉一文，載於《抗戰名將——李鴻將軍》書中第一〇八—一七〇頁。

❸ 孫克剛《緬甸蕩寇誌》第九—十三頁。

❹ 鍾山《藍鷹》，（尚未出版）。

❺ 許逖《百戰軍魂——孫立人將軍》第一四六—一四七頁。

❻ 《孫立人將軍永思錄》第三五九頁，丁滌勛撰〈憶孫立人先生二三事〉。

六、西撤印度

五月十三日拂曉，日軍又集結大部兵力，向我軍左翼猛攻，把溫藻通八莫臘戍的交通線完全截斷。這時英軍已完全撤往印度，其他國軍已向北方轉進很遠。新三十八師孤軍落後，給養彈藥都缺，雨季又將來臨。孫師長所負掩護任務已經達成，決定從溫藻折向西北行進，同時命令在卡薩戰鬥的一一三團西撤來會。當時敵人的兵力雖然很強大，但被我軍聲東擊西的戰法所迷惑，不敢尾隨緊追。

新三十八師行至品列庫，不見一一三團來會，遂在這裡等了一天，仍未見來。當時情勢十分危急，日軍隨時可截斷我軍退路。孫立人看清敵人機械化部隊行動快速，所有公路鐵路都已被敵人控制，如果沿公路撤退，必遭敵人圍擊，遂命部隊轉入深山，走山間小徑，在叢林、灣河、山谷曲徑中，日夜兼程行進。

初入森林時，尚有不明顯的道路可走，後來連可走的小道也沒有了，前後常失去聯絡。爲了避免部隊失散，士兵們只得用綁腿或繩索，前後牽連，魚貫而行。到了深夜，還見不到村落或人家，部隊祇得在大樹下宿營，第二天清晨，即派出騎兵，四方探尋道路，總想先走出森林，辨明方向後，再向目的地前進。但經過半天時間，既找不到道路，也沒有走出森林。

官兵們正在發愁，突然間，英軍聯絡官馬丁中校來到我軍中間，並帶著幾個緬甸人，其中有個管理森林的主任。於是就請這位森林主任作嚮導，帶領部隊向西北方向前進，經過幾個小時的跋涉，總算走出了森林。❶

五月十六日，到達刊帝（Kaget），部隊停下紮營。孫師長用無線電向中國遠征軍司令部及張軫軍長請示今後行止，一直待命到深夜，沒有覆電。孫再用電報兩次向重慶軍事委員會請示，說明往北去的歸路已被日軍五十五師團嚴密封鎖，無法遵照杜聿明副長官的命令，向北撤退，經野人山歸國，新三十八師只能向西撤往印度，也一直沒有回音。

當夜孫立人坐在一棵大樹下，不言不語，考慮究竟是遵令經野人山回國，還是先退到印度，再設法返國，因爲關係全師官兵萬人的性命，他坐立不安，整夜未睡。再電中國戰區參謀長史迪威將軍，請示可否西去印度，直到天亮，得到史迪威將軍覆電同意，他這才放心。

部隊在山裡行進，一時迷失了路，不知向何方前進。孫師長派偵察隊隊長葛士珩偵查地形，找到向西的小道，沿途有腳印紙屑，判定有人從此西去，他們能去，我們亦可循跡而往。又找來幾個緬甸土著帶路，決定拔營西行。

部隊走進兩邊都是懸崖峭壁的山谷中間，四面沒有路徑，必須從峭壁所夾成的拉馬河（Lama）中涉水行走，幸喜是乾季，水不太深，淺的地方還不過膝，深處亦只淹到腹部。當時官兵實在疲困不堪，常在行進中打瞌睡，只有勉強打起精神，走了一日一夜，上岸時，有許多人腿腳都被泡得腫脹。到了平原路口，孫師長穿的皮靴只剩下一隻了，特務連方玉德中士，就把自己穿的鞋子脫下，硬給師長穿上。這時經過他面前的官兵都慶幸地說：「假如雨季早到了幾天，全師官兵的命運就不知怎樣了。」

官兵在山裡行走，孫師長看到一一四團第一營官佐鄧敏捷把喝完了的牛奶空瓶子甩掉，他就過去把它撿回來，沖了一杯牛奶自己喝，然後對鄧說：「空瓶子不要亂丢，要把它掩蓋起來，免得留下痕跡，讓敵人追踪。」

在撤退時，最好的運輸工具是牛車。友軍牛車載的是槍支、銀盧幣和女人，三十八師載的是麵粉、牛奶及藥品。官兵隨時都要揹好背包和槍支。有一次，鄧敏捷坐地休息，他就把槍隨便一放，被孫師長看到，刷的一聲，馬鞭打過來，沒有打中。撤退時，大家匆匆忙忙，他也就算了。❷

部隊自品列埠向旁濱撤退途中，孫師長派連絡官鍾山率領特務連一排、工兵一連及輜重營殿後，收容落伍傷患官兵。先後收容到兵站人員三十六名，汽車暫編連官兵七十四名，及英軍醫療隊的印度官兵八名，由一位斷腿的印度中校率領，後來到了印度之後，才發現這位印度中校竟是錫金國王子。

一天走到有五家房屋的喀欽族村，據他們說，自西塘至塔武（Tomu）途中，卻有隨同英軍撤退的幾萬難民，沿途病死不計其數，因此最好不要繼續沿江南行，可以從山林小道向西通至塔武公路，這樣不會被日軍發覺。他們還願供給四隻大象，讓不能走路的人騎用。一隻大象可乘四人，斷腿的印度中校醫官及受傷的人都可乘用，免了用人揹負。

十八日下午六時，部隊行進到清德溫江東岸的旁濱。日軍的淺水砲艦和汽艇正在溯江上駛，旁濱已經滿佈了敵探和細奸。前臨大水，後有追兵，眞是危急萬分，官兵們捏了一把汗。孫師長看此情勢，便決定馬上渡江。一面下令準備木筏竹排，當晚儘速渡河；一面親自和當地縣長委蛇，揚言佈防，派一連人虛築工事，故作長久駐防模樣，遲緩敵人追擊，震攝敵探和細奸的蠢動。而部隊的主力，則以最迅速的行動，趁著黑夜，渡過大江。天將破曉，孫師長派一一二團梁砥柱營殿後，掩護落後的工兵營和輜重營，他自己這才渡江過去。

十九日，日軍追兵七百餘人攜有速射砲二門追到旁濱，與我掩護部隊梁營發生激戰，恰巧工兵營適時趕到，兩面夾攻，直到二十一日下午二時，才將來犯日軍擊退，打死了二百多名敵軍，救出被俘的友軍和英軍官兵三十餘人。這時適逢天降大雨，殿後的部隊便藉著雨霧的掩護，安然渡江，趕上師的主力。❸

清得溫江自西塘（Siton）北上至河馬林（Homalin）這一段流域，東岸平原較大，西岸就緊靠著峻壁般的野人山和秦嶺（Chill Hills）。這條山脈自西藏的力馬南延至孟加拉灣，把緬甸和印度隔開。北部山區稱野人山，中部山區稱秦嶺，南部山區稱阿拉開群峯（Aaakan Yoma）。秦嶺山區應是中國領域，因地名仍為中國單音，人種亦為滇藏族群。在軍事地圖上標示野人山和秦嶺分水嶺的一條峻線，孫師長在品列埠轉進時，給它起個名字叫「西天界」。他再三告訴官兵們說，我們攀越到「西天界」，就可安全到達印度了。

新三十八師從旁濱向印度撤退途中，又是連峯峭壁疫厲流行地區。孫師長命令全師官兵：原有裝備彈藥給養藥品須盡量攜帶，不准遺棄，其他什物一律不准攜帶。部隊以後在人煙絕跡的群山峻壑中行進，未有感到缺糧。官兵因沿途螞蝗瘧蚊叮咬所引起的瘧疾及瘟疫，所攜帶的藥品，醫治好許多傷病官兵。孫師長還下令，嚴禁官兵在山中喝生水。他對官兵說：「寧可渴死，絕對不准取喝山中生水，違者槍斃，絕不寬饒。」正是這道命令，全師官兵除了一名炊事兵忍耐不住口渴，偷喝了生水暴斃外，餘無死亡。

部隊在撤往印度的路上，由緬甸逃出的印度和華僑難民，成千累萬，絡繹於途。因爲乾燥炎熱，他們大都疲病交加，狼狽不堪。中國官兵多自動把自己水壺裡剩下極有限的水，倒給病人喝，分出背包裡的糧食給難民吃。難民群裡有一個孕婦，因爲病得太痛苦，自己不想活，好幾次跳入水溝裡尋死，弟兄們都把她救了起來。有一個七十多歲的老太婆，餓得不能動，弟兄們輪流地抬著她走。工兵連的弟兄，也把那位斷腿的印度中校醫官，輪流背送到印度。

五月二十七日，新三十八師，除一一三團在卡薩戰鬥時失去聯絡外，其餘官兵都到達印度境內的英法爾（Imphal）東南十八英哩的普拉村。英法爾前哨駐軍是前在仁安羌被解救出圍的英軍第一師第三旅，當孫師長率領部隊到達英軍防哨位置，英軍第三旅旅長威廉准將（J. D. Williem）率隊前來迎接。

第二天，五月二十八日，熱帶雨季開始，大雨傾盆而下，官兵們無不舉額稱慶。他們能從死裡逃生，全賴師長指揮若定，處置得當，有以致之。大家都說：「他眞像諸葛亮能謀會算呢！」

當代最具權威的西方現代軍事史家美國羅慕斯（Charlies F. Romanus）與沙德蘭（Riley Sunderland）合著的「中緬印戰史」，肯定首次緬甸戰役中，盟軍唯一的勝利，應歸功於孫立人將軍。因爲孫部新三十八師不但擊退了日軍，援救了被敵人追得很急的盟軍，且不時地停下來抵抗，最後軍容整肅，銳氣不減的到達印度，實爲英雄的壯舉。❹

在「史迪威使華任務」（Stilwell's Mission To China）一書中，詳述這次撤退說：「這是一次艱辛的征程，加以戰鬥積累的疲憊，地形的峻削險拔，沿途難民潮的湧塞，疫癘的流行，使得部隊行動更加辛苦。」可是「三十八師及其卓越的指揮官表現突出，聲譽鵲起。除了仁安羌戰績輝煌之外，英勇善戰的孫立人率領他的部隊翻越野人山，雖歷盡艱險困阨，仍然軍容整肅，保持一個完整的戰鬥體，再一次獲得無與倫比的成就。」如與友軍相較，駐緬英軍三萬人，率先逃出，僅有二萬三千人，且已潰不成軍。國軍第五軍二十二師及九十六師，輾轉野人山中，沿途死傷枕藉，白骨壘壘，慘不忍睹。「唯獨新三十八師在其指揮官優異統馭下，其成就顯然不同。」除一一三團在仁安羌戰死二百多人，一一二團在溫藻犧牲數十人，以及過清德溫江被急流吞噬了三十餘人，其餘各次戰鬥，人員損失並不很多。考究其中原因，正如史迪威的部屬韋曼（Wyman）在他一九四二年六月八日的日記中說，「孫將軍帶領他的部隊，無微不至，是最好的統馭方式。」他稱讚孫將軍是一位「頂尖的軍人」（a top Soldier）。[5]

孫師長看到沿途逃亡的華僑，疫病饑渴，倒斃路旁，深感到英國人不管華僑，印度人欺侮華僑，緬甸人仇殺華緬，而華僑又得不到祖國的保護。他率師抵達印度之後，即將蔣委員長在曼德勒發給他宣撫慰勞的專款所剩餘的盧比三千餘盾，交給我國駐在印度的領事劉宗翰先生，分發救濟逃難到印度的緬甸華僑和印緬難民，這項義舉使中華仁義之風，澤被了天竺古邦。

註釋：

❶《遠征印緬抗戰》第一四一頁，何鈞衡撰〈轉戰中印緬戰區的新編第三十八師〉，中國文史出版社。

❷何山〈訪問孫將軍部屬鄧敏捷〉，載於七十七年四月十六日觀察週刊。

❸蔣元《鷹揚異域紀實》第二節〈卡薩掩護友軍轉移陣地〉，（自抄本）。

❹梅寅生譯．劉馥著《中國現代軍事史》。

❺《史迪威使華任務》第一四一頁。

第八章　中國駐印軍

一、初履印度

孫立人師長於三十一年五月二十七日率領新三十八師進入印度，因事先未有獲得英國駐印當局許可，雖屬同盟國軍隊，英國駐印邊防部隊，仍要依照國際慣例，先把中國軍隊解除武裝，暫時予以收容。

當時孫師長尚不知道英國當局意向，他自己決心要帶著他的部隊，「由印度邊境，轉往大吉嶺，經康藏回國，絕不卑躬求人，有辱國體。」所以他一面令部隊屯駐在奎龍村一帶山地上，就地利用地形，安營紮寨，構築防禦工事，深溝高壘，嚴陣以待。一面派陳麓華中校偕英軍聯絡官馬丁中校去向英方交涉，要求補給，借道回國。同時警告英國邊防駐軍，不得對國軍採取任何無理行動。孫師長曾堅決表示：『你如果來繳械，我軍就和你拼。』

㈠　英軍不敢繳械

新三十八師進入印度的消息，傳到了英國東方警備軍軍團長艾爾文將軍的司令部時，艾爾文將軍大為驚異。他親眼看到從緬甸撤退到印度的英國部隊，都已潰不成軍，三五成群，衣衫襤褸，裝械俱失，狼狽不堪。他認為新三十八師擔任中英盟軍撤退的任務，孤軍殿後，又不斷與敵軍遭遇戰鬥，長途艱苦跋涉，一定比英軍更為狼狽，甚或竟已成了無紀律的潰軍。他恐怕中國軍隊退到印度境內後，會擾亂地方秩序。同時他又接到驚慌的印度難民報告說，在緬甸打敗的中國軍隊，已經成了一群暴徒，艾爾文將軍就想把進入印境的三十八師先行繳械。他發了一個特急電報向英軍駐印度統帥魏菲爾上將（Gen. A. R. Wavell）請示。恰巧這時駐緬英軍總司令亞歷山大將軍聽說這件事，期期以為不可。他主張不但不能繳械，而且應該視同盟軍，妥善安置，由英方提供營房補給，享受英軍同等待遇。他向魏菲爾將軍詳細說明新三十八師在仁安羌解救英軍和後來掩護英軍撤退所作的犧牲，對英軍有很大貢獻。

從緬甸撤退回來的英第一軍軍團長史林姆將軍，當時正在英法爾養病，聽到艾爾文將軍有解除中國軍隊武裝的意向，馬上扶病前往阻止。他告訴艾爾文將軍說：新三十八師在緬甸仁安羌救援英軍的事迹，對英軍是有大恩大德的。於情於理，我們應該以盟友相待，絕不可待以非禮。況且該師在英勇善戰的孫立人將軍統率下，在緬甸掩護盟軍撤退時戰績輝煌。現在全師從野人山撤退出來，仍保持完整的戰鬥體，具有堅強的戰鬥力，英軍即使要將它繳械，恐怕會引起嚴重衝突，後果不堪設想。他建議艾爾文將軍親自去察看情況，然後再決定如何處理。

艾爾文將軍接受史林姆將軍的建議，決定親自到中國軍隊駐地去看一趟，隨即通知孫立人師長準備。五月二十九日，艾爾文到來這一天清晨，孫師長命令官兵整理營房清潔，檢查服裝槍械，並派師部特務排爲儀隊，在營前列隊歡迎。上午十時，艾爾文將軍偕同印度邊防司令葛魯伯（Gen. Gruber）乘蓬車來到，前面有四輛憲兵機車開導，後面跟隨三輛侍從人員車隊，威風十足。孫師長上前迎接，握手寒暄，陪同檢閱儀隊，一同走上閱兵台，舉行分列式，受閱部隊特務連三排官兵正步通過閱兵台，軍容嚴整，槍支明亮。接著操演快步慢步，變換隊形，操演槍械，動作整齊劃一，艾爾文將軍不斷點頭讚賞。

部隊檢閱後，艾爾文將軍又到營房察看內務，整齊清潔，不像是一個剛從緬甸撤退下來的。孫師長又請他上山去看戰備情況。他見到戰壕裡的士兵全副武裝，槍上鏜，刀出鞘，戒備森嚴，士氣昂揚，是一支不可輕侮的軍隊。艾爾文將軍對孫師長說：「你的部隊是我見到過的部隊中最出色的一支勁旅。」

艾爾文將軍與葛魯伯將軍視察之後，對中國軍隊軍容壯盛，印象深刻，認爲這支軍隊很有戰力。當即向孫將軍說：「你的部隊到此後，一定需要補給，英方願意提供各項糧食給養，惟請貴軍協助英軍共同防禦日軍侵犯印度？」孫師長回答說：「我軍到此，英方以盟軍相待，願意提供給養，本人甚爲感激。惟依照同盟軍租借法案的規定，我國亦會償還。我是中國軍人，接受中國政府的命令。貴國政府需要我們做甚麼，請直接向我國政府提出，由我國政府下令給我，我一定遵命，但你無權指揮我國軍隊。」這番話義正詞嚴，艾爾文將軍聽了，內心更加敬佩。❶

第二天，艾爾文即通知孫師長：撤退來到印度的中國軍隊，將受到同盟軍的待遇，暫時按照駐在緬甸時的補給標準，由英方供給糧食燃料及藥物等日用品，官兵津貼將按照緬甸英軍總部與中國軍事委員會所商定的數額，加倍發給。

英方除撥給營房給中國軍隊居住之外，並送來一車一車的給養，包括白米麵包、豬牛鷄肉，罐頭蔬菜，啤酒香煙，軍服毛毯，汽油飼料、醫藥及衛生材料等，一應俱全。從此以後，每天按時送到的補給品，同盟軍一樣待遇。這是國軍初到印度，由於表現優異，贏得英國軍方的敬重與禮遇，爲後來入印的中國軍隊開創了一個良好環境。

同時，印度各大報紙都以頭條新聞報導，強大的中國部隊進住英法爾，印度東方的防線更加鞏固了。

(二) 劉放吾率團歸建

五月六日，新三十八師第一一三團在溫藻奉令趕到卡薩後，即在伊洛瓦底江西岸沿江構築防禦工事，對八莫方面敵軍行動嚴密警戒。

五月九日下午四時，大批日軍從前哨連左側猛撲而來，跟著江東岸砲火齊發，掩護一批敵軍強行登陸，另有一批敵軍乘著十多艘臨時改裝的汽艇，在我軍右地區隊強行登陸，這兩路強渡的敵軍，都被我軍迫擊砲與機關槍打得落花流水。左地區的陸上敵軍，獨力難支，也被擊退。夜晚十一時，日軍一個聯隊又捲土重來，我軍利用側方熾盛的火力，迎頭予以痛擊。

這時撤退國軍都已去遠，孫師長電令該團向旁濱方向相機撤退，劉團便在十一日凌晨二時，乘敵軍攻勢頓挫的時刻，迅速向西轉入山地。敵軍突然不知我軍所在，即派輕快部隊跟踪追擊，被我伏兵擊退。

五月十三日，劉團轉進到南康車站，又與敵遭遇，苦戰四小時，才脫離敵軍。另走通往品列埠小路歸隊，敵仍尾戰不放。第一一三團從仁安羌到卡薩，前後苦戰二十多天，迄未休息，官兵極度疲勞，而今彈藥將盡，不能戀戰，遂轉入滿根大山，晝伏夜行，攀籐附葛，扶傷忍痛，輾轉於叢林河谷之間，以求脫離敵人封鎖線。

五月二十二日，渡依烏北上，不幸電台落於河底，雖經撈起，但已損壞，與師部失去聯絡，官兵萬分焦急。二十四日，行抵荷馬林，電台修復，劉團才與師部聯絡上。劉放吾電詢第五軍現在何處？可否隨同第五軍撤退？孫立人接電後，心中非常著急，認爲劉團長失去了信心，想靠近大部隊，以爲保障。殊不知當前地形，第五軍去西北方向雖無敵人，但那裡是全無人煙的原始森林，無路可走，無物可吃。而這時已是五月下旬，雨季轉瞬即到，熱帶的雨量，可以使陸地成河，無法行走，那是絕地，去了也就有死無救。孫師長立即覆告劉團長：「絕不可北撤，以自入絕地。」接著劉團長又來電說：「想把全團化整爲零，各覓生路。」孫師長認爲這更糟了，因爲一團人在一起，多少還有點力量，倘遭遇敵人，尚可突過敵人防線，如果化整爲零，唯一可以作嚮導的地圖，又只有一張，在異國窮鄉僻壤地方，迷失了路途，各人昏頭轉向，在高山叢林裡亂撞，必死無疑。於是孫師長急電制止。

接著劉團長又來電報告說：「經召集連長以上官佐會議決定，遵照師長指示，全團一致行動，但西撤到江邊，全是敵人，不敢強渡，已向北走。」孫師長又急電劉團長說：「北走爲死路，教他們速向南撤少許路程，再急速回頭西撤，必能減少阻礙。因爲我軍撤離，敵人尾追，已成爲與敵人競走之勢。如果突然折向南撤，敵仍北追，必能與敵距離拉開，然後速向西撤，自然能從空隙中平安渡江。」❷

劉團照此而行，五月三十日上午，抵達南先慶（Nawngsankyim）以東森林地帶，該處竹林甚多，劉團長令官兵砍竹做筏，爲渡河工具。夜間十時，乘著月夜，分批渡過了清德溫江。祇有第二營機槍連，因竹筏被急流沖翻，重機搶數挺遺落水中，人員亦被淹沒十多人。❸

六月一日黎明，敵軍已跟踪追到我軍渡河地點，於是全團官兵不顧饑寒疲憊，穿上尚未晒乾的軍裝，即向印緬交界山區進發，經過蜿蜒曲折長達五英里的茅山死亡道，爬上標高四千多英尺的山巔「西天界」，極目西望，祇見青翠林海無涯，日落霞光連天，大放異彩。向北繼續走上印度國境的叢山峻嶺中，一路上官兵餐風宿露，大多生病，直到六月八日，才走到英法爾英軍營區附近。

孫師長親率吉普車隊，攜戴藥品糧食，前來迎接，官兵見面，恍若隔世，喜從天降，鼓舞狂歡。第一一三團終於脫離敵人追踪，歸還建制。史迪威將軍派駐在該團的聯絡參謀韋曼上校（Col. Wyman）稱讚第一一三團這次英勇的撤退行動，是一篇動人的史詩。❹

(三) 參加新德里聯合國日閱兵

自印度各大報發表強大的中國軍隊進住英法爾後，引起盟邦人士廣泛的注意，加上艾爾文軍團長的視察報告，對於新三十八師軍紀及訓練備加推崇，駐印英軍統帥魏菲爾決定邀請中國軍隊選派官兵五十人，參加六月十四日在印度首府新德里舉行的閱兵典禮，慶祝聯合國日。

孫師長選派連絡官鍾山、隊長王東籬、副隊長封震東、排長江雲錦、馮浩及士兵五十名，穿著戰地軍裝，隨護中國遠征軍司令長官羅卓英將軍前往參加。

隊伍於六月十一日出發，當晚抵達阿薩密省鐵路站底馬坡（DEMAPUR）上火車。英方派連絡官羅伯孫前來迎接，並準備好三節火車，以供搭車。第一節車箱是特等，供羅卓英將軍及軍官乘用，車前站著兩位英國車上服務小姐，第二三兩節都是頭等車廂，供士兵搭車，車前也站著英國七八位車上服務小姐，當中國軍隊魚貫上車時，這些服務小姐們都舉手敬禮，齊聲喊道：「歡迎！歡迎！英雄們！」

火車開動後，服務小姐們送給每人一份豐富的晚餐，熱情洋溢，招待週到。餐後，她們就和官兵們談天。她們對鍾山說：「她們是住在印度的英國家庭婦女，現在是戰時志願工作團團員，義務在軍中服務。」

第二天午前到達加爾各答（CALCUTTA），總領事保君健和黨代表譚錫昌前來歡迎，並送來大型國旗一面，以供閱兵時持用。

十三日清晨到達新德里，全隊進住總督府營房。當天下午六時，氣溫高達華氏一一七度，王東籬隊長雖然鼻孔出血，他仍集合隊伍操練，預爲準備。

新德里閱兵場相當廣大，中、美、英、蘇各聯合國國旗，在印度首府天空飄揚。閱兵台上盟國貴賓有數百人，魏菲爾將軍與羅卓英將軍同站在台下右邊。當印度總督步上閱兵台，魏菲爾將軍即宣佈閱兵開始。由英國笛裙樂隊前導，當他們到達奏樂位置，閱兵禮砲響起。

當天的閱兵序列是美軍在前，美國隊伍由五百公尺處開始前進，他們戴褶帽，穿軍便服，沒有武器，齊步前進。接著是中國隊伍，戴德式鋼盔，穿戰地軍服，打綁腿，武裝整齊。封震東少校撐國旗，在前開導，江雲錦和馮浩兩位年輕排長率領士兵正步前進，步伐整齊，氣勢昂揚，軍容壯盛，引起閱兵台上貴賓們一致讚揚。緊跟著的盟國軍隊，有蘇、法、比利時、荷蘭、加拿大、澳州、紐西蘭、冰島八國，英國殿後。

在舉行分列式後，閱兵官講評，認爲參加檢閱的十一國軍隊當中，以中國代表隊步伐最整齊，精神最飽滿，軍容最壯盛，應當榮列第一。❺

當晚，印度總督在總督府裡舉行盛大宴會，特別宴請榮獲閱兵第一的中國官兵。席位是H字形，總督暨夫人坐在中間座位，總督左邊是魏菲爾將軍與亞歷山大將軍，總督夫人右邊是羅卓英將軍與鍾山連絡官，右側是中國官兵，左側是來賓及記者們。

席間，總督對中國軍隊的精神及訓練，備加贊揚。鄭重宣佈：中國強大的軍隊已進駐印度邊防，今後印度的局勢，必定安全。當場舉行記者會，各地記者紛紛提出問題，由羅卓英將軍答覆，鍾山譯為英語。鍾山上尉是馬來西亞華僑，英國威靈頓皇家機械學校畢業，在答覆記者詢問時，英語流暢，總督夫人大為讚賞說：「鍾山眞是一位了不起的上尉軍官！」第二天，印度各報一致稱讚這支初到印度的中國軍隊，認為這一支在緬甸久戰的疲憊之師，沒有得到任何補充和休整，在受閱的十一國軍隊中，竟能壓倒群雄，獨露鋒芒，獲得第一，實在是無上的光榮。

六月十七日午間，中國隊伍自新德里回來，到達加爾各答東站，加城僑胞狂熱歡迎這批光榮的英雄，舉行盛大遊行。由保總領事及譚代表陪同羅卓英將軍乘坐轎車在前，英國笛裙樂隊帶領著中國隊伍緊跟在後。在過去，華僑在印度街頭行走，不准結集到十人以上，但是這一次卻例外的得到當局的特別准許，集合了六千多人的大行列，沿東站至公園路的大道，以四路縱隊在街中心整隊遊行，全程約四哩。自公園大道右轉，到達加城中心維多利亞廣場，前來歡迎的華僑近萬人，人人持著青天白日國旗，歡聲雷動，教人深深感覺到軍隊是國家主權的代表，有強大的軍隊，人民在國際上才有地位和尊嚴。❻

這時新三十八師和國內訊息完全隔絕，成為遠適異域的孤軍。而孫師長一心想念著國家，不願完全聽從盟軍的指揮，他急與要和中央聯絡，聽取最高軍事委員會的指示。可是師部所用的通訊電台，祇有十五瓦電波，無法達到重慶。孫師長發現有一位年輕的翻譯官雲鎭，是西南聯大電機工程系畢業生，曾在昆明國際電台擔任工程師兩年，有通訊方面才能，遂把雲鎮找來，要他設法建立一個秘密電台，直接與重慶聯絡。雲鎮在盟軍提供的通訊器材中，找到一部七十五瓦長波收發報機，運用他所學的電機學理，將它拚湊改裝成一部七十五瓦短波收發報機，用來呼叫重慶中央電台，竟然叫通了，從此孫師長遂與中央軍事當局聯絡上了，心中大喜，對雲鎮甚爲賞識，改派他爲師部少校通訊軍官。

六月二十日，新三十八師由英法爾開往阿薩密省（Assam）的馬赫里達（Margherita）休息整理。七月十五日開往距印緬邊境較遠的比哈爾省的藍伽（Ramgarh），開始整訓。

新三十八師現有人數超過九千人，比出發入緬時更多的兵員，主要是掩護撤退時，收容了落伍的國軍及華僑，以一一四團在色格，和一一三團自卡薩撤退路線上所收容的爲最多。艾爾文將軍報請英方發給新三十八師的補給名額爲一萬人，所以糧餉充足。

(四) 尋找第五軍

孫立人到達印度與中央取得通訊聯絡後，他接到軍令部第一通電報，就是要他找尋第五軍杜聿明軍長及部隊的下落，孫師長這才知道第五軍還未回國，他一面派諜報人員回緬甸探尋，一面要求英軍派飛機前往偵察。當時雨季已經開始，氣候異常惡劣，野人山一片林海，雨霧蒼茫，飛機多次偵察，不見踪影。

原來杜軍長率第五軍直屬部隊、新二十二師及九十六師一部分官兵萬餘人北撤返國，因退路已被日軍切斷，無法退回雲南，祇有折向西行。六月一日，大軍退到孟拱以北地區，崇山峻嶺，橫亙於前，無路通行，便將所有裝甲車輛及大砲等重武器，自行破壞，全部拋棄，官兵攜帶輕便行裝，進入叢林密佈的蠻荒山中。適值雨季，傾盆大雨，晝夜不停，部隊每天在雨霧中走動，昏頭轉向，迷失了道路，原來旱季作爲道路的河溝小渠，此時皆洪水洶湧，既不能徒步，也無法架橋擺渡，對外又失去了聯絡。在野人山裡曲折迂迴，迷失了行進方向，找不到去路，輾轉了兩個多月，給養斷絕，所有軍馬均被殺掉吃光，後來就以草根樹葉和芭蕉充饑。一路上，官兵飢寒病苦，死亡七千多人。杜聿明軍長在途中也染患回歸熱，體溫不斷升高，時而昏厥，時而清醒，自己不能行走，躺在擔架上，由衛士輪流抬著行進。

中央得不到第五軍下落，特令交通部長俞飛鵬前往印度，洽商英軍派飛機在緬北上空繼續偵察。一天氣候轉晴，視線較好，才發現野人山裡原始大森林中，有人群移動迹象，隨即投下乾糧及電池，他們撿到之後，才恢復通訊聯絡。❼由於飢餓日久，幾乎人人都患了腸胃病，忽而得到糧食，因吃得過飽，而使肚子受不了，招致死亡的也爲數不少。

這時孫立人師長率部隊到達印度已經兩個多月，他獲悉第五軍及新二十二師官兵的行踪後，馬上派第一一二團第三連連長周友良帶領全連士兵及軍醫，背負糧食、擔架、藥品、衣服，分路前往新平洋附近地區接應營救，兩軍相遇之後，孫師長命先煮稀飯給他們吃，以免他們肚子受不了。第五軍官兵不知情，罵孫立人只給他們稀飯吃，而他們自己卻吃乾飯。

第五軍杜軍長、羅又倫參謀長和廖耀湘師長率領官兵，經哈巴朵、仰龍、旁提，於八月四日才走到印度邊境雷多。清點人數，第五軍直屬部隊只剩下一二〇五人，新二十二師只有三一二一人，武器幾乎全扔光，重武器在進山之前就全部銷毀，輕武器所剩無幾，即使有，也多生銹不能使用。在野人山撤退中傷亡人數，大大超過在緬甸作戰中傷亡人數，而且存活的大部分官兵面黃腳腫，軍服破爛，像是逃荒的飢民一樣，情況非常狼狽。❽

第五軍官兵撤到印度的初期，英軍不肯供應補給，新三十八師乃將他們平日節餘的米糧、衣物及各項醫藥器材送去，供應他們的急需。❾他們不領情，反罵孫立人親美，使他們受到差別待遇。

杜聿明抵達印度後不久，即奉令搭機回國，部隊調往藍伽受訓，編成中國駐印軍，歸羅卓英軍長統率。

㈤ 楊團長不聽勸告

第六十六軍新編第二十八師，在曼德勒及梅苗地區防守時，被日軍衝散，因滇緬路被敵軍切斷，不能直接回國。有一位楊勵初團長率領五千多人的部隊，向曼德勒以北山區轉進。當孫師長率部進至緬北溫藻附近時，他還與孫師長通話，請教撤退路線，孫師長曾勸他向印度轉進。他不聽勸告，跟隨第五軍之後，向西北撤退，結果情況比第五軍還要悲慘。孫立人追述這段經過說：

當我師西撤印度時，同軍的新二十八師，原在曼德勒作戰，臘戍失守後，敵人鉗形包圍已成，迅即撤退，還剩有五個營及師直屬部隊，共約五千人，由八十三團楊勵初團長指揮，奉命防守曼德勒，掩護國軍撤退，也是最後一個團隊。他找我要汽車運輸部隊，當時第五軍控制有六百輛汽車，二十餘列火車，我師奉命掩護撤退，是最後脫離戰場的部隊，卻未分配給一輛汽車，所以根本無車可撥。他又請教撤退方法，我說：『你既有五千人，可以打出一條路，爲何不北擊，投向師部。』他說：『士兵已無力作戰了。』後來他就從間隙中北撤，行至中途，楊團長又與我聯絡，向我請示。我告訴他兩點：㈠隨從本師一一三團之後，與敵一戰，收到與一一三團夾擊之功，必能擊敗敵人，然後與一一三團會合西撤。㈡從敵間隙中東撤雲南。二者他都不曾照著去做，而只尾隨第五軍走過的舊路，向西北撤。七月中旬，隊伍走到高黎貢山，全團只剩下七百人。楊團長帶領傷殘病患，繼續攀山越嶺，但是緬甸西北已是人煙絕迹，一片黑壓壓的森林，何況已被第五軍官兵吃食完盡，後來的楊團官兵，祇有饑餓疲困疾病而死，回到國內祇剩下一百三十餘人。楊團長自己在途中患了赤痢，幾乎送命。後來在昆明重見楊團長，他感傷流淚，認爲照我的指示去做，絕不會損失至此地步。及至我率師反攻緬甸時，沿途發現國軍官兵撤退行過之處，槍架後邊是一堆堆的白骨圍繞，還可以想像到當時官兵病困了，圍火而睡或坐的形狀，眞是慘不忍睹。⑩

㈥ 彭克立率全營弟兄歸隊

民國三十一年四月初，新三十八師奉命赴緬援英抗日，第一一四團第一營營長彭克立率全營弟兄擔任先頭部隊。當到達緬北臘戍時，即奉中國駐緬軍參謀團之命，擔任參謀團的警衛和臘戍機場的警戒任務，師部和一一四團主力部隊則奉令衛戍曼德勒。因當時營部沒有配屬電台，從此即與師團部失去了聯絡。

到了四月下旬，在緬甸的國軍及英軍全部撤退時，彭營長既無法與上級取得聯絡，在參謀團撤走後，見本軍新二十九師部隊經過時，即去見馬維驥師長，說明與師團失去了聯絡，並詢問前方情況及該師爾後行動。馬師長命彭營作爲二十九師後衛，等全師通過新維大橋後，即可撤退，並將大橋破壞。彭克立即派一個連，到橋北佔領陣地，掩護新二十九師撤退，同時派兵測量橋下附近的水深，是否可以徒涉，並準備全營通過後，設法將橋樑破壞。後來彭營到達新維山地時，見新二十八師在山腹地帶構築工事，忽來一位參謀要彭克立去見新二十八師劉伯龍師長。見面時，劉師長要彭營參加該師的防守任務。彭克立說：「我現在僅有兩個步兵連，其餘部隊已乘車到貴街六十六軍軍部去了。」劉師長說：「既然如此，你先去軍部再說。」

彭克立到達軍部時，張軫軍長即告知：「劉師長已來電話，要你率領全營官兵即去新維，歸劉師長指揮，一同擔負防守任務。」既然軍長如此說，彭營長只有遵命而行。到達新維，劉師長指定彭營在山頂處設防並構築工事。兩三天後，劉師長即放棄新維，將部隊撤回雲南，並命彭營殿後，掩護全師撤退後即可撤退。當彭營長撤離陣地走出山口時，命部隊往左邊高山森林行進，等到全營進入森林中時，日軍坦克已從山口中衝出，向貴街攻擊前進，若彭營也沿公路向貴街後退，則全營恐無人能以生存。

彭克立率營到達南坎附近，從土人方面探知日軍早已進入南坎，遂回頭折回南走約數公里，趁夜間黑暗，越過中緬公路，進入雲南境內，再向龍陵前進。到達龍陵後，劉師長又派參謀找彭克立去，見面後，對彭說：「你們新三十八師已退到印度去了，你這個營短時期無法歸建，暫時就留在我這裡吧！一切補給，由我師照發。」彭克立早知此人心狠手辣，乃虛以委蛇，答應他的要求，還謝謝他的照應。

彭克立回到營部後，此刻他特別想念老長官孫師長，和新三十八師這個精誠團結的大家庭，他不管劉伯龍打的甚麼主意，決計不留在他那裡。他寫了一份報告，派員送到軍部，請求軍長將全營調回軍部，以便早日歸還建制。不數日，張軍長電令劉師長，將彭營調回祥雲軍部。

彭克立率營回到祥雲，晉見張軍長，報告全營撤退歸來的情況，他說：「新二十八師及二十九兩師在撤退時，不用他們自己師的部隊作掩護，而令我營作後衛，來掩護他們撤退，實有欠指揮道德。」同時張軍長說：「孫立人以留美而當上師長，頗為不易，將來職位愈高而愈痲煩。因爲留美學軍事而任高級軍職者爲數極少。就我留日者而言，我之情況要比他好得多，因爲留日同學軍事而居高位者尚有多人。」⓫

後來彭克立與新三十八師昆明留守處處長龔至黃取得聯絡，由龔處長電報師部請示，孫師長得到該營安全消息，喜不自禁，隨即覆電，命彭克立率全營先到貴州馬別檳暫時整訓，經過數月後，於民國三十一年十二月，全營弟兄才由昆明搭軍機，飛到印度藍伽中國駐印軍訓練基地。全營官兵猶如回到了娘家，都感到非常高興。

這一營弟兄脫離師部，獨立執行任務八個多月，歷盡艱辛，勝利歸來，證明新三十八師是一支拆不散打不爛的鋼鐵部隊。⓬

新三十八師官兵統統都到了印度，獨獨不見齊學啓副師長，使孫師長日夜懸念，三番五次派出諜報人員，偷到當時戰鬥的地點去探尋，均毫無消息。

註釋：

❶ 孫克剛《緬甸蕩寇誌》第三十三—三十八頁，上海時代圖書公司。

❷ 孫立人《統馭學》第十五—十六頁。

❸ 劉偉民《劉放吾將軍與緬甸仁安羌大捷》第四六—七四頁，自印本。

❹ Stilwell's Mission to China, P140-141.

❺ 孫克剛《緬甸蕩寇誌》第三十三頁

❻ 鍾山《藍鷹》，尚未出版。

❼ 新三十八師參謀長何均衡撰〈轉戰中印緬戰區的新編第三十八師〉一文，載於中國文史出版社發行的《遠征印緬抗戰》一書，第一四一—一四九頁。

❽ 陳立人《緬甸中日大角逐》第二〇一頁。

❾ 杜聿明撰〈中國遠征軍入緬對日作戰〉一文，載於《遠征印緬抗戰》一書第一—三十九頁。

❿ 孫立人〈統馭學初稿〉第三四三—三四四頁，載於《孫立人將軍鳳山練兵實錄》，台北學生書局。

⓫ 彭克立撰〈悼念孫立人將軍〉一文，載於《孫立人將軍永思錄》第二八六—二八八頁，台北學生書局。

⓬ 彭克立撰〈生死與共、患難相依〉一文，載於《抗日名將——李鴻將書》一書第一七一—一八七頁。湖南出版社。

二、返國述職

第一次緬甸保衛戰，由於英軍作戰準備不夠，自始即有放棄緬甸而保印度的構想，而中國遠征軍應邀匆促入緬作戰，雖有我第二百師扼鎮中路迭摧頑敵，新三十八師在仁安羌建立奇勛，但大勢所趨，對整個戰局的發展不能挽回。

身負緬甸前線指揮官重任的中國戰區統帥部參謀長史迪威將軍，雖勇於作戰，但缺乏通盤計畫，對整個戰局亦無法展佈，他眼看英國軍隊節節敗退，中國軍隊潰散逃亡，心中最爲氣惱。一九四二年五月十日晚上，他在撤往印度途中，記下這次戰敗的原因：「緬甸居民對英國人的仇視，日本軍隊兇猛進攻，中英盟軍缺乏空軍，裝備不良，彈藥不足，通訊不靈，運輸不暢，無補給品，窮湊合的醫療服務，愚鈍膽小的指揮官，蔣委員長的干預，英方對鐵道通訊管理不善，英軍抱持失敗主義，及易受攻擊的戰術。」

史迪威將軍退到印度後，五月二十四日，在新德里記者會中，坦承緬甸作戰失敗。他說：「我聲明在緬甸是慘敗，這是一個奇恥大辱，我們羞愧而無臉見人，我們被趕出緬甸！我們要好好檢討，再打回去！」

英軍自知無力堅守緬甸，早就準備放棄緬甸，退守印度。當亞歷山大將軍率領英軍殘部，安全撤退到印度邊境，英國首相邱吉爾給他的信中說：「日軍到印度之路已被阻擋。」英國認為緬甸雖失，對整個戰局無大影響，只要能保住印度就好了。❶

可是緬甸淪陷，對中國抗戰影響最大，不獨損失了國軍中最精銳的部隊，而且中國唯一的國際運輸線也完全被封鎖，使抗戰進入最艱苦階段。

緬甸保衛戰失敗後，史迪威參謀長於六月三日自印度飛往重慶，次日在黃山謁見中國戰區統帥蔣委員長。蔣委員長詢問緬戰失敗原因，史迪威認為盟軍缺乏空軍所致。他對於在緬作戰的第五十五師師長陳勉吾，九十六師師長余韶，以及第五軍軍長杜聿明皆表不滿，惟對於第二百師師長戴安瀾及新三十八師師長孫立人卻有好評，並要求更換第五軍軍長杜聿明，而以羅卓英、孫立人或廖耀湘三人中擇一取代，蔣委員長允予考慮。

中國戰區最高統帥蔣委員長對於緬甸作戰失敗，大為震怒，訓令軍事委員會召集參加緬戰的將領，全面檢討緬戰失敗的原因，並追究失職人員的責任。

軍事委員會於三十一年秋在重慶召開最高軍事會議，檢討中國遠征軍在緬甸作戰失敗的責任。會議由蔣委員長親自主持，參加會議人員有何應欽、程潛、白崇禧、徐永昌、林蔚、劉斐、羅卓英、杜聿明、甘麗初、張軫等高級將領多人。在檢討會中，白崇禧將軍首先起立發言，他說中國遠征軍在緬作戰失敗，統帥部應負完全責任，不能歸罪於哪一個人。繼由在緬甸指揮作戰的軍事委員會參謀團團長林蔚將軍提出一份緬甸保衛戰的詳細報告。會中最後結論認為此次國軍遠征緬甸失敗，應歸罪於駐緬總指揮史迪威將軍指揮不當，英軍作戰不力，同盟國間指揮系統凌亂，盟軍間缺乏配合，國軍入緬過遲，戰線拉得太長，兵力分散被敵各個擊破。杜聿明曾在會中報告說：新三十八師師長孫立人不遵守命令，擅自離開戍守的曼德勒，前往仁安羌援救英軍，以致防線拉得過長，全面戰局遭致動搖。撤退時，孫部負有掩護任務，又違抗命令，中途脫離，不隨同國軍歸國，反而尾隨英軍之後，退往印度。似此違抗長官命令，擅自行動，應交軍事法庭審訊，追究其責任。

這時羅卓英將軍起立發言，說明孫立人率部解救英軍之前，確曾前來遠征軍司令部請示。當時楊業孔參謀長曾向其說明，杜副司令長官不贊成派兵救援英軍。但孫立人鑒於當時情勢，倘日軍攻陷仁安羌，則曼德勒亦難保守，堅持要求親往仁安羌指揮所部，既可解救英軍，亦可保衛曼德勒。最後楊參謀長始勉強同意，因此不能認定他不遵守命令。至於該師最後負掩護撤退任務，是在國軍遠離戰場之後，歸國退路已被日軍截斷，在此無路可走的情況下，孫當時臨機決斷，權宜處措，遵照史迪威將軍的指示，率師退往印度，得使全師人員裝備無損，實屬情有可原。最後蔣委員長裁決：第六十六軍及所屬新編第二十九師撤銷番號，軍長張軫及新二十八師師長劉伯龍撤職，新編第二十九師師長馬維驥撤職查辦，另電令新三十八師師長孫立人返國，說明當時實際情況，再予議處。❷

不久，孫立人將軍接到軍事委員會來電，命令他立即返國述職。這時，孫師長正在與史迪威將軍商討改組中國遠征軍，成立中國駐印軍，由美國供應美式裝備，並由美國軍官來印擔任教官，訓練新三十八師及新二十二師官兵，擴充部隊，積極準備反攻緬甸，打通中印公路，以雪第一次緬甸作戰失敗之恥。在此關鍵時刻，孫立人認爲此時他不宜遠離，具電呈請延期返國，等了許久，始奉核准。

一直到了三十一年秋末，孫立人始將軍隊整訓計畫，與美軍人員商談妥適，隨即束裝返國。他搭乘美軍專機飛抵昆明，停留兩天，去西南聯大看望老同學清華工學院院長施嘉煬，政治西洋史教授浦薛鳳，英文教授陳福田等人，請他們推薦大學生，赴印充任軍中翻譯官。第二天，浦薛鳳教授邀請孫立人幾個同學，一同去遊滇池划船，遊覽滇池風光。戰時老同學異地相逢，分外親熱。孫立人大談國軍在緬甸的戰績，神采飛揚，大家也都聽得津津有味。他說到仁安羌大捷，如何以一千兵力，打敗日軍，解救英軍七千多人出圍，英美兩國政府都頒給他勛章，卻受到自家人排擠，指責他曾兩次違抗命令，要他返國說明實情，實在令人氣憤。老同學們聽到，都為他擔心，而他竟認為他在前線為國拼命，做得很對，要是照著上面的命令去做，一定會失敗。

第三天，孫立人搭機到達重慶，財政部鹽務署署長戴笠派員前來迎接，一直把他接到戴笠官邸。當晚設宴接風，席間，戴笠對孫將軍在緬甸作戰的功績，大為稱讚。至於有人指控他曾有兩次違抗命令，要他不要介意。戴說：「他曾派二十多人在新三十八師工作，對於新三十八師的戰績知道得清楚，他曾報告蔣委員長，委座對你的戰功，也非常瞭解。今後中美軍事合作，政府尚需借重。」孫聽了甚感寬慰，他解釋說：「並不是我抗命，而是非照我的辦法做不可。所謂第一次抗命，是我要親往前線指揮我的部隊，締造了仁安羌大捷，使西翼盟軍免遭崩潰；第二次抗命，是我未遵照杜聿明軍長命令，將我師帶進野人山，使新三十八師得以完整退往印度。」

孫立人在重慶期間，他先到軍事委員會各廳處接洽公務，並去晉見軍政部長何應欽將軍，報告緬甸作戰經過，及國軍在印度的整訓計畫，何部長對於新三十八師訓練優良，大為讚賞，對於孫師長要求補充兵源，亦表支持。

一天上午，孫立人接到侍從室通知，要他於當天下午三時到重慶上清寺官邸，晉見蔣委員長。他準時到達，侍從武官引導他進入會客室，蔣委員長偕夫人在座。孫立人身著戎裝，行禮後，委員長教他坐下，和顏悅色的問他部隊在印度整訓情形。孫報告說：「現住在印度的部隊，因為獲得與盟軍同等待遇和補給，一切整訓計畫正在順利進行。史迪威將軍計畫在印度訓練國軍十萬人，在滇西訓練國軍三十個師，所有武器裝備由美方供應。在印訓練的國軍，由英方提供營房及補給，中方僅需提供兵源，由美方派機運至印度受訓，爲盟軍反攻緬甸及攻擊大陸日軍作好準備。」孫立人侃侃而談，蔣委員長頻頻稱好。蔣夫人坐在一旁，有時很親切的要孫吃些茶點，談話將近一個小時，蔣委員長並未提到孫在緬甸抗不遵令的事。

一天晚上，孫立人抽空到重慶國立歌劇學校附設實驗劇場，觀看山東省立劇院演出國劇「斬經堂」，甚爲欣賞，當場邀請他們赴印緬從事宣揚中國文化和慰勞前線官兵工作。自動報名參加的有花臉鮑東生，花旦林貴薩，青衣嚴富華，武生張寶一，文武老生邵君誠，丑角喬中域，胡琴黃寶炎，二胡田烈，鼓師鄒紹凱，文武小生李萍寄，文武小旦王昆等人。他們到了印度，在新三十八師政治部下成立鷹揚劇團，是一支活躍在印緬戰場上的文藝部隊，甚受官兵們的喜愛。

孫立人率師赴緬遠征期間，孫夫人張晶英一人留在都勻居住，很少得到夫君的音訊。她日夜在家思念，晨昏在佛堂前一炷香又一炷香的跪拜，祈求菩薩保佑丈夫，早日平安歸來。後來從留守人員處得知，孫立人率師退到印度，她才感到心安。現在孫回國述職，因軍務在身，不容許他回都勻探望家室，張晶英乃不顧長途跋涉艱辛，從都勻搭車趕來重慶，與夫君相聚幾天，孫又逕自飛往印度。

註釋：

❶ 美國國防部軍史局出版《麥支隊》（Merrill's Marauders）第五頁。

❷ 六十六軍軍長張軫撰〈入緬抗日二十天〉一文，載於《遠征印緬抗戰》第二八五—二九一頁，中國文史出版社。

三、錫金王國授贈榮譽國民

一九四二年十一月初，中國駐印度加爾各答總領事保君健先生，邀約孫立人將軍及鍾山參謀，一同赴大吉嶺（DARJEELING）雪景園共度聖誕節。十二月二十三日晚間八時，孫將軍依約搭車抵達好來（HAORA）車站，鍾山前來迎接，先到保總領事官邸，見面後，保夫人（美籍）也願同行。當晚十時，四人便到加爾各答車站乘特別快車出發，第二天早上六時，到達終站，他們隨即下車。月台上有一班武裝整齊的印度兵，由一位中校領著，列隊歡迎，向他們敬禮。這時鍾山才認出，這位中校竟是新三十八師自品列埠撤退到英法爾途中，他所收容的印度受傷中校，這班武裝兵，竟是當時收容的八個落後的印度兵。

這位印度中校引導他們走出月台，八個印度兵上了兩部軍用指揮車，中校打開一部長型轎車的後門，請他們上車。轎車是一部特製的禮車，駕駛座和後座隔開，後座有兩排座位，每排可坐四人。印度中校和鍾山參謀坐在前排，孫將軍和保總領事夫婦坐在後排。兩部指揮車在前面開導。

禮車開動後，印度中校才說：「讓我先自我介紹，我原是英軍亞歷山大將軍屬下衛生隊的中校醫官，在緬甸衣烏撤退時，不幸在錯車間把小腿撞斷，因而跟不上英軍撤退而落伍，到了品列埠，由貴部收容救護到英法爾。我是錫金（SIKKIM）國王的第三王子，回到錫金後，早要報答你們的救命恩典。家父認爲，錫金是個小國，給勛章無有名義，贈送獎金太不恭敬，特函請保總領事，安排你們到大吉嶺的雪景園一遊，比較有紀念意義。」

「我所答應的是在二十五日去『雪景園』觀日出奇景，並不知道是錫金國王的邀請。」保總領事說。

「雪景園是錫金王國的產業，每年十二月二十五日是特別招待賓客前來『觀日出』的節日，我們不用國王的名義邀請，是怕增加你們的顧慮。」印度中校說。

保夫人接著說：「據旅遊雜誌上說，雪景園位於一萬二千呎以上，旅客通常要在途中休息兩次以上才可以上去，否則會因缺氧而暈倒。」

「如乘的是普通車輛，是要那樣的。我們的禮車有加氧設備，可以不用半途休息，到了雪景園再休息就可以了。」印度中校解釋說。

雪景園（SNOW VIEW GARDEN）位於大吉嶺公園的另一座山頂上，車子駛進公園，穿越最高處後，接連另一座更高的山，就到了雪景園。園門右側豎立一個藍色紅字的大牌，上面寫著「勞羅暨家人歡迎孫立人將軍蒞臨」。

那天早上八時許，一進園內不遠，標高註明海拔一萬呎，路面積雪皚皚，山傍低處，彩雲朵朵，車輛行駛山間，彷彿是在雲上滑浮一般。滿園臘梅，正在傲雪綻放，使人覺得是夢遊仙境。

園內有座建築華麗的別墅，門前有十餘人高呼「歡迎！歡迎！」保總領事夫婦一下車，他們就需要人扶持，鍾山攙著孫將軍進了客廳，坐在沙發上，也覺得頭暈起來。

印度中校急忙交代：「每人喝一杯酸羊奶，閉眼靠一會兒，就沒事了。」

過了約二十分鐘，大家的頭暈沒了，只覺得很疲倦。

這時，印度中校說：「剛才你們頭暈情形，是平地人到雪景園一定會發生的，不要緊，這裡高度海拔一萬二千呎，平地居住的人，突然到達這裡是不習慣的，你們去睡幾個小時，就會習慣了。」

他繼續說：「現在我給大家介紹認識我的家人，我叫勞羅立登（LAULAW LEDON），我是老三，他是勞羅列登（LAULAN LADON），是老二；大哥叫勞羅來登（ LAULAN LIEDON），他現在英國；她是我二嫂，她是我妻子；我父親叫勞羅李敦（LAULAW LEDOON），是錫金國國王，他和我母親五點鐘會來，到時候，一同出去觀賞雪景園的風光，及遙望世界最高峯喜瑪拉雅山聖母峯的日落奇景。」

大家午餐後，睡了一覺，懼高症沒有了，到了下午四時，感覺上就如同在平地一樣。立登中校拿出在加城勞羅公司事先定製的軍服，送給孫將軍及鍾山參謀，要他們穿上，待國王到時可以拍照。所謂一套軍服，是從頭到腳樣樣齊全。頭上是三種軍帽，包括大緣帽、無緣帽及絨線帽，花紋都是金絲所綉的；上身是襯衣、背心、外衣、大衣、披肩、領帶及手套；下身是內褲、長褲、馬褲、襪子、馬靴；所有的材料都是最上等的，最別緻的是藍鷹臂章之外，特別在胸前加了一片藍鷹勛章，綉上「錫金榮譽國民」（GLORIOUS CITIZEN of SIKKIM）證。

立登中校說：「勞羅公司（LAULAW Co.）也是王家的企業，我們請孫將軍和鍾指揮官（他不稱鍾的階級而稱指揮官）到加城勞羅公司量衣服，也是家父的意思，如果不用勞羅公司名義，你們一定也不會接受的。」

下午五時，錫金國王勞羅李敦帶領十八匹紅馬，一輛四匹白馬的雪撬來到。這些紅馬白馬，都是錫金特產，頭小腳細，體短胸健，腰凹臀圓，既雄壯又小巧，利行山路的駿馬。國王身體健壯，年齡約在五十開外，舉止言談，瀟洒幽默。他和孫將軍握手擁抱之後，開始拍照。他和孫將軍乘駿馬，並轡而行，王后陪同保總領事夫婦坐雪橇，沿著向東山路，前去觀光雪景。當時天氣風和日麗，山形是南高北低。路南高處，是聳立密集的青翠松林，直豎無椏，排列整齊，樹梢碧綠，林枝積雪，猶如花朵，樹下乾枝鋪地，卻無滴雪，鋪在地上的層層乾枝，就像沒有盡頭的大絨毯。不覺得有松風吹動，但可聞松濤悅耳。西北低處，滿園梅花，在白雪皚皚的地面上，反映著點點紅珠，紅白相映，馨香遠送，藍色的天空，像漂浮著雪片在飛舞。山下卻是似錦的雲海，遠望東北，可見一座反射著金黃色好像是老虎蹲立的聖虎峯。遙眺西北，三峯排立，插入天庭，巍峩無際，閃著銀光的聖母峯，艷麗雄奇，不可名狀。

下午五時三十分，我們到達雪景園最高處的雪景亭，大家坐定之後，錫金國王開始說：

我們直到今天才請孫將軍和各位來遊雪景園，因爲在一年裡，只有這幾天，是最好的季節，其他時候，雪海不是太濃，就是太高，不是視線被阻，就是似在雲中，常常到了中午仍看不見青天。現在你們看，我們是在雪山上，東北方的山下，是一條無盡頭的雲河，自東至西，隔開對面終年積雪的高峯。正北面是聖虎峯，請看，是不是像一隻蹲著的金色巨虎，它的高峯海拔二萬八千五百六十呎。在西邊三個排立的雪山，中間就是聖母峯，是世界上最高峯，海拔二萬九千零二十八呎。

雪景亭位於大吉嶺境內最高點，松林是家父於一九〇〇年開始種植，面積廣達五千餘英畝，每棵樹相隔十二呎，費了十二年時間才完成。現在除了生產印度境內最佳最大的松子外，它有兩個特色：第一，林內地面全被乾針葉鋪蓋，並無任何野草，能保持溫度，現在林外氣溫爲攝氏零下五度，林內溫度仍保持在零度以上。第二，樹林密集在一起，形成如傘蓋的狀態，除非有特別強風，平常的風吹不進來，所以林內溫度會保持，因此整個松林上空，看不見有雪花飄落。

請看，比這裡低的雲河，是自東向北，再向西約有四百英里長。現在是一年中最明顯的時刻，看到黑流滾動，浮著一片白浪，這是天造地化的自然景象，這個短暫的奇觀，到了下午六時，雲河就會變黑不見了。我們所在位置的東邊是不丹（BHUTAN），西邊是尼泊爾（NEPAL），都是環繞喜瑪拉雅山麓如同腰帶一般的小地方。雲河對岸高處是「秦」（CHIN），南方及西南方的平地是「恆河」（GANGES）。

錫金國王說到這裡，雲河果然變黑了。東方、西方、北方顯現出來的閃閃金光，在一瞬間就淡化了，只有雪峯上的白影還有迴光返照，那也僅是印象般的感應，因爲腦海裡還沒有確切的認清楚，景物就迷迷濛濛的失去了，這就是我們在雪景亭眺望落日的「奇觀」。

雪景亭（Snow-View House）是爲賓客在此過夜守望落日和日出而建造的賓館，位於雪景園最高的圓山上，頂點是一座八角形，用雙層玻璃防寒的房屋，因爲House是單數，孫將軍給它命名爲「雪景亭」。那夜亭外溫度是零下七度，亭內中央有四角形火爐關係，溫度高達二十度，非常舒適。晚上七時，國王在亭內正式宴客，首席是孫將軍，保總領事夫婦相陪，國王及后在旁殷勤招待。席上飲料是錫金特產松子酒，唯一食品的羔羊肉，是在火爐上現烤的。

開筵之前，錫金國王致詞：

我剛才在觀看落日時說過，雲河對面高處是『秦』，南方及西方平地是『恆河』，這是我們千年來一向對這兩個地方的稱呼。『秦』就是現在的中國，『恆河』就是現在的印度。千年來錫金是『秦』的屬邦，近百年來，錫金成爲印度的轄地。我們過去的國璽是明朝頒發的，現在仍保留著，也許將來還有用。依歷史記載，勞羅王朝第一代於一六一〇年（明神宗萬曆三十八年）接受國璽後開始，我們每換一代，便貢奉一次名冊，可是並未到過中國的京都，或朝見過天子。我們只是自認是中國的屬邦，中國卻從來不干涉我們的政治、經濟、軍事，除非我們要求，實際上，我們也沒有要求過。

我們的長輩說，中國是以仁義道統立國的，現在我們得到了證實。你們在最艱苦的撤退途中，用臨時做的擔架，把立登抬過湍急的河流，士兵輪班替換，背負他爬越野人山，事前並不問他的身份家世，事後也沒提過任何報酬，這除了是『仁』（LOVE）和『義』（Justice）的表現還能是甚麼呢？

我們錫金是偏遠的小邦，過去從未接待過宗主國來的貴賓，這是第一次機會，我們願趁此機會，提出我們第一次的要求，要求將軍、指揮官、總領事暨夫人，接受我們的請求，做爲錫金王國的榮譽國民，因爲這是我們的請求，所以事先未有提出說明。

本來孫將軍原想接著說，救助立登是我們國軍對盟軍的義務。鍾山也想說，當時是中國士兵們的義勇行爲。但國王繼續說：「當然救助立登脫險的不只是幾個人，而是中國部隊官兵共同協力，才能達成的。因此我們眞誠的對他們感謝，如果他們有緣來大吉嶺，我們都要熱誠接待的。」

「今晚的宴會，只有松子酒和烤羔羊，是本邦歷代定下最尊敬最純正的筵席。松子酒是純白的，羔羊也是純白的，這也是除錫金外，世上沒有的美酒和羊羔，表示我們潔白無瑕的眞誠感謝。」

錫金國王說完，親自給客人斟滿一杯松子酒，切了一塊烤羊前胸的肉，筵席便開始了。一杯松子酒約有五百公分，雖是純白無色，卻非常濃郁，不是容易喝完的。一塊烤羊肉有一斤多重，用刀切食，熏香可口，也不是一時可以吃盡的。國王不停地敬酒，連續地勸大家切食，足足經過一個小時，筵席結束，美酒和羊羔還是保留大半。

次晨五時三十分，天還未破曉，大家守在雪景園觀日出。這時虎峯及聖母峰的東方，開始顯現深暗的紅霞。霞光初顯似在峯上，但擴展得得快，映散到無盡頭的整個東方，都滿佈著彩霞了。回頭一望印度平原，卻渺渺茫茫，既非黑暗，也不是晨曦，而是無涯的曦霧，視線好像沒有盡頭，然而實際上又望不見任何景物。可是，當腦海正在尋求理解的刹那，突然間，無數如絲的白光便射蓋了一切。回望東方，紅霞散去了，取代的是萬道紅光，直射天庭，令人驚疑的是，其中有無數紅黃燦爛蟠曲飛舞的長龍。

這時勞羅國國王突然問道：「General, Did you see the ornamented dragons? How are the circomstances? 將軍，你看見彩龍嗎？景觀怎樣？」

「Yes, numerous, glossiest and lustrous! 看見了，無數彩龍，光華而燦爛！」孫

將軍答。

「聖母峯馬上要顯現出來了，請注意，三道沖天的白光。」勞羅國王在旁提醒大家。

「我注意到了，中間最高的聖母峯已經在白光底下出現了。」孫將軍立即回答。

他們的話剛說完，聖母峯已露出雪白帶金黃的整座峯巒，排列在左右的兩座峯巔也看得見了。景觀變幻得太快，接着聖虎峯也映入眼簾。自東到北，整片無盡頭的雪山，都連貫在一起，一條雲河，又靜靜地把雪景園和雪山隔開。雖然這時尚未看到太陽，可是天已亮了。看看手錶是當地時間的五時四十五分。❶

註釋：

❶ 鍾山《藍鷹》一書中〈雪景亭觀日出〉，尚未印行。

四、英皇授勳

民國三十二年（一九四三）一月二日，印度比哈爾省熱烈舉行一年一度的「達爾巴」（Darbar）。這是印度一個隆重節日，照例是英國政府頒授勳獎給對國家社會服務有功人員。一九四三年的「達爾巴」，孫立人將軍應比哈爾省督邀請，前往藍溪（Ranchi）接受英皇頒授的「英帝國司令」（C.B.E.）勛章。原來這座勛章是英皇特派印度總督魏菲爾將軍代表，在新德里頒授，因爲孫將軍練兵正忙，沒有閒空時間，前往領受，所以改派比哈爾省督代表英皇，在孫將軍駐地附近，舉行授勛典禮，地點是在藍溪的柔拉學校達爾巴禮堂。

上午八時，孫師長乘新式流線型轎車，從中國駐印軍營地出發，向藍溪鎮疾駛，鮮艷的青天白日滿地紅國旗，插在他的座車前，被晨風吹動飄揚。

中美高級將領應邀觀禮的有：美國後方勤務部印度支部惠勒中將（Ger. Wheeler），史迪威駐印指揮部參謀長柏特諾少將（Gen. Boatner），中國遠征軍司令長官部參謀長楊業孔將軍，及新編二十二師師長廖耀湘將軍，還有印度貴族多位，參加了這個盛典。

典禮是上午十時開始，廳堂門外，站立著幾十個穿紅衣戴紅帽的印度人守衛，來賓進門時，有一個印度人用盤子托著銀杯，大家都用手指去醮杯裡盛著的香水，表示祈福，之後，每一個人都得到一包包著香料的樹葉在嘴裡咀嚼。台上懸掛著英皇大像一幅，並有套著猩紅墊褥的古老椅子，褥上繡著繁複的金色、綠色、藍色各種花紋。

孫將軍穿著淺黃色呢質戎裝，咖啡色長統馬靴，身材魁偉畢挺，英姿煥發，從容步入禮堂，自有一種大將軍軒昂的氣宇，人們的視線都集中在他身上，流露出欽羨和敬仰。

廳堂裡座位左右相對，中間走道上舖有紅色地毯，從門口一直舖到主席台下。孫將軍走到右方第一排第一個座位坐下。省督接著來了，穿著黃色大禮服，袖上肩上和胸前，佩飾著許多章紋，顯得高貴的樣子。縣長站在門前歡迎，引導省督走上主席台坐下。

軍樂奏起，宣佈「達爾巴」典禮開始。省督站起來致詞畢，秘書長用和藹恭敬的語調，唱出「孫立人將軍」的名字。孫將軍聞聲起立，走到距主席台一步的地方，面向省督。省督站起，官兵隨同一齊起立。

省督宣讀勛章頌詞：

「奉皇帝陛下的命令，今天本人代表陛下，將CBE勳章授予孫立人將軍閣下，以紀念閣下去年在緬甸創造的驚人功績，和對閣下這種英勇行為的崇敬。」省督一口氣讀完，臉上浮起微笑，親自替孫將軍將勛章配帶起來，

孫立人將軍於民國32年元月在印度比哈爾省之蘭溪，接受英皇頒贈大英帝國司令勛章時留影。

與孫將軍熱烈握手。

孫將軍退後一步，用流利英語致謝詞：

茲承大英帝國皇帝頒賜勛章，本人覺得非常榮幸。緬甸仁安羌之役，充分表現中英盟軍的合作無間，共殲暴敵，這是擊潰日本和打倒軸心國的最有力的保證。

答詞完，孫將軍退回到自己的座位，大家也跟著復座，待其他勛獎授畢，宣告禮成。❶在省督步出禮堂後，中、美、英、印高級將領及行政長官，一一上前和孫將軍握手致賀。會後，在回答記者詢問時，孫將軍特別強調：「這是新三十八師全體官兵，尤其死難的袍澤，用血肉之軀換來的光榮，其意義不僅是中國軍官第一次以戰功獲得外國勛章，而且表現了中國軍人，第一次和盟軍併肩作戰所付出的血汗和捨己救人的傳統美德。」❷

下午一時，省督在公署歡宴孫將軍，參加典禮的盟國高級將領都應邀作陪。孫將軍風度瀟洒，舉止文雅，和賓主交談，不遜於英國的紳士。在英國凡接受CBE勛章者，都被賜封爵位。後來史迪威將軍的參謀長竇恩准將，常戲稱孫將軍為「孫立人爵士」。❸

夕陽西下，孫將軍載譽回到營地。可是他心中所想的並不是他個人所獲得的榮譽，而是他的部隊中弟兄們，為了這場勝利而戰死在外國荒山野林裡那些忠魂。

三十二年四月十九日，是仁安羌戰役週年紀念，孫立人師長特於這一天集合全師官兵，舉行緬甸戰役陣亡將士追悼大會。會場佈置莊嚴肅穆。國府主席林森特書「異域成仁」四個大字，懸掛在台的中央。最高統帥蔣委員長的輓聯，掛在正中央陣亡烈士靈位的兩側，上聯是「中華軍人魂仁者必有勇」，下聯是「世界烈士血異城永增光」。來賓中有中英美各國將領，素車白馬，倍極哀思。孫立人師長對全師講話：「我們與諸烈士都是多年的袍澤，同甘苦，共患難，出生入死，十幾年來如一日。在淞滬抗戰，在丁家橋，在溫藻濱，在蘇州河戰場上，他們之間有許多曾經爲國家爲民族流出光榮的血！

「去年今天，他們在仁安羌援救盟軍的戰役中，獻出了寶貴的生命！這是偉大的死，可與泰山比重。」

「我們要打回緬甸去，我們要在仁安羌去弔祭先烈們的忠魂！」

一位英國戰友走上台前，用感激的口吻向大會致詞。他說：「我是一個英國軍官，去年仁安羌之役，我也曾參加，我親眼看到貴師官兵作戰的英勇，越發增強了我們中英合作的信心。」

孫師長對於他這些戰死的弟兄們，心中有說不盡的哀思，他祇有用一幅輓聯來表達：

憶當年整軍黔中，起舞聽鷄鳴，偉績豐功原有自；

痛此日招魂塞外，來歆疑鶴化，青山夜月恨無窮。

民國三十二年秋，孫師長移師印緬邊界雷多，就在那裡青山白雲深處，建立一座中國遠征軍新三十八師陣亡將士公墓，命名燕南（仁安羌另一音譯）公墓，將那些在保衛緬甸戰役中爲國犧牲的義骸，安葬在那裡。

註釋：

❶ 孫克剛《緬甸蕩寇誌》第二一—二二頁。

❷ 薛慶煜《鷹揚國威》第一二三—一二四頁。

❸ 戴廣德《我們怎樣打進緬甸》第三〇—三八頁。

五、藍伽整訓

(一) 中國駐印軍的成立

緬甸保衛戰失敗後，史迪威將軍帶領少數美軍參謀人員撤退到印度，他始終認爲中國軍隊給以適當訓練與裝備，一定可以打敗日軍。三十一年五月二十日，他到印度之後，立即草擬一項訓練中國軍隊三十師計畫，分別在印度及雲南兩地實施，完成之後，即可使用這支新練成的勁旅，從印度及雲南同時反攻緬甸，打通中印國際運輸路線。

這一項訓練計畫，中美雙方均表贊同，惟英方恐怕中國軍隊支持印緬獨立運動，多方予以阻難，最後在美國政府強大壓力下，由羅斯福總統說服了邱吉爾首相，英方始勉強同意。

中、英、美盟軍經多次協商，決定在印度訓練中國軍隊三個師，由英方供給營房、訓練場地、糧食、服裝及油料等項補給品，美方供給裝備，包括武器彈藥車輛，訓練人員、醫師護士及藥品等，中方提供兵源。所有補給品統由美軍供應處向我軍供應，實施「補給到連，供應到人」的追送補給制度。革除了國軍中飽剋扣的陋習，使中國駐印軍面貌一新。❶

英方提供的訓練場地，是在印度中部加爾各答西方二百里外的比哈爾省藍伽（Ramgarh）營房，這裡原是英國人修建的戰俘營，收容在歐非戰場上所俘獲的義大利俘虜。經美方要求，撥交給國軍作爲訓練營。營區面積廣達三十平方公里，裡面有二十幾座洋灰地的大營房，內部設有三萬多張床位，還有球場、游泳池和電影院各種娛樂設施，可容納二三萬人。紅色的磚瓦，掩蔽在碧綠的榕樹之中，環境單純優美。營房四周不遠的地方，都是起伏不太高的丘陵，實施實彈射擊及野戰演習，極爲便利，是練軍的最佳場所。

民國三十一年（一九四二）七月十四日，中國駐印軍正式成立，中國戰區統帥蔣委員長任命史迪威將軍爲總指揮，羅卓英將軍爲副總指揮，柏特納少將（Haydon L. Boatner）爲參謀長，溫鳴劍少將爲副參謀長，麥克布上校（E. R. W. McCabe）爲藍伽訓練營主任。中國軍官負責行政管理及軍紀維持，美國軍官負責教育計畫及訓練。❷

民國三十一年（一九四二）七月十五日，孫立人師長率領新三十八師進駐藍伽營房後，立即開始操練，頓使這塊荒涼的土地上，充滿蓬勃緊張活潑的生機。朝陽初露時分，鮮艷的青天白日滿地紅國旗，在昂揚歌聲中升起，飄揚在印度上空。

八月二日，廖耀湘師長率領新二十二師官兵三千餘人，陸續從雷多運到藍伽，兩個師全部員額祇有九千多人。當時中印陸海路交通斷絕，要想補充兵員極爲困難，全靠美國十四航空隊運輸機將戰略物資，由印度阿薩姆機場起飛，穿越喜瑪拉雅山駝峯，送達雲南昆明，回程運送補充兵到印度。開始每天十六架次，空運四百人，十月起，每天空運人數增加到六百五十人，下機後，再以卡車火車轉運到藍伽訓練營。

八月二十三日，史迪威就任中國駐印軍總指揮。第一天，他依照中國軍隊的規矩，召集部隊全體官兵舉行佈達式，站在台上用生硬的中國話說：「我奉蔣委員長命令，任中國駐印軍總指揮，你們必須絕對服從我的命令，聽從我的指揮。你們不要害怕日本人的飛機大砲和機關槍，我保證美國有更多的飛機大砲及機關槍給你們。我要用事實證明，中國軍人不但不亞於任何盟國軍人，而且我們要勝利的打回緬甸去！」❸

(二) 中國駐印軍的訓練

民國三十一年八月二十六日，藍伽訓練營正式開訓，分設步兵、砲兵、工兵、通信、汽車、戰車、衛生、獸醫、馱載等訓練班，輪流調訓駐印軍各級幹部，每期訓練時間定爲六至

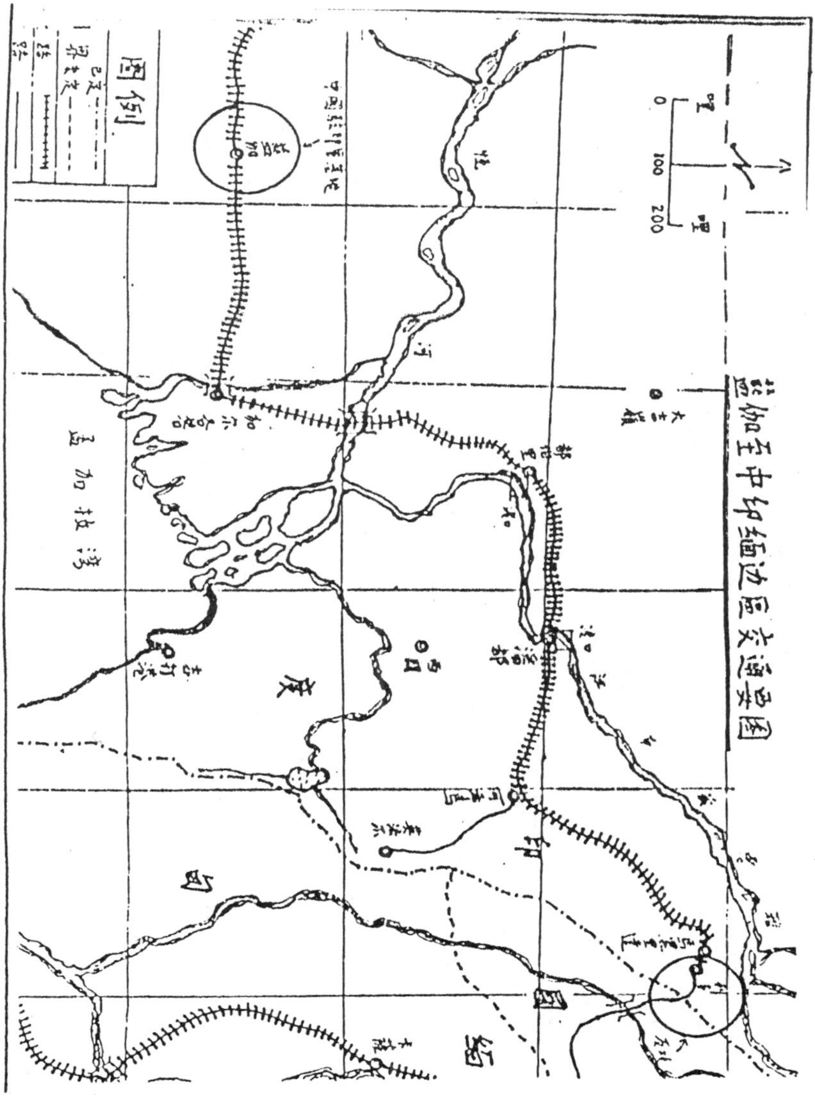
孟加拉至中印緬邊區交通要圖
0 100 200
圖例
孟加拉灣
印
度
緬

八個星期，使其熟習美軍武器裝備的使用及戰術。開始全由美軍軍官任教，期滿由中國軍官依照美軍標準規定繼續教練，由美軍教官在場督導實施，限期於民國三十二年二月完成。

全部訓練計畫分爲三個階層實施：

㈠士兵所受的訓練，是體能及基本戰鬥訓練，教導士兵如何利用裝備，執行作戰任務，主要訓練項目是步槍、輕重機槍、迫擊砲、火箭筒及反戰車砲射擊，白刃劈刺及體能訓練。

㈡初級軍官所受的訓練，是排連攻防作戰技術，主要訓練課目，是排連戰術和步砲協同配合作戰方法。

㈢高級參謀人員和指揮官所受的訓練，爲參謀作業程序，戰略戰術和後勤補給業務。在藍伽設立一個「戰術學校」，以美國參謀學校戰時所教的課程爲標準，開始先分批輪流調訓駐印軍高級幹部，後來調訓國內準備接受美械裝備的十三個軍的將校級軍官來這裡受訓，研究參觀，爲期六週，以溝通中美兩個高級軍官的戰術和戰略的思想。

步兵基本訓練，通過各種兵科訓練場來進行。每種兵科的訓練場，均由美國軍官負責施教，最初美國軍官不要中國軍官參加，由美國軍官直接訓練，後來因爲中國士兵聽不懂美國話，中國軍官也不願受美國人的氣，訓練場上常常發生摩擦，士兵鼓噪起來，幾乎釀成流血衝突，這才改由中國軍官主持。

特種兵訓練，則由美國教官協助教導，先後舉辦了砲兵、工兵、汽車、戰車、通信、衛生、獸醫、騾馬馱載等各種訓練班，輪流調訓駐印軍各級幹部及士兵受訓，每個班受訓六週至八週不等。因爲訓練課目很多，官兵們除了他們自己的主科訓練以外，他們還學會了一種乃至幾種特殊的技能。譬如一個戰鬥列兵，除了步兵訓練以外，他還可以有機會去學砲兵，或者參加駕駛訓練，於是他可以當步兵，可以當砲兵，也可以當駕駛兵。

現代戰爭以砲火爲骨幹，美方建議成立砲兵團，但缺乏兵員，孫立人師長遂從他所轄的三個步兵團中，抽調一個步兵團改爲砲兵。當時孫師長很擔心，全團步兵中沒有砲兵出身的幹部，全是步兵幹部，新裝備的七五公釐榴彈砲和馱載大砲的騾馬，他們都不知道如何使用，一方面要訓練幹部和士兵的砲操，同時要訓練他們使用騾馬的馱載方法，恐怕在短時間內，難於完成訓練，由於官兵學習情緒高昂，終於在四個月內，步兵練成爲優越的砲兵。

藍伽訓練方法，採取美式教育，除了口述講解之外，同時使用圖解、模型、電影、示範、實習、考核各種方法，務求官兵能以瞭解課目的內容。由於語言隔閡和缺乏翻譯人員，美軍教官多用示範施教，要國軍官兵跟著模倣學習，結果進步很快。藍伽砲兵訓練主任教官史利勒（G. W. Sliney）說：「幸虧我們不會說中國話，也沒有翻譯員，我們用實例示範，他們摹倣。他們是了不起的摹倣者，學得非常快。」原來他們都是步兵，農家出身，從小沒有摸過機械，卻能在一個星期之內，就學會操作使用七十二公釐的榴彈砲，他對中國砲兵有很好的評價，認爲中國兵使用無線電通訊，對敵實施砲擊，效果奇佳，「令人嘆爲不可思議！」藍伽訓練營主任麥克布完全同意他的看法。後來他們參加反攻緬甸，在歷次戰役中，都有輝煌戰績的表現，這是因爲他們是由步兵改爲砲兵，作起戰來，更能密切配合。

中國駐印軍的裝備，除由英國借給布朗式輕機槍和履帶式小型戰車外，其他武器彈藥都由美國根據租借法案提供，其中六〇迫擊砲、衝鋒槍及火焰噴射器都是新式武器。

孫立人認爲一支能作戰的部隊，有好的裝備固然重要，但最重要的還是要訓練官兵會使用這些武器裝備。因此，他訓練部隊最重視官兵基本戰鬥技術訓練，嚴格要求每一個士兵都能把握步機槍的射擊要領，射擊的每一個動作都要做得確實熟練，然後才能演練實彈射擊。過去在國內由於彈藥不充裕，實彈射擊演練機會比較少，但在藍伽有足夠的訓練子彈，官兵可以充分演練，射擊技術自然更爲進步了。一千公尺的機槍射距，廿五發彈夾可達二〇％命中率，步槍一五〇米射距，可達五〇％命中率，衝鋒槍八十公尺射距點放，可達三〇％命中率，這都是指活動目標，也就是敵兵一連在開闊地向我們前進時，他們無法到達我們步槍射擊的距離就要傷亡過半。所以我軍官兵對自己的射擊技術有了充分信心，在戰場上不待敵人接近到射程之內，絕不亂發，一旦敵人到了射程之內，那眞是百發百中，令敵人喪膽。

藍伽訓練的未來任務是反攻緬甸，緬北一帶都是叢莽森林，要在這一地區作戰，必須要針對這一特殊環境，加以特殊訓練，因此「森林戰」成爲部隊官兵必修的主要課程。官兵除了接受一般訓練之外，還要接受八天的森林戰訓練，每個人都要學會開路架橋，攀樹爬高，游泳操舟，以及埋伏、搜索、襲擊等項動作。在孫師長嚴格要求下，官兵們都學會了「人猿泰山」的本領，爬吊桿、登絕崖、上大樹，像一隻猴子似的在削壁懸崖中，牽籐附葛，上下攀登，來往自如。他們又接受了武裝渡河訓練，不但官兵個個要會游泳，還要攜帶全副武裝游泳渡河。整營整團在限定的時間內，要渡過一條橫寬一百五十碼的水流河道，沒有船隻，只許就各人的隨身裝備，膠布、水壺、乾糧袋，和隨地可能取到的材料，做成渡河工具，將武器彈藥一齊運過河去。這種種得自平日訓練中的熟練技能，在反攻緬甸的艱苦戰場上，都一一的實際應用到。❹

中國駐印軍和美軍官兵都住在藍伽同一營房裡，孫立人發覺到，美軍官兵回到營房以後，聽得到他們快樂的歡笑聲與合

孫立人將軍在藍伽訓練基地蹲在槍兵身邊指導射擊技術。

唱的歌聲，而他自己部隊的官兵回到營房裡，卻靜寂無聲。他就告訴官兵弟兄們說：「我希望你們在操場上或課堂裡，要認眞安靜，用心學習，可是我發現你們在下課之後，卻不能自己尋些快樂，來調劑你們的生活。這時你們應該唱呀！應該笑呀！你們爲甚麼不唱呢？爲甚麼不笑呢？我希望你們在操場及戰場上，是一支鋼鐵的隊伍，嚴肅而莊穆，但也希望你們下了操課之後，盡興發洩愉快的情緒，像生龍活虎一般。」所以他平時帶兵，常和士兵在一塊玩球，並要求全體官兵都能上場玩兩手，決不希望造成幾個選手就算了事。由於官兵同在一起運動遊戲，官兵之間的感情也就漸漸融和起來，部隊也就顯得活潑而有朝氣了。

美軍訓練特別著重實際效果及民主風氣，也使中國駐印軍官兵深受感染，逐漸養成他們自動自發，守紀守法，遵守時間，講求效率，忠於職守，愛護榮譽、愛國家、愛戰友的風氣。

孫立人認爲做一個現代的軍人，除了學習美國人的長處外，更要具備中國傳統的「義勇忠誠」美德。「義」就是義氣，待人不能忘恩負義。「勇」就是勇敢，勇於做事，勇於負責。「忠」是堅貞不二，忠於國家，忠於職責。「誠」是誠實，眞誠無虛，至公無私。他常用這四個字來教誨官兵，實踐篤行。因而「義勇忠誠」成爲新一軍的軍訓，「藍鷹」成爲新一軍的軍徽。

孫將軍指示：我們反攻緬甸，從形勢上去判斷，日軍是據點防守爲主的戰略，我們要擊破其據點，去取得面的策略。我們要贏得勝利，縮短戰爭時間，節省兵力，我們就要有精銳、耐勞和持續力的軍隊，藍伽訓練就是依據這些目標要求而實施的，事實證明藍伽訓練是成功的。

(三) 新一軍的編組及裝備

軍政部長何應欽將軍於民國三十二年（一九四三）二月初，應英國駐印軍總司令魏菲爾將軍的邀請，飛往印度。二月九日出席中英美軍事會議，會中研商盟軍反攻策略。我方同意由滇西出兵十師，向緬北密支那、八莫進攻，在藍伽受訓的中國駐印軍，則由胡康及孟拱河谷，向密支那進攻，獲勝後續向曼德勒前進。並期望英美兩國同時出動陸海空軍配合作戰。出戰日期商訂在三十二年（一九四三）十月底。

會後，何部長順便到藍伽視察中國駐印軍，校閱全體部隊，並察看新三十八師的戰鬥射擊演習。第一一二團機關槍手上等兵王敬，在那次戰鬥演習中，用準確密集的火力，掩護步兵攻擊，當他正在向假想的敵軍陣地瞄準射擊掩護步兵攻擊時，何部長蹲在他的背後，眼看著步兵已經接近對面高地目標，還不到十步的距離，王敬的機關槍依然在咯咯的狂叫，子彈從步兵的頭上擦頂飛過，落在目標上，揚起陣陣的灰塵。何部長恐怕會打傷了攻擊前進的步兵，立刻命令王敬停止發射，王敬好像沒有聽到似的，依然繼續射擊，一直等到他看見步兵投出的手榴彈在目的物上爆炸時，他那挺機關槍咯咯的聲音才嘎然而止。他這才不慌不忙站起身來，畢恭畢敬的向何部長敬了一個禮。何部長很高興的說他很好，和他握手，並且說待他回到重慶時，一定頒發一個獎章給他。兩個月後，王敬胸前果然掛起一個光榮的獎牌。❺

右：孫立人將軍陪同何應欽及俞大維二位將軍視察藍伽整訓。

孫立人將軍陪同宋子文院長視察藍伽駐印軍整訓。

何部長返抵重慶，向蔣委員長報告中美英在印度會商的決定，以及中國駐印軍在藍伽受訓進步的實況，蔣委員長聽到深感欣慰。

民國三十二年二月三十一日，中國戰區統帥部下令，將駐印軍副總指揮羅卓英調回國內任職，駐在印度的新三十八師及新二十二師合編成為新編第一軍，任鄭洞國為軍長，孫立人為副軍長兼新三十八師師長，廖耀湘為新二十二師師長。三十二年秋，由國內空運新編第三十師到印度，接受美式裝備和訓練，師長是胡素，編入新一軍建制。

中國駐印軍經由美軍整編裝備，每師有三個步兵團，兩個山砲營，榴彈砲營，工兵營，通信營，輜重兵營，教導營，特務連，搜索連，軍械連，偵察隊，衛生隊，野戰醫院等直屬部隊。編組而成，全師約一萬五千人，各種車輛三百輛，騾馬千餘匹，十公分五榴彈砲十二門，七公分五山砲二十四門，十公分五迫擊砲三十六門，三公分七戰防砲三十六門，八公分迫擊砲三十六門，六公分迫擊砲一百六十二門，重機槍一百零八挺，輕機槍三百六十挺，火焰噴射器八十五具，火箭發射筒一百零八具，衝鋒槍，卡賓槍各約四百枝，電話可架到連及獨立排，且均配備無線電話報機。❻

後來又從國內調去及在印度成立了三個砲兵團，每團重砲有三十六門，一個汽車兵團有載重汽車四百輛，兩個工兵團，兩個化學兵團，後改為重迫擊砲團，每團有重迫砲四十六門，一個騾馬輜重兵團，一個戰車營，一個高射砲營，一個通信營，一個特務營，一個憲兵營，和人力運輸隊等，員額達到三萬二千多人。

中國駐印軍經過一年的整編訓練，火力，通訊及機動性能，均大爲增強，官兵的體能，戰鬥技能及精神士氣，也顯明地提高，成爲國軍中一支最現代化的部隊。

(四) 中美軍事合作與衝突

在藍伽軍營裡，時常可以看到史迪威與孫立人兩位將軍一同出來看部隊操練，有時他倆會臥倒在士兵身旁，爲他們做示範動作。史迪威瘦削精幹，美國西點軍校出身，曾任駐華武官多年，性情耿直傲慢，看不起中國軍官。孫立人瘦長英俊，美國維吉尼亞軍校畢業，說話有點口吃，時時都以中國軍人的尊嚴爲重，絕不仰賴外人鼻息。兩人在一起，時常會鬧脾氣，發生爭執。因爲他們兩人都是受過美式軍事教育的人，有話直說，無論爭辯如何激烈，最後誰有道理，就照誰的意見去做。中美合作共同訓練中國部隊，進行尚稱順利。

在藍伽訓練中國軍隊開始的時候，史迪威將軍要求國軍營長以上軍官均由美國人擔任，並且已經由美國調來三百多名軍官，準備接替中國軍官的職務，孫立人堅決反對，認爲中國軍隊的指揮權，絕不能讓給美國人。爲了這一問題，孫史二人鬧得極不愉快，後來蔣委員長也不同意，史迪威不得已，乃將這三百多名美國軍官，分別派到中國駐印軍營級以上單位擔任聯絡官，企圖透過美國聯絡官，達到他控制中國軍隊的目的。孫立人對於此事也極表不滿，他常告誡國軍中的翻譯人員說：「現在軍中有的翻譯官缺乏民族自尊心，和外國人打交道時奴顏媚外，惟洋人馬首是瞻。我希望大家要站在自己國家立場，有理就應該爭，不要受美國人的氣，出了事有我支持。」有幾次國軍官兵受不了美國軍官的無理責罵，竟持槍相向，迫使美國人再不敢狂妄欺人了。

有一次，史迪威認爲副參謀長溫鳴劍將軍未得到他同意，直接與重慶軍政部通話，有違軍規，不報告中國戰區統帥批准，逕將溫鳴劍調爲高參，改派美國軍官博金接任，引起國軍全體官兵不滿，鄭洞國、孫立人等聯名電告蔣委員長。蔣委員長批示：「史迪威何以對於人事調動，不先請准，擅自撤委？然仍由軍事委員會電令鄭軍長、孫師長等安心訓練。」[7]

孫立人師長爲彌補美國教官只重視兵器使用和日間射擊及戰鬥訓練，而忽視體能鍛鍊和夜戰訓練之不足，規定官兵每天早上起床到上課出操前這段時間，進行體能訓練，再利用夜間進行偵察、射擊、行軍、宿營、渡河、攻擊、防禦、埋伏、奇襲等項夜間戰鬥戰術訓練。廖耀湘師長也同孫師長一樣，規定在美軍訓練時間以外，加強官兵射擊，築城，和小部隊戰鬥教練。此事卻引起美軍聯絡官史利勒和費立蒲的強烈不滿，認爲打亂了訓練計畫，加重了官兵的身心負擔，曾橫加阻止，遭到孫廖二師長斷然拒絕，事情鬧到史迪威那裡。史迪威便把他們四人請到辦公室理論，廖耀湘認爲美軍聯絡官無權干預中國部隊長管理自己部隊的職權。史迪威看到廖耀湘越說越激動，不但沒有生氣，反而要廖有話好好地講。孫立人用平靜的語調說：「我們抽出每天四小時的課外時間，來進行體能、射擊、夜間行軍作戰以及築城作業等項與反攻緬甸密切相關的戰備訓練，這難道有甚麼錯嗎？」史迪威聽完孫立人講話後，很嚴肅地說：「我很贊成孫廖二位將軍的做法，現在請史利勒上校和費立蒲上校表明態度，如果你二位也改變主張，轉而支持孫廖二位將軍的作法，那就等於甚麼事都沒有發生過，大家好好合作下去；否則，就只好請你們離開現在的崗位，聽候我另作安排。」美國人是勇於認錯的，這兩位上校當場向孫廖兩位師長道歉，表示願意眞誠地繼續合作共事，一場風波就這樣輕易地平息了。自此之後，美軍聯絡官的言行開始檢點了，國軍各級部隊長亦可行使職權而較少受到美軍聯絡官的干預了。❽

又有一次，外交部長宋子文於三十二年二月九日出席新德里會議後，順便到藍伽視察中國駐印軍訓練，孫立人派了一排儀隊歡迎。事後美軍參謀長柏德納在中美高級將領會議中提出質問：「是誰命令派儀隊迎接宋部長？如果不經過總指揮部的同意，隨便派遣部隊的話，那麼我們美國軍官回去好了。」當時史迪威也支持他的意見，認爲中國部隊長不能隨意調動部隊。孫立人師長實在按耐不著他的脾氣，就站起來說：「儀隊是我派遣的。前幾天一位英國籍的印度省長前來參觀，總指揮部曾派一營儀隊歡迎，中國部長來視察，我派一排儀隊歡迎，也不應該嗎？」史迪威這才沒有話說了。❾

在中印緬戰區，孫立人和美英及印度將領交往時，表現得很有骨氣，因而得到國軍中下級軍官及士兵的敬佩。

中國官兵時常爲了乘車坐飛機，受不了美軍的氣，就與美軍爭吵起來，甚至打架，孫將軍總是站在中國官兵方面，爲他們撐腰。有一次美軍告到軍事委員會上面去，揚言不再裝備國軍，急得軍政部長何應欽將軍當面告誡孫立人，要嚴加管束官兵，不得與美軍爭鬥。

盟國軍官對孫將軍也另眼看待，特別尊重，無論在任何場合，英美軍官在他面前，絕不敢無禮隨便。

中國駐印軍總指揮史迪威將軍，儘管對中國將領有偏見，性情急躁，在一些事情處理上，對中國方面不夠尊重。但他畢竟是一位正直而有勇氣的軍事將領。在對日作戰上，他的態度始終認眞積極，而且頗具戰略眼光，在指揮作戰方面很有一套辦法。他身爲異國高級將領，卻毫無官架子，對待中國士兵十分友善，喜歡同他們交朋友，慢慢贏得了不少中國將士對他的尊敬，許多人親昵地稱他爲「喬大叔」（Uncle　Joe）。在後來的緬北反攻戰役中，每當戰事處於緊張時刻，「喬大叔」就會出現在陣地上，總會引起戰士們熱烈的歡呼，部隊的戰鬥士氣隨之高昂起來，再艱難的任務，也會毫不猶豫的去完成，史迪威本人也常常以此引爲自豪。⑩

史迪威與孫立人兩人之間的關係，開始並不好，而且從中還有人說孫壞話，所以有一段時間，史迪威對孫有很深的誤會，甚至處處想壓制他。孫立人雖然尊重史迪威是他的長官，可是當史迪威處置若有不當，或是他的正當建議不被採納時，孫一定據理力爭，而且必須貫徹他的主張，結果他每次建議或擬訂的作戰訓練，都能贏得勝利，這使史迪威不能不暗自佩服。兩人常常在一度激烈的辯論之後，終於同意了孫的主張。

㈤　蔣委員長視察中國駐印軍

中國駐印軍在藍伽整訓期間，孫立人將軍因為在保衛緬甸戰役中表現優異，特別受到英美將領的重視，因而新三十八師需要的補給和裝備，都能得到盟軍的充分供應，部隊要甚麼有甚麼，因而引起國軍其他將領的妒忌和嫉視，指責他親美，並說他排擠軍校同學。甚至連新一軍軍長鄭洞國都有這種看法，說孫立人的部隊所分配的武器、彈藥及車輛等，總比廖耀湘部隊的既多又好。⓫實則，孫立人是一位民族自尊心極為強烈的愛國軍人，他最怕人家說他持美國關係以自重。他常告誡部屬：「中國人一定要打破這種挾外人自重的奴隸心理。」他轉戰印緬戰場上，隨時隨地都站在國家民族的立場，維護中國軍隊的團體利益與尊嚴。

至於孫將軍排擠軍校同學的流言，一度曾引起重慶有關方面的重視。當時擔任鄭洞國將軍的情報參謀潘德輝撰文紀述這件事說：「在藍伽訓練期間，部隊小道消息傳遍了，孫立人排擠軍校學生的謠言。三十一年冬，我奉派重返緬北各地調查兵要地誌及蒐集敵情，途經加爾各答。在餐敘中，晤時任加城領事李能梗先生，他認眞地問我有關此事的看法及可靠性。我以親身見聞所得資料說明傳聞有誤，並列舉孫將軍部屬中之高級幹部如唐守治、何均衡、劉放吾、李鴻等均為軍校先期學長，可能是孫將軍在援緬戰事中唯一打了一次出風頭的勝仗，且全師完整地安全撤退到印度，因遭妒而有意造謠中傷和蓄意譭謗。李領事認為我的分析客觀公正，特地帶我去見總領事保君健先生，和駐印國防物資供應處主任陳質平先生，再加說明，保總領事且要我寫一份書面說明，給他轉報重慶。這雖然是一則毫無根據的謠言，卻未止於智者，而且一直傳播到現在。」⓬

民國三十二年十一月二十九日，蔣委員長偕夫人從開羅參加中英美三巨頭會議歸來，途經印度，在英美高級將領蒙巴頓等人陪同下，特來藍伽視察中國駐印軍。當天下午四時，蒞臨中國駐印軍大操場，先接受閱兵指揮官的敬禮和報告，隨即走下閱兵台，換乘一輛敞篷車，開始檢閱中國駐印軍。他看到這一支銅牆鐵壁一般的部隊，官兵精神飽滿，裝備精良，壯盛的軍容，整齊嚴肅，深感滿意。蔣委員長閱兵一週，回到司令台上，集合部隊訓話，他說：「這次我看到大家身體精神都很好，覺得很欣慰，希望大家要能與盟軍協同作戰，早日打通滇緬公路，爭取抗戰最後的勝利。」⓭

註釋：

❶ 鄭洞國〈中國駐印軍始末〉，載於文史出版社發行《遠征印緬抗戰》一書中第七一—八四頁。

❷ Barbara W. Tuchman: Stilwell and the American Experience in China, P328-331.

❸ 新三十八師砲兵第一營營長王及人撰〈中國駐印軍的反攻〉，載於《遠征印緬抗戰》第三二一—三二九頁。

❹ 戴廣德撰〈史迪威將軍與中國駐印軍〉一文，美國世界月報八十三年一月二十八—三十日連載。

❺ 孫克剛著《緬甸蕩寇誌》第三十一頁。

❻ 曾任史迪威聯絡參謀王楚英撰〈中國遠征軍印緬抗戰概述〉一文，載於《遠征印緬抗戰》一書第八五—一四〇頁。

❼梁敬錞《史迪威事件》第一三三—一三八頁，台灣商務印書館。

❽王楚英撰〈緬甸戰場上的蒙哥馬利——李鴻將軍〉一文，載於《抗日名將——李鴻將軍》第一〇八—一七〇頁，湖南出版社。

❾何鈞衡撰〈轉戰中印緬戰區的新編第三十八師〉一文，載於《遠征印緬抗戰》第一四一—一四九頁，文史出版社。

❿《鄭洞國回憶錄——戎馬一生》第三〇二頁。

⓫鄭洞國撰〈中國駐印軍始末〉一文，載於《遠征印緬抗戰》第七一—八四頁，中國文史出版社。

⓬潘德輝撰〈半世追隨，一生被澤〉一文，載於《孫立人將軍永思錄》第一五一—一五八頁，台北學生書局。

⓭趙振宇《血戰瓦魯班》第二十二—二十三頁，陸軍出版社。

第九章　反攻緬甸

一、盟軍策劃反攻計畫

緬甸淪陷後，中國抗戰進入最堅苦階段。中國戰區統帥蔣委員長急於要打通國際運輸路線，命令中國戰區參謀長史迪威積極準備反攻緬甸。史迪威將軍於一九四二年七月十八日、二十九日所策劃的反攻緬甸計畫，都以印度東部重鎮英法爾為前進基地，由荷馬林（Homalin）進攻曼德勒，與駐防雲南的中國遠征軍會師後，成扇形展開，取道南下，光復全緬，但遭英國堅決反對。後來在美國壓力下，英國只同意中國駐印軍以雷多（Ledo）為前進基地，經胡康與孟拱河谷，進攻密支那和八莫，把反攻緬甸的作戰地區局限於緬北，且把美國堅持要修建的中印公路和輸油管道，限制在雷多，新平洋（Shingbwiyang）、胡康河谷、孟拱、密支那、八莫、南坎、畹町一線。中國駐印軍必須攻取這些據點之後，才能打通這條國際運輸線。❶

當史迪威最初提出以中國駐印軍新三十八師和新二十二師從緬北反攻計畫時，我國軍事委員會原本不同意。他們認為：國軍由雷多經野人山向緬北進攻，日軍如從緬甸中部進攻印

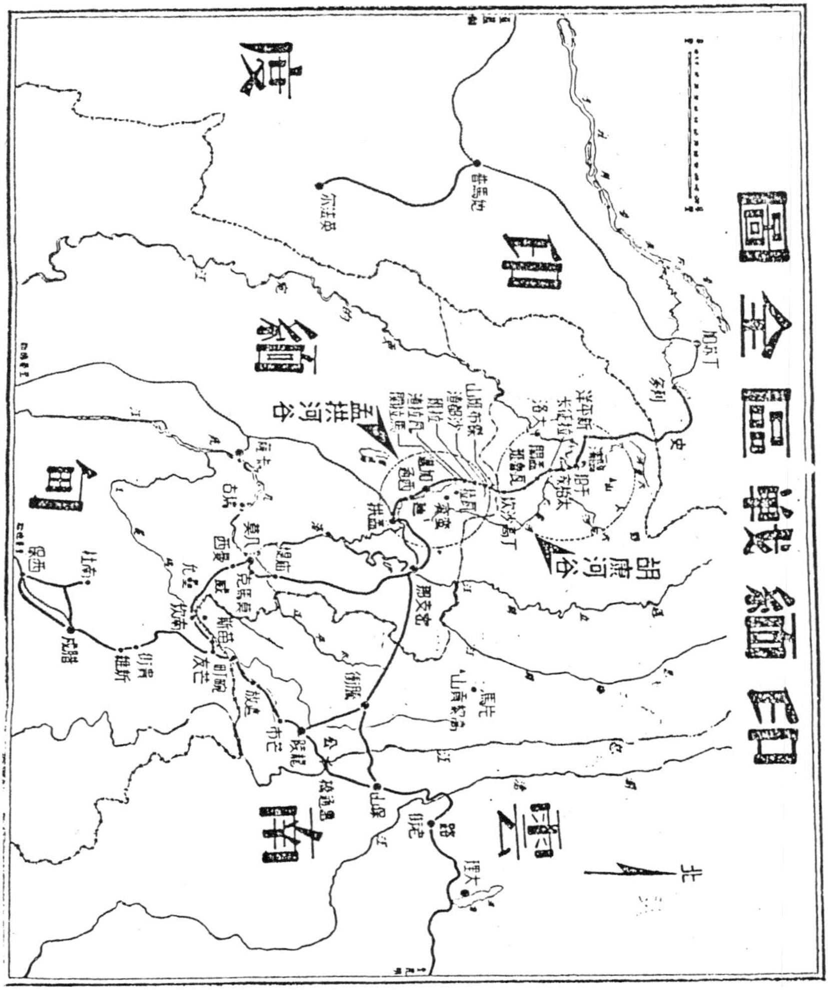
印緬戰區全圖
胡康河谷
孟拱河谷
北

度阿薩密省，將中國駐印軍後路切斷，國軍可能在原始森林中被困死。如果國軍在一個旱季中攻不到緬甸中部，一到雨季，國軍在野人山中無法行動，進退兩難。史迪威認為：美空軍已佔優勢，補給可以空投，有機械化工兵，在原始森林中開闢公路，自不難通行。後經呈報蔣委員長，他認為唯有打通中印公路，方能將大量武器彈藥輸入中國，遂批准史迪威此項反攻計畫，復經盟軍會商決定，陸空聯合反攻緬甸於一九四三年雨季結束後開始。

中國駐印軍的作戰方針，是從雷多前進基地出發，經野人山區，進入胡康河谷及孟拱河谷，奪取緬北重鎮孟拱、密支那等重要據點，然後經八莫向曼德勒推進，將日軍逐漸壓迫至曼德勒附近地區包圍而殲滅之。第一期攻擊目標為孟拱、密支那之線；第二期攻擊目標為八莫、南坎、臘戍之線；第三期攻擊目標為曼德勒。❷

盟軍為中國駐印軍策劃的這條進攻路線，在地形氣候方面都是最惡劣的，很少有人出入過。當面橫亙在印度與緬甸交界處，是高聳入雲屬於喜瑪拉雅山系的那加山，最高峰達一萬多尺，綿延遞減到五六千公尺。沿途崇山峻嶺，重崖疊嶂，原始森林蔽日，野獸毒蛇螞蝗蚊蚋遍地，瘟疫瘴氣，河川縱橫。每年六月到十月為雨季，年降雨量達到一百五十至二百五十英寸，大小河流泛濫，寸步難行，使敵易守而我難攻。我軍不但運輸補給困難，部隊行進也必須披荊斬棘，開路前行，更無法展開大兵團作戰，而且不能發揮空軍、坦克、大砲的威力，形成日軍「一夫當關，萬夫莫敵」的險地。我軍經常處於臨絕地以攻天險的困境，是世界上無法進行戰鬥的艱險戰區。

第二次緬戰新一軍北緬戰區示意圖

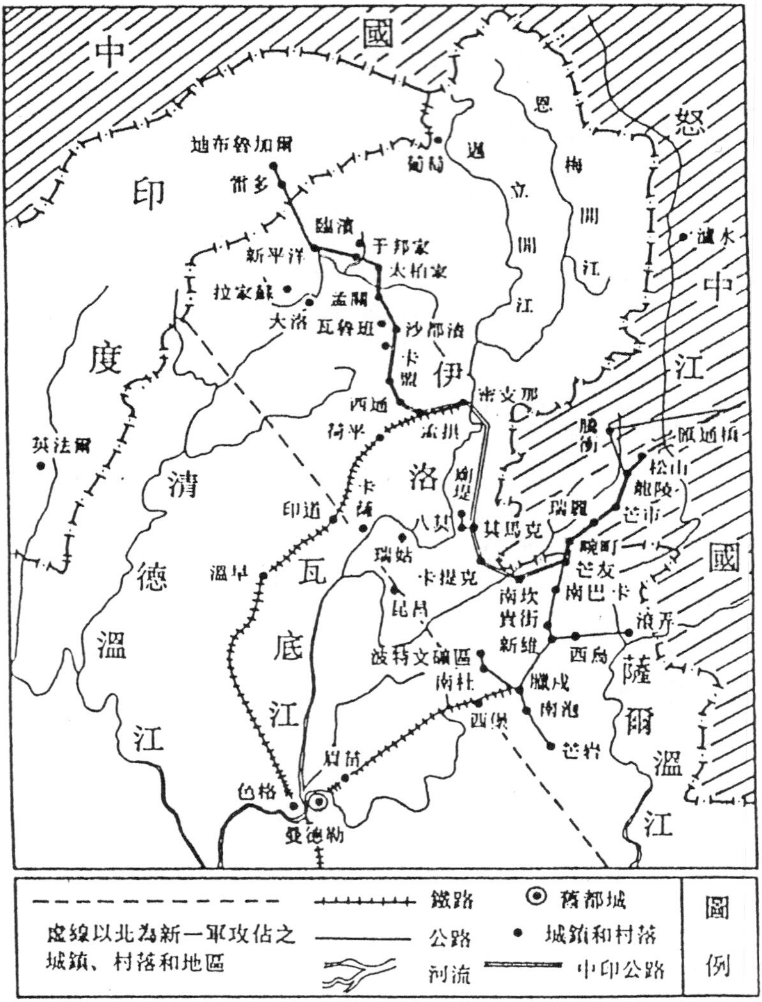

當面之敵爲日軍「王牌」部隊第十八師團（即久留米師團），在第一次緬甸保衛戰結束之後，即積極在野人山上，利用地形，構築防禦工事，造成天塹，無人可以飛渡。一九四三年三月，原任日軍十八師團長牟田口廉也升任第十五軍團軍團長，統轄駐緬日軍第十八師團、第二師團、第五十三師團、第五十六師團和第三十四獨立旅團，總兵力約十五萬人。日本政府調大本營作戰部長田中新一接任第十八師團長，加緊準備進攻印度，選擇印緬邊境重要山口、河谷、隘路，加強工事構築，佈下重兵。他把攻防作戰的前沿陣地，推進到胡康河谷新平洋附近的險峻山口，囤積糧彈，以逸待勞。

面對這樣不利的地理環境和日軍的優勢兵力，孫立人竟能率新三十八師一萬之衆，運用他的迂迴包抄出奇制勝的戰術戰略，將駐在緬甸的頑強敵人殲滅殆盡，這在中外軍事戰史上也是少有的奇蹟。事後孫立人回憶指出：

> 正是北緬這種利守不利攻的地理環境，使得日軍從一開始就失去了主動，把自己置於被動挨打的地位；敵人的據險扼守，層層設防，看起來十分嚇人，但實際上分散了兵力，給我軍提供了各個擊破的機會，使敵人兵力總的優勢，變成了局部的劣勢，隨著敵軍一股股被我消滅，最後總體上也就失去了優勢。❸

註釋：

❶ 王楚英撰〈中國遠征軍印緬抗戰概述〉一文，載於《遠征印緬抗戰》第八五－一四〇頁，中國文史出版社。

❷ 鄭洞國回憶錄《戎馬一生》第三一二頁。

❸ 《孫立人回憶錄》，台北中國時報連載。

二、掩護修築中印公路

中國戰區統帥蔣委員長於民國三十二年（一九四三）十月十九日，邀請東南亞戰區統帥蒙巴頓元帥，中國戰區參謀長史迪威將軍，美國空軍補給司令索默維爾將軍和中國將領何應欽、商震、劉斐、林蔚等人在重慶開會，決定中國駐印軍於三十三年（一九四四）一月十五日首先由雷多發動攻擊，目標推進至北緯二十三度一線，以確保雷多公路的安全。會後，史迪威將軍主動將攻擊日期提前，命令新三十八師於三十二年十月二十四日由雷多東進，一面攻擊前進，一面掩護修築一條由印度雷多，穿越緬北的高山峽谷，原始森林和縱橫交錯的河流，通過密支那、八莫，直達昆明的公路。在築路的同時，沿途同時舖設一條輸油管和電線。一方面提供物資支援中國駐印軍向緬北反攻，同時適應中國抗戰迫切的需要。

民國三十二年（一九四三）元月起，中印公路開始興工，三月，美國派工程專家安魯遜准將和皮克准將，率領美軍工兵第四十五團、第三三〇團、八二三及八四九兩個航空工程營，積極修築這項艱險的工程。最初雨季尚未來臨，地形較佳，工程進度尚稱順利。五月雨季來臨，終日陰雨泥濘，工程接近野人山區，進度大受影響。七月中旬，我工兵第十二團調來參加，八月雨季將逝，駐印軍總指揮部增調美軍第二〇九、第一八八三及一九〇五等三個戰鬥工兵營，另有英國人雇用的印度、西藏、尼泊爾勞工，總計有七千餘人，在美軍供應司令惠勒少將指揮下，不顧毒蛇、猛獸、螞蝗蚊蚋的滋擾，砍伐森林，鑿開峻嶺，晝夜施工，分班輪換，每日進度可達兩公里。❶

這時孫立人將軍負起前敵司令官的任務，統率新三十八師爲反攻先鋒。部隊於民國三十二年一月二十七日，由藍伽乘車出發，經過一個多月車船運輸，從比哈爾省藍伽，開到阿薩密省極北的雷多，奉命擔任雷多軍區司令，派出第一一四團，於三十二年（一九四三）十月二十四日進入野人山區，接替英軍防務。擔任消滅在野人山胡康河谷的日軍，以掩護修築中印公路的重要任務。

新三十八師師部駐防在卡圖，爲了紀念仁安羌戰役。仁安羌（Yenangyaung）又譯爲「燕南揚」，因爲「揚」和「營」兩字的音很接近，所以孫將軍的前進指揮所，命名爲「燕南營」，這和漢朝周亞夫的「細柳營」，同樣具有詩意和歷史意義。

從雷多到胡康河谷，中間橫亙著一座縱深四百多里的那加山，高度平均在海拔八千尺以上。由雷多南行五十里，便到了歷史上有名的鬼門關（Hell Gate），人們只能從山腳下仰首翹望山嶺上那片陰森森黑壓壓的密葉叢林，沒有人敢大膽地越過鬼門關，爬到對面的山頭上去看看，無怪乎當新三十八師部隊剛從藍伽開到雷多，就有一位英國少校說：「你們的部隊想從野人山打出去，還要掩護中國和美國工兵修築一條中印公路來嗎？我看不要說這條公路沒有法子修得成，恐怕連你們部隊也沒法子爬過這座野人山啊！」❷

盤據在胡康河谷的日軍第十八師團，早已在我軍進攻之先，就派出許多部隊，扼守著這印緬交界中間地帶的幾個重要關卡，時常出擊防守印度邊境一帶的英軍。當新三十八師一一四團開到雷多的時候，英軍一營約一千餘人正被日軍擊敗，向後撤退。駐印軍總指揮部參謀長柏特納（Haydon L. Boatner）下令第一一四團李鴻團長，派兵前往救援。李鴻團長遂派一連兵力前往支援，英軍營長見我軍祇來一連兵，便問我軍連長所來何事？連長答道：「前來增援，打擊敵人。」英軍營長伸出舌頭驚異說：「我以一營兵，尚不能抵擋敵人，你來一連，何濟於事？」英軍不聽勸阻，繼續後撤。我軍連長憤不可扼，即賞以耳光，罵他是孬種，乃獨自率軍迎擊，一連奪回幾個山頭，敵人知道碰到了高手，連夜增援兵力，經常來犯，屢被擊退。日軍連病帶傷，死亡一半，才不敢再來侵犯。❸

五月之後，雨季來臨，孫師長認爲一一四團在野人山作戰過於疲勞，乃於五月二十二日，調派第一一二團來接一一四團防務，擔任先鋒。

當面的敵人，是頑強的第十八師團第五十五聯隊，並配屬有其他特種部隊。我軍深入的兵力只有一個步兵團，佔領五十英里寬的正面，四週都是敵人。在這衆寡懸殊的情勢下，敵人隨時出擊，我軍得處處防範。加以地形地物的限制，山徑崎嶇曲折，搜索困難，前進很吃力，因此軍隊行動也受到很大的限制。

從三月到十月，新三十八師的健兒們，在陰雨和泥沼極端惡劣的環境中，過了八個多月，抵抗瘧蚊螞蝗和敵人的襲擊，排除一切艱險，連砍樹帶殺敵人，打出一條通往新平洋的路，趕走盤據在野人山中的敵人，掩護後面的工兵和開山機進行築路的工作。

新三十八師官兵，就是在這種地形複雜艱險的叢山裡，一面和大自然搏鬥，一面和頑強的敵人拚命。步兵在前面打仗，工兵緊跟在後面開路，隆隆砲聲和沉重的開山機聲交織在一起，一塊土地一滴血，一寸公路一滴汗，在中美健兒血汗的交流中，這條富有歷史意義的國際交通線，一寸，一尺，一丈，一里，由印度雷多向緬甸新平洋伸展。❹

誠然、人定勝天，一般認爲幾乎是不可能通過的野人山，新三十八師官兵終於在三十二年冬季通過了。十月二十九日，一一二團攻克了印緬交通樞紐的新平洋，打開了胡康河谷北面的大門，也證實中國軍隊有了良好的裝備與訓練，就可打敗日本軍，而日軍也感到中國駐印軍是一支不可輕視的勁旅。

到了十二月十七日，這條長達一一六英里，由雷多到新平洋的公路路基，亦隨之修通，可以輸送作戰物資，支援前線官兵進攻，爲後來取得整個戰役的勝利奠定了基礎。

註釋：

❶ 新一軍首任軍長《鄭洞國回憶錄——戎馬一生》第三二一—三二四頁。

❷ 王楚英撰〈中國遠征軍印緬抗戰概述〉一文，載於文史出版社發行的《遠征印緬抗戰》一書中第八五一—一四〇頁。

❸ 孫立人《統馭學》初稿五三一—五三八頁。

❹ 孫克剛《緬甸蕩寇誌》第三三一—三六頁。

三、于邦爭奪戰

胡康河谷（Hukawng Valley），是大洛盆地（Taro Hke）和新平洋盆地的總稱，又叫胡康盆地。大洛盆地的面積有一百二十個平方英里，新平洋盆地的面積有九百六十個平方英里，都是一片原始森林，中間縱橫著大龍、大奈、大宛、大比四大河流，和許多小支流。一到雨季，山洪暴漲，成爲一片汪洋，簡直是塊絕地。旱季河水很淺，可以徒涉而過。大龍河以北，有人行小徑，太柏家以南，道路寬闊，可以通行汽車，只是密林中又夾生著茂草，交通阻塞。從用兵方面來說，無論是搜索、觀測、通信、連絡、救護、方向判別和諸兵種協同，在在都很困難。在飛機上俯瞰，只見一片林海，極目凝視，也只能約略辨出幾條河流來，其他的就無法偵察，更無法去轟炸了。

新一軍新三十八師胡康區北部作戰經過一覽圖

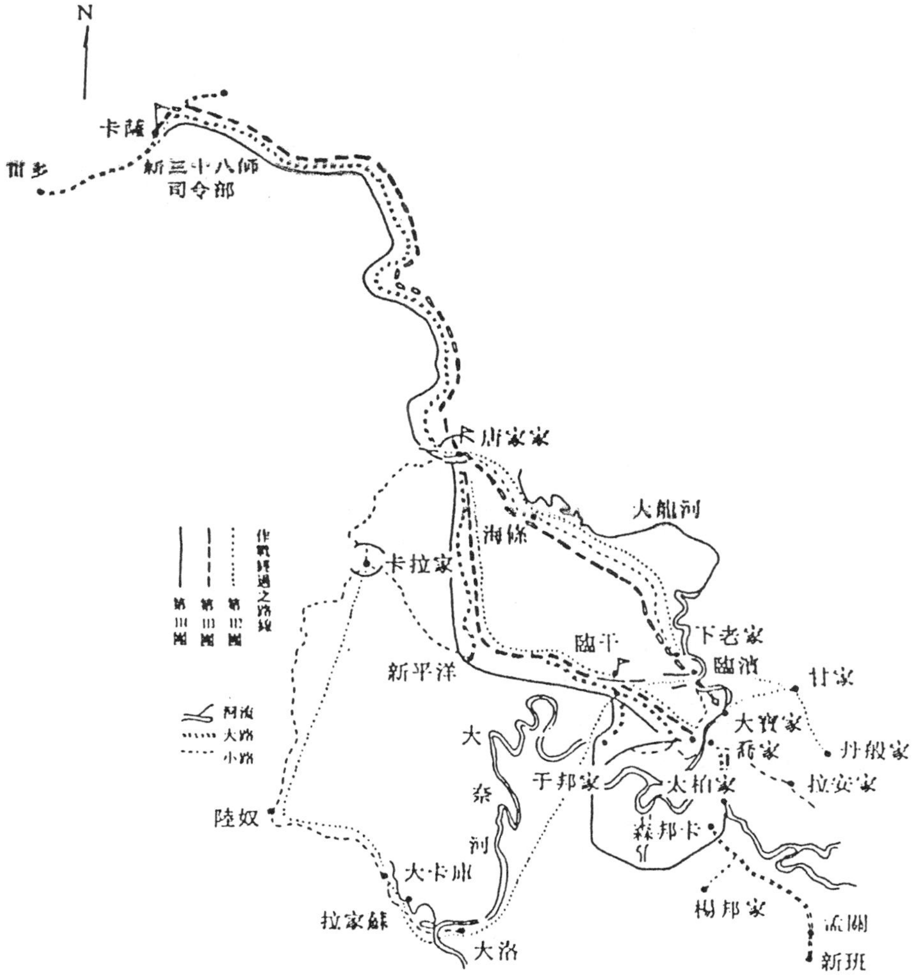

于邦是胡康河谷西北的一個重要村落，在大龍河下流的西岸，是水陸交通的要道。地形開闊平坦，三面森林，一面靠著大龍河。敵人便利用這些河川之險，和密林茂草的陰蔽，建築起許多地下的防禦工事，和樹上的作戰碉堡。

戰爭開始時，由於美軍情報不確，誤認為大龍河沿岸據點，每處都只有四五十個緬甸兵和土人把守，由一兩個日本軍官來指揮率領，而不知道日軍第十八師團的五十五和五十六兩個聯隊的主力，已經帶著許多山砲和重砲進展到大龍河的兩岸了。

孫立人師長曾一再請求調派新三十八師的一一三和一一四兩團及一部分砲兵增援上去，可是駐印軍總指揮部參謀長柏特納（A. L. Boatner）認為後方公路未通，飛機很少，補給困難，拒絕他的請求。硬教一一二團用一個步兵團的兵力，在缺少迫擊砲和騾馬運輸的劣勢下，擔負起三百多里長的防線，對抗日軍兩個聯隊的主力，因此時時感覺到兵力單薄和運輸困難。

十一月四日，第一營營長李克己親自帶了一連人，從臨濱（Ningbun）趕到于邦，把敵人三面包圍起來。又在左右兩翼的河邊，安好重機關槍，封鎖渡口，防止南岸敵人的增援，敵人好幾次的夜間偷渡，都被我軍重機關槍掃個一乾二淨。十一月廿二日，南岸敵軍增來了大批砲兵，對我兩翼封鎖渡口的機關槍陣地日夜轟擊，機關槍第一連連長吳瑾和陣地同亡。敵人遂得從下游偷渡過來，繞到李營的背後一千碼處，佔領一個地勢較高的地點，慢慢的便和原守于邦的敵軍聯成一氣，反把李營緊緊四面包圍。❶

李克己營長實際上只是一個加強連，官兵一百多個人，從十月二十二日被圍起，到他們確實知道各路援軍到達的時候，已經被五倍的敵軍圍住將近一個月了。他們每天只靠著飛機投下僅夠半飽的乾糧來充飢，和只有僅能維持最低限度消耗的彈藥來抵抗敵人。有一次，一架投糧飛機，被敵人機關槍打傷了一個翅膀，接連三天，便沒有飛機來投糧，官兵就啃了三天的芭蕉根。胡康河谷，雖然特別多雨，但是在不落雨的季節裡，你竟無法從高地裡掘得出一滴水來，因此李營弟兄飲水成了最大的問題。急中生智，他們居然想出了方法，從砍斷的芭蕉根毛竹和葛藤裡取出水來，勉強維持活下去。他們的防禦工事，築得也別出心裁，十分巧妙，把陣地周圍，築成八個據點，每班守一個，各個據點的火力可以互相支援。又做了六道鹿砦，邊沿都埋著用線觸的手榴彈，另外派出一班人，守著陣地北面一棵大榕樹。那棵大樹主幹的直徑有一丈一二，周圍還有二十幾個大小不等的支幹合起來，大約要佔七八個平方丈的地面。李營弟兄利用這一棵大樹，做成天然的碉堡，瞭望哨可以看到敵人的一切行動。樹上樹下都築了一個輕機關槍巢，可以打三百六十度，敵人每次衝鋒，到達這棵大榕樹附近，我軍各種火器齊發，敵人都是死的死，傷的傷，逃的逃。這棵大榕樹本身，槍彈打不進去，砲彈又不容易命中，李營弟兄在這裡與五倍敵人艱苦奮戰了三十四天，敵人始終奈何它不得。戰鬥結束後，有人給這個地方起個名字叫「李家寨」。❷

孫師長得知一一二團被圍的情況後，心中萬分著急，認為該團有遭致覆滅的危險。他忙著去見總指揮部參謀長柏特納，要求親自統率全師人馬，開赴前線增援。柏特納認為無此必要，而且要求一一二團迅速向前推進，孫卻堅持要派兵增援，兩人僵持不下。一直等到史迪威總指揮從開羅開會回來，孫立人去見他，說明當前敵我兵力懸殊，如由柏特納錯誤指揮，招致我軍挫敗，勢將影響反攻緬甸的全盤計畫。因而要求撤換柏特納前敵指揮作戰的職務，由中國將領自己擔任。史迪威藉口緬北指揮部需要指揮美軍爲理由，不同意撤換柏特納。兩人爭辯到午夜，得不到結論，最後孫立人要求史迪威同去前線察看實際情況，再作決定。第二天視察結果，史迪威才明白于邦的敵軍不是少數緬甸兵，而是配屬有大量砲兵的日軍十八師團第五十五和五十六兩個聯隊主力了。這樣緬北總指揮部才同意孫師長率領第一一三和一一四兩個團及山砲兵第二營前往增援。孫師長率領新三十八師部隊，沿著舖好路基的雷多到新平洋公路，艱苦步行二十多天，才到達于邦前線。

孫立人追述這段經過說：

在緬甸作戰時，盟軍指揮部要發動反攻，以配合一九四三年十一月二十二日至二十六日舉行的開羅會議。雖然當時一切準備並未充足，戰場環境非常惡劣，但爲了增強國際上的聲勢，已決定反攻，指定新三十八師的一個團擔負這艱鉅的任務。此時總指揮史迪威將軍前往開羅開會不在營中，由參謀長柏特納代爲指揮。而柏特納其人，曾在中國北方的軍隊中作過情報員很久，染上中國軍中的壞習氣，他會說中國話，就被派爲駐印軍參謀長，對於作戰指揮，極爲不行。他當時指令我師一團去佔領數十英里以外的前線陣地，要到達這一線，須翻過野人山，大山上盡是原始森林，荒無人徑，即使飛機投彈，也被森林遮沒，看不見人煙。我們須得自己開路前進，每日只走得十幾華里。而且由左翼到右翼，有約七十英里的正面（二百多華里），而教一團人去佔領，指定分三路前進。補給呢，根本談不上。雖然同盟國決定用中國的兵力，英國的裝備，美國的武器，但臨出發時，尚無水壺鍋鑵，後來借到挖煤的鍋鑵，每個有七八斤重。爲求進軍迅速，不許帶重兵器，只准帶六〇迫擊砲，連八一迫擊砲都不准帶。而總指揮部距離前線陣地有二百英里（五六百華里），所得的情報不確，對當前的地形與敵情全未考慮清楚。據柏特納說，此線僅有土著士兵三數百人，由幾個日本軍官指揮而已。所以他的命令，全不像戰鬥命令，好似教我團平安的去接防一般。其實當前的敵人，最少有兩個聯隊以上兵力，而且是日軍第一流的勁旅第十八師團。它自上海而南京，而廣州，而新加坡，而仰光，所向無敵。同時他們在緬北佈署已久，利用大樹林的掩護，做好了工事，大樹上架巢疊砲，既不易被發現，又非常堅固，其他土堆、土坑、榛莽業林之處，都佈有射擊手。我團行不半途，與敵人遭遇，敵人的迫擊砲、野砲山砲，色色俱全。我團見敵人昇了氣球，知道敵人在指揮砲兵，報告柏特納，要求派砲兵支援。他反而說，那是假的情報，他是學砲兵的，知道重砲不能運進來。後來將敵人使用而未爆炸的山野砲，抬給他看，他才無話可說。當一一二團與敵人遭遇後，因地形複雜，兵力分散，敵人強大，森林障礙，火力不及種種原因，打了兩星期，無法進展，有兩個營被敵人包圍。這時我由重慶趕回營次，向他力爭，要求增兵補械，他總說不必。我要求將駐在後方約一百五十英里地的我師其他兩個團，趕上去急救。他也說：「補給困難，不許增兵上去。」被圍的部隊，經過月餘的艱苦拚鬥，已至糧彈飲水全部斷絕，靠吃芭蕉根度日。我要求用飛機投送糧彈，他卻說：「氣候不好，飛機不能出勤。」又說：「森林叢厚，無法投送。」他不但不設法解救，反而報告給開羅會議，說中國軍隊不能作戰，不肯前進。當時我國出席會議的蔣委員長，聽了非常難過。及至會後，蔣委員長夫婦於十一月二十九日途經印度，他在召見我時，問到這件事。我將詳情報告，並說明三點：第一，他的命令，等於接防，好像不預備作戰；第二，作戰時兵力應當集結，不能分散；第三，作戰時補給應密切配合，不能將部隊送到前線不管。而且此次作戰，後無兵源補充，許勝不許敗，敗了就影響全局，無法反攻。總指揮部事先考慮既不週到，事後也不補救，所以進展不速，實在不是本團的責任。這樣蔣委員長才明白此中實況，認為我沒有錯。翌日，史迪威將軍飛返總部，我和他互相爭辯，至晚上十二時，還無結論，最後我要求他同赴前線視察。第二天視察之後，他才明白實際情況，知道是柏特納錯了，參謀長職務也不要他負責了。十二月十四日，我親率一一三和一一四兩個團及砲兵第二營，開赴前線，由新三十八師全部兵力和日本第十八師團對抗。大龍河前線危急的一一二團，始能轉敗為勝。❸

十二月二十一日，孫師長趕到前線，在臨干薩坎設立指揮所，該地與敵相距僅五百公尺。

本來救兵如救火，應該馬上下令部隊攻擊。可是他認爲打仗不可粗心大意，應先瞭解當前地形與敵情，乘虛攻其不備，才能取得勝利。

孫立人追述說：「自從新三十八師擔任反攻緬甸任務，幾經爭執，才准調集全師與日軍十八師團對抗。此次作戰的目的，在於拿下于邦。因爲我軍自開始反攻，通過野人山，突入胡康河谷，中間經過雨季，進展困難。到這時，業已作戰將及十個月。而史迪威將軍，性情急躁，時時催促，希望很快向前進展，馬上攻佔于邦。我說明調兵佈署，必須一定的時日，不可性急，否則欲速則不達，徒然僨事。到一切預備好了，擬於翌日出擊，我爲謹愼計，再到前線視察一次。恰巧前線哨兵打死日軍一個排長，從他的身上，搜得一張地圖，是敵人的防禦配備圖。從那圖上發現，我軍所攻者，正是其防禦力量堅強處。經我們再四研究那地圖的眞假，因地圖係從軍官身上搜出，而又劃有鉛筆跡印甚多，斷定不是假的。於是我們的進攻計畫必須變更，改攻其防禦最弱之處。因爲此次作戰，許勝不許敗，敗則後無補充，旁無去路，必致全軍覆沒，更將影響大局，故非謹愼萬全，不能出擊。這樣爲了重加調配，又須延期一日，史迪威將軍雖然極不高興，也只得允許。」❹

一切佈署妥當，孫師長電請總指揮史迪威到前線親自發令開打第一砲，以提高士氣。十二月二十四日上午十時，孫將軍陪同史迪威總指揮及盟軍高級將領到達最前線指揮所，距日軍陣地只有二千公尺，就是我軍山砲營的陣地。

史迪威到達後，第一一四團李鴻團長報告敵情及攻擊佈署，決定砲兵在十時三十分開始射擊，步兵同時進攻，展開于邦掃蕩戰。史迪威問李鴻要多少時間可把包圍我軍之敵擊潰？前鋒何時可達大龍河西岸？李鴻回答：「依照師長指示，我軍正面是牽住敵人的兵力，主力迂迴到敵人的側背進行攻擊，天黑之前到達于邦之南的大龍河應無問題。」他再問山砲營長蘇醒，用何種射擊法支援步兵？蘇營長說：「敵軍最前線自南方排樹的樹林開始，距我砲陣約二千公尺，正面寬約三百公尺，縱深約四千公尺，用殲滅性的梯次射擊，十六門大砲，每一梯次各射三發，彈著點各距三十公尺，可含蓋敵陣之寬度，以後每一梯次向前增加五十公尺，八個梯次，即八分鐘完成一次殲滅的面積射。砲彈總數為四百零四發，平均每四十平方公尺著彈一發，應可殲滅野戰場上的敵人。射擊完畢之後，待前線兵步要求時，即改為據點射擊。」

史迪威總指揮對李、蘇二人的報告表示滿意，和孫立人將軍面對敵陣站著，後面站著中、美、英、印高級將領十餘人，史迪威發施口令，高喊「射擊開始！」頓時砲聲隆隆，震動整個荒野和山谷，南方的排樹林，應聲裂倒，冒出濃煙烈火。第一一四團第一營營長彭克立率全營官兵，利用灌木叢及茂草的掩護，迂迴到敵人側背，聞到砲聲，突然發起衝鋒，使敵措手不及。

孫師長陪同史迪威親至前線三十碼處李純明連的戰壕裡，兩人拿著指南針，指示官兵作戰。全團弟兄受到感召，士氣大振，奮不顧身，拚命向前衝殺。攻下一個據點，再攻另一個據點，一層一層摧毀敵軍的縱深防禦。這種「迂迴進攻，層層剝蕉」的戰法，擊破日軍預先

孫立人將軍(左)與史迪威將軍(中)李鴻將軍(右)在戰地策劃攻擊。

孫立人將軍在戰壕裡察看敵情

在陣前設置的堅固障礙物。

正午十二時，李鴻報告：前鋒已到大龍河西岸，要求砲兵第二次射擊。待砲擊停止後，李鴻團長即率團沿河北擊，令被圍的李克己營南擊，兩軍會合後再西擊，一鼓作氣，把當面敵人消滅，然後再圖攻橋頭堡。

十二月二十六日，以一一四團第一、三兩個連進攻大龍河渡口，分為兩個梯次，第一梯次以森林為掩護，用分散隊形，從三面匍匐前進，悄悄接近敵陣。上午九時總攻開始，雙方槍砲齊鳴，戰鬥進行的異常激烈，殘敵拚命抵抗，拒不投降。第二梯隊奉命增援，激戰竟日，大龍河渡口始為我軍攻佔。❺

這時李克己營長所率的加強連突出被圍的陣地，埋伏在敵軍退路上，潰逃的日軍又被李營戰士殲滅了許多。激戰至十二月二十九日晨，殘敵才被肅清，于邦完全攻克。

史迪威將軍接到攻克于邦的報告，他立即趕到前線，傲然的對著衆人說：「李鴻眞行，他就是我的蒙哥馬利。」❻這一仗是反攻緬甸勝利的轉捩點，史迪威認為孫師長在開戰前愼重佈署是對的，他又對衆人說：「孫將軍是一位務實的軍人（Practical Soldier）。」

第二天，史迪威將軍偕同孫師長乘吉普車巡視于邦戰場，在他臨去時，孫師長將刻有籐井小五郎大佐姓名的指揮刀贈給史迪威，並對他說：「現在正是聖誕節，這是我軍送給你的禮物。」隨行的英美高級軍官每人都送俘獲的日軍指揮刀一把，千人針肚護一套，神章靈符一串，他們都把這些戰利品，視為他們參加對日作戰最珍貴的紀念品。

在這次戰役中，有一個日本兵前來投降，他是台灣桃園縣人，名叫鍾直平，是在日本學獸醫的，被徵兵調到前線當少尉獸醫官。孫師長知道後，立即召見，當面嘉獎，並晉級爲上尉日語聯絡官，教他好好在軍中爲國家效力。

這一仗，殲滅日軍第十八師團第五十五聯隊長籐井小五郎大佐及大隊長管尾少佐等官兵一千多人，並捕獲十三個俘虜。日軍第十八師團，在新幾內亞、索羅門群島、南洋一帶森林中與英美同盟軍作戰，是常勝軍，在中國戰場作戰也很有戰績。它以一個大隊，也就是一個營的兵力，就可以對抗中國軍一個師。碰到了孫立人的新三十八師，不由大吃一驚，覺得中國駐印軍是一支勁旅，不可輕視。敵軍師團長田中新一向日軍第十五軍團長牟田口廉也報告說：「進攻于邦的敵軍，總是逐次浸透到我陣地側背，突然進攻，使我軍的障礙設施和正面火網完全無用武之地，我軍本來具有善於熱帶森林戰的特長也被粉碎，不得不被迫後退，戰況不斷出現逆轉。」❼

當時俘獲的日軍第十八師團第五十五聯隊的訓令上寫著「支那軍射擊精確，自動火器陣地秘密，射界清楚，指揮聯絡及奮勇攻擊精神較過去任何支那軍爲強，吾人應依據各次作戰『教訓』，切實研究新戰法及對策。……」❽

當我軍攻下于邦，度過大龍河以後，發現路旁有一塊木牌，上面寫著：「中國弟兄不要追了吧！」「這一次我們打敗了，孟關再見！」❾

註釋：

❶孫克剛《緬甸蕩寇誌》第三八—四五頁。
❷同❶。
❸孫立人《統馭學》初稿第五三一—五三七頁及第五五四—五五七頁。
❹同❸。
❺薛慶煜《鷹揚國威》第一七九—一八二頁，台北東大圖書公司。
❻王楚英《緬甸戰場上的蒙哥馬利—李鴻將軍》一文，載於《抗日名將—李鴻將軍》第一〇八—一七〇頁，湖南出版社。
❼同❻。
❽鍾山《藍鷹》書中〈藍鷹掃蕩第十八師團〉，全書尚未出版。
❾戴廣德《我們怎樣打進緬甸》第四九—五八頁。

四、不下孟關不剃鬚

(一)森林戰法

孫師長深感于邦一戰，雖然戰果輝煌，敵我兵力損失是八比一，但並不滿意。他認爲在這高山叢林中，敵人構築有堅強的工事與陣地，我軍要以正面進攻，跨越重重障礙，不但曠日持久，而且兵力損失也會大增。

他詳加研究野人山區的地理形勢，森林特點，和新三十八師所面臨艱鉅的戰鬥任務，又從「孫子兵法」中汲取了古代兵家理論的精髓，決定了我軍在森林戰中的基本戰術。爲此，他召開了一次作戰檢討會議，對營團級幹部說：

根據我師在緬北森林中四個多月的作戰經驗，認爲森林戰攻擊最有效的方法，就是用適當兵力從正面佯攻，吸住敵人主力，另以我軍主力從森林中開闢新路（迂迴部隊必須開闢新路前進，因所有山徑上，敵人皆設有埋伏，不僅受襲擊，且暴露我軍兵力及企圖），迂迴到敵人背後，先切斷敵軍後方補給連絡線，並阻止敵後方部隊增援，然後對正面之敵，施行包圍夾擊，迫使敵人潰退，便很容易收殲滅戰的效果。此即孫子所說的「以正合，以奇勝」，迂迴戰法便是以奇兵致勝。因爲這種迂迴攻擊戰法，有下列幾點好處：㈠截斷敵後方道路，使敵軍的糧彈補給斷絕，失去持續作戰的能力。㈡阻止敵後部隊增援，使其陷於孤立，感受精神威脅，消失戰鬥意志。㈢除敵人特別構築的獨立四面作戰的據點外，一般陣地，通常後方工事薄弱，甚至對後方完全無射擊設備，易於攻擊突破。㈣我軍主力迂迴到敵軍後方，迫使敵軍砲兵後撤，不能直接支援其正面部隊的戰鬥。㈤斷絕敵軍後路，使傷病敵兵，無法救護後運，增加敵陣內的慘象，動搖敵軍官兵戰鬥情緒。㈥正面逐點攻擊，曠日持久，消耗兵力，而迂迴戰卻可以減少傷亡，爭取勝利，正是孫子所謂『以迂爲直』，又謂『出其所必趨，趨其所不意，行千里而不勞者，行於無人之地也，攻而必取者，攻其所不守也。』就是說明這個迂迴戰法。[1]

胡康河谷，原是中國雲南省版圖極西端的一部分，所謂中緬未定界地區。于邦、太柏家（Taipha Ga）、孟關（Maingkwan）和瓦魯班（Walawbum）是胡康河谷地區最重要的四個據點。我軍攻下于邦之後，下一個攻擊目標就是太柏家、孟關和瓦魯班。

大龍河兩岸日軍被肅清後，殘敵紛向太柏家潰退。孫師長遂分兵三路，迂迴攻擊太柏家。李鴻率領一一四團爲右翼隊，從大龍河的下游，近大奈河匯流處的康道（Kawtan）渡了河，越孟洋河，直趨太柏家日軍的左側背。趙狄率領一一三團爲左翼隊，披荊斬棘，在茂密的原始森林中間，開闢道路前進，迂迴到太柏家的右側背。第一一二團第二營爲左翼支隊，秘密渡過大龍河，迂迴攻擊太柏家敵軍的背後。

太柏家的敵軍，半數是從于邦戰鬥中逃出的殘敵，已成驚弓之鳥。一一四團從一九四四年一月十一日至二月九日，經過大小戰鬥五百多次，擊斃日軍大隊長宇生少佐以下官兵六百多人，完全摧毀了太柏家以西地區敵軍防禦體系，與左翼隊一一三團在太柏家以南大奈河渡口會師。一一三團遂於二月一日佔領了太柏家，敵軍紛紛向孟關及南部地區逃竄。

新一軍新三十八師於大龍河右岸攻擊部署要圖

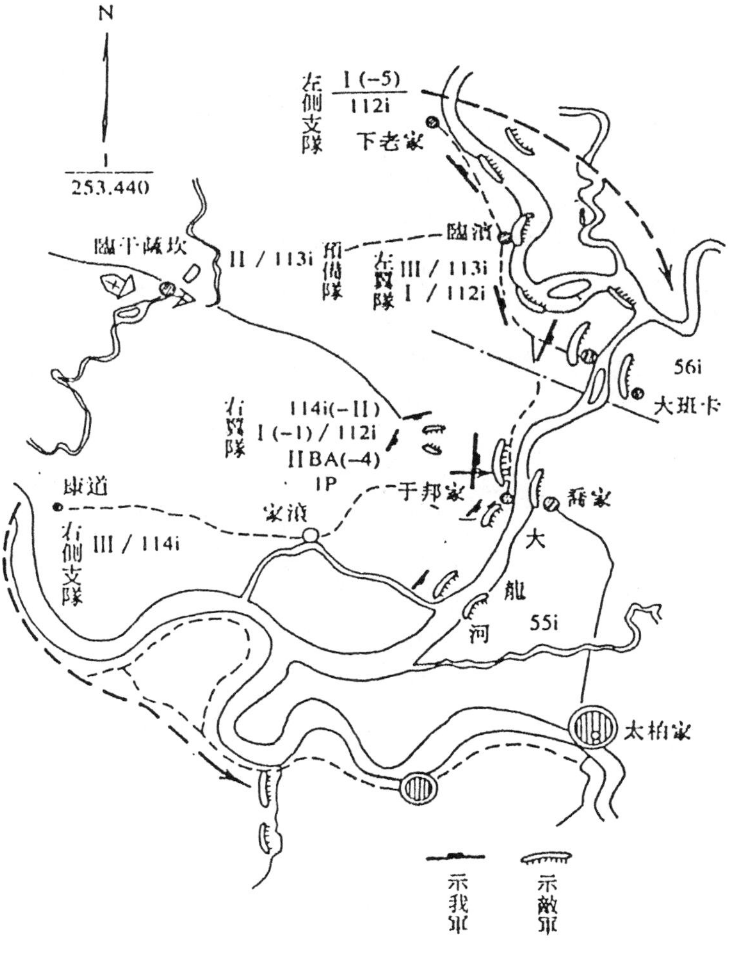

㈡ 前線指揮

大龍河河幅有八百多尺寬，和于邦隔岸相望的地方是喬家（Nchaw Ga）。新三十八師前進指揮所設在喬家一片林空中，沙包覆蓋著掩體，裡面就是孫立人師長的臥室，也就是他的作戰指揮中心。這時候月落星稀，夜涼如水。孫師長與作戰幕僚，正圍坐在煤油燈四週，不時用紅藍鉛筆在軍用地圖上劃著，商議進攻孟關的軍事計畫。

這時我軍從日軍傳令兵遺屍上，搜獲到十八師團步兵指揮官相田俊二少將二月十四日發佈的「作戰三十三號命令」，一位年輕的日文翻譯官正在彈藥箱上，一手按著文件，一手執筆疾書，翻譯好後，立即呈給師長。日軍命令中說：「師團為達成殲敵於孟關附近之目的，決將主力轉移至孟關以南……」企圖引誘我軍深入孟關盆地，再分兵兩路向北反擊，圍攻深入之我軍。

孫師長今夜充滿紅絲的眼睛，看到敵人這件作戰命令，沉思許久，默默無語，他心中又在計畫著另一次迂迴戰，捕捉在逃的敵人，完全將其殲滅。

他們一直工作到午夜二時，作戰地圖上已經佈滿了部隊進攻的標誌記號。最後孫師長只說了一句：「叫他們依照命令繼續追擊。」半點鐘內，進攻孟關的命令就發出去了。

孫師長回到吊牀上去休息片刻。英文翻譯官的打字機還在達達的響，要把敵人的文件和我軍的作戰計畫翻譯成為英文，以便明日一早趕搭「鯊魚」和「海鯨」號軍機，送回駐印軍總指揮部，向史迪威將軍提出的敵情報告和我軍攻取孟關的作戰計畫。

月亮又隱起來了，師部指揮所的電話響個不停，都是從前後方打來給師長的電話。孫師長躺在吊牀上，一面接電話，一面下達命令，一直忙個不停，不知東方之既白。

四個多月來的戰鬥，孫師長一直得不到休息，在第一線，每天吃美軍C種口糧，日夜過度疲勞，已經使他消瘦了很多。他自進入胡康河谷後，就沒有剃過鬍鬚，官兵看到師長滿臉于思于思，軍中傳出孫將軍「不攻下孟關不剃鬚」的佳話。❷

孫立人在前線指揮所，每天都睡得很晚，一早起來。他第一件事就是詳細研究前線搜集到的敵軍情報，和他的部隊的位置與佈署，再閱讀重要公文及電訊。早餐後，帶同作戰參謀到第一線去視察，中午就在團部或營部前進指揮所與前線官兵共進午餐，並研究戰事進行情況。晚間，他常利用空閒去附近營房帳蓬內，察看官兵睡眠時有沒有蓋好蚊帳，如果他發現那個衛兵沒有戴好蚊罩，

孫立人將軍率部攻入胡康河谷後，即蓄鬚不剃，軍中傳出其「不下孟關不剃鬚」的佳話。圖示其站在用大樹作成掩護體壕口離火線不到五十公尺

第二天，他會嚴令責罰這個衛兵的連排長。有人認爲師長在前線指揮作戰，何必管這些防蚊小事。孫立人則認爲，在這緬北瘧疾流行山區，爲維護作戰官兵的健康，防蚊是最重要的事。他對於傷患官兵更爲重視，凡是受重傷的，一律要用直昇機迅速送到後方醫院，受輕傷的送到醫療站包紮好，再用車輛送往後方醫療。他在前線不論多麼繁忙，每個月最少抽出半天時間，親自去探視住院官兵，問長問短，閒話家常。許多官兵住在美國軍醫院裡，雖得到很好醫療照料，但是身處異域，不免想家思親，看到孫師長親自前來慰問，像是看到親人一般歡喜，有的感動得流出淚來。美國大兵打個擺子（瘧疾），或是傷風感冒，就嚷著身體受不了，請求調回國。中國官兵有受傷六七次之多，還要求重上前線殺日本鬼子。

㈢ 調兵遣將

三十三年（一九四四）一月二日中午，史迪威將軍來到喬家師部指揮所，丁長富副官看到了，就急忙的進入掩體內，向師長報告，但是沒有動靜，孫師長沒有出來迎接他的上司——史迪威總指揮，江雲錦參謀出來說：「師長正在指揮部隊作戰。」

史迪威將軍是一個年近六旬，中等身材的瘦老頭。他常親臨前線督戰，方法很特別。如果一個敵人陣地久攻不下，他就獨自開著吉普車到前線團部蹲著不走，表面上從容不迫，說是到前方來看你們打仗。團長當然心中明白，只好讓副團長陪著他，不讓他亂跑，自己到前線去指揮作戰。如果等了一兩天還是攻不下來，他又到前線蹲著不走，弄得官兵爲他的安全

提心吊膽，孫師長知道了，也不得不到前線來陪著他。等到敵陣攻下來了，他講幾句獎勵話，才高高興興地離去。❸

時間一分一秒的過去了，江雲錦參謀不斷的進出師部指揮所的掩體，招呼著史迪威。但孫師長沒有出來，也沒有請史迪威總指揮進去，史迪威只好獨自枯坐在指揮所掩體旁的竹凳上等候。

史迪威總指揮仍然是那副平時的打扮，頭戴著他那頂只有他獨有的，第一次世界大戰時的寬邊硬呢軍帽，帽緣垂著兩條金色絲穗，手握著卡賓槍，瘦削的身材，穿著普通卡嘰軍服，腳穿著馬靴，沒有軍銜，也不佩戴勛綬。當時沒有人知道這兩位將軍，究竟發生了一些甚麼事情。事後才知道，在三十二年一月初，新三十八師奪得大奈河後，史迪威總指揮命孫師長立即率領部隊包抄敵軍後方。孫師長認爲一一四團苦戰四個月，疲勞過甚，傷亡很大，暫在太柏家以西地區整理，史迪威懷疑孫受蔣委員長遙控，故意逡巡不前，表示不滿，一再責令孫率師迅速向前推進，並親來督戰。孫師長認爲他是前線指揮官，要對部屬負責，而史迪威不明中國軍情，在敵情沒有摸清楚之前，行動要慎重，他前來催促，看史有何辦法。❹

在這一場耐力比賽中，還是史迪威將軍勝了。史迪威總指揮個人脾氣雖然急躁，但他認爲孫將軍是緬甸戰場上最能幹的將領，精力充沛，企圖心旺盛，冷靜而又機敏，因而他一向對孫很敬重。這次他來到前線，枯候了四個多小時，到太陽快下山的時候，孫師長終於走出他的指揮所，走向史迪威總指揮面前，行了一個軍禮，趨前握手，領著史迪威走進他的指揮所，兩人開始研商盟軍進攻的新佈署❺。孫立人說明當面敵情，要求增加空軍及砲兵的支援，史迪威同意增派部隊支援，催促孫部迅速向前攻擊孟關。孫立人認爲正面進攻可能傷亡很大，而且敵人逃脫機會也較多，他決定要親率新三十八師主力，截斷敵軍的退路，這樣不是把敵人趕出胡康河谷，而是要把他們完全殲滅在胡康河谷。

史迪威於二月十八日，親至太柏家新三十八師司令部，召集各師團及獨立營長開會，研究攻擊孟關作戰計畫。決定增調廖耀湘的新二十二師，配屬戰車第一營，開赴前線爲右兵團，由康道附近渡大奈河，從正面攻擊孟關。令新三十八師爲左兵團，由大奈河東岸地區作遠距離迂迴，深入瓦魯班以南要地沙都渣，斷敵退路，與右兵團合圍夾擊，殲滅日軍十八師團。

史迪威於二月十九日，又從南洋調來一團美軍特種部隊，兵力共三千四百人，編成三個營，每營轄兩個縱隊。縱隊由兩個步兵連，一個支援排、一個工兵排、一個偵察排及縱隊部、指揮組、空軍聯絡組，後勤衛生組及騾馬九十八匹編成。由支隊長麥利爾准將（Frank Morrill）率領，稱爲麥支隊（Marrill's Marauders）。史迪威於三月三日命令麥支隊三個縱隊，穿過密林山徑，迂迴日軍後方瓦魯班。❻

新一軍新三十八師胡康區東部戰鬥經過要圖

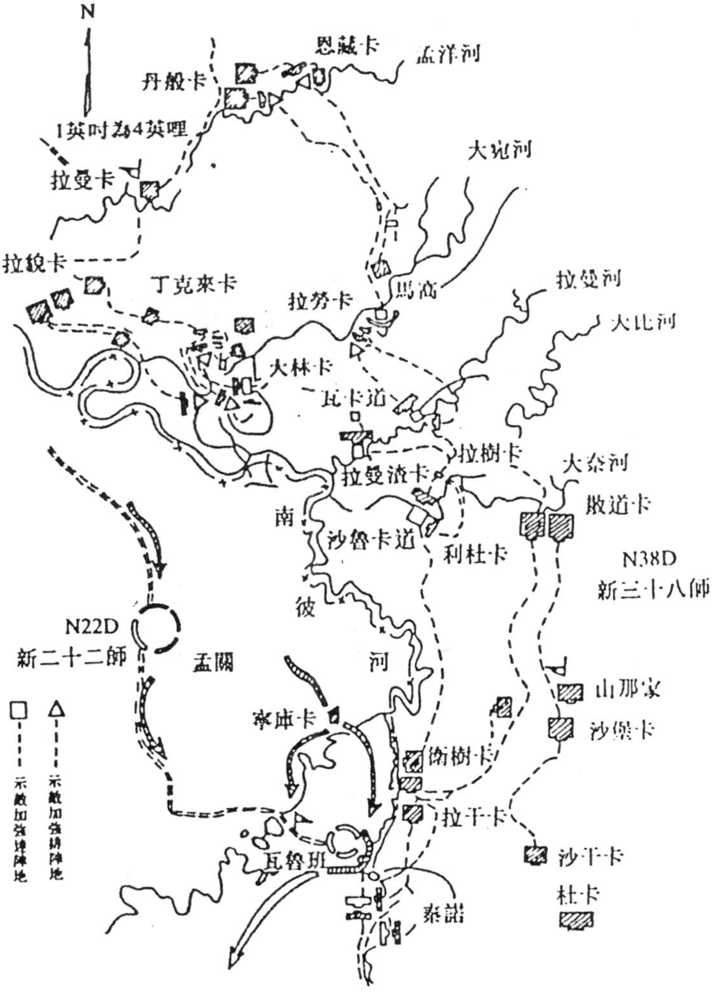

(四) 攻克孟關

孫立人師長研判當前敵情，認爲欲攻孟關，必先攻取瓦魯班，唯有如此，方能使孟關日軍腹背受敵，不戰自亂。後來史迪威命新二十二師攻孟關，孫師長早已預訂的作戰計畫未能用上。

孟關是日軍十八師團司令部的所在地，師團長田中新一中將親自在此坐鎮，他早在南宇河（Nambyu）兩岸，就構築好堅固陣地，企圖在此與我軍作一決戰，粉碎我軍旱季攻勢。

廖耀湘師長率新二十二師初上戰場，未察敵軍正面陣地極爲堅固，當面之敵日軍十八師團又極頑強，只是一味正面強攻，一個星期攻打下來，損失連、排、班級幹部一大批，卻寸土未進。廖耀湘久攻孟關不下，心中甚爲焦急。

孫立人得知新二十二師前進受阻，仍在孟關附近與敵對峙，如此曠時日久，消耗兵力，倘攻擊稍有頓挫，必立即召致敵人反擊，友軍安危，勢將影響整個戰局。從全軍作戰有利著眼，孫師長在未得到總指揮史迪威同意的情況下，斷然決定幫助新二十二師儘快攻下孟關。

❼ 孫師長主意一定，立即變更攻擊部署，令一一三團暫時放棄原來向南攻擊沙都渣的任務，調過頭來，從密林中迂迴向瓦魯班敵人側背進攻。

趙狄率一一三團星夜趕往瓦魯班，經兩晝夜的開路前進，三月五日早晨，抵達距瓦魯班以北一英里處的拉干卡。他命第三營攻佔瓦魯班南面的秦諾，切斷敵通往加盟的公路交通線。三營擊退敵五次猛烈反擊，第八連最先進佔秦諾。七日，三營第九連渡過南宇河，將通往加盟公路完全切斷。八日，第二營攻進瓦魯班，經一晝夜激戰，九日清晨將瓦魯班守敵完全肅清。❽

三月四日，美軍麥支隊正在瓦魯班東岸地區挺進，被日軍兩連兵力猛烈襲擊，遂向衛樹卡方面後撤，損失了許多槍械砲彈無線電話和裝備。麥支隊節節敗退，急向新三十八師求援，孫師長指令一一三團分兵趕往救援，經激戰將日軍擊敗，美軍始得解圍。❾

三月五日，敵十八師團長田中新一聽說一一三團切斷了孟關日軍退路，大吃一驚，使孟關敵軍頓時慌亂，敵酋田中新一也無心戀戰，急急忙忙率殘兵敗將從新關的一條向南道路逃逸，連司令部的關防都顧不及帶走，而被我軍繳獲。

三月五日，在正面進攻的新二十二師，集中強大兵力，步兵跟在戰車後面，猛叩孟關，戰車縱橫掃蕩，敵軍四散潰逃，孟關便在當日下午被我軍攻下。❿

同時活捉到一個日本兵今田寬敏，他坦白供稱：「我們的陣地裡，糧食彈藥，還存著很多，就是找不到水喝，大家都十分恐慌，恐怕要和于邦第二大隊走到同樣被消滅的命運。」說到他被俘經過，他很感激的說：「日本官兵對我們講話，總是說中國兵凶惡得很，捉到日本人就砍頭，所以當我被俘時，心裡很害怕，以爲一定是死，未想到反而受到優待。」

他又說：「十八師團官兵差不多都知道孫立人將軍在仁安羌作戰的威名，又吃過新三十

新三十八師作戰命令第十四號附圖

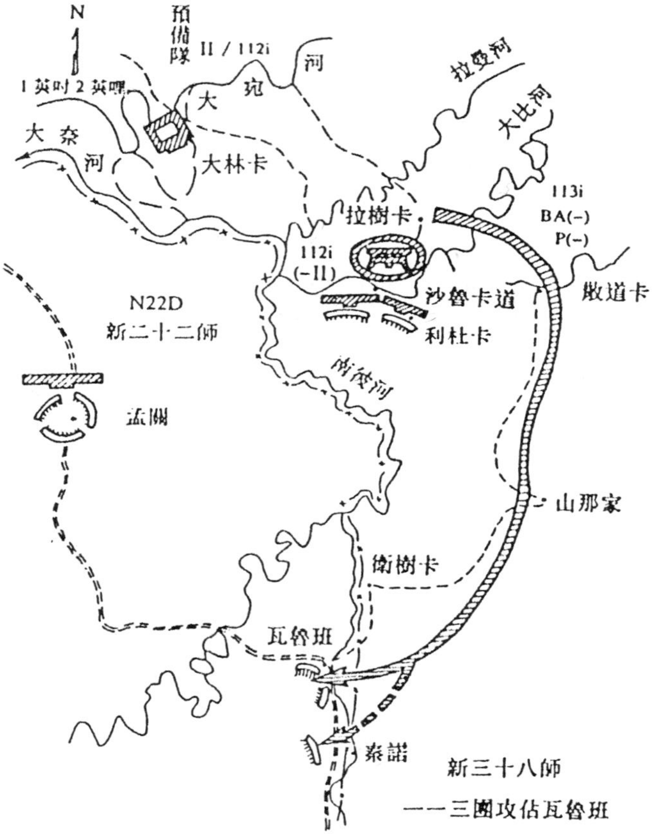

八師這幾次的苦頭，所以對孫將軍又恨又怕。師團部曾有命令給各部隊，要嚴密留意孫將軍的行動，並且把孫將軍的年紀容貌身材特點都詳細說明，要各部隊利用種種手段，多派狙擊射手，對孫將軍加以殺害。」果然，後來有一個日本俘虜向反正過來的台灣籍日語譯員鍾正平說：「你看見過孫立人將軍沒有？是不是高高的個子？清癯的面龐，兩鬢白髮，穿黃馬靴的？」鍾正平回答他說：「是的，不過他現在樣子有點不同了，聽說他不打進孟關不剃鬍子，所以他的皙白臉皮，有三分之一被二寸多長的鬍鬚遮掩著，而且他現在只打綁腿不穿黃馬靴了。」俘虜誤認鍾正平是日本人：「你既然見了他，爲甚麼不行刺？」鍾正平說：「我不僅見過他，還和他同桌吃過飯，人家待我好，我爲什麼要加害於他呢？」這個俘虜默然無語。

瓦魯班大捷，使胡康河谷戰爭勝利結束。總指揮史迪威將軍發來賀電，特別提醒孫立人將軍，要他「剃光鬍鬚，以示慶祝。」

東南亞戰區盟軍統帥蒙巴頓勛爵，得到捷報之後，於三月六日，率領一批英國高級將領，專程飛來緬北前線，視察作戰實況，慰問前線官兵。他巡視孟關及瓦魯班各地戰場，看見被打壞的日軍坦克、大砲、汽車，到處都是。他特別到新三十八師師部，拜訪孫立人師長，聽取胡康河谷作戰簡報，看到我軍所獲的戰利品，武器彈藥，堆積如山，他情不自禁的盛讚中國軍隊的勇猛善戰！蒙巴頓誇獎孫立人是善於迂迴作戰的卓越指揮官，善用奇兵捕捉「森林之狐」（英國人稱田中新一爲森林之狐）的高明獵手。⓫他還同意調派英國遠程突擊隊進攻印道孟拱地區，以策應中國駐印軍在緬北的作戰。

史迪威將軍對於這次攻佔孟關戰役，極表滿意。他於九日下午三時趕到前線，慰勉前線作戰官兵。他對孫立人、廖耀湘兩位師長的卓越指揮，大爲讚賞，並當場授給趙振宇營長一枚美國銀星勛章，表揚戰車部隊支援步兵進攻所取得的輝煌戰績。史迪威原來規定新三十八師及新二十二師的指揮權，由其自己直接掌握，現在他宣佈，將中國這兩個師的指揮權，交還給這兩位師長。⓬

史迪威將軍於三月十六日又來到前線陣地，在野戰軍營中，集合盟軍軍官，代表美國羅斯福總統，頒授「豐功勛章」給孫立人將軍，並宣讀下列頌詞：

史迪威將軍代表美國總統羅斯福授贈豐功勛章予孫立人將軍。

中華民國陸軍新三十八師師長孫立人中將，於一九四二年緬甸戰役中建立輝煌成績，仁安羌一役，孫將軍以卓越之指揮，擊滅強敵，解救英國第一師之危，免被殲滅。後復掩護盟軍轉進，於千苦萬難中從容殿後，轉戰經月。至印度後，猶復軍容整肅，不減銳氣，尤爲難能可貴。其智勇兼備，將略超人之處，實足爲盟軍楷模。

豐功勛章證明書中寫著：

美國總統謹遵照喬治華盛頓將軍於一八七二年八月七日，在紐約市紐勃司令部所下之命令及國會條例，特頒『豐功勛章』一枚，與中華民國陸軍中將孫立人，以獎勵其誠信及在輝煌戰績中所表現的英勇行爲，特此證明，仰一體遵照。

美國陸海空軍總司令羅斯福（簽字）

陸軍總長史汀生（簽字）

一九四三年九月二十五日於華盛頓」

史迪威將軍給孫立人師長佩帶勛章後，並開香檳酒祝賀，給戰地帶來了喜悅的氣氛。⑬孫將軍率師攻下緬北重鎮孟關的消息，傳至陪都重慶，時任國立中央大學校長羅家倫先生甚爲心喜，當即賦詩一首，寫成條幅，贈賀孫將軍。詩曰：

紅紙廊前許國士，野人山外奪雄關，
將軍不負當年諾，擒得蝦夷馬上還。

民國十七年，羅家倫先生在南京紅紙廊中央黨務學校（現國立政治大學前身）任教務副主任，孫立人任學生大隊副大隊長。當時羅先生對孫即很賞識，而今欣聞捷報，故特贈詩祝賀。孫將軍獲此贈詩，甚爲喜愛，來台之初，曾將羅先生親書的這幅條軸懸掛在他家的客廳中，供人欣賞。

(五) 日軍進兵印度

在我軍攻佔孟關的同時，日軍第十五軍團長牟田口廉也爲挽救日軍在緬北的頹勢，派兵萬餘人，於三月七日向印度英法爾發動猛烈進攻，企圖進佔阿薩密省平原地區，摧毀美軍設在印度東北部的空軍基地和物資倉庫，封鎖中印空中通道，並切斷阿薩密至孟加拉的鐵路運輸，使在緬北作戰的中國駐印軍孤立無援。日軍進攻之初，勢如破竹，先頭部隊從英法爾進擊科西馬，已攻到印度東北部平原，威脅到中印聯絡空軍基地，情況危急。東南亞盟軍總部英國軍官過去一向輕視中國軍官，現今蒙巴頓統帥不得不向中國政府告急，於是我國空運第十四師及新編第五十師至印度，支援英軍，阻止日軍侵攻。⓮

三月三十日，史迪威將軍來到前線，與孫立人、廖耀湘及麥里爾等中美將領共商分兵援印問題。會中大家一致認爲日軍進攻英法爾，目的是破壞我們反攻緬甸，我們只有加速反攻，儘快拿下孟拱、密支那，直取曼德勒，則日本第十五軍團進兵印度便可不攻自破。孫立人還舉中國古代「圍魏救趙」的故事，說明反攻緬甸對整個東南亞的戰略意義。史迪威表示：他與大家的意見不謀而合，同意加強地面砲兵和空軍支援，並考慮派出一支奇兵，襲擊密支那。⓯

四月三日，史迪威將軍飛往印度阿薩密省，會晤東南亞盟軍統帥蒙巴頓及英軍駐印指揮官史林姆，商討防止日軍進攻英法爾問題。蒙巴頓要求停止胡康河谷作戰，集中主力於英法爾，協同英軍擊退日軍後，再轉移攻勢。同時要求國軍從滇西反攻，進擊日軍第五十六師團，對日軍構成夾擊之勢。史林姆將軍卻認爲祇有中國駐印軍奪取緬北孟拱等要地，進攻英法爾的日軍，在補給及增援斷絕情況下，才會趨於瓦解。

史迪威對於英軍能否守得住英法爾，卻很擔心，決定增派新三十師一個團和戰車第二營前往英法爾增援。正在空運期間，英國機械化部隊亦從印度西部趕到戰場，將日軍先頭部隊擊退。

孫立人將軍陪同東南亞盟軍總司令蒙巴頓勛爵視察胡康河谷前線。

爲了牽制日軍，策應緬北中國駐印軍和英軍在英法爾地區的行動，中國戰區最高統帥部蔣委員長下令駐防在滇西的十餘萬中國遠征軍，於五月十一日強渡怒江，向日軍第五十六師團等部隊發起猛烈進攻，迫使日軍三面應敵，在戰略上陷於不利的境地。這時日軍已成強弩之末，見勢不能敵，遂從印度撤兵。英軍乘勢追擊，重回緬甸戰場，形成了中、英、美三國盟軍在緬甸協同對日作戰的局面。⓰

註釋：

❶ 駐印軍新三十八師司令部編印的《虎關（即胡康）區戰役戰鬥詳報》。

❷ 黃仁宇撰〈孟關之捷〉一文，載於三十三年四月六日重慶大公報。

❸ 新三十八師砲兵第一營營長王及人撰：〈從印度整訓到反攻告捷〉一文，載於文史出版社發行的《遠征印緬抗戰》一書中第三二一—三二八頁。

❹ Stilwell's Command Problems, Page 133.

❺ 新三十八師軍郵檢查官曾子傑撰〈孫老總與史迪威將軍〉一文，載於《孫立人將軍永思錄》第二二三—二二四頁。

❻ 王楚英撰〈緬甸戰場上的蒙哥馬利—李鴻將軍〉一文，載於《抗日名將—李鴻將軍》第一六〇—一六一頁，湖南出版社。

❼ 新三十八師孟關區戰役戰鬥詳報第二五—二八頁〈由拉樹卡至瓦魯班戰鬥經過〉。

❽ 薛慶煜《鷹揚國威》第一九三—二〇五頁。

❾ Merrill's Marauders, Published by Historical Division, U.S.War Department, P.16–30

❿ 戴廣德〈七十英里大迂迴—瓦魯班及孟關大捷〉一文，載於《我們怎樣打進緬甸》一書第六十七—七十二頁。

⑪ 王楚英撰〈緬甸戰場上的蒙哥馬利—李鴻將軍〉一文，載於《抗日名將—李鴻將軍》一書第一六二頁。

⑫ 趙振宇《血戰瓦魯班》第一七一—一七三頁，陸軍出版社。

⑬ 孫克剛《緬甸蕩寇誌》第四六—五二頁。

⑭ 何均衡撰〈轉戰中印緬戰區的新編第三十八師〉一文，載於文史出版社發行的《遠征印緬抗戰》第一四一—一四九頁。

⑮ 王楚英撰〈緬甸戰場上的蒙哥馬利—李鴻將軍〉一文，載於《抗日名將—李鴻將軍》第一〇八—一七〇頁，湖南出版社。

⑯ 鄭洞國回憶《戎馬一生》第三二一三頁。

五、掃蕩孟拱河谷

(一) 飛越天險傑布班山

敵十八師團主力，自從在瓦魯班被我軍包圍夾擊慘敗後，胡康區敵軍全部崩潰，紛紛逃入孟拱河谷。

從胡康河谷到孟拱河谷，中間橫亙著一座海拔四千尺的傑布班山，天然的成爲兩區交界的分水嶺。貫通兩區交通的只有一個狹隘的谷口，公路即從這個谷口裡直穿過去，全長約有

新三十八師卡盟北區戰鬥經過要圖

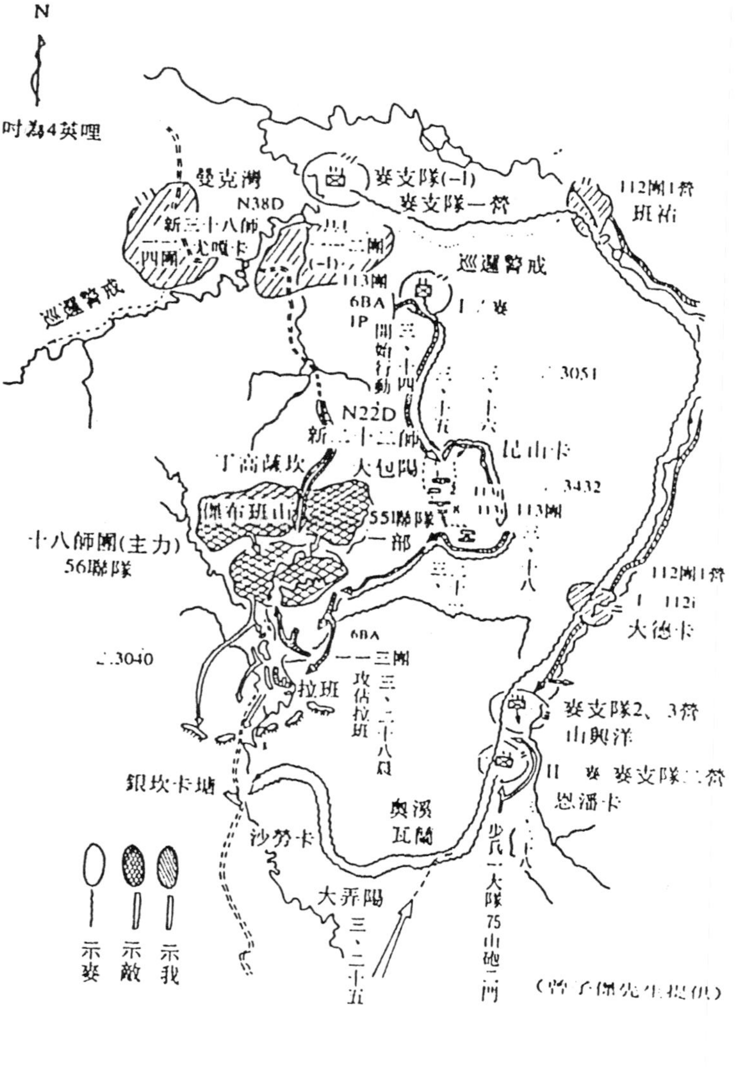

(曾子傑先生提供)

六十多里。兩傍山嶺重疊，樹高林密，地勢向北急傾，向南緩斜，是天然的險要隘路，敵人佔有一夫當關萬夫莫敵的有利地形。我軍如果單沿公路採取正面仰攻，不但損失太大，也不容易攻得過去。如果採用兩翼迂迴，兩傍又是懸崖峭壁，更是不容易爬得過去。而且山中無水，登山涉險，唇敝喉焦，是常人無法可以存活。我軍面對這樣艱險的形勢，孫立人師長決定仍然採取「以正合，以奇勝」的戰法，來粉碎頑強的日軍。

三月十五日，第二十二師配屬戰車部隊，沿正面公路，直叩孟拱河谷的大門。第三十八師擔任翻越傑布班山（Jambulum），迂迴到隘路的後面，打開這道山門，迎接正面我軍進入孟拱河谷的任務。

三月十四日，孫師長令派一一三團沿著庫芒山脈（Kumon Bum）開路前進，並派第一營跟隨美軍麥支隊協同行動，迂迴到沙都渣（Shadutzup）南面的拉班（Laban），截斷傑布班山敵軍的後路。

趙狄團長是位膽大心細的猛將，他率領這一團健兒，經過十四天的艱辛跋涉，山道陡而且滑，上下山都要用手爬，馬馱著砲不能行動，衹好用人抬砲，讓騾馬空著身子走，牠們不時會從山上滑跌下去。後來飼養兵想出法子來，上山時他們走在馬前用力扛著馬頭，下山時他們走到馬後，死命拖著馬尾，任憑這樣的費盡苦心，兩天中還是跌斃了二十多匹。古人說蜀道難行，比起這兒恐怕還要差得很遠。因爲山地崎嶇險峻，找不著空投場，飛機又受到天時限制，部隊時常得不到補給，大家都始終忍著渴，挨著餓，且戰且走。二十七日傍晚，攻到拉班附近，第二天晨光熹微中，部隊秘密的渡過了南高江，攻其不備，一鼓氣就佔領了拉班。這時，美軍麥支隊的一個營也隨同渡過了河，到達公路附近。

一一三團在迂迴途中，雖然有好幾度和敵軍發生遭遇戰，但因地形險阻和我軍隱蔽得法，敵軍判斷祇是小部隊的行動，沒有十分注意，突然間鑽出一團兵力，無怪乎他們要手忙腳亂了。日軍十八師團長田中新一急得近乎發狂。用十五公分重砲和其他各種口徑的砲，對著我軍和美軍亂擊一通。又急忙從一一四和五五聯隊各抽出一個大隊的兵力，與一一三團第一營在拉班附近拚鬥起來。美軍麥支隊第一營因爲受到敵軍猛烈砲火的轟擊，立腳不穩，往後撤退，趙狄團長立即派第三營趕來接替了防務。美軍對於我軍的勇敢負責，非常佩服。一個美國兵很坦白的說：「我們和三十八師在一塊兒作戰，便甚麼都不怕。」從這句話裡，就可以看出盟軍對於我軍是怎樣的信賴了。

三月二十九日，一一三團第二營已沿著南高江（Namkawng R.）東岸輕裝北上，攻下沙都渣，把公路截成了三段，直接威脅高魯陽（Hkawnglawyang）方面的敵軍側背。新二十二師隨即突破高魯陽敵人陣地，南下夾擊殘敵，先頭部隊於二十九日晚，和一一三團在沙都渣會合。於是敵軍所倚恃的六十多里長傑布班山隘天險，完全入了我軍掌握。❶

(二) 解救美軍麥支隊之圍

我軍迂迴攻佔拉班及沙都渣兩地後，孫師長馬上把師指揮所從瓦魯班搬到拉班，沙都渣則成了史迪威將軍的總指揮部所在地，以利指揮孟拱河谷的戰役。

孟拱河谷，是孟拱河兩岸谷地的總稱，地形狹長，從沙都渣到孟拱（Mogaung）一段，縱長約二百三十里，被南高江劈成東西兩岸。孟拱河上游叫南高江，孟拱以下稱孟拱河，流入伊洛瓦底江。河谷兩傍，都是千尺以上的山壁，雨季山洪暴發，平地成爲一片汪洋，山地也是泥深沒膝，山澗小溪都因暴漲而成爲巨流，大河像南高江、南英河（Namyin R.），更是怒濤洶湧，船隻不能行駛。

當時的敵軍，十八師團的五五、五六兩聯隊，本已傷亡殆盡，現又補充齊全，並將在密支那的一一四聯隊和五十六師團的一四六聯隊增援到孟拱河谷。以五十六聯隊防守南高江西岸地區，阻止新二十二師前進，以五十五聯隊、一四六聯隊及一一四聯隊集結在南高江以東地區，憑藉險要的地勢和既設的堅固工事，阻滯第三十八師進攻。

四月三日，第三十八師一一三團由拉班乘勝南下追擊。南高江東側，是一脈重重疊疊的庫芒山，土人歌謠說：「無頂之山，永不能至」，險峻可知！而一一三團的任務，就是要開闢新路，爬過這些「無頂之山」，繞路迂迴攻擊那些據險而守的敵軍側背，迫使他們離開陣地和我決戰，使「敵不知戰地，不知戰期」，一鼓把它消滅。❷

這時左側的美軍麥支隊，在茵康加唐遭受日軍猛烈反擊，被迫經瓦蘭、山興陽的路線往後撤退，擔任殿後的麥支隊第二營在恩潘卡（Nhpum Ga）被日軍一個大隊包圍。到了四月四日，被圍美軍和支隊部的無線電訊也失去了聯絡，情況不明，形勢異常危急。

支隊長麥爾利准將，急請第三十八師派駐在美軍的聯絡參謀李濬上校，乘坐小型聯絡飛機趕回師部，請求孫立人師長派兵援救。孫師長當即電令一一二團一營以急行軍前去營救。四月五日，該營即抵達山興陽以北地區，一舉攻佔高南卡敵軍陣地，威脅敵軍右側，並牽制其兵力，使麥支隊三營能乘機向正面敵軍猛攻，使被圍美軍轉危爲安。當晚孫師長收到麥利爾准將的謝電：「貴師一一二團第一營以急行軍抵達此間，足見該營士氣旺盛，精力超人，訓練有素，敝團之能採取攻勢，實賴貴師給予之充分合作，有以致之。」

從四月十一日起，一一二團主力又奉命由孟拱河谷西側崇山峻嶺中向東南開路前進，攀緣絕壁，迂迴至奧溪及瓦蘭間西側附近，敵軍感受到側背威脅，被迫後撤。四月二十日，在當地被圍多日的麥支隊二營，遂得解圍而出。惟官兵傷病累累，損失很大，史迪威將軍令該營留下休整。

四月二十二日，麥利爾准將又致電孫師長表示感謝說：

茲謹慶賀貴師一一二團神速之推進，我確知該團所經過之地區，其地形之艱險，爲地圖上所不能顯示者，懸崖絕壁，攀登困難，敝部對貴師行動之快速，深感欽佩，並慶幸能與貴師併肩作戰。❸

這時左側地區一一二團已獲得有利態勢，當予利用並擴大其戰果，極力向敵之側背壓迫。

惟當時史迪威將軍正往返於重慶、昆明和新德里之間，總指揮部的實際指揮權，又旁落到傲慢而粗心的柏特納將軍之手。他對中國軍隊抱有成見，認爲孫立人師長不肯犧牲，故堅持要第三十八師以全力實行正面攻擊。孫師長不得已乃改變計畫，雖係由正面攻擊，然仍設法保持重點於左翼，施行左側迂迴，然受地形之限制，致使爾後的戰鬥，極爲艱苦。❹

柏特納將軍又下令規定：「中國駐印軍每個砲兵連，每天所用砲彈不得超過一百五十發。」頓時使第三十八師和第二十二師的火力銳減，使部隊進攻倍感困難，也正因爲如此，才造成從正面進攻的第二十二師傷亡慘重。爲此，孫立人和廖耀湘兩位師長於五月二日聯名致函柏特納提出抗議，並要求予以糾正。

這時史迪威將軍剛從重慶回到沙都渣總指揮部，聽取報告，知道麥支隊在瓦魯班和恩潘卡兩次戰鬥中，傷病官兵已多達七百多人，第二十二師從正面攻擊傷亡更爲慘重，感到極爲苦惱。他又聽到一些不正確的報告，說一一二團和一一三團傷亡太少，是由於所擔負的任務輕而易舉。五月五日，史迪威將軍來到拉班第三十八師指揮所，竟責怪第三十八師「作戰不力」。

孫師長感到這樣評價他的部屬官兵艱苦努力所締造的戰果，實欠公允，當晚他親自寫了一封信，於五月六日派專差送給史迪威總指揮。信中說：

在昨晨會議中，鈞座暗示職所指揮的某數部隊，在此次戰役中未盡全力，因傷亡報告中

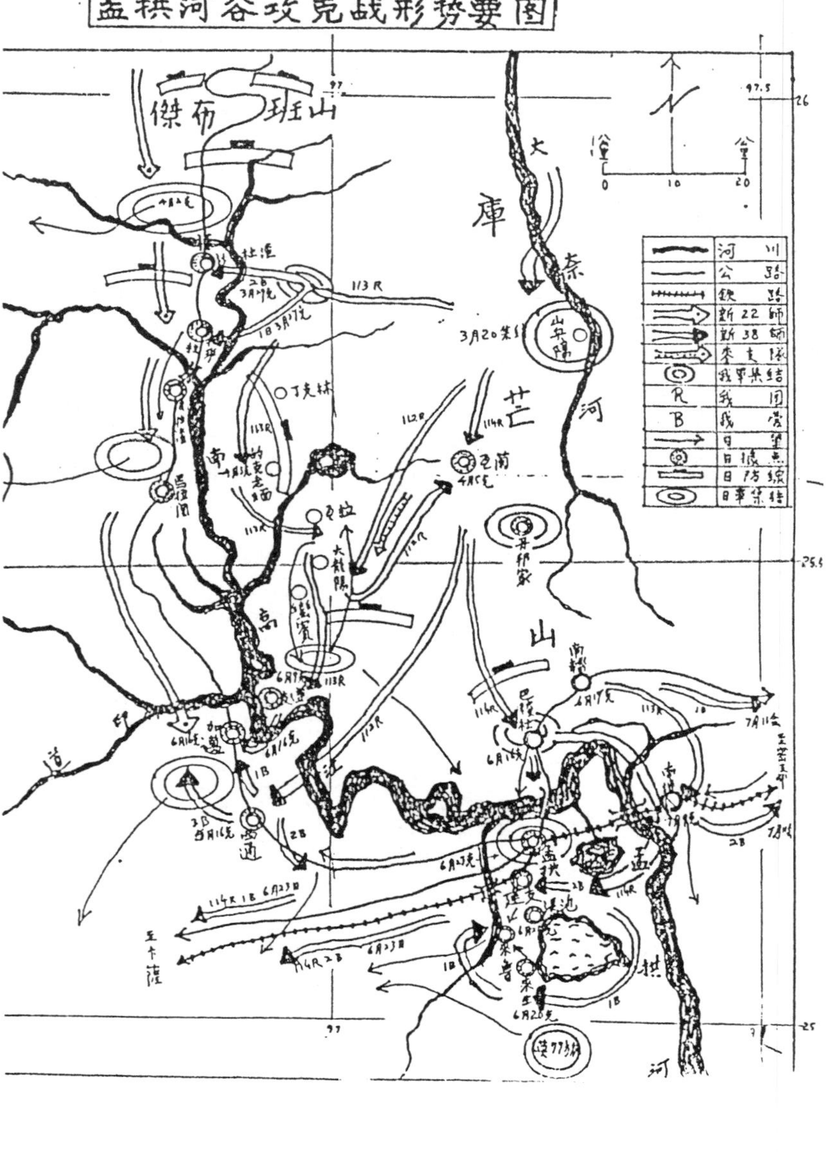

孟拱河谷攻克战形势要图
傑布班山
大
庫
奈
芒
河
山
高
孟
拱
河
河川
公路
鉄路
新22師
新38師
李支隊
我軍集結
R 我团
B 我營
日軍
日據点
日防線
日軍集結
113R
114R
113R

並未顯示之（意指傷亡太少）。其實傷亡報告書，並不能單獨作為衡斷軍事成就之準繩，唯有敵方所受之傷亡損失與我方所獲之勝利，始可衡量之。

其次，鈞座對一一二及一一三團似有作戰不力之印象，此實因鈞座未能一一親見各該團之各種成就有以致之。……有時正面作戰並不常能取勝，而側面包圍恆可迫敵後退。銀坎卡塘之集中聯合攻擊，如五月六日備忘錄中所批評者，並未迫使日軍一兵一卒退卻，但一一四團所施之包圍，則迫使敵人自動後撤。其他如大奈、大龍二河之能順利渡過，亦係一一四及一一二團在甘篤與沙勞二地實施迂迴前進之結果。瓦魯班、高魯陽及沙都渣三地之攻佔，亦係以迂迴獲得同樣勝利。因有一一三團迂迴到拉班以北之敵後，才得與麥支隊在聯合作戰中攻佔了沙都渣。一一二團攻佔芒平，更係以急行軍爬越崎嶇險峻之山嶺，該團所受的艱苦，實卓絕無比，如以為此等實施包圍之部隊僅擔任一項輕而易舉的任務，實非公允。……

史迪威將軍雖未回信，但以後大力給予孫師長採用迂迴戰術上的支持，頓使孟拱河谷戰局為之丕變，第三十八師以後的進展，勢不可擋，戰果更加輝煌。❺

(三)　奇兵突襲西通

五月中旬，孫立人師長得到正確的情報，判斷當面敵軍因為傷亡太大，兵力已經全部用到第一線，後方的卡盟十分空虛。而我軍第五十師和第三十師各派兵力一部與美軍麥支隊所組成的中美混合部隊，正在對密支那城郊攻擊，陷於膠著狀態。南高江西岸的第二十二師和敵軍在馬拉關（Malakawng）一線苦戰，二十多天毫無進展。而緬北雨季馬上就要來臨，怎樣採取積極手段，趁敵人增援部隊還沒有到達孟拱河谷以前，趕快奪取卡盟（又譯爲加邁），南下孟拱，策應密支那方面作戰，實在是奪取整個孟拱河谷戰鬥勝利的機會。

卡盟位於南高江西岸，原屬第二十二師作戰地境，孫師長從全盤戰局考慮，不拘泥於作戰境界而分畛域，決計用一部兵力在正面牽制敵軍，主力便從敵軍陣地間隙中錐形突進，秘密迂迴到卡盟以南，偷渡南高江，切斷敵後的主要交通線，摧毀日軍的補給站，然後向北和新二十二師夾攻卡盟，另派一團直取孟拱。❻

打仗猶如弈棋，一著贏，全盤盡贏。孫立人下了這著妙棋，把日軍在孟拱河谷的全盤防禦佈署，完全擊潰。據他自己講述這一戰役的經過是這樣的：

「我軍直到三十三年五月半，尚未打下孟拱，被阻於卡盟附近。孟拱、卡盟、密支那成三角形，互爲犄角之勢。如不急速打下，到了六月初，就是雨季降臨，一個雨季可以降落二三百英吋的雨水，敵人就是想利用雨季，把我軍困死。因爲雨下得多，陸空運輸受阻，補給困難，加以疾病、潮濕、蚊蟲螞蝗等等，都足以困死部隊。那時雖然從國內增調來五十師兩個團，三十師一部分，十四師一部分，還有美軍一個團，對密支那來一個奇襲，側應我軍攻擊加盟，不料變成了陣地戰，一個多月未曾拿下，還無法支持，所以敵我各部戰鬥，都成了膠著狀態，無法進展。說來事有湊巧，一日我部攻擊一個山頭，從打死的敵軍官身上，搜得一封信，那是日軍卡盟守軍步兵指揮官，即日軍十八師團步兵團長相田俊二少將，寫給那被打死的十八師團補充兵大隊指揮官野恒光一大尉的信。信上說：

『目前滲入我第一線後方，妨礙我軍補給之敵僅五十到七十人。本兵團長指揮貴官擊退此敵，可先至拉瓦（Lawa）司令部與本職同往，但貴官前夜十時自卡盟出發，至翌日夕刻，尚未到達，初意貴官不及候本職已先至第一線，當即率司令部人員三十名，趕至第一線，然全出意外，貴官等竟尚未到達，現究竟徬徨於何處？部下之疲勞，余自詳悉，晝間有敵機，余亦盡知，然就第一線全員之疲勞，且缺乏給養，尚須與敵死鬥思之，不必要之休息與晝間躲避空襲等，乃絕對不許可者。故須激勵部下，以最大之速度追及。倘判明貴官等不足靠時，本職決心率領本部官兵三十名，突襲敵陣。』

「由於上述這一封信，經研究後，確定其眞實，並判明兩點：第一是當面之敵，因爲傷亡重大，兵力已全部用於第一線；第二是部隊疲憊，士氣消沉。基於這一判斷，我認爲可用一團奇兵，去襲擊敵軍後方西通，這就是趁虛而進，臨機應變的戰術。」

「於是我便於五月十九日，匆匆的從前線坐著小聯絡機，趕回到沙都渣駐印軍總指揮部，將這一奇襲西通的作戰計畫，向總指揮史迪威將軍提出，請他批准。起初他不同意，認爲此著太冒險，恐怕會白白地送掉一團人。後來經我再三申說，此舉將影響整個戰局，意義非常重大，他才勉強同意。要我估定時間，我說最少要六天。他問：『三天如何？』我按地圖計

突襲西通行進圖

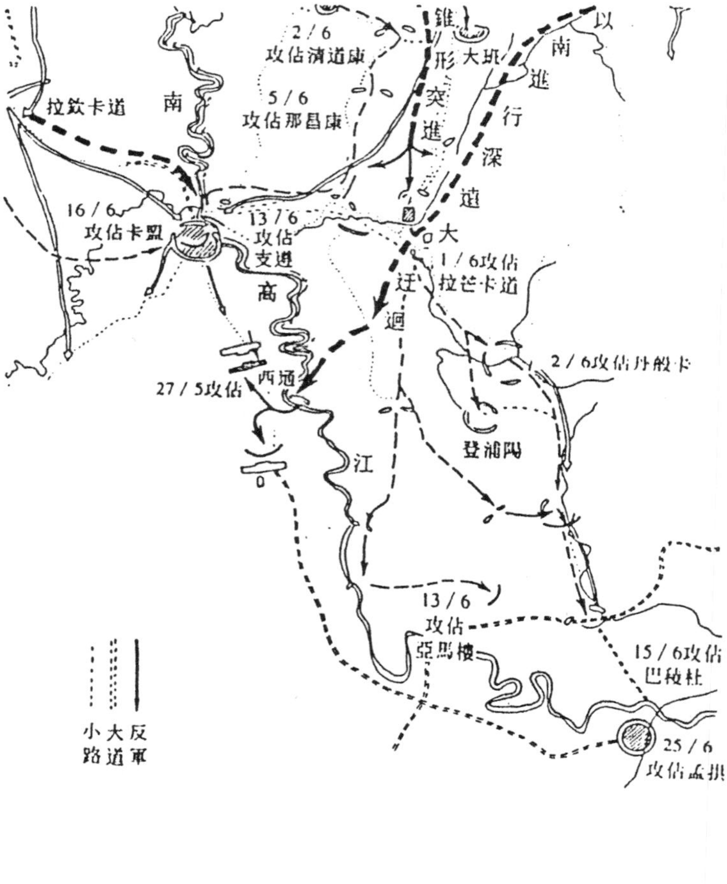
2/6
攻佔清道康
5/6
攻佔那昌康
拉欽卡道
南
高
江
錐
形
突
進
大班
以
南
進
行
深
道
16/6
攻佔卡盟
13/6
攻佔
支遵
大
迂
迴
1/6攻佔
拉芒卡道
2/6攻佔丹般卡
西通
27/5攻佔
登浦陽
13/6
攻佔
亞馬樓
15/6攻佔
巴稜杜
25/6
攻佔孟拱
小路
大道
反軍

算，須偷行三百華里，沿途山高林密，又是懸崖絕壁，非六天不可。不料那位柏特納少將正在旁邊，他說可以派一團人從西邊去，三天可到。因爲剛從國內新調幾團人，他認爲是新力軍，預備從中挑選五十師一四九團，再由美方自認爲久經森林戰訓練的麥支隊第二營百餘人引路，所以他敢於自告奮勇的如此說。我說：『我走東邊，你走西邊，兩相包抄，而你又能早到，那不更好嗎？』結果史迪威將軍也就允許我六天的期限。

「二十日上午，我回到前線指揮部後，就將這艱苦的任務，交給我師一一二團，因爲他們對我很信任，所以欣然接受，毫不疑懼。因爲這是奇兵偷襲，行動必須絕對秘密，宛如鄧艾的偷度陰平。所走的路盡是懸崖絕壁人跡罕到之處，有時還要利用各種地形地物，從敵人封鎖線的間隙中過去，至於騾馬及重兵器自然不能攜帶，就是宿營或休息，還不准燃火燒飯，以免暴露行跡，被敵人發現，只許在掩蔽極週密的情況下，燒點開水吃。每人隨身攜帶四日份的乾糧，限定分作六日吃，因爲多了帶不動，只得使用節食的方法，並規定陳鳴人團長每天必須定時用無線電與我聯絡三次。

「五月二十一日開始行動，二十二日就下大雨，接著一連四天下個不停。一一二團攜帶的電台，因雨濕透發生故障，師部派通信官雲鎮少校單人獨騎通過敵人防線，涉水趕往一一二團團部，予以修復，維持與師部的通信聯絡。

「二十五晚，到達孟拱河邊，那是孟拱河的上游，又稱南高江，河面原只五六百公尺寬，但因四天下兩，河水突漲，已濶至一兩千公尺，使部隊渡河更加困難。陳鳴人團長將此情形電告。我問他沿途是否曾被敵人發現？他說：『未被發現。』於是我指示他們：限於拂曉前，設法渡河，如萬一無法可渡，即行退回，以免犧牲。因爲他們平日受過渡河訓練，知道利用身邊攜帶的背包、膠布、鋼盔、水壺、乾糧袋等裝備，游泅渡河。他們還利用河岸竹子，做成竹筏。陳團長半夜來電話說，他們準備翌晨二時渡河。二十六日早上五點鐘，他來電話說：『全團業已平安渡過南高江。』我於是命令他們速向公路方面攻擊，截斷公路交通。因爲西通是日軍的重要補給站，須得速爲佔領，遲恐誤事。

「我軍遂以迅雷不及掩耳的速度攻進西通，當即佔好了據點。這時敵人營房中早飯還未煮熟，營妓（慰安婦）還未起床，敵人見到我軍部隊，還以爲是空中降落的

迂迴部隊在加邁以南之西通對岸偷渡南高江

傘兵到了，趕著打空襲警報鐘，大爲驚恐，急忙派兵四面圍堵，砲皆回擊，想一鼓將我軍消滅。

「我忙趕往總指揮部去見史迪威將軍，報告一一二團已提前於二十五日深夜偷渡南高江成功，今日拂曉已開始向西通之敵發起攻擊，現正在激戰中，請立即派飛機空投彈藥和山砲。糧食不必投了，因繳獲了大批軍糧。

「當時，史迪威正同柏特納等人一起吃早飯，聽了報告後，還驚疑參半，忙問：『眞的嗎？』我說：『你要是不相信的話，可派飛機去看個究竟。』這時已是上午七時半，老天很幫忙，多雲天氣，不影響空投。史迪威看了看柏特納，對我說：『就派飛機去看看。』我馬上說：『爲了爭取時間，請將彈藥與山砲裝上飛機，到時如果我們的部隊在那裡戰鬥，就照地面上我軍所佈置的信號布板空投下去，否則的話，原機載回。』史迪威表示同意。

「我在等著回音時，問柏特諾的奇襲部隊現在到了那裡？史迪威聞言，氣得面紅耳赤，連說：『不要問了，他們回來了。』我說：『怎麼如此快就達成任務了嗎？』這時史迪威的面色更爲難看，他告訴我說：『他們在森林中轉了三天，不知方向，無法前進，只得教他們回來，誰知半天就走回來了。』❼」

史迪威對孫立人及時抓著戰機，主動請戰，在六天之內準時完成任務，非常滿意。

二十七日，一一二團清點敵軍屍體有九百多具，繳獲日軍一五五毫米重榴彈砲四門，滿載械彈的大卡車七十五輛，騾馬五百多匹，糧彈倉庫十五座，汽車修理廠一所，彈藥糧秣不計其數，將日軍在孟拱河谷的物資總屯積區，攻佔了大半。部隊隨即南北展開，佔領公路線達四公里，當地所有通訊聯絡運輸補給的指揮機構，盡皆被我軍摧毀。二十八日晨，一一二團又攻佔了西通以北的糧彈倉庫二十多座，斃敵二百多人。孟拱河谷敵軍的糧彈已盡爲我軍所有，敵軍後方的交通線已完全被我軍切斷。❽

(四) 正兵輕取卡盟

一一二團佔領西通，切斷公路交通，囊括孟拱河谷敵軍糧彈倉庫後，在卡盟及其以北地區的敵軍，統統都陷入了彈盡糧絕的境地，從馬拉關到卡盟一帶六十多里的堅固陣地，完全動搖。

孫立人師長綜合分析各方情報，判斷日軍十八師團已陷於紛亂崩潰狀態。孟拱守敵抽調其兵力去攻擊西通我一一二團之後，孟拱必然呈現空虛。日軍必會將其第二師團和第五十六師團的部分兵力，沿卡薩至孟拱的鐵路線，迅速調往孟拱增援，以解救十八師團覆滅的危險。趁此時刻，我軍若能把握住時機，在敵人援軍尚未抵達孟拱之前，舉全師主力南下，早日攻佔卡盟，並趁機攻佔孟拱，就可以粉碎敵人的救援計畫，儘快結束孟拱河谷的戰鬥。

五月二十八日，孫立人擬定了一個進攻卡盟和孟拱的雙重作戰計畫，同時給史迪威將軍發了一封電報說：

卡盟戰役戰鬥經過要圖

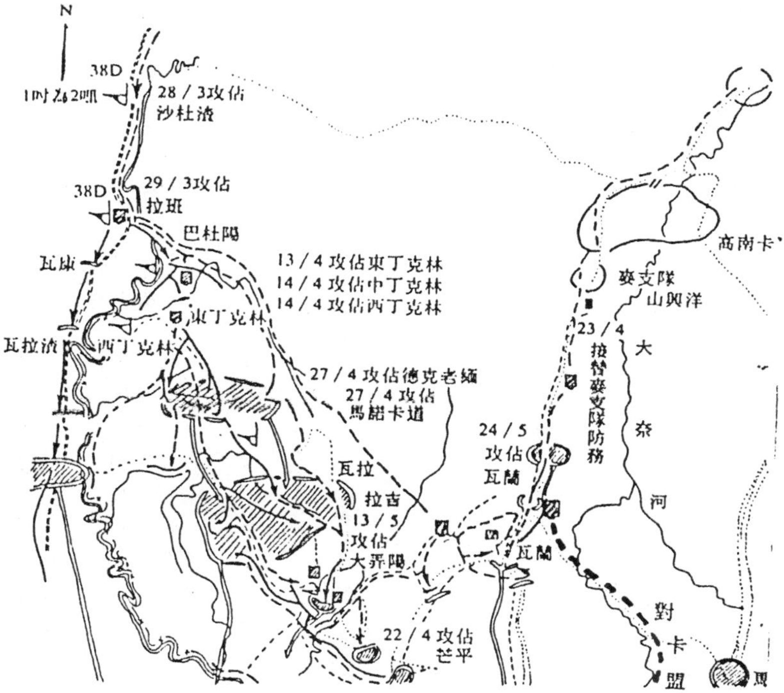
N
38D
28／3攻佔
沙杜渣
38D
29／3攻佔
拉班
巴杜陽
13／4攻佔東丁克林
14／4攻佔中丁克林
14／4攻佔西丁克林
東丁克林
瓦拉渣
西丁克林
27／4攻佔德克老緬
27／4攻佔
馬諾卡道
瓦拉
拉吉
13／5
攻佔
大弄陽
22／4攻佔
芒平
24／5
攻佔
瓦蘭
瓦蘭
23／4
大
奈
河
對
卡
盟
高南卡
山與洋

目下本師兵力過度分散，未能予敵以重大打擊。如本師能全部向南急進，當可充分把握時機，同時佔領孟拱和卡盟。希能即派任何部隊一個團，接替本師瓦蘭、芒平、沙勞間之警戒，則本師即可集中兵力南下突擊。如此，鈞座月初擬定同時佔領卡盟及孟拱之企圖，當可拭目以待。時機急殆，有如跑四百米至最後一秒鐘，成敗在此最後衝刺，希即見示。

五月二十九日，敵軍自南北兩方夾擊我一一二團的消息傳來後，孫師長感到時機緊迫，而史迪威的回電遲遲未來。爲了爭取這一寶貴時間，捕捉戰機，他立即乘聯絡小飛機趕往總指揮部去見史迪威。待孫將這一同時攻取卡盟及孟拱的作戰計畫說明，史迪威大感興奮。完全同意孫將軍置當面之敵於不顧，揮師南下，奪取卡盟和孟拱的決策。並說不必等待接防部隊到達，馬上可以全師南下。

孫師長趕回師指揮所，馬上發佈了師第二十一號作戰命令，同時手書密函一封，分送給陳鳴人、趙狄、李鴻三位團長。信中說：

自古用兵的道理，有孫子所謂『兵以正合，以奇勝』，蘇老泉所謂『兵有正兵奇兵伏兵』之說。在我軍開始進攻卡盟之初，我就計畫以一一二團任奇兵，採極端迂迴戰法，切斷敵由卡盟至孟拱主要補給公路，迫使我第二十二師當面之敵迅速崩潰。同時任伏兵的一一四團則以錐形潛突戰法，由高山深谷中伏道而出，直刺敵之心臟丹般卡，切斷丹般卡以北地區敵寇退路而席捲之，俾由正面南下的正兵一一三團得以一舉而擊殲當面頑敵。現在正是實施這一計畫的時候，務盼各部密切配合，以創光榮之戰績！❾

從五月二十九日起，一一三團奉命進擊卡盟，即在積水過腹的泥沼地區與敵往復搏鬥。六月九日上午，藉我軍優勢砲火的協助，衝入敵人陣地，佔領支遵（ZIGYUN）和通往卡盟的渡河口。十六日清晨九時，我軍實施敵前強渡，一時槍砲齊發，官兵駕駛的橡皮艇猶如脫弦之箭，向對岸衝射過去。九時三十分，渡河部隊紛紛登陸，隨即佔領卡盟東南側高地，用重砲猛轟卡盟市區，敵軍遺下大批屍體，陳列街頭路邊，殘衆向南潰竄逃去。此一重要軍事據點，至上午十二時，已完全落入我軍掌握。下午三時，由馬拉關南下的新二十二師六十五團先頭部隊，也到達卡盟西南，和一一三團第三營會師。

(五) 分兵救援英印軍

在一一三團攻擊卡盟進行途中，第一一四團即奉孫師長之命，以錐形戰法，從大班、青道康中間的間隙，不分晝夜，潛形突進，穿越人煙絕迹的原始森林，時而爬上突入青天的高峰，時而踏入深不見底的溝壑，沿途歷盡艱險，走了十七天，才走到山隘口，全團官兵已無乾糧，大家餓著肚子，自己造灶煮飯。本來軍中是數人一灶，現在孫師長指示一人一灶，每個人都把美式鋼盔當作鍋灶，燒起火來。日軍不知我軍只有二千人，看見到二千個灶炊煙濃密，以爲有幾萬大軍，駐防在附近山中森林裡的日軍，不敢貿然來攻。

六月一日，這一批人馬，突然在瓦鹿山出現，出敵不意，一舉攻佔拉芒卡道（Lamongahtawng），然後襲捲東西瓦拉，斬斷潛伏在苦蠻山中的殘敵歸路，一路勢如破竹，迅速刺入敵軍心臟地帶的丹般卡。十三日襲佔了亞馬樓，十五日直搗孟拱與密支那公路交叉點的巴稜杜（Parentu），進抵孟拱十二里，地勢很高，可以南制孟拱，西北和攻進西通的一一二團互相呼應，東斷密支那到孟拱公路和鐵路的交通，使敵人對密支那無法增援，減少我進攻密支那友軍對側背安全的顧慮。整個緬北戰局，發展到此，我軍實已掌握決定性有利態勢，可算得是大勢已定了。

一一四團於六月十五日，進佔巴稜杜、亞馬樓（Yamalut）一線之後，李鴻團長正在打算用全力向南壓迫，渡江進攻孟拱，忽然又奉到師長命令，分兵援救英軍。原來兩月前，在孟拱（加盟）鐵路間陷落的英印軍空降部隊第七七旅（Chindit Brigade），這時乘虛襲擊孟拱城，不料在孟拱東南二英里處遭日軍反擊包圍，形勢非常危急。特派聯絡參謀迪克少校飛往孫立人師長指揮所請求援救。坦白說明該旅向孟拱攻擊，因敵陣地堅固，不但進展困難，而且傷亡慘重，目前剩下官兵還不到五百人，戰鬥力十分薄弱，如在二十四小時以內不能得救，便只有向東南山地撤退。孫立人慮及英軍倘被擊潰，可能危及整個戰局，當即滿口承應下來，他下令一一四團星夜秘密向孟拱東北地區輕裝疾進，強渡孟拱河救英軍，並以主力南

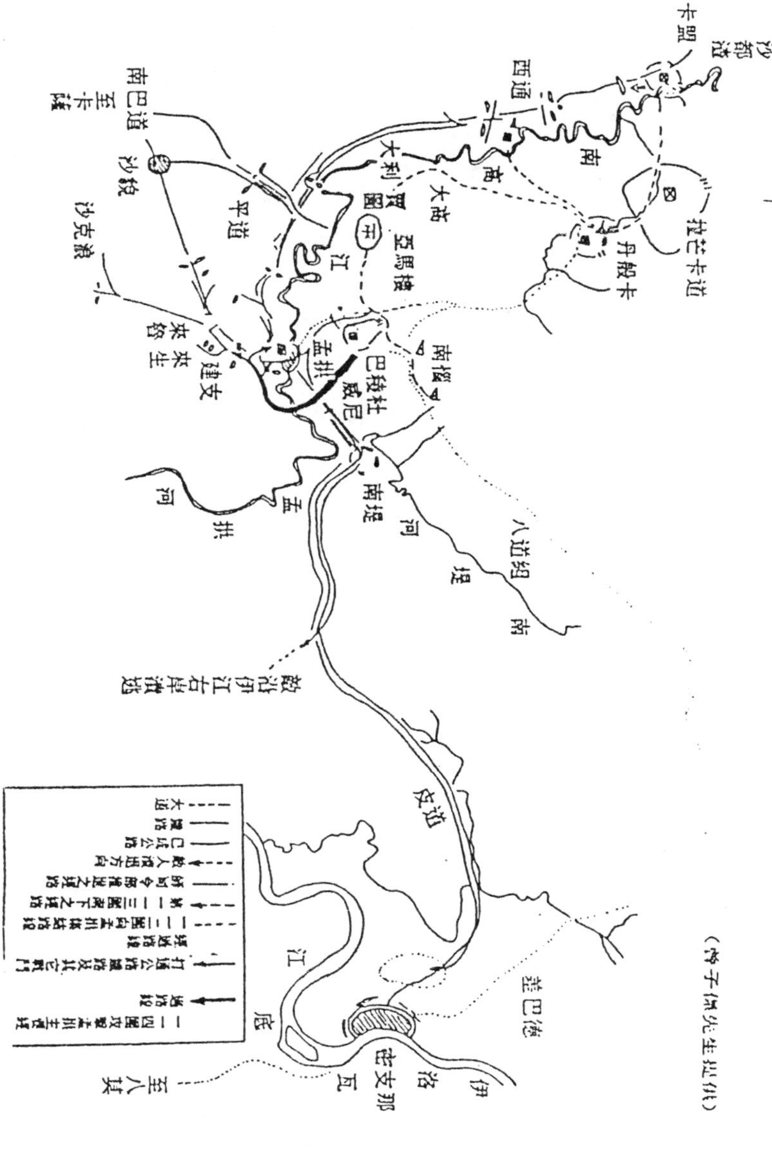

新一軍新三十八師孟拱區戰鬥經過要圖

（潘子俊先生提供）

下佔領孟拱南外圍據點，截斷鐵路和公路的補給線，然後再來圍攻孟拱。

第一一四團接到命令，李鴻團長率全團官兵立即輕裝出發，冒著傾盆大雨，踏著沒膝的泥漿，經一夜強行軍，於六月十八日晨抵達距孟拱城東北兩英里半處的孟拱河北岸。當時孟拱河水漲河深，浪勢洶湧，河面寬達四百公尺，船渡不易。但為了迅速解救英軍的危困，該團決定冒險偷渡。趁黑夜無光，全團官兵分批乘橡皮筏悄悄渡江。這時卡盟到孟拱公路還沒打通，敵人絕未想到一一四團會馬不停蹄的就捲過江來，所以當我軍在孟拱城的側背突然出現時，敵軍倉惶失措。俘虜箕浦源七說：「被俘的那天早晨，我和其他分隊六人，同往孟拱東北附近老百姓家裡買香煙，回來碰到中國軍隊，戰友五人當時就被打死，大家都沒想到中國軍隊來得這樣快！」⑩

二十日拂曉，我軍猛襲正在圍攻英軍的日軍側背，一舉解救了英軍的危困。李鴻團長指派第一營以一排兵接替英軍一營的戰鬥任務。當時英軍官兵頗覺駭異，認為我軍過於輕敵，是以接防兵力過少，其實該排接防後，繼續攻擊前進，並取得極大戰果。而救出來的英軍，個個饑餓疾病交加，情形猶如難民一般，有的連褲子都沒得穿，非常狼狽。他們對我軍官兵勇猛的戰鬥精神及靈活的戰術，大為稱讚。孟拱戰事結束後，英軍旅長親率所屬各級軍官，赴第一一四團作戰地區考察，收集研究我各部隊攻擊作戰的優勝所在，見到李鴻團長，稱譽他是東方的「蒙哥馬利」。

後來鄭洞國副總指揮飛來前線督戰，孫師長向他報告這次解救英軍經過笑著說：「這些英國軍官平素傲氣十足，打起仗來卻無實際經驗。此次英軍最大錯誤在於兵力部署失當，其指揮官在不足二百米的攻擊正面，投入一營兵，在砲擊後，以密集混亂的隊形，向前猛衝，結果在日軍濃密火網下，徒遭慘重傷亡，攻擊卻毫無進展。而我軍卻能根據地形和敵情狀況，巧妙使用兵力，能以少數兵力，殲滅優勢敵人。」這可說明中國駐印軍不僅具有堅強的戰力，而且在戰術運用上也超越英美盟軍。⑪

(六) 伏兵攻佔孟拱

孟拱是孟拱河谷南端最大的縣城，位於南高江南岸，水陸交通發達。從孟拱登船可抵八莫、曼德勒等地。鐵道線東起密支那，向南經過曼德勒，直抵仰光。公路也四通八達，北上卡盟可抵孟關，這一段是北緬山地主要交通幹線。自被日軍佔據後，經其苦心經營，使之成為踞守緬北阻止我軍前進的雄關鎖鑰。

第一一四團救出英軍之後，依照孫師長指示，主力沿孟拱東側山地南下攻擊，經過兩日夜的激戰，孟拱外圍的重要據點，盡被我軍佔領，把孟拱對外交通完全割斷，殘敵都成了甕中之鱉，驚慌萬狀，正好給我軍以聚殲的機會。另有敵軍步砲聯隊約一千多人，由孟拱趕往密支那增援，走到南堤，聽說我軍已經兵臨孟拱城下，便立即回轉身來，打算和孟拱守軍夾攻我軍，使一一四團腹背受敵。不料二十一日晚，在威尼附近，被我第八連排哨一打，就打得陣勢大亂，連五三砲兵聯隊長高見量太郎大佐都死在裡面，可見得當時敵軍慌亂的一斑了。

二十五日傍晚，李鴻團長率領一一四團官兵健兒，經過兩日夜的激戰，攻下孟拱城。日軍十八師團長田中新一見大勢已去，帶著數百名殘兵，悄悄從暗道逃出了城，攀爬雪幫山懸崖，向銀島湖方向逃逸。⓬

孫立人師長率領他的新三十八師官兵，自四月二十三日至六月二十三日，在這兩個月中，他們完全在七十里苦蠻山上原始森林裡開路戰鬥前進。這時雨季已經來臨，雨中作戰十分艱苦。他們一面要與敵人作戰，一面要防雨，還要防毒蛇猛獸螞蝗瘧蚊的侵襲，這種艱苦生活，可以說是任何戰場上所沒有的。就是由於這種艱苦的戰鬥，提早結束了孟拱河谷的戰鬥。

孟拱之戰，孫立人師長指揮新三十八師三個團的作戰任務，有明確的劃分及密切配合。在縱的方面：一一四團負責攻佔孟拱；一一三團負責打開卡盟至孟拱公路；一一二團負責打通孟拱至密支那之間的鐵路線，並與密支那我中美聯軍取得聯繫。在橫的方面：三個團也有連環支援作用，一一四團居中，策應一一二和一一三兩個團，而一一二和一一三兩個團，特別是一一三團有協助一一四團攻擊孟拱的任務。由於如此靈活運用，才取得這次空前的勝利。

中國駐印軍自進入孟拱河谷至佔領孟拱城爲止，與凶頑的日軍作殊死戰，經四個月的搏鬥，殲滅了日軍第十八師團，並重創日軍第二師團第四聯隊，第五十三師團第一二八聯隊、第一五一聯隊、第五十六師團第一四六聯隊，先後斃敵一萬五千餘人。經此戰役後，卡盟、孟拱、密支那之間的公路與鐵路均暢行無組，從而奠定了緬北反攻戰役勝利的基礎。

孟拱之役，新三十八師打得乾淨漂亮。總指揮史迪威將軍於二十六日致電孫立人師長，祝賀此役的成功，並稱譽偷襲西通的陳鳴人團長爲「攔路虎」，頒發美國銀星勛章給李鴻團長。而日本廣播也承認「孟拱戰役是日軍在亞洲戰場上進行的一次最兇猛的戰鬥」，不得不俯首認輸。

史迪威將軍致孫立人將軍的賀電說：「孫兼師長：貴師攻佔孟拱，戰績輝煌，達於頂點，特此電賀。」英印軍第三師藍敦師長爲感謝新三十八師一一四團援救該師七十七旅，也在六月廿七日發來賀電：「孟拱之捷，謹致賀忱，並謝協助敝師七十七旅之美意。此致孫兼師長、李鴻團長及閣下所率領之英勇部隊。」

戰後日本防衛廳研究所戰史室有如下一段記述，說明我軍偷襲西通，奪取敵軍糧秣彈藥基地，敵十八師團遭受打擊的淒慘景況：

> 此時，十八師團在長時間連續作戰和撤退中，官兵已極度疲勞。上衣破爛，襯衣撕碎，露出脊背；褲子已不成形，大腿膝蓋露在外邊，拖著透底的皮鞋的步兵，滿腳上長著一層「叢林瘡」。因戰傷病後撤的一群官兵的慘狀，令人不忍目睹。身體骨瘦如枯柴，僅僅臉上尚殘留一絲九洲男兒堅決不屈的氣息。本來計畫儘量使傷病員留在戰場醫治，但戰場缺乏衛生材料，連更換病患的破舊軍服大衣毛毯都不夠用，往後方輸送病患的卡車更難指望。第一線中隊官兵，包括中隊長在內，一般不足三十人，甚至只有軍曹以下十數人，幾乎都是半病員狀態，可以說全部患有疾病和腳氣病，因此無不訴苦行走困難。

每人每日配給大米一盒（約一百五十克），補給正處於中斷狀態。⓭

日本皇軍第十八師團，也就是所謂長勝軍久留米師團，這張「王牌」軍當年氣焰萬丈，而今已被我新三十八師殲滅殆盡。

註　釋：

❶ 孫克剛《緬甸蕩寇誌》第八十七|九一頁，上海時代圖書公司。
❷ 孫克剛《緬甸蕩寇誌》第九三|一〇一頁，上海時代圖書公司。
❸ 薛慶煜《鷹揚國威》第一九九|二〇五頁，台北東大圖書公司。
❹《駐印軍第三十八師緬北戰役概述》第一四|一七頁。
❺ 薛慶煜《鷹揚國威》第二一三|二一五頁。
❻ 孫克剛《緬甸蕩寇誌》第九三|一〇一頁。
❼ 孫立人講〈統馭學〉，載於《孫立人鳳山練軍實錄》，台灣學生局。
❽ 薛慶煜《鷹揚國威》第二一五|二一七頁。
❾ 薛慶煜《鷹揚國威》第二二七|二三一頁。
❿ 孫克剛《緬甸蕩寇誌》第一一一|一二〇頁。
⓫《鄭洞國回憶錄》中〈戎馬一生〉第三五一|三五二頁。
⓬ 陳立人《緬甸中日大角逐》第三三二頁。
⓭ 薛慶煜《鷹揚國威》第二四四|二四五頁。

六、中美聯軍圍攻密支那

(一) 偷襲密支那

密支那當緬北鐵路的終點，位於伊洛瓦底江西岸，周圍多山，是一個地形稍有起伏的小平原，遍地都是蔭蔽的叢林。伊洛瓦底江經此向東南流，河床寬約三百到八百公尺，水清見底，通行船隻。除河流鐵道之外，公路也四通八達，可以南去八莫，西至孟拱，北通孫布拉蚌（Sumpura Bum），東面的瓦霜公路如再向東延築一百公里，便可通到騰衝。城西和城北，都有飛機場，與孟拱、卡盟（加邁），同是緬北的戰略重鎮。

四月二十一日，正當孟拱河谷我軍掃蕩苦蠻（庫芒）山（Kumon）進迫卡盟（加邁）的時候，史迪威將軍決定派一支中美聯軍的先遣部隊，在苦蠻（庫芒）山的山興陽集結南下，翻越六千尺山峰，兵分三路，進襲密支那。這支中美混合部隊，由美軍步兵一團，國軍新三十師第八八團和五十師第一五〇團組成，歸美軍麥支隊長麥利爾准將（Gen. Frank Merrill）指揮。麥支隊共有三個營，每營一千人，都是從西太平洋島嶼和加勒比海地區各部隊中有叢林作戰經驗的官兵選調來的，他們的主要任務是在叢林中作遠程偷襲。[1]

五月六日，中美混合支隊第一縱隊走到雷班（Ritbong）附近，被日軍一個加強中隊所阻，八八團奪路繞道前進。十二日，美軍一營又在丁克路高（Tingkrukawng）被日軍兩個中隊圍攻，八八團再從背後趕來解圍。我軍因急於南下，不便戀戰，遂留下第三營，故作佯攻模樣，與敵週旋，主力避免戰鬥，連夜兼程向密支那前進。十五日，第二縱隊的我軍一五〇團已超過第一縱隊，到達密支那附近，當晚把密支那到孟拱的公路截斷。十六日夜半，一五〇團全部到達密支那西飛機場以南的南圭河（Namkwi Hka）。八八團主力和美軍一營也在十八日趕到密支那北二十里的遮巴德（Charpate）。八八團留在丁克路高掩護主力行動的第三營，因爲飛機大都忙於運輸部隊，忽略對於該營給養的投送，使五百多名官兵受了八天飢餓之苦。

到五月中旬，敵軍因在孟拱河谷失利，兵力不夠分配，不得不把向印度英法爾輕騎深入的部隊撤回，印度邊境戰事平靜了。八九團便在十三日向阿薩密省的馬魯和喬哈特兩個空軍基地集結，準備空運密支那。十七日，我軍開始攻擊密支那西飛機場，爲後續空運部隊奪取著陸地點，一五〇團達成了這個任務以後，接著便有大批C四七道格拉斯式運輸機和滑翔機在戰鬥機掩護下，繼續降落，八九團二三兩營健兒立刻爬出了飛機艙，加入戰鬥。第二天，史迪威將軍飛到密支那親自指揮作戰，八九團第一營也空運到達。

十九日攻擊部署是：美軍和八八團沿鐵路線擔任警戒，阻止日軍由孟拱向密支那增援，八九團以主力掃蕩機場附近殘敵，一五〇團攻擊火車站。這時城內守軍不到七百人，本可一舉攻佔密支那。❷

一五〇團在十九日黃昏時分，攻到火車站附近，我軍一度曾將車站佔領，但因後方通訊聯絡，全被敵軍砲火割斷，美方總聯絡官孔姆又藉故離開，以致無法要求空軍和砲兵的支援，敵軍乘機大舉反攻，二三兩營傷亡慘重，車站得而復失，拚戰到夜晚全部彈盡糧絕，後方依然補給不上，一五〇團便被困在車站附近，最後用刺刀衝出重圍，撤回飛機場附近。

東車站失利後，麥利爾准將卻把責任推到一五〇團團長黃春城一人身上，要求史迪威將黃團長遣送回國，引起全團官兵強烈不滿和堅決抵制。

五月十九日，麥利爾准將心臟病復發，撤到後方醫治。二十三日，史迪威總指揮偕同參謀長柏特納、新一軍軍長鄭洞國、三十師師長胡素及五十師師長潘裕昆飛到前線，重新組織前方指揮所，派參謀長柏特納准將接替麥利爾的指揮職務，規定我軍由五十師師長潘裕昆及新三十師師長胡素親自指揮。到了七月六日，又把新一軍軍長鄭洞國調到前線督戰。❸

㈡　攻城持久戰

從五月二十三日起到七月中旬，密支那防守的日軍增加到五千人，雙方像拉鋸式進行著攻防戰鬥。我軍在長約十五里的正面攻擊線上成了一個弓形，伊洛瓦底江恰像弓弦，把敵軍夾在大江和中美聯軍孤形包圍圈內。戰鬥起初是在距城十里左右的小山頭和村莊裡進行，我軍逐步前進，日軍憑藉堅固工事死守，每天爭奪三十碼、五十碼陣地，這樣敵我傷亡慘重。二十幾天後，日軍被迫放棄村落，改守距城六里的叢林山地。在這一段戰鬥期間，我軍曾用掘壕戰法，漸漸將郊外陣地略奪，進入街市戰鬥。敵軍經常利用夜幕掩護，向我偷襲，企圖拖延時日。我空軍和砲兵不分晝夜，向城區及伊洛瓦底江東岸敵人陣地，更番轟炸、掃射、砲擊，密支那建築物大部被毀，敵後運輸補給的船隻，和來往於宛貌公路間的汽車，也完全被我軍砲火所控制。後來敵又改在八莫通往密支那公路的中途，夜間用汽車，把糧秣彈藥偷運到江邊，再用木板和樹排送過江來，維持著補給，被困於城內的敵人，便躲在那些用鐵軌築成的堅固工事裡死守起來。

在密支那戰鬥激烈時，美軍指揮官柏特納准將曾令在醫院中傷兵加入戰鬥，此事嚴重違反美國軍規，史迪威總指揮聞悉，大爲震怒，曾將柏特納連降三級爲少校。史迪威待在前線不走，對於密支那久攻不下，憂心如焚。這時美軍麥支隊已潰不成軍，三千人馬，都已傷病殆盡，只剩下兩百人，不能作戰，要求先行撤走，史迪威不許，一面在前線督促國軍加緊進攻，一面電催孫立人將軍儘速攻佔孟拱，派兵前來會攻密支那。❹

六月二十五日，新三十八師攻佔孟拱，同時把來密增援的日軍一二八聯隊和砲兵五三聯隊，打得全軍覆沒，到七月十一日，新三十八師一一三團從南堤沿孟密鐵路長驅東下，直抵密支那西郊。

七月中旬，敵五十三師團一二八聯隊和砲兵五十三聯隊共約二千人，從卡薩增援密支那守軍。一一三團首先得到這一情報，立即電告師長。孫師長當即命一一三團在密城以南十多英里處，敵軍必經的山道上，搶佔有利地形，伏擊增援之敵。又立即電令一一四團自孟拱向東南抄近路繞到這股敵軍背後去夾擊，佈署妥當後，再向史迪威報告。從卡薩到密支那所經過之處，都是盤繞高山的小路，兩旁不是高山密林，便是深谷河灘。儘管敵軍很警覺，其主力與先頭部隊又保持一定距離，但我軍一一三團埋伏在前，控制了小路兩側所有制高點，一一四團包抄於後，截斷了敵軍所有退路。當這股鑽進我軍「口袋」裡的敵軍，任憑他們拚死掙扎，已是甕中之鱉，難逃全軍覆滅的命運。經過半天的激戰，我軍居高臨下，斃敵一千六百多人。又經過兩天在密林搜索殘敵的戰鬥，日軍這兩個聯隊已被我新三十八師全部肅清。

這一仗同麥里爾和鮑特納指揮的萬餘大軍久攻密城不下，恰成鮮明對比。一一三團全殲敵方援軍後，密支那守敵自知固守待援無望，軍心整個動搖。❺

七月二十五日，新三十師的九十團也由雷多空運到密支那，我軍由攻城戰進入街市戰階段。我軍憑優勢火力，先用各種火砲進行廣泛射擊，步兵同時掘壕前進，圍繞敵陣構築包圍工事，將敵陣圍住後，再用迫擊砲、火箭筒、火焰發射器、機槍及手榴彈，一齊向敵陣猛烈發射，逐步向前推進，美國人認爲這種戰法是叢林戰的創舉。

三十一日，我各路大軍聯合圍攻，逐碼前進，已將密支那市區佔領過半。八月二日清晨，五十師師長潘裕昆將軍眼看著城北敵軍非常頑強，工事也十分堅固，攻擊不易，而且犧牲很大，決定組織敢死隊，徵選勇敢官兵一百人，隨身攜帶輕便武器，利用夜晚，分組潛入敵人後方，把敵軍通信設施完全割斷。第二天拂曉，即向預定的重要據點及敵軍指揮所，作猛烈的突擊，敢死隊得手後，其餘的攻擊部隊同時應聲而起，不顧一切往前衝去。當天五十師就把第十一條橫馬路完全佔領，並掃蕩肅清營房區以東沿江一帶的殘敵。新三十師攻下了敵人打算作爲死守據點的營房全部，城北的美軍也將西打坡（Setapur）佔領。四五兩日，我軍

一九四四年北緬三個戰役敵我兵力效果對比

戰役		西通	孟拱	密支那
指揮官		孫立人	孫立人	麥里爾（前）鮑特納（後）
兵力對比	我軍	112團主守 兵力約2000人 5月27日至7月2日共35日	114團主攻 兵力約2000人 6月18日至6月25日共8日	主攻 麥支隊-5.17至8.5 88團-5.17至8.5 150團-5.17至8.5 89團-5.18至8.5共78日 42團-7.21至8.5計15日 90團-7.25至8.5計10日 總兵力11500餘人
	日軍	第2師團第4聯隊(全部) 53師團128聯隊一部 151聯隊一部 18師團114聯隊一部 18師團56聯隊一部 附炮兵及坦克 總兵力約10000餘人	18師團114聯隊一部 53師團128聯隊一部 151聯隊一部 56師團146聯隊一部 53炮兵聯隊一部 總兵力約6000人	18師團114聯隊一部 56師團146聯隊大部 工兵12聯隊一部 總兵力約5000人
結果		頂住日軍無數次的南北夾擊，造成卡盟以北敵軍的全線崩潰，113團3營輕易奪取卡盟，佔領了北緬敵之糧彈供應基地，斃敵2700多人，我軍僅犧牲180多人	重創敵軍，斃敵2000多人，我軍損失甚微；解救英印軍第三師77旅，動搖密支那守敵的信心，此後英印軍退出戰場	攻克密支那，但我方動員了近六個團的兵力，戰鬥曠日持久，蒙受重大傷亡，斃敵2300餘人，連同圍城支援斃敵約4000多人，麥支隊因傷亡病患過半，自是退出戰場

從上面這張對比圖中，不難看出指揮官優劣的不同，戰果的差異是何等巨大！

繼續肅清戰場，爲敵頑守的密支那，在我軍圍攻七十八天，終於全部佔領。先後斃敵二千三百餘人，並活捉日軍官兵六十九人。這是中美聯軍並肩作戰獲得勝利的第一次，寫下了同盟軍在亞洲戰場上的光輝歷史。

中國駐印軍經過了八個月持續不停的堅苦戰鬥，完成了反攻緬甸第一階段的任務，駐印軍總指揮史迪威將軍稱讚這次國軍表現，是「中國有史以來第一次持續進攻一流強敵的軍事勝利」。❻他本人也因攻下密支那的戰功，美國羅斯福總統特晉升他爲四星上將。孫立人將軍在率軍反攻緬甸第一階段戰役中表現優越，盟軍稱譽他媲美德國沙漠之狐的「東方隆美爾將軍」，公認他是中國少數最卓越的前線指揮官。

(三) 駐印軍的擴編

中國駐印軍從三十二年三月，開始掩護修築中印公路起，到三十三年八月四日佔領密支那止，作戰時間十七個月，中間一直沒有休整過。其中新三十八師轉戰最久，十七個月當中，沒有讓全師官兵得到一天總休的日子。團以下的部隊，以調任預備隊作爲休息，也沒有那一個團，能夠連續休息到一個星期，造成世界戰史上長期不斷作戰的紀錄。

這時史迪威將軍想利用美國軍援，來擴大他對中國軍隊的指揮權。他飛到重慶，當面向中國戰區最高統帥蔣委員長要求，在雲南訓練的十三個美援裝備的國軍，應該和中國駐印軍一樣，歸他統一指揮。蔣委員長對他這樣無理的要求，不僅予以拒絕，而且於三十三年九月二十五日電請美國總統羅斯福將他撤換。羅斯福爲顧全中美同盟合作關係，於十月十八日電復同意召回史迪威，另派東南亞戰區美軍參謀長魏德邁（Albert C. Wedemeyer）將軍接替中國戰區參謀長職務，索爾登（Maj, Gen. Danial Sultan）將軍接替中國駐印軍總指揮的職務，新一軍軍長鄭洞國調爲副總指揮。

十月二十日，史迪威將軍在離華前夕，想到在緬甸作戰期間，雖常與孫立人意見相左，但依從他的意見，戰事常能取得勝利，兩人在戰場上培植起來的友情，甚爲濃厚。臨別依依，他特地寫了封信向孫立人告別說：

我親愛的孫將軍：

我已經調離中緬印戰區，也必須離開你了。我們經過長時間在戰場上並肩作戰後，這對我來說是件很難受的事。我一直都認爲中國軍隊在適當的配備及訓練之下，會與世界上任何其他軍隊一樣好。我很高興我們有機會證實我的觀點。你已經充分用事實證明了中國軍隊的勇敢和能力，我以能從中貢獻一小部分力量爲榮，現在沒有人能否定我們努力爭取來的事實。從現在起你們已經是舉世矚目的軍人了。你已創立了一個新而有效率的國軍，有了這個先例，中國可以創建一個使你們國家自由而強盛的軍隊，你應該以你的成就自傲。我希望你忘記我們之間以往的任何誤會及意見的衝突，把我當作你的朋友及中國之友。

史迪威敬啓　一九四四年十月二十日

史迪威將軍致孫立人的道別信

OFFICE OF THE COMMANDING GENERAL
UNITED STATES ARMY FORCES
CHINA BURMA INDIA

A. P. O. 879,
20 October 1944.

General Sun Li-jen,
Commanding General New First Army,
Chinese Army in India,
A. P. O. 689.

My dear General Sun:

I have been relieved from duty in the CBI Theater and must take my leave of you. This is a hard thing for me to do, after our long association in and out of combat. As you know, I have long contended that Chinese troops, properly equipped and trained, are the equal of any in the world, and I am grateful for the opportunity we have had to prove it. You have amply demonstrated the bravery and ability of the Chinese Army, and I am very proud to have had a small part in it. No one can now deny the truth of what we have stood for, and from now on you are all marked men. You have laid the foundation for a new and efficient national force, and with this example, China can go on and build up an Army that will make her free and strong. You should take great pride in your accomplishment. I hope you will forget any misunderstandings and clashes of opinion we may have had, and think of me as your friend and the friend of China.

Sincerely,

J. W. STILWELL,
General, U.S.A.
Commanding.

在密支那整休期間，中國駐印軍作了一次較大的整編，原來的新一軍擴編成兩個軍。新一軍由副軍長孫立人升任軍長，轄新三十師及新三十八師。新六軍由廖耀湘師長升任軍長，轄新二十二師、五十師及十四師。各師師長亦有調動，新三十八師師長由第一一四團團長李鴻升任，新三十師師長胡素在進攻密支那時，與美軍參謀長柏特納發生衝突，被史迪威撤職，師長職務由新三十八師副師長唐守治升任，新二十二師師長由副師長李濤升任，十四師及五十師師長仍爲龍天武及潘裕昆。各團團長以下部隊長也有調整，新三十八師第一一四團團長由副團長王東籬升任。

上級命令原是調升一一四團第一營彭克立升任團長，孫軍長認爲應由資深的副團長王東籬升任團長，始合情理，就改升王東籬爲一一四團團長。事爲監察官袁子琳知道，就去見軍長。孫問袁：「你來幹甚麼？」袁回答說：「你擅自調換王東籬爲團長，我認爲不妥。」孫說：「這與你沒有關係，你不要管。」袁說：「你曾說過，要我看到有不對的事儘管說，不要怕。大家都知道王東籬是你在教導團當排長時的學兵，現在上級發表彭克立升爲團長，你竟改換爲王東籬，彭克立知道了，自然不滿，全軍官兵也會說你不公平。」孫軍長沉思了一下說：「我知道了。」未過幾天，軍部發表命令，調王東籬去受訓，仍由彭克立升任一一四團團長。

(四) 新一軍的整休

部隊在密支那整休期間，孫立人軍長決定利用這段雨季，加強部隊的訓練，提高官兵的戰鬥技能。他選定郊區一片柚木林，開辦一所士官訓練學校。任命一一二團副團長梁砥柱中校負責，教官由各部隊長充任。利用毛竹油布建爲教室，開闢操場，剋日完成。調訓新晉升的士官尉官，學習科目除強化基本戰鬥技術外，並把新三十八師入緬以來歷次戰役的戰鬥經驗與教訓，傳授給他們。對全軍戰力的提升，發揮了很大的效果。

當時政府號召青年學生從軍抗日，有許多送來緬甸充當新兵。軍醫處長薛慶煜正奉命籌建新一軍的野戰醫院，急需醫務人員。他發現新兵中有三十多人是成都齊魯大學和華西大學醫學院一、二、三年級的肄業生，他們已有不同程度的醫學知識，經過短期進修，當可擔負醫護工作。薛處長遂建議在士官訓練學校中，增設一個醫護訓練班，爲期一個月。孫軍長歷來尊重知識，愛護人才，當即予以批准，並下令新一軍各部，凡在醫學院學過醫的從軍學生，一律到軍醫處報到，這個戰地醫護訓練班就這樣辦起來了。由薛慶煜處長擔任教官，主要訓練科目是戰地救護，包括傷病員的急救、護理、搬運、輸送及防疫和常見病的處理等。除了醫務課程外，還有軍事基本訓練。結業後，除陳宗榮和劉肇立二人留在軍醫處服務外，餘全部分配到軍野戰醫院工作，其中吳興閩授予上士班長軍銜，其餘均給中士待遇。但這些醫科學生只憑一個月的急救訓練，是擔負不了一個新建的軍野戰醫院的任務，而必須進一步有各醫學專業的理論和實習。因此，薛處長又建請孫軍長批准，從這批醫學生中，選拔醫學肄業年限較久的十名學生，商得美軍設在雷多的第二十後方醫院院長瑞沃汀准將同意，送這十名學員去該院培訓一年。美軍第二十後方醫院，實際上是美國賓夕法尼亞大學醫學院的戰地分院，醫師都是該大學的名教授，具有極佳的醫療水準。

從一批品學兼優的譯員中，孫軍長一眼看中了投筆從戎的交大應屆畢業的少校譯員，擔任這批學員的領隊和管理，因此機緣，他接觸了醫學，遂對醫學和醫療器材發生了濃厚的興趣，此人就是當今中國生物醫療工程和醫療電子技術和儀器的奠基人和開拓者，國際知名專家西安交通大學的蔣大宗教授。當年從軍的這批醫學生，戰後都回到各自母校，繼續學業，獲得了學位，後來在國內外醫學界都成爲卓有貢獻的專家。❽

孫立人將軍在戰地的生活很有規律，每隔兩三天，他總要去前線視察，到團指揮所，甚至營指揮所去指示機宜，那裡有危險，他就會在那裡出現，那裡有問題，他就會親自去處理。如果不去前線，他大半的時間是在指揮所辦公室內指揮作戰，發號施令。傍晚，他喜歡偕同高級僚屬，在附近叢林中散散步，聊聊天。

他帶兵有一套新作風。對士兵寬和親切，關切他們起居飲食，一切多爲他們設想，使他們樂於效命。對於官佐，階級愈高，他愈嚴厲。可是，他並不苛求，一切合乎情理。而且對於官佐們在後方的眷屬照顧週到，這也是他提高戰鬥精神的方法。

有一次，一批糧食彈藥剛運來卸下，一位軍械上士還未開始擺好，被孫將軍看到，他拿馬鞭打軍械上士說：「平時怎樣訓練你的？東西擺得亂七八糟！」他不曉得東西是剛送到的。一個准尉排附抗聲說：「你昏了頭！你要打，打我，怎麼打他呢？這個事情是我負責的。」

要是換了別人，一個准尉敢與軍長對抗，還得了？但是，他不然，認爲這個排附是對的，他是錯的，馬上升他做排長。他會尊重道理，誰有理，他就服誰。跟他啊！他能把人心都挖走。這位排附在以後幾次打仗中，衝鋒陷陣，最後爲國犧牲了。在孫立人部隊中，你要升個官，不簡單，有什麼來路，甚麼關係，免談！他是誰也不買帳，除非有成績、有戰功、有學識、有能力，他是用人唯才。

美軍派駐在孫部一位上校聯絡官，精明能幹。在進餐時，他也來同桌同食。孫立人總是後到，他的副軍長、參謀長、各處處長照例起立立正，然後入座，那位美軍上校自然也照樣禮貌一番。吃飯的時候，孫立人對於部隊的事，每天必定要詢問各負責人。他同那位美軍聯絡官談話的時候很多，多半是談公事。孫立人對美軍方面的態度是有理必爭，不要說那位美軍上校聯絡官常常受他厲色相向，就連史迪威本人遇著孫立人，也不敢不另眼相看。❾

註釋：

❶ Merrill's Marauders, by Historical Devision, U. S. War Department, p.93-113.

❷ 孫克剛《緬甸蕩寇誌》第七十二—七十六頁。

❸ 新三十八師砲兵第一營營長王及人撰〈中國駐印軍的反攻〉，載於《遠征印緬抗戰》一書第三二一—九頁。

❹ Stiwell And The American Experiance in China, by Barbara W. Tuchman, P.444-451.

❺ 薛慶煜《鷹揚國威》第二五四—二五五頁。

❻ 永炎撰〈我們怎樣進入密支那〉及〈密支那的攻城戰〉二文，載於三十三年五月三十日及八月二日的重慶掃蕩報。

❼ 薛慶煜《鷹揚國威》第二五七頁。

❽ 薛慶煜著《鷹揚國威》第二六四—二六八頁。

❾ 樂恕人撰〈抗戰戰友孫立人〉一文，載於《名將孫立人》一書第二八〇—二八九頁。

七、進攻八莫南坎

(一) 反攻緬甸第二階段作戰計畫

中國駐印軍總指揮部於一九四四年九月中在雷多召開高級軍事會議，參加會議的有美軍將領史迪威、魏德邁、索爾登、工兵指揮官皮可（GEN, Peck）等，國軍將領有鄭洞國、孫立人、廖耀湘等，英軍將領有駐英法爾指揮官史林姆（Gen, Slim），以及總指揮部高級參謀人員。

會中經過詳細討論，決定緬甸第二期作戰計畫：

1. 緬北戰役第二期攻勢開始行動爲一九四四年十月中旬，結束時限爲一九四五年五月三十一日。
2. 戰區劃分：中國駐印軍自伊洛瓦底江卡盟（加邁）以北，東西堡，再東至薩爾溫江的曼邦爲止。此線以南爲英軍的戰區，以北爲中國駐印軍戰區。
3. 作戰兵力：新一軍，獨立步兵第一團，美軍獨立支隊，及總部所屬特種部隊爲主。
4. 中國戰區所需裝備及訓練，由副總指揮鄭洞國中將負責。
5. 作戰指揮由新一軍軍長孫立人中將負責，有陸軍、空軍及工兵之調動權。
6. 總指揮部必須通過軍部，始能指揮中國部隊，不能再像過去透過美軍聯絡官，直接指揮部隊作戰。

會中，孫立人將軍曾就緬甸整個戰局發表他的作戰意見。他說：

敵人認爲中印公路的通車，對我國具有政略及戰略的重要意義，所以日本決定不論犧牲五十至六十萬軍隊，都要徹底擊敗我軍打通中印公路的計畫。目前敵人雖因出兵進攻印度失敗，只能有四十九、五十六、第二及十八等四個殘缺師團，糾集於八莫、南坎及臘戍地區。待我軍開始行動，日軍仍有力量將其在緬中及緬南的三個師團調到緬北增援。要達到在緬甸的日軍無法集中兵力，使我們有將其各個擊破的機會，除了中國駐印軍要實施全面攻擊外，英軍也要分三路進攻。第一路從阿拿關進攻，牽引住日軍在緬南的一個師團。第二路從英法爾進攻，牽引著緬中的日軍。第三路爲主力，自卡薩南下，進攻緬甸的心臟色格地區。這樣的話，因爲戰區遼闊，日軍兵力分散，我方可以自由選擇敵人的弱點，予以各個擊破。

以目前新一軍的兵力，可分兩路前進。本人親率新三十八師爲前鋒，攻佔八莫，新三十師進攻南坎。新三十八師攻佔八莫後，立即南下攻擊臘戍，使敵人沒有調動相互支援的機會。五十師及獨立步兵團則在卡薩北面渡伊洛瓦底江，和英軍齊頭東進，肅清中英兩軍中間地帶。美軍麥支隊暫時爲預備隊，待有必要時再派遣任務。

爲著迅速扭轉整個政略及戰略形勢，本人建議這次進攻採用『掃蕩』戰法。所謂『掃蕩』戰法，就是不以完全攻佔敵人的大據點爲主，而是將其孤立或包圍，主力則繼續前進，打擊敵之援軍，或攻擊敵之另一據點，這就可保持自由選擇戰場，和運用優勢兵力打擊敵之弱點。凡被孤立的敵人據點，最好給以突圍的缺口，我軍可在缺口外，預設埋伏，將其截擊消滅。

本人預計一九四五年二月，中印公路應可通車，三月我軍應該佔領臘戍，只要臘戍攻佔，緬甸戰爭就可結束。因此本人建議所有部隊在十月開始行動，英軍主力應在中緬，目的是在牽引中緬之日軍，要保持實力，待臘戍攻佔，中國駐印軍把通往泰國清萊之公路切斷後，日軍因海空軍已無作戰力量，勢必要急速自緬撤軍，至時英軍就不必攻堅，祇要

進軍就可佔領了。❶

孫軍長這一席話，大家聽了無不讚佩。他自己帶領軍隊打前鋒，英美軍隊只要密切配合，就可坐享勝利的成果。

一九四四年十月十日，總指揮部下達第十八號作戰命令，規定將中英兩國部隊分爲三個縱隊：

㈠西部縱隊由英軍第三十六師爲主，於十月十九日肅清荷平一帶之敵，沿密支那曼德勒鐵路前進，擊滅所遇敵軍，佔領卡薩，印道地區。

㈡中央縱隊由新六軍擔任，要求新二十二師於十月十九日到達荷平，向南推進，佔領伊洛瓦底江南岸的瑞姑地區。

㈢東路縱隊由新一軍組成，迅速向八莫推進，擊滅八莫及曼西地區之敵。

新六軍從孟拱南下佔領瑞姑後，適值日軍進攻貴州獨山，貴陽告急。軍事委員會於民國三十三年十二月一日下令，急調第六軍直屬部隊、新編第二十二師及十四師返國，先空運到雲南霑益，後轉運到湖南芷江，保衛戰時陪都重慶大後方的安全。留在緬甸的第五十師撥歸新一軍建制，此後打通中印公路的責任，完全落在新一軍身上了。

這樣反攻緬甸第二期作戰路線，就變成東西兩翼，東翼是新一軍，西翼是英軍第三十六師。孫軍長從全局考慮，再次主動向英軍伸出援助之手，派出第五十師去支援英軍新三十六師，接替在瑞麗江北岸的陣地，直到其完成攻佔卡薩，印道一線的任務。英軍三十六師師長菲斯汀少將及其全體官兵無不倍受感動，所以他們對孫將軍特別感激。❷

(二) 攻克八莫

十月初，緬北雨季已近尾聲，新一軍經一個多月的休整，部隊戰力已經恢復。十月十五日，孫立人軍長統率新一軍全部渡過伊洛瓦底江，指令新三十八師爲第一線兵團直撲八莫，新三十師爲第二線兵團。

從密支那到八莫有兩條道路，一條是密支那到八莫公路，跨越太平江，直達莫馬克向西一拐，即達八莫；另一條是在公路以東，大體上與公路平行，沿高黎貢山西側，蜿蜒在山頂之間的古驛道。發源於高黎貢山的太平江在廟堤和那龍之間有兩個急轉彎，先是向西流去的太平江，在那龍附近突然急轉向北，到廟堤附近，又折向西南方流去，匯入伊洛瓦底江，所以太平江在這裡與八莫之間形成一個三角地帶。

新三十八師經半個月的閃擊攻勢，推進二百四十多里，十月二十九日擔任正面攻擊的一一三團，以兩翼夾擊的態勢，經一夜激戰，擊滅廟堤一個中隊的守敵，佔領太平江北岸正面的全線，使八莫敵軍的外圍防禦陣地，完全龜縮在三角地帶的裡面。

孫軍長於十月三十日早上，乘吉普車到達太平江北岸，坐鎮指揮，聽取師團部隊長及偵察員的敵情報告。孫軍長認爲廟堤南岸太平江與八莫夾成的三角地帶，地勢平坦，沿江工事密佈，其間八〇七高地明碉暗堡，工事強固，如由廟堤進攻，必會蒙受重大傷亡，最後他決定變更部隊佈署，採取明燒棧道，暗渡陳倉的戰法。

十一月三日中午，一一二團奉命秘密向左側山地循古驛道向前推進；同時在太平江上游渡江的一一四團，以迅雷之勢向莫馬克猛進；一一三團則在正面佯動，牽制敵人。

左翼旋迴部隊所經過的路程，都是海拔六千尺以上連綿起伏的山地，與隆卡巴附近地勢更爲險要。清代傅恆征緬取道的銅壁關即在此處。從工程偉大的鐵索橋上，俯瞰太平江，浪濤奔騰，驚險萬分。陳鳴人團長率領一一二團首先佔領這一帶險地。接著李鴻師長帶著王東籬的一一四團迂迴過去，兩支人馬以迅雷不及掩耳之勢，全線衝出山地，攻佔莫馬克（Momauk）東側的卡王，並將莫馬克以北到廟堤間公路東側的敵軍據點完全攻下，造成全軍的有利形勢。

這時在太平江正面擔任佯攻的一一三團，眼看本師的主力都已迂迴過去，自己老是和敵人相持不下，十分著急。趙狄團長先後派人偵察四個渡河點，都是因爲受到敵人火力控制不能成功，最後他決定了硬從廟堤正面強渡過去。十一月八日夜晚，他挑選六個精幹的士兵，教他們潛水過江，到對岸敵人陣地偵探虛實。這六位勇士是段仲權、曾祥進、王大富、陳德、廖林銀、鄧善清。江水又寬又深又急又冷，一共費了三個小時才游過去。江面的寬、江水的深和江流的急，對於這六位藝高膽大的英雄，沒有什麼害怕，只是刺骨的寒冷，使他們肢體僵木。他們過江之後，便從敵人陣地左近看出了破綻，急忙放出信號，在廟堤江岸等候已久的第三連，什麼都準備好了，立刻浮水過去。這時敵人還在睡夢之中，游過河的部隊沒有費力，便佔領了陣地，接著，其他各營連都放心大膽的渡了過去。

趙狄團長率隊過江之後，分道順著新舊公路，直撲莫馬克，至十一月十六日，已將八莫市區外圍大小村落和三個飛機場完全佔領。第二線兵團新三十師也推進到廟堤，接替太平江北岸的防務，並以一部兵力過江，和新三十八師取得密切聯絡。

新三十八師左翼主力，向莫馬克及公路線上攻擊的部隊，和從廟堤南下的部隊會合後，即轉向莫馬克攻擊，一一四團經過一番苦戰，於十四日下午攻下莫馬克。一一二團從莫馬克東側山邊小路向西南攻打曼西，十七日把曼西佔領，斬斷八莫通南坎的公路，從此八莫敵軍不但等待增援轉移攻勢的企圖完全破滅，且已陷入重重緊密的包圍圈中，而被困於死地了。

八莫市區不大，南北長五公里，東西寬三公里，市內湖沼很多，形成龜背形高地。日軍利用此一地形，構築起堅固工事，犬牙相錯，彼此都能相互策應。工事做得十分隱蔽，火力控制也很靈活，我軍進攻稍有大意，就有側背遇伏的危險。

孫軍長進攻八莫作戰的部署：指令一一三團負責從東南方面向市區進攻，一一四團負責從東北方面向市區進攻。敵在市區西部的主陣地，包括陸軍監獄，憲兵營房和老炮台，都構築得極其堅固。孫軍長遂向總指揮部要求，派來一五五毫米重砲連前來助陣，先集中砲擊，徹底摧毀日軍工事，然後再由士兵衝鋒攻堅。

攻城的部隊漸漸的逼近市區了，敵人拿出看家的法寶，戰車，各種大砲，還有肉搏隊。

在複雜的地形和堅固的陣地前，全面總攻擊會招致重大傷亡，我軍只有逐碼前進，逐次縮小包圍。白天，由於我們的空軍和砲兵十分活躍，使得步兵勇氣更提高了，他們勇敢得近於冒險。十一月十八日那天，因爲後方沒有把彈藥按時輸送上去，步兵的子彈打完了，整夜和敵人拚刺刀，剛巧十九日早塲又是一塲大霧，天還沒亮，敵人的肉搏隊就藉著濃霧的掩護，摸到一一三團二三兩連的陣地，衝進交通壕，在窄狹的戰壕裡，一切的武器都無法施展，彼此都拿著刺刀肉搏，一個輕機槍手被敵戳死了，預備槍兵陳雲興右肋下也挨了一刀，他手無寸鐵，只有兩隻手，急忙用左手順著來勢把敵刺過來的槍按在地下，右手迅速抓著敵人的咽喉，他的五個手指，立刻變成了五隻鋼鈎，戳通了敵人的喉管，最後他用力一扯，連敵人的喉頭都從喉管裡抽了出來。這件英勇事蹟，不但傳遍了緬北戰場，而且還轟動了成都，因爲他是成都人，所以成都各報都誇讚這位成都英雄。❸

攻城戰進行至十二月十四日，東、南、北三大據點均被我軍攻佔，最堅固的陸軍監獄、憲兵營房和老砲台，也都攻下。攻城大軍沿著江岸馬路直搗敵軍腹部陣地時，恰好與守城指揮官原好三大佐和他的衛隊遭遇，在混戰中，打死了原好三大佐。指揮官一死，敵軍頓時紛亂。當晚我軍加緊夜擊，惡戰通宵，殘敵有六十多人趁著黑夜跳進伊洛瓦底江逃命，但一一二團派往伊江西岸一個營的兵力，久候多時，未使敵軍一人漏網，至十二月十五日中午，八莫城裡的殘敵全部被肅清。❹

孫立人在攻擊八莫戰中，靈活運用迂迴夾擊的戰術，襲擊敵人，使敵人無從判斷我軍攻

新一軍北緬第二期攻勢作戰行動概見圖

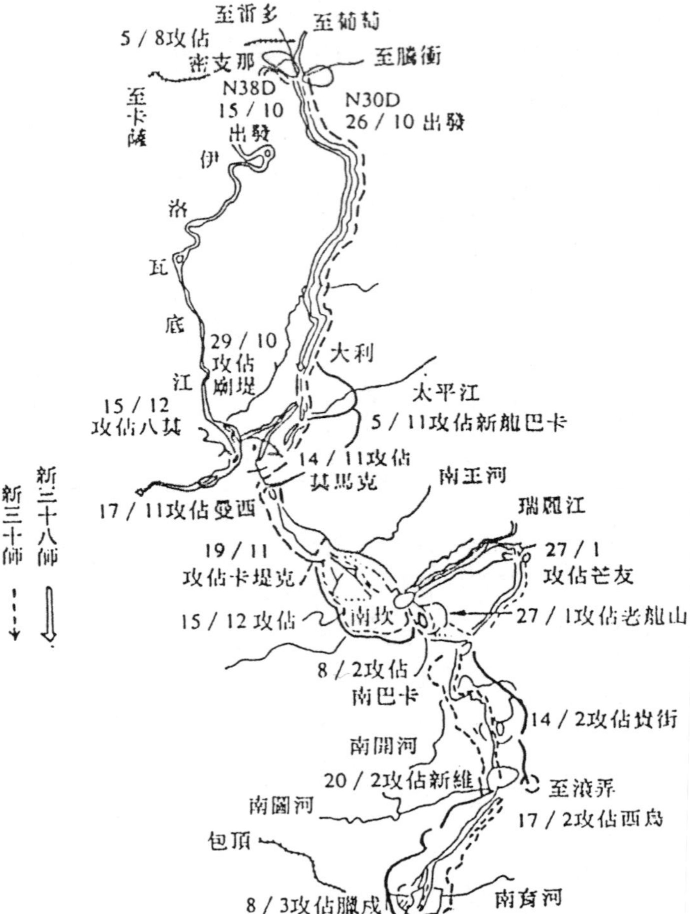

（幹子傑先生提供）

擊的時機與地點。同時他利用優勢兵力和精良武器，沉重打擊了日軍。日軍守城指揮官原好三大佐率五千多人部隊，原訂計畫要死守八莫三個月，結果僅二十八天就被新三十八師攻下，盡殲敵軍，成爲第二期緬北反攻戰中漂亮的一仗。❺

爲紀念此一戰役的偉績，盟軍緬甸當局特把從莫馬克到八莫市區的一段公路定名爲孫立人路，將八莫市區中心馬路，定名爲李鴻路。

(三) 合圍南坎

孫軍長綜合各方情報得知，日軍正在南坎整補第二及十八師團殘部，又從朝鮮調來第四十九師團增援，南坎守敵已達一萬五千人以上，且連日沿公路加強防禦工事，在此情況下，他認爲南坎是中印公路必經之路，不能給敵人以整補與增援的時機。爲爭取戰略主動，正當新三十八師猛攻八莫，襲佔曼西，切斷八莫南坎公路的時候。十一月底，孫軍長命令第二線兵團唐守治師長率新三十師，分三縱隊間道越過八莫，沿八莫至南坎公路及其東側地區南下，對南坎發動攻擊。

南坎位於八莫的東南方，相距七十一英里，是明代木邦宣慰司直轄的土地，在瑞麗江南岸，爲緬北的產米區。南坎地區爲一狹長的谷地，四面都是高山，地形低窪平坦，土質鬆軟，不利於守，更不利於攻，所以爭奪南坎，必先爭奪四圍的制高點。

新三十八師從八莫南出，到馬丹陽（Madanyang）便進入山地，萬山叢錯，山勢一路往上升，到了卡的克（Kailtik）又逐漸下降，一直到南坎，都是下坡，因此，卡的克便成爲這一帶山區的分水嶺，形勢非常險要。再加上南邊有五三三八奇峰，和北邊的蚌加塘高地，互爲犄角形勢，進可以攻，退可以守，爲決定南坎爭奪戰勝負的關鍵，敵軍在這一帶高地，構築許多秘密陣地，派有重兵防守。

十二月三日，新三十師先頭部隊分別在般康（Pamghkam）西北及南于（Nanyu）附近與敵遭遇，發生激戰。五日，第九十團搶先佔領八南公路西側的五三三八高峰。八日深夜，該團第二營的下士劉良鈺和陳崑二人都是知識從軍青年，埋伏在山腰一個交叉路口的隱蔽處，用六十枚手榴彈消滅了敵人一個加強中隊，斃敵八十六名，陳崑壯烈犧牲，劉良鈺受傷。❻九日，日軍在南坎負責指揮的山崎四郎大佐，集中部隊和砲火，對我軍猛烈反攻。這時負責攻擊任務的劉湘衡營長身先士卒，督率全營官兵，英勇與敵肉搏，反覆衝殺。唐守治師長也親自指揮師部特務連，在師指揮所附近與敵混戰。孫立人軍長由八莫趕到南于，冒險深入前線，親自指揮戰爭，不久敵軍即被全數消滅。

在混戰中，孫軍長看出日軍兵力雄厚和企圖積極，他分析了當時的敵情和當地的地理環境，認爲南坎盆地正面開闊，沒有掩護進攻部隊的屏障，易受四面高山的瞰制，其東南山地高峰迭起，多在六千英尺以上，橫亙數十英里。南坎平原又有瑞麗江蜿蜒於其西北，天塹自成。敵爲預防我正面渡江進攻，以重兵部署於南坎瑞麗江東側，正面進攻勢難成功，且會造成我軍重大傷亡，如我以奇兵背出其後，定能將敵包圍於南坎盆地，聚而殲之。

根據這一設想，孫軍長速將在曼西警戒的八十九團，星夜調赴前線，在丁家附近集結，先頭部隊偷渡瑞麗江，佔領曼克浦一線高地，目的在於掩護我軍主力渡江。又由八莫方面抽出新三十八師一一二團，從敵右後山地鑽隙迂迴敵後，相機截擊。九十團在正面繼續進攻，佯裝渡江，以迷惑敵人。十二月十四日，敵軍主力轉移至左翼，向我五三三八高地猛烈仰攻，在一日之間，發射三千多砲彈，九十團第三營陣地完全被毀，營長王禮宏壯烈犧牲。日軍砲擊之後，步兵即以密集隊形，作自殺式的連續衝鋒，我軍雄踞在山上面的輕重機關槍，衝鋒槍、步槍一齊發出砲火。敵人不分晝夜，一連衝了十五次，都被山上的火舌吞噬了。國軍官兵也殺紅了眼，一個中國士兵，衝到日軍戰壕指揮所裡，幾乎活捉了山崎大佐。當時日軍第三十三師團聯絡官在日記上記述這件事說：「一個中國兵，竟敢與日本整個軍隊拚鬥，是他長期軍旅生涯中所看到的第一次。」❼

在敵軍猛攻五三三八高地時，八八團健兒正從左翼蚌加塘高地向馬支（Magi）攻擊前進，截斷正面敵軍突擊部隊的交通線，從公路東西夾擊，於十九日將卡的克及卡龍（Hkalum）完全攻下，敵軍神田大隊和陣地同時毀滅。

新年在槍砲聲中，悄悄的溜了過去。陳鳴人上校率領左側獨立支隊一一二團，從南宛河北岸的崇山峻嶺中，覷破敵陣的空隙，於三十四年一月六日，強渡到中國雲南境內，佔領壘允（Loiwing）和中央飛機製造廠舊址。三十一年陳納德將軍率領飛虎隊曾使用這裡機場，和日軍作戰數月，現在又被國軍收復。新一軍官兵回到祖國懷抱中，大吃豆腐，這是幾年來

沒有吃到的故國口味，弟兄們都打了一次牙祭，算是慶祝新年。❽

一一二團取得壘允後，再向前進攻，佔領南坎北面一帶高地，續向東攻擊，和滇西國軍遙相呼應。新三十師正面攻擊的部隊，也控制了南坎西面的大部山頭，只要奪取西南角上一個缺口，就可完成合圍形勢。

南坎以南是一長形高地，滇西國軍曾以一個加強團的兵力，兩次進攻，均未成功。陳鳴人團長率軍抵達後，先偵察敵情與地形，再回到滇西國軍指揮部，會商合擊策略，滇西國軍主動要求，讓新一軍單獨去攻打。

三十四年（一九四五）一月三日，孫軍長召集唐守治和李鴻二位師長面授機宜。他鄭重指出：「根據我的經驗，迂迴雖係山林作戰唯一的有效取勝方法，但以一個縱隊實行深遠迂迴，常因敵情變化，地形地貌的複雜，以及一些必經過程中無法避免的行動，以致中途為敵所發現、阻撓，使得無法貫徹原訂的作戰計畫，甚至有被各個擊破的危險。當面之敵，以重兵扼守老龍山，如我祇以一路出擊，結果可能有三種不同的結局：(1)可能為敵主力所阻抑；(2)無法實施迂迴而轉為正面的戰鬥；(3)有孤軍深入，補給困難而後援不繼的危險。」❾

因此，在攻克八莫之後，孫軍長又將一一四團調來，為了攻擊南坎，使用了五個團兵力，以求達到分進合擊之效。

一月五日，一一四團緊跟著八十九團後面，由南坎西面的古道山脈中鑽出來，佔領了西南角上一帶高地，合圍缺口漸漸縮小。七日，這兩支迂迴部隊行進到瑞麗江邊，不想到竟碰到淋漓大雨，這是在緬北乾季中極少有的現象，原來不過一百尺寬的江面，一夜之間就加寬到四百多尺。南坎四圍，因爲地勢高峻的緣故，早晚氣候本來已經很涼，雨中更加倍覺得寒冷，晚間把三床毛毯雙疊起來蓋，還冷得縮成一團。而瑞麗江也並沒有像它的名字那樣瑞麗，波濤洶湧，卻是一條令人心悸的河川，它的兩邊都是懸崖絕壁，許多很大的亂石參差的藏在水中，形成很多險惡的水灘，水深平均在一丈五尺以上。迂迴部隊沒有因爲大雨寒冷和江水的險惡，遲緩他們的行動，連夜冒著大雨渡過瑞麗江。過江之後，行動更爲艱難，東岸山峰更陡，泥濘路滑，騾馬跌死很多，爲了達成作戰任務，大家都忘記了艱辛。八十九團從西南朝東北緊緊的把南坎西南面的缺口堵住，一一四團便向南伸展，截斷南坎以南公路，斷絕敵人後援和補給。

南坎四周的制高點都被我軍奪取之後，向南坎腹地挺進的我軍，更顯得活躍了。十一日，九十團的主力順著瑞麗江北岸秘密南下，趁著大霧迷濛偷渡過江，和八十九團作內線平行運動。十四日，這兩個團都到達南坎西南一帶六千尺以上的森林地區，兩邊會商停當，一個從背後，一個從側面，同時直撲南坎。十五日早晨，南坎河谷又撒滿了濃霧，擔任側面攻擊的九十團，便藉著大霧的掩護，從田壠中以廣泛的正面向南坎突擊。這時東北側各山頭站滿了滇西國軍，一邊觀戰，一邊助威，更加激發了新一軍的士氣，不到兩個小時，進攻部隊便在砲火掩護下，衝上了山頭。十一時半，霧剛剛散，南坎便被我軍佔領。滇西國軍官兵站在高地上，看到新一軍這一場實戰示範演習，大加讚賞，誇獎新一軍「步砲協同良好，官兵勇敢善戰。」⑩

當南坎被攻克之初，盤據在老龍山要塞之敵，曾集結其主力，向我八十九團反撲，妄圖將我八十九團殲滅於老龍山谷之間，但敵人萬沒想到「螳螂捕蟬，黃雀在後」。這時一一四團早在南坎以南老龍山區迂迴等待，俟機伏擊殺敵。敵人這一行動，正中我一一四團下懷。夜裡伏兵四起，殺得敵軍張皇失錯，慌亂地向芒友方向逃竄。

南坎奇襲的成功，孫立人軍長感到非常高興和滿意。正如孫子兵法所謂：「兵之情主速，乘人之不及，由不虞之道攻其不戒也。」孫將軍把孫子這一戰略思想發揮得淋漓盡致，達到出神入化程度。

當我軍攻克南坎後，部隊乘勝向臘戍前進，潰散於南坎附近老龍山之敵尚未肅清。當新三十八師一一四團猛攻南巴卡時，曾配屬一〇五毫米重砲一連作戰，因夜戰非常激烈，原擔任砲兵連警戒任務一排步兵，被其連長陸嘉昌調回增援，遂爲日軍突擊破壞組所乘，將四門重砲炸毀。砲兵指揮官王及人上校認爲陸連長及連附謝寬貽誤戰機，簽請處以死刑。孫軍長批交軍法處處長彭煉上校會同情報參謀潘德輝查辦。潘參謀認爲砲兵既配屬於一一四團，應請一一四團團長彭克立提供意見，以爲處理之依據。經面報軍長採納後，即由彭處長與潘參謀兩人同去前線拜訪彭團長。彭團長說：「前線戰鬥激烈，警戒排調回增援，砲兵本身防衛能力差，又值黑夜，山砲被毀，我這個當團長也有責任。查該陸嘉昌連長平時教育訓練非常認眞，全連士兵射擊命中率極佳，此次勇敢作戰，擊退頑敵，可以說已盡到連長責任。因戰

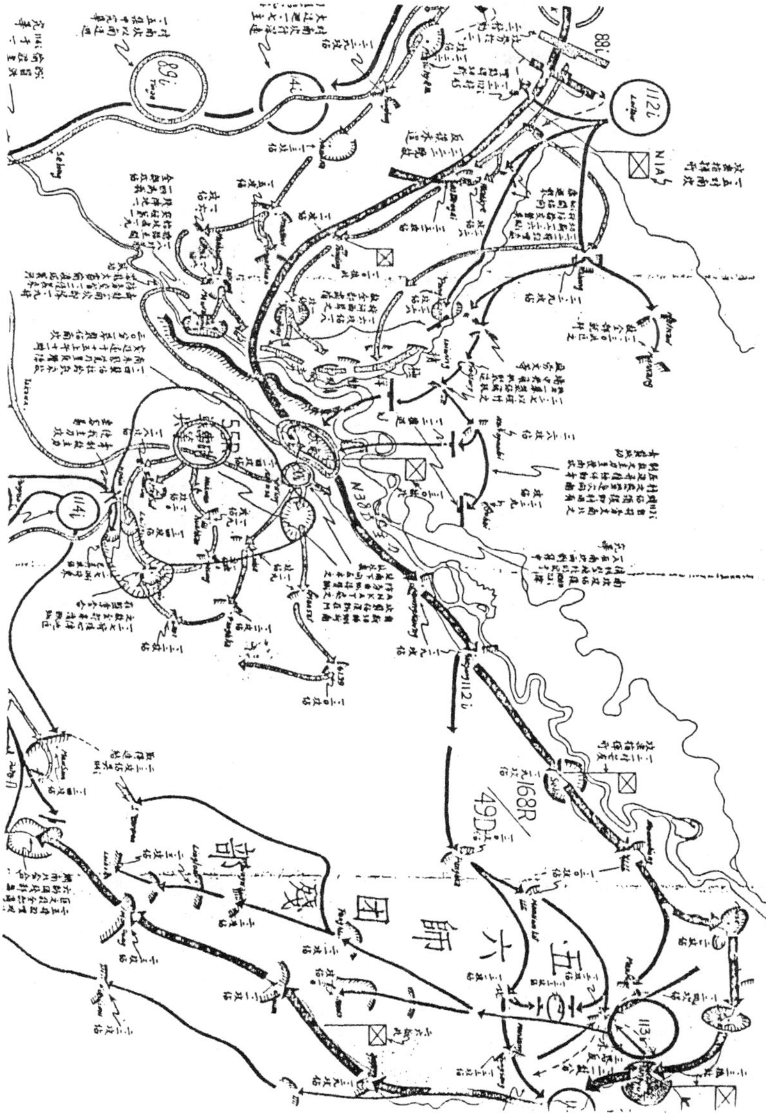

陸軍新編第一軍南坎芒友附近戰鬥經過要圖

鬥情況特殊，始將警戒排調回，顧慮欠週，請從寬處分。」彭處長和潘參謀回報軍長後，孫軍長批交軍法處裁決，不予軍法起訴，改爲行政處分，將陸謝二人各降一級，調軍部服務。孫軍長軍紀嚴明，違紀必究，但其心地寬厚，處理具體案件，量刑務求允當，從不草菅人命。⓫

美籍教士隨納夫（Dr. Seagrave）醫師，在南坎傳教多年，並在南坎設有醫院，爲當地人民治療疾病，活人無數，南坎成了他的第二故鄉。日軍侵佔緬甸後，隨納夫醫師隨軍撤退，史迪威將軍叫他帶著緬甸醫師護士，開設野戰醫院，隨軍服務。反攻緬甸期中，對我傷患官兵的救護，熱心負責，官兵無不感激。這時，孫立人軍長爲表達對他的感激，特請他率先進入南坎市，榮歸故里，受到南坎民眾熱烈歡迎。他去察看那已破壞不堪的他的醫院舊址，並去他的妻兒墳墓祭弔。戰後他回到美國，寫了「緬甸醫師榮歸」（Burma Surgeon Return），回憶他在緬戰中隨軍服務的各種情況。就在南坎光復後的第三天晚上，全城居民爲他舉辦了慶祝勝利歸來的盛大晚會，孫軍長及唐守治和李鴻兩位師長忙著指揮，肅清殘敵，而無暇出席，特派衣復得上校秘書及軍醫處長薛慶煜代表參加。是夜鞭砲齊鳴，鑼鼓喧天，全城居民和鄉間遠道而來的土著不下千人，在街上排成幾條長龍，載歌載舞，以迎王師。

註釋：

❶ 陳立人著《緬甸中日大角逐》第三三九頁及第三六三頁。

❷ 薛慶煜著《鷹揚國威》第二六四—二八五頁。

❸ 孫克剛著《緬甸蕩寇誌》第八十六—九十六頁。
❹ 薛慶煜著《鷹揚國威》第二八六—二九一頁。
❺ 戴孝慶、羅洪彰合編《中國遠征軍入緬甸抗戰紀實》第三七七—三八八頁，西南師範大學出版社。
❻ 戴孝慶、羅洪彰合編《中國遠征軍入緬抗戰紀實》第三八八—三九三頁，西南師範大學出版社。
❼ 新一軍參謀長史說撰〈從八莫之役到凱旋回國〉一文，載於《遠征印緬抗戰》一書第三四五—三五八頁。
❽ 孫克剛著《緬甸蕩寇誌》第八七—九六頁。
❾ 薛慶煜著《鷹揚國威》第二九一—三〇二頁。
❿ 新三十八師砲兵第一營營長王及人撰〈中國駐印軍的反攻〉一文，載於《遠征印緬抗戰》一書第三三二八頁。
⓫ 潘德輝撰〈半世追隨、一生被澤〉一文，載於《孫立人將軍永思錄》第一五一——一五八頁。

八、新一軍與滇西遠征軍會師

(一) 芒友會師

南坎光復後，第二天上午十一時半，上空出現了幾架戰鬥機，接著有三架「空中吉普」

著陸，載來了魏德邁、索爾登、戴維斯三位將軍。索爾登將軍戴著一頂大舌頭的中國軍帽，營長以上的官佐，大概都認識他；魏德邁老是住在重慶，這還是第一次到緬北前線來，駐印軍官兵除了少數高級將領之外，都是只知其名，未見其人；戴維斯將軍是美陸軍第十航空隊司令，他的部隊一向是在天空中協助國軍作戰，性情豪爽，口裡老是嚷著孩子們長孩子們短的。他們匆匆在軍部吃了午飯，就和孫立人軍長一道向遮放飛去，大家都意識到「中印公路」快通車了。

在遮放中國遠征軍第十一集團軍的指揮部舉行會議。中國戰區參謀長魏德邁說明：芒友雖屬於中國遠征軍的戰區，因兵力不足，又缺乏重武器，蔣委員長要求早日通車，決定由駐印軍協同作戰，打通中印公路。中國駐印軍總指揮索爾登認為駐印軍是中國戰區屬下的部隊，自應服從中國戰區統帥蔣委員長的指揮，至於要如何實施？請問孫立人將軍意見。孫將軍說：「我是軍人，絕對服從命令。使用駐印軍掃清中印公路沿線敵人不成問題，也不需遠征軍協助，請指定日期，剋日進行。」魏德邁指示：「日期越快越好，但不能超過一個月。中印公路沿線打通後，在芒友舉行會師典禮，在畹町舉行通車典禮。」索爾登中將說：「指定作業時間很好，不過一個月是否能達成，還請孫將軍決定。」孫將軍說：「我們原擬計畫要在四月底完成駐印軍作戰任務，所以預定一個月時間過長了，縮短為十五天，較適應整個作戰計畫，惟望各方面能夠配合。」孫將軍勇敢果斷的決定，得到會議中將領們一致的讚佩。❶

遠征軍司令官衛立煌與孫立人將軍握手互祝勝利。

駐印軍與滇西國軍在芒友舉行盛大會師典禮，
中美國旗同時升起。

十八日，何應欽總長派來代表慰問駐印軍。十九日，孫軍長從芒市回來，馬上實施掃蕩苗斯（Muse）和芒友（Mong Yu）敵軍的行動。

從十七日起，新三十八師主力將南坎河套之敵肅清後，即節節向東壓迫，至十九日，已推進六十餘里，前鋒逼進舊滇緬路進出的咽喉——芒友，並將芒友西北外圍重要據點苗斯攻克，與滇西國軍第一一六師前哨取得聯絡。

二十一日下午，孫立人軍長帶領著李鴻師長、葛南杉副師長、張炳言副參謀長，到了離苗斯約莫還有六七里路的一個小村中，那裡便是王東籬團長的指揮所。不久，史說軍參謀長、唐守治師長和龍國鈞師參謀長跟著趕來，他們剛剛到村口，附近忽然咯咯的響起機關槍來，史龍兩參謀長才一下車，坐在他們後面的衛士便大叫一聲，從車上摔了下來，其餘的人趕快的臥下，沒有受傷。發槍的地點，離停車處還不到一千步，王團長立刻派出部隊包抄過去，槍聲停止了，大家爬起來拍拍身上的灰塵，再回頭看看倒在地上那個衛士，不知已在甚麼時候死去了。大公報戰地記者呂德潤頑皮的說：「這回可算是新一軍遇險了。」大家都跟著笑了起來，似乎忘記了剛才驚險的一幕。

二十二日，南坎河谷的沃野，浴在初春和煦的陽光中，新三十八師兵分三路，發動猛烈攻擊：一一三團沿芒友公路南下，直取芒友；一一二團掃蕩芒友西側高地；一一四團秘密鑽入深山老林，截斷敵軍後方公路；三面總攻，一鼓而入，芒友就在二十七日被我軍全部佔領。滇西遠征軍在同一天攻克畹町。

中印公路打通後，中外記者聞訊，紛紛趕來參加會師及通車典禮。報導傳說孫立人將軍是緬北森林戰的「神狼」，都想藉此機會，一睹「神狼」的眞面目。孫將軍決定會師典禮的日期在一月二十八日，那是十三年前中國軍隊在淞滬抵抗日軍的紀念日。

一月二十八日上午九時，穿黃卡其布的新一軍和穿灰棉布衣的滇西遠征軍，分從不同方向，向芒友的廣場集中，穿灰布軍服的官兵，還在去中國的那條路口，豎起一個白布橫額，大書「歡迎駐印新一軍凱旋回國」，大家這才明白今天是滇緬國軍會師的日子。

會場是由新三十八師政治部和工兵營設計佈置的。正中搭起一座禮台，台是用有顏色的絲質降落傘張蓋起來的，台前是一個紅色的V字，台的正對面是兩根高豎的旗桿，右邊距台不遠有一個小山，滇西國軍爲了攻佔這個山頭，曾有一番壯烈爭奪的場面。黃色的行列是新一軍三十八師第一一四團官兵，他們站在台的左前方，灰色的行列是十一集團軍的一團健兒，他們站在台的右前來，大家都興高采烈前來慶祝國軍在滇西緬北取得的勝利。

十一點鐘了，偶然有幾片白雲，從廣場的上空掠過，官兵們的緊張心情，驟然感覺到一陣涼爽。公路上揚起很長的塵土，一隊吉普車群，漸漸駛近，最先下車的是衛立煌、索爾登、孫立人三位將軍，接著是許多高級將領，陸軍大學將官班三十幾位「學生將軍」，也趕來觀禮。會場總指揮官李鴻將軍下了立正口令之後，全場肅靜得鴉雀無聲，攝影的跑來跑去尋找鏡頭，新聞記者在爲這歷史時刻構思動人的報導題材。

首先舉行升旗典禮，軍隊奏起中美兩國的國歌，星條旗隨伴著青天白日滿地紅的國旗隨風招展，蔚藍色的天空，陽光顯得特別明麗，禮砲的響聲在山谷中迴盪。

滇西遠征軍總司令衛立煌將軍致詞說：「今天的會師，是會師東京的先聲，我們要打到東京，在那裡會師，開慶祝會。……滇緬戰場中美的合作，是值得我們永遠記憶的，同盟國不但在戰時要合作，在戰後更要合作來共建世界的和平。」索爾登將軍高興得把噪子提得特別的高：「今天是大家頂快樂的一天，也是中美合作最重要的一天，我想蔣主席和羅斯福總統今天一定也是特別高興。」他讚揚中國軍隊的英勇，對孫立人將軍更是滿口稱道。他也預祝：「中美軍隊到東京會師去，讓這兩面國旗飄揚在東京的上空。」

大家跟著高呼：

「打到東京去！」

「芒友會師是東京會師的先聲！」

「……………」

兩邊隊伍又各朝不同方向走去，灰色的行列回國了，黃色行列卻沒有如那幅白布橫額上所寫的「凱旋回國」。爲了確保中印公路的安全，新一軍的健兒們又回到緬甸戰場，去進攻新維及臘戍。

(二) 打通中印公路

中印公路從印度邊境雷多起，經緬甸北部密支那、八莫、滇緬邊界保山到雲南昆明，全程共長一五六六公里半。中間越高十三座海拔六千六百呎以上高峰，最高的地方達到九千二百尺。有許多急彎和百分之二十五到百分之三十的斜坡，還有幾座大橋。由雷多經過胡康、孟拱兩河谷到密支那的一段，長四四五公里半，幾乎全部都是人煙絕少的原始森林。從密支那到保山有兩條路：一條跨越伊洛瓦底江，經國界三十七號樁，由騰衝到保山，約三百公里；另一條路是由密支那向南至八莫，經南坎、芒友，通到滇緬公路的畹町站，由滇緬公路舊路，經龍陵到保山。從保山到昆明，完全走滇緬公路舊路。自畹町至昆明經過橫斷山脈、跨怒江、瀾滄江、漾濞江，有惠通、功果、陽溥三大橋。因為這條公路是聯接中印兩國的陸上交通，所以叫做「中印公路」。

這條公路是在史迪威將軍策劃下，於一九四二年十二月十日正式破土動工。最初擔任築路工程的，是駐印軍工兵第十團和第十二團，他們全憑人力，所使用的工具，只有斧頭、圓鍬和十字鎬，所以進度很慢。後來美國工兵第四十五團、第三三〇二團及第八四九二二航空工程營先後調來，帶來了開山機、平路機、打石機、排水機、起重機等現代化的機械工具，工作效率就大大的增加了。

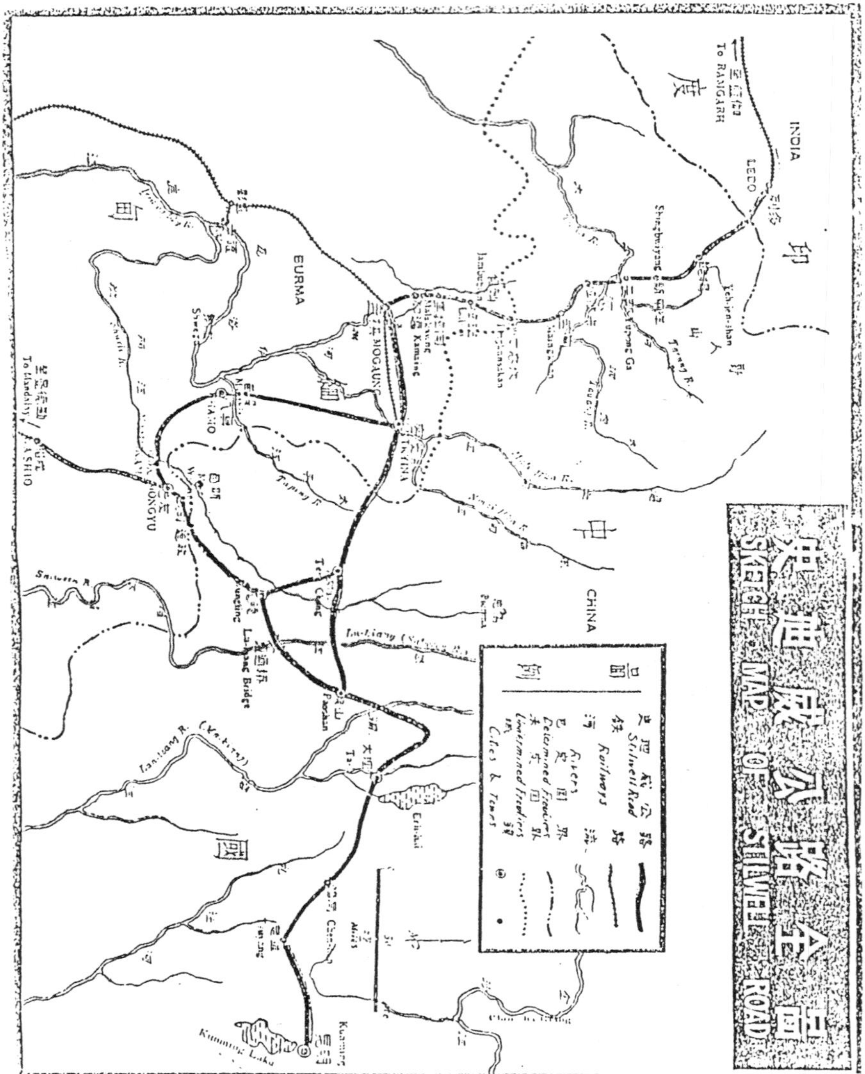
史廸威公路全圖
SKETCH MAP OF STILWELL ROAD
圖例
史廸威公路 Stilwell Road
鐵路 Railways
河流 Rivers
已定國界 Determined Frontiers
未定國界 Undetermined Frontiers
城鎮 Cities & Towns
INDIA
LEDO
To RAMGARH
BURMA
MOGAUNG
CHINA
Kunming Lake
Lantsang R.
Salween R.

民國三十二年（一九四三）十月，新三十八師攻下野人山。美方特從美國把著名的築路工程專家皮可將軍（Lewis Pick）調來主持中印公路的修築工程，中方也派來軍委會運輸管理局副總工程師李溫和等人前來協助。由於前方步兵進展迅速，皮可將軍決定僱用印度、尼泊爾、西藏民工七千多人，一天分三班，二十四小時輪番趕工，日夜不停。

築路工程人員緊隨著戰鬥部隊之後，步兵剛把前面的敵人打走，工兵就馬上趕著動手，面臨一片蒼茫林海，唯一可循的人跡，只有步兵作戰時用緬刀砍出來的幾條泥濘小道，但是工程進度始終緊隨著步兵前進，步兵打到那裡，公路修到那裡。築路工兵，除掉沒有戰鬥傷亡的危險，其餘所受到的辛苦，和步兵完全一樣，在雨季中，胡康、孟拱兩河谷的洪水氾濫，把路基沖壞了，甚至於淹沒了，但是經過不斷的改善和改道後，這條公路終於建成了，暢通無阻。

密支那以下，經八莫、南坎到畹町，一路都是舊有公路，工兵只須做一些加寬和填平的工作。由畹町去昆明的一段，屬於舊滇緬路的範圍，在中印公路還沒有打通的時候，已在中國民伕趕修完成了。

中國駐印軍打通中印公路，可說是正義戰勝暴力，中美工兵能把中印公路修通，就是人類戰勝自然，前者的勝利和後者的成功，都是人類歷史上創造出來的奇蹟。

中印公路的名稱很多，美國人因爲它是從印度阿薩姆省雷多開始修築的，所以叫它做雷多公路（Ledo Road），又因它是中美工兵合作修成的，又叫做「華美路」，更有人因爲中美軍事合作開闢這條路，目的是要打到東京去，所以又叫它做「到東京之路」。一位戰地記者幽默地說：「這正如一個大人對於他所喜歡的孩子，不知怎樣叫它才親熱。」中印公路打通之後，蔣主席爲著紀念史迪威在反攻緬甸及修築這條公路所作的貢獻，給它定名爲「史迪威公路」。

一九四五年一月十二日，中印公路的第一支車隊，滿載著美國的援華軍用物資，在總工程師皮可少將的率領下，從印度的雷多出發，浩浩蕩蕩地向東奔馳，中途在密支那休整了一個星期，一月二十四日，全隊抵達南坎又停了三天，等著新一軍把芒友攻下來。

車隊行駛經過新一軍戰地司令部時，孫立人軍長特別設宴洗塵，席上有中國和澳州的食物，美國香煙、英國火柴、印度美酒，赴宴的人有運輸車隊中的中美司機、軍官，和中、美、英、澳、印各國的戰地新聞記者，是一個富於國際性和歷史性的招待會。

孫立人軍長眼看著這一批行將開入國門的車隊，在他親手指揮打開的史迪威公路上，一輛一輛的駛過去，臉上流露出有抑制不住的興奮。他在招待會上說：「反攻緬甸之戰，自從一九四三年十月二十四日由新一軍的新三十八師正式揭開，我們經過了種種不可克服的困難和障礙，憑著將士們勇敢無畏和吃苦耐勞的精神，終於順利的打通了中印公路。而且作戰部隊所佔領的區域，盟軍供應部隊很快即完成了一切善後的工作，中國作戰部隊和盟軍供應部隊完全是合作無間的。」他對美國陸軍醫務人員服務熱心和工作效率，極力讚揚。他說：「新一軍有許多受過六次傷還繼續在戰場上作戰的弟兄，這應該歸功美軍醫務人員的努力。」

說到這裡，他忽然轉過話題，聲調漸漸的沉重起來，他希望中美雙方要充分利用這條國際公路，否則便對不起那些來不及救治而死亡的萬千烈士。❷

民國三十四年（一九四五）二月一日，車隊開到畹町，駕駛員都把藏在車箱裡面的中美國旗拿出來插在車頭上，前來參加通車典禮。禮台後面靠著一條小河，河上橫起一座木橋，兩頭都搭起彩牌樓。

是日風和日麗，陽光燦爛，參加盛典的中外官員和記者，臉上也都春風洋溢。行政院宋副院長子文穿著一身深藍色西裝，站在台上講話。他說他是代表蔣主席前來主持這個通車典禮，並向全體爲這條路奮戰的將士致敬。他不用翻譯，說完了國語，再說一遍英語。來賓中講話的有緬北戰區指揮官索爾登將軍、皮可將軍、陳納德將軍、戴維斯將軍。中方將領參加的有衛立煌、孫立人、宋希濂、霍揆彰等二、三十位將官，大家都高興極了。

慶祝典禮完成，接著剪彩通車，領先的第一部吉普車慢慢的駛過木橋，上面坐著皮可將軍，手裡揮著一枝白色手杖，這是他的特別標誌，許多頂帽子拋向天空飛舞揮揚，歡聲雷動，響徹山谷。

二月四日上午十時半，通過中印公路的首批車隊，在三架美軍飛機翱翔上空引導之下，浩浩蕩蕩開抵昆明西站。在昆明市民舉行的盛大歡迎會上，皮可少將把第一批運輸來的美援物資清單遞交給美陸軍供應部主任齊夫斯中將，齊夫斯當即轉交給雲南省主席龍雲，由他代表中國政府接收。然後龍雲將一面「勝利之路」的錦旗獻給皮可少將，酬答他領導建築中印公路的勛勞。歡迎會後，從印度開來的一百多輛的車隊沿著環城馬路，遊行市區，夾道歡迎的群衆有六萬多人。大家都懷著興奮的心情，爭睹負責打通中印公路的英雄們的風采。❸

㈢ 中印油管通油

中印公路通車的同時，中印油管也通油了，中印油管全長一千八百五十英里，是當時世界最長的油管，與中印公路同樣是一項艱巨的工程。一九四三年八月，美英首腦在魁北克會議中，決定從印度敷設一條油管通到中國，與修築中印公路同時施工。

油管的裝置，是一節一節聯結起來的。它是一種口徑四英寸大小的鋼管，每節長二十英尺，節與節之間，用鋼夾夾著，再用螺絲扭緊。中印油管所用的是一種輕便式的油管，可以很快的敷設，也可以很快的拆除運走，有許多自動開關的舌門和調節油量的裝置，這種輕便式的油管，是二次大戰時最新發明的產品。

油管從印度加爾各答敷設起，通過布拉馬普得拉河谷，進入阿薩密省，在印度境內這一帶地勢平坦，人煙稠密，所以敷設的速度很快，在駐印軍反攻緬甸之前，油管已經修到雷多。油管在加爾各答的起站是海平，到雷多也不過海拔四百尺，再往前爬上野人山，就隨著史迪威公路盤旋於叢山峻嶺之間，忽而上昇，忽而下降，有時因爲公路曲折太大，又另從便道，採取直線，架過幾里路後，再與公路會合。有時因爲遷就地形，不得不深深的埋在地下，或是高高的架放木樁的上面。由於這些起伏地形所給與油管的激烈影響，油管工程處特在沿線各油站分段加以大小不同的壓力，使它保持一定的流速，以免上坡時流不動，下坡時流得太快，甚至有將油管壓破的可能危險。

中印公路逐段修通，逐段使用，中印油管也是一樣，自從油管修到雷多後，每天便把從加爾各答輸送來的汽油，儘量的供應給活躍在緬北前線的飛機、卡車、吉普車和其他車輛使用。

爲求全部油管工程進度加速，施行分段從兩端同時開工敷設。油管工程人員，也是和築路的工兵一樣辛苦，他們緊隨著步兵之後，在那些人跡不到的地方流汗工作。油管不斷的從加爾各答用火車裝運到雷多，再從雷多用卡車運到敷設的地點。中國境內的一段，也是同時開工，美軍飛機從印度把油管一節節的空運過去，交給軍委會戰時運輸管理局油管工程處，由中美雙方的工程人員與兩千多名中國工人的共同努力，終使中國境內敷設的油管，與從緬北東來的油管銜接了起來

中印公路通車以後，中美軍事當局接著就宣佈了中印油管通油的消息。卡車從中印公路上不斷把軍火運到中國去，增強中國國軍的裝備；四英寸油管在最高壓力下，每小時可輸送一萬六千八百加侖汽油，以增強中國戰區的動力，推動中國戰局向勝利之路邁進！❹

(四) 安葬異域忠骸

在中印公路通車前夕，重慶大公報隨軍記者呂德潤特意到孫立人軍長的指揮所去道別。孫軍長的指揮所在密支那的一間木房子裡，座落在伊洛瓦底江邊。室內只有他的那隻獵狗，室外也只有靜悄悄的崗哨和滔滔的江水。呂德潤寫道：

我對孫軍長說：『明天一大早，我即隨首批車隊回國作沿途採訪，你有什麼東西要我從昆明帶回來。』他說：『他將參加在畹町的通車典禮，但不隨車隊行動。至於去不去昆明，尚待批示。』他停頓了一會後，說：『如果我不去昆明，就請你在方便的時候，看看昆明市上還有沒有賣冥鈔的，如碰上，就代我買一些回來。』我當時一下子沒聽清『冥鈔』是兩個什麼字。他說：『冥鈔就是按照我們中國的老風俗，給死去的親人上墳時燒的紙錢。』他苦笑著緩緩地說：『並不是我迷信，只是我實在不知道如何表達我對爲了這場勝利而戰死在外國荒山密林中的那些忠魂的哀思……』他斷斷續續說完了這句話，淚水盈眶，再也說不下去了。我從未見過，也未想到他會這樣激動。當時我這個目睹了這場勝利來之不易的隨軍記者也深受感染，想起了許多，可是無力出聲，也不想接話。我倆都控制著自己，久久對坐無言，誰也不看誰。

首批車隊在路上走了七天，於三十四年二月四日駛抵昆明，受到了萬人空前的歡迎。孫立人軍長乘飛機到達昆明，出席了歡迎儀式。❺

孫立人將軍對於遠征緬甸爲國犧牲的忠勇戰士，時時懷念在心，爲了表達他對這些戰死在異域荒山裡官兵弟兄忠魂的哀思，爲了對於這些用血肉之軀築成中印公路的英雄們有個永久的安葬之所，他曾於一九四三年四月在雷多河東岸，設立「燕南營」公墓，埋葬九千多名官兵的忠骨。一九四五年四月，緬北戰事勝利後，他選擇臘戍東北九哩的滇緬公路東側，南育河的源頭，熱水湖的北側，高黎貢山南脈的南麓，依緬甸佛塔式樣，興建一座新一軍「忠靈塔」，集厝一千九百多名官兵的忠骸。孫將軍於六月間班師回國臨去的時候，仍叮嚀囑咐附近一帶僑胞，要他們對當地的陣亡將士公墓，隨時留心保護，以慰忠烈於地下。

新一軍駐防在密支那，部隊集結整裝正待回國時，孫將軍選在密支那近郊，風景優美的地方，建築一座巍偉的「精忠堡壘」，用來埋葬歷次戰役陣亡官兵忠骸的公墓。他通令所屬各部隊，以連爲單位，每連選派精幹士兵二至三人，並指派專人負責率領，前往胡康河谷及孟拱河谷各戰場，將那些爲國犧牲葬身異域的官兵骨骸，收集運到密支那，集中安葬在「精忠堡壘」裡面。陣亡將士姓名，刻在兩塊長一丈二尺寬四尺的鋼版上，鑲嵌在「精忠堡壘」兩側，堡壘正面題「精忠報國」四個大字，選派年老殘障士兵二十餘人，看守公墓，徵得地方政府同意，購買部分耕地，由看守公墓士兵，自耕爲生。並派員負責管理，按月發給薪津及生活費用，期望能夠維持長久。❻

註　釋：

❶ 陳立人著《緬甸中日大角逐》第三三九—三六三頁。
❷ 孫克剛著《緬甸蕩寇誌》第一六九—一七四頁。
❸ 戴孝慶、羅洪彰合編《中國遠征軍入緬抗戰紀實》第三九八—四〇四頁。
❹ 孫克剛著《緬甸蕩寇誌》第一七五—一七八頁。
❺ 呂德潤撰〈江邊夜話〉一文，載於《孫立人將軍永思錄》第二八九頁。
❻ 蔣元著《鷹揚異域紀實》之十四——〈中華民國遠征軍公墓〉。

九、確保中印公路安全

(一) 攻略新維

中印公路打通之後，新一軍面臨的最後一個任務，就是如何確保中印公路行車的安全。因此，孫立人軍長決定以攻佔臘戍爲下一個主要目標，要攻取臘戍，就必須先奪取臘戍的門戶貴街和新維。

在我軍攻佔南坎以後，孫軍長從戰術上著眼，認爲應該立即揮軍越過東南山地，截斷正由雲南沿中緬公路向臘戍退卻的日軍退路，將其一舉殲滅，但索爾登總指揮顧慮到英國不願意國軍再向緬甸中南部進攻，坐令侵入雲南的日軍殘部從容撤走。

孫軍長打仗的作風，就是雷厲風行，乘勝追擊，不讓敵人有喘息休整機會，一鼓作氣，將敵人完全消滅。在策劃攻打新維與臘戍的計畫時，他認爲新維地形多處與南坎近似，進攻南坎的戰術，可資借鑑，故擬以打南坎打出威風的新三十師主攻新維，而以新三十八師部分部隊協助。攻打臘戍時，因爲新三十八師官兵都有第一次緬戰的經驗，在思想或感情上，都願親自奪回臘戍，以報前仇，所以決定將主攻臘戍的任務，交給新三十八師，由新三十師協助。❶

新三十八師主力會攻芒友時，孫軍長爲求迅速解決芒友地區日軍五十六師團，使敵人對滇西及緬北無路可以增援，早日決定緬北戰局，他不顧總揮部的命令，立即指揮一一四團採用避實就虛的戰法，越過海拔六千尺的高山，向南巴卡突進，將至臘戍的芒友敵後公路切斷。又令新三十師加緊圍攻老龍山區核心陣地內的敵軍。一月二十八日，正當滇緬兩軍在芒友會師時，新三十師已將老龍山區殘敵全部肅清。同時向南巴卡截路的一一四團，也一舉將路標八十二哩附近地區佔領，日軍五十六師團殘部整個被包圍在芒友以南及南巴卡以北一帶地區裡，拚命向南突圍。這時在新維以北的日軍第二師團爲著解救被圍困的五十六師團，向北對著我軍發動猛烈攻擊，一一四團健兒兩面應戰，沉毅果敢與敵拚戰。二十九日，攻佔芒友的我軍南下追擊，新三十師八十九團也順著一一四團行進的山路，向南巴卡進攻，雙方經過五天日夜的激戰，把被圍的五十六師團殘部全部消滅，師團長松山佑三幾乎被我軍活捉。第二師第四聯隊也被一一四團殲滅殆盡，南巴卡便在二月八日被我軍攻下。

二月九日，孫軍長指令新三十師主力從正面及右側向新維進軍，同時命令新三十八師一一二團鑽隙挺進敵後。十三日，新三十師正面部隊攻佔了曼色庇奧，瞰制貴街，隨即乘勝沿公路及兩側猛烈突進，十八、十九兩日，新維敵軍被迫作背城之戰，先後用兩個中隊的兵力，在砲火及戰車掩護下，對我兩翼攻城的部隊作有計畫的瘋狂猛撲，被我軍接連毀傷其戰車八輛，攻勢頓挫，軍心動搖。二十日，我正面第九十團趁著大霧瀰漫，衝入市區，又經過五小時的逐屋巷戰，便把新維完全佔領，同時，左翼迂迴部隊一一二團也將新維與滾弄之間的西烏敵軍予以擊潰，保證了新維東側的安全。

二十日當天下午，工兵還在清掃地雷，就有一大群記者在新維城裡採訪，他們找到了新三十師一位新來的龔秘書做嚮導。龔秘書是南甸土司的弟弟，在日本明治大學讀過書，在北平、青島、上海等地住過很久，說得一口北京話。芒市失守時，他正在當芒市設治局局長，被俘後，和芒市的方土司、遮放的多土司和他們的家族一百多人，被關在新維集中營裡。國軍收復南坎的時候，他們得到了消息，連夜從新維逃出，恰好路上碰到孫立人軍長派出來營救他們的部隊，把他們全部接到南坎，妥善安置。在芒友會師的前幾天，孫立人軍長到芒市去開會，芒市土司家中正在鬧著繼任土司官的問題，他們都以爲方土司早已不在人間了，當孫軍長把這個意外佳音說出時，他們都高興得流出眼淚來，方土司還把他們家中祖傳的緬刀一把，獻給孫立人軍長。後來，孫軍長又派人把幾位土司，分別護送回籍，行前還臨別贈言，囑咐他們回去要努力爲邊民服務，替國家幹一番事業。這幾位土司對於政府關心邊民的至意和國軍保國衛民的功勞，銘感不已，紛紛派遣子弟從軍，所以新一軍中有不少士兵，和滇邊土司有骨肉之親，他們都心甘情願來爲祖國出力效命。❷

(二) 奪取臘戍

從新維到臘戍，路程僅有三十二英里，卻是蜿蜒於兩側高山之間的隘路。孫軍長爲了乘勝追擊，不給敵人喘息機會，二月二十四日，他就揮師向臘戍挺進。

孫軍長指揮進攻的部隊，依舊兵分三路：令一一二團居中，沿公路攻擊前進；一一三團任右翼，八十八團任左翼，分別鑽入公路兩側山區密林，迂迴前進。這回配有戰車和重砲，聲勢更加浩大。

臘戍分老臘戍和新臘戍兩個地區，新臘戍是在山坡上，老臘戍在新臘戍東北的山腳下，火車站在老臘戍的正面，這兩個據點的相互距離，大約都在五里左右，有柏油馬路，從中連結起來，正好形成一個等邊三角形。新臘戍位在海拔三千尺的高地，可以俯瞰老臘戍和火車站，所以成爲防守臘戍的重點。

三月五日，一一二團已攻到南育河北岸，先頭部隊當晚在他旁偷渡成功，並建立了橋頭堡陣地。八十八團和一一三團也分別於南育河上下游偷渡過去，一一三團且不顧孤軍深入，將臘戍通往南杜的公路切斷。

孫軍長親自坐著「空中吉普」偵察機，先往臘戍上空偵視日軍陣地佈署，接著李鴻師長、陳鳴人團長也都在空中兜了個圈子，把臘戌飛機場、火車站、老臘戌和新臘戌的地形地物看得清清楚楚，回來大家詳細討論，對於步砲戰車的協同攻擊，作了一番周密的佈署。

六日拂曉，一一二團主力曾琦、書劍兩營在重砲和坦克強大火力支持下，激戰不到三個小時，便將老臘戌攻下。七日上午，我軍的戰車營營長趙志華，帶領了三十幾部十四噸和三十噸的坦克從步兵的背後趕了上來，我軍攻勢如暴風驟雨，銳不可擋，不到半日，就突入火車站與飛機場，殘敵退到新臘戌。❸

我軍攻克老臘戌及火車站後，右翼一一三團遂與公路正面的一一二團合而為一。孫軍長見戰機不可失，當即下達總攻擊命令，步兵緊隨著戰車，浩浩蕩蕩地直取新臘戌。一路橫衝直闖，如入無人之境。敵軍屢次企圖砲擊我坦克，但卻被我重砲壓制摧毀，我軍隨後突入敵軍之障礙工事，衝破日軍第一道防線，進入市區。

敵軍憑藉堅固的水泥鋼筋陣地，負隅頑抗，我軍遂與敵逐巷逐屋展開慘烈的肉搏戰。敵人那裡曉得，劈刺格鬥是新一軍每個戰士的基本功，日軍自然難佔上風。儘管敵人拚死頑抗，但在新三十八師壓倒一切的凌厲攻勢下，敵終難逃覆滅的命運。激戰至三月八日上午，新臘戌之敵被完全肅清。❹

臘戌攻佔之後，日寇絕無再度切斷中印公路的可能，中印公路行車安全得到了保障。而且我軍由臘戌可以南下曼德勒，直達仰光，東走景棟，直取泰越。臘戌之戰，關係解救全緬前途，所以新一軍攻略臘戌，為盟軍進而光復緬甸打開了通路。

爲鞏固臘戍、新維地區的安全，必須分兵向臘戍以南的公路和泰緬公路繼續掃蕩，追殲殘敵，擴大戰果，使日寇不敢再有覬覦北緬的妄想。因此，孫軍長命新三十八師一一三團，配屬一個砲兵連，沿臘戍以南的公路追擊，三月二十四日，與由南渡南下的第五十師在西保會師。又命新三十師八十八團，配屬一個砲兵連，沿泰緬公路向東追擊殘敵，於三月二十七日攻佔猛岩。三月三十日，我軍攻下了喬美，結束了我軍反攻緬北的全部戰鬥任務。

緬甸之戰，自新三十八師於民國三十一（一九四二）四月入緬參戰起，到三十四年（一九四五）四月底，整整三年，如果祇就反攻緬甸戰爭來說，也有兩個年頭。在這兩年中，部隊除在密支那休整兩個月外，幾乎無一日不在喋血奮戰之中，且能保持高昂的戰鬥士氣，愈戰愈勇，這樣持續不斷進行長期戰鬥的部隊，不僅是中國抗戰史上所僅有，即在第二次世界大戰史上亦屬罕見。

美國政府爲表揚孫立人軍長率領新一軍打通密支那至臘戍一段中印公路之戰功，再度授予他美國司令官級的豐功勛章。授勛典禮於三十六年十二月十日下午在南京美國大使館內舉行，美軍顧問團團長魯克斯等三十餘人出席，由司徒雷登大使親自爲孫將軍佩帶勛章。美國駐華首席武官蘇爾（Soule）宣讀證書說：

孫立人將軍於一九四四年十月十五日至一九四五年三月十五日之期間內，任中國駐印軍之新編第一軍軍長，領導其軍隊在緬甸密支那至臘戍之三一七哩之長程內，在崎嶇困難之森林地帶、反常不利之氣候，及倔強頑固之敵軍抵抗下，極度成功，其統帥才能及戰略卓識，實爲打通中國陸路交通最後關鍵之重要貢獻。孫將軍完成此項特殊艱困任務，實足彰顯其本人及盟軍之極高聲望。哈業、杜魯門（簽字）。

(三) 總結緬戰的經驗與戰果

回顧中國駐印軍入緬反攻之初，除史迪威和孫立人等少數人外，其他如遠東戰區總指揮蒙巴頓、印度總督魏菲爾，以至英國首相邱吉爾都認爲：中國軍隊欲征服北緬險惡的自然環境，欲戰勝強大的日本軍隊，欲確保中印公路的修築，並使之暢通無阻，直達中國邊境與原滇緬公路相銜接，爲中國開闢出一條國際通道，是根本不可能的事。

孫立人軍長率新一軍官兵在前後兩期緬甸反攻戰中，和我軍對壘的日軍有第二、第十八、第四十九、第五十三和五十六共五個師團，及第三十四獨立旅團和其他特種兵部隊共十七餘萬人。我軍擊斃日軍三萬三千零八十二人，其中包括二個聯隊長和其他高級軍官，擊傷七萬五千四百九十九名，俘虜田代大尉以下官兵三百二十三人，敵人幾乎等於是全軍覆沒，我軍和日軍傷亡的比例是一比六。擄獲的戰利品，計有步槍七千九百三十八支，輕重機關槍六百四十三挺，大砲一百八十六門，汽車五百五十二輛，火車、機車及車廂四百五十三節，坦克六十七輛，飛機五架，倉庫一百零八所，金屬器材二萬餘噸。佔領公路六百四十六英里（史迪威公路雷多到芒友四六五英里，舊滇緬路芒友到臘戍一一四英里，緬甸國道臘戍到喬美六十七英里，其他支線及非國際性質的公路不計算在內），超過由重慶經貴陽到金城江的西南公路。佔領鐵路一百六十一英里，約等於由南京到上海的京滬鐵路。解放日軍佔領區在五萬平方公里以上，比日本各島面積的總和略小，比義大利全國的面積略大。❺

孫立人將軍率新一軍官兵經兩年的血戰，贏得這一勝利，既鼓舞了抗戰中全國的人民，也震驚了世界，不得不對中國軍隊刮目相看。總結這一得來不易的勝利成果，不能不歸功於孫將軍的卓越指揮才能和他的俱有堅強戰力的部隊。

孫將軍俱備文韜武略，智勇超人，他重視搜索敵情，善於捕捉戰機；他頭腦清晰冷靜，臨危不亂，料敵如神，凡敵軍有謀於我者，都在他料想之中，故能制敵機先，無往不勝。

孫將軍率新三十八師反攻緬甸之初，常因受制於史迪威總指揮及其參謀長柏特納的干擾，未能完全發揮其指揮長才，有時竟使我軍受困，或讓被圍敵軍從容逃逸。及至索爾登中將繼任中國駐印軍總指揮，他對孫立人將軍更加信任，從未下達過與孫立人意見不同的作戰命令，他賦予孫將軍從八莫至臘戍、西堡前線的指揮全權，給孫以極大的支持，使孫將軍得以一展其軍事天才，使得新一軍在孫立人將軍指揮下，取得緬甸抗日戰爭全面勝利，爲中華民族建立了不朽功勛。

孫將軍所帶的部隊新三十八師，連級以上的部隊長，大都是原稅警第四團的骨幹，都經過孫將軍的千錘百鍊，練成一身膽量，俱有單獨作戰的戰術修養，戰士們都熟諳各種戰術戰法，俱有百發百中的射擊功夫。在藍伽又得到新式的美軍裝備，經過十個月山林戰的嚴格訓練，鍛練成爲一支攻無不勝、戰無不克的長勝之師。

孫將軍知人善任，他熟習新三十八師排級以上幹部的姓名和性格，更了解連、營、團級幹部的作戰能力和指揮才能，他甚至能叫得出一些老戰士的姓名。這樣將知兵，兵習將，打仗指揮起來，才能得心應手，指揮裕如。

新三十八師的班排，就是獨立的作戰單位，每個士兵都俱有獨立作戰的精神。臨濱之戰，機槍手葉義貴、余亨元膽大心細，臨危不亂，使陣地轉危爲安。易明清等三位戰士脫隊兩晝夜，獨自殲敵八名後，仍能趁夜在密林中鑽越敵陣間隙，回歸本排，說明他們俱有的作戰信心與能力。一一四團在孟拱以一個排的兵力，接替英印軍七十七旅五百兵力的陣地，而且能夠完成英印軍兩個月未能達成的戰鬥任務。彭新民與陳仕安的兩個排哨，敢於笑捋虎鬚，擊斃高見量太郎大佐，並擊潰他所率的一個大隊的人馬，還擄獲各種口徑的大砲數門。一一四團在南巴卡以北，僅以兩個加強營的兵力，截擊日軍五十六師團的上萬官兵，在逃敵瘋狂反撲企圖突破重圍下，一一四團官兵奮力殺敵，陣地固若金湯。這一切實戰，都是新三十八師訓練有素、武功過人的最佳表現。

密支那攻城戰，新三十師三個團先後都被調用參戰，因無顯著建樹，胡素少將被免除師長職務，調回國內。改隸新一軍後，該師竟成攻陷南坎的主力，掃蕩瑞麗，力挫頑敵。可見孫立人將軍，善於用兵，長於指揮，同一部隊在他運籌帷幄之下，就能發揮無比的戰力，使敵驚心喪膽，聞風而逃。

印緬之戰，戰果輝煌，昭雪了鴉片戰爭以來，中國飽受列強摧殘蹂躪的奇恥大辱，大大提高了當時我國的國際威望。而孫立人在緬甸的彪炳戰績，也爲世界各國軍政領袖所公認，使他成爲第二次世界大戰中，我國唯一名振寰宇的抗日愛國名將。❻

美國研究第二次世界大戰戰史的軍事學家，在分析世界各國軍隊戰力及歷次戰役後，將新一軍譽爲戰鬥力最強的軍隊，創下「四最」：最長戰線（一千五百多公里），最久的戰鬥時間（歷時一年半），最壞的戰場環境（野人山區），殲敵數目最多（日軍傷亡在十萬以上）。

註　釋：

❶ 薛慶煜《鷹揚國威》第三二〇—三三〇頁。
❷ 孫克剛《緬甸蕩寇誌》第九七—一二五頁。
❸ 孫克剛著《緬甸蕩寇誌》第一八七—一九〇頁。
❹ 薛慶煜著《鷹揚國威》第三二〇—三三六頁。
❺ 孫克剛著《緬甸蕩寇誌》第二〇六—二〇七頁。
❻ 薛慶煜著《鷹揚國威》第三四三—三五二頁。

十、軍中政工與緬甸華僑

(一) 政戰工作

孫將軍一向認爲軍隊以作戰爲主，而作戰之目標在求最後的勝利，因而軍隊的組織與裝備，均應配合作戰的需要，達成求勝的任務。政治作戰單位是軍隊幕僚組織的一環，它的主要任務，應配合部隊指揮官，提高士氣，團結軍心，增強戰力，支援進攻，撫輯流亡傷患，從事地方民運，這是軍隊求勝的必備條件，因此孫將軍極爲重視軍中政治工作。他任新三十八師師長時，命副師長齊學啓兼任師政治部主任，孫克剛任副主任。在反攻緬甸時，他升任新一軍軍長時，命副師長葛南彬兼任軍政治部主任。當年參加軍隊的政工人員，都是投筆從戎的愛國智識青年，他們都有爲國犧牲的無比熱情與堅決意志，發揮政治作戰的高度效果。

新一軍的士兵，大多數都是來自農村。中國一般農民，知識雖然落後，但對侵略中國的「日本鬼子」，卻是家喻戶曉，同仇敵愾。「日本鬼子是我們的仇人」，更爲每一個士兵所能了解。特別是中國駐印軍，他們第一次在緬甸作戰損失了許多夥伴，這些夥伴的白骨猶在，碧血未乾。同時又是寄身異域，有家歸不得。這許多新仇舊恨，使大家都懷著悲壯的心情去作戰，因而愈戰愈勇。

孫立人將軍秉持著中國軍人一貫的「精忠報國」思想，教導官兵發揚中國軍人傳統的「義勇忠誠」的武德，來團結軍心，激勵士氣。他曾指示新三十八師政治部於三十二年「七七」抗戰紀念日，在印度雷多的卡圖，創辦「精忠報」，作爲官兵的精神食糧。軍隊在海外戰地辦報，缺乏印刷機器，全部設備只有一個發電機、一個收音機、一架手搖油印機、和鋼筆、鋼版、紙張、油墨等必要文具，每天出版油印報一張，報導國內外重要新聞，駐印軍戰訊，官兵忠勇作戰事蹟和戰地特寫鏡頭。編印完竣後，爲爭取時間，經常交由空投糧彈的飛機投送，使在炮火下戰鬥的健兒，能夠獲知中外局勢的發展，和他們本身用血肉創造的光榮戰績。精忠報人員跟著軍隊前進，部隊打到那裡，報社跟到那裡，在反攻緬甸期間，搬過二十五次家，一共印行五百九十三期。暮鼓晨鐘，明恥教戰，使官兵們都能以殺敵報國爲職志。

在緬甸叢山峻嶺裡作戰，官兵最感需要的是精神調劑。在戰地演唱平劇，比較方便，隨時隨地可以搭成露天劇場，粉墨登場。原屬新三十八師後歸新一軍的鷹揚劇團，擁有十二位國立歌劇學校從軍的平劇名角，表演精彩，最受人歡迎。每次演出，總是座無虛席，後來的只好站著觀看。開演通知還沒有發出去，消息便都知道。演唱時，即使遇著滂沱大雨，觀衆依然心神俱在，屹立不動，掌聲如雷。劇團也是隨著部隊前進，孟關、密支那、八莫、南坎、新維、臘戌，每一次攻佔勝利之後，劇團便有一次大規模的戰地勞軍演出。臨時搭成的劇場，有的竟在敵人的重砲射程以內，砲聲陣陣，鑼鼓喧天，英雄們走下戰場，進入劇場，看完戲後，走出劇場，又重上戰場，疲勞消除了，精神更加振奮起來。❶

(二) 戰地傷病救護

戰地救護傷病官兵，是政工人員的一項重要工作。新一軍組織了一個傷兵服務隊，抽調各師政工人員，分頭派往各美軍醫院服務，協助改良伙食，分發犒賞，替傷病官兵寫信，擔任翻譯、讀報、解決困難、減輕痛苦。逢年過節，各師政治部組織慰問隊，攜帶各種慰勞物品，到後方醫院裡去作臨床慰問。醫院附近如有華僑，他們一定要隨同去勞軍。晚間還常常舉行遊藝會，節目也以平劇爲主，傷病官兵凡是經過醫官許可的，便可以去看戲，大家紮上繃帶，扶著拐棍，官兵高高興興坐在一起同樂。爲著替負傷將士輸血，軍醫院舉辦「儲血銀行」，副師長兼政治部主任葛南彬將軍首先倡導，親自跑到醫院裡，輸了三百七十五CC血，於是輸血運動立刻展開了。有一個期間，每天都有大卡車載著自願輸血的官兵到醫院去，輸血過後，看護小姐親切的把一枚銀色十字紀念章，掛在輸血人的胸前。

孫將軍對於救護傷患官兵的工作，極爲重視。凡是在前線負輕傷的官兵，直接由團部收容裏傷，用救護車運送到附近的野戰醫院，如果是重傷，一概以直升機後送。他要求在「救護傷兵第一」的原則下，飛機是隨要隨有，任何人都不敢躭誤。每次戰役下來，孫將軍都要親自去視察野戰醫院，慰問傷患袍澤，務使他們得到最好的醫藥治療，在病床前和官兵親切交談，給予他們精神上鼓勵，所以傷患官兵好得非常快。普通輕傷的，在半個月內，便可出院，重傷的大半也能在短期內治好。在八莫作戰的受傷官兵，到攻擊南坎時，已有二分之一重上前線。

素有叢林戰豐富經驗著稱的美軍麥里爾支隊，一九四四年三月進入北緬戰區，不到兩個月，還未正式參加對日作戰，只是在迂迴途中，與敵遭遇，傷病官兵就達七百名之多，佔其總兵力的百分之二十八。到進攻密支那時，史迪威將軍只好讓其他兩個營參加。攻下密支那後，傷亡及病患官兵人數又超過這兩個營的一半，戰鬥力完全喪失。參戰僅兩個半月，不得

不退出緬甸戰場，與新三十八師官兵的健康和戰力相比，實有天壤之別。❷

(三) 興建緬甸華僑學校

三十一年春，日軍大舉進攻緬甸，許多緬甸華僑走避不及，都喪生於砲火之下。日軍佔據緬甸之後，又教唆緬甸人仇視華僑，迫使僑胞過著非人生活。三十二年冬，中國駐印軍開始反攻緬甸，節節勝利，國軍所到之處，華僑歡欣鼓舞熱列歡迎的場面，令在前線作戰的將士深爲感動。孫將軍說：「我再一次深深體會到國家不強盛時，僑居在外國的同胞受到如何不平的待遇。」

孫將軍率軍在緬甸作戰時，對僑胞的愛護是無微不至，每克服一個城鎮，必定指示政工人員，進行宣慰僑胞的工作，並把軍中節餘的糧食，分發給僑胞，把軍中不用的降落傘送給僑胞，製作紅綠的衣服及被單，遇有傷患的僑胞，也可送到野戰醫院治療。同時又派出工兵，利用破鐵皮，斷木板之類舊材料，建蓋華僑新村，使失去家園的僑胞，先有安身之所，再扶持他們經營小本生意，販賣商品或製造手工業，讓他們能夠逐漸自謀生活。

孫將軍爲使僑胞發揮團結互助的精神，特派政工人員輔導各地僑胞，組織華僑互助會，先後組成的有摩谷、孟拱、密支那、八莫、莫馬克、西保、眉苗、南坎、木姐、宣威、卡薩、臘戍等地，並輔導僑胞選出德高望重的僑領，出任正副會長及理監事，發揮統合力量，爲僑胞服務，協助當地政府，進行戰後復建工作。

孫將軍特別重視華僑教育，緬甸僑胞過去數十年滲淡經營的僑校，現今已被戰火摧毀殆盡了，因此他又命政工人員在收復地區，創辦「華夏學校」，教育失學僑童。有一次，他對政工人員講話，特別提到僑教問題，他說：「華僑對於祖國具有崇高的熱愛，其所以不能充分表達，是由於他們所受本國教育不夠。因爲僑胞身居異域，一切風俗習慣、文化教育，乃至政治思想，都完全和祖國脫離，世代相沿，後代子孫便會數典忘祖。特別是南洋一帶，在敵人箝制思想的奴化政策下，華僑教育更需積極改革。政府目前正在全力抗戰，事實上鞭長莫及。我政工人員必須負起責任，先爲政府奠下將來發展華僑教育的基礎。同時，我軍這次出國遠征，是中國近代史上第一等大事，我們對於那些用血肉築成史迪威公路的英雄好漢們，一定要留一個永久的紀念。古語說：『十年樹木，百年樹人。』我主張即以培育華僑子弟，來紀念這一戰爭中壯烈犧牲的萬千忠勇將士。」緬北各光復區的華夏學校，便在孫將軍極力扶持下，紛紛的創立起來。❸

新一軍收復緬北各大城市後，孫立人派出工兵，協助僑胞，利用破鐵皮，斷木板，建蓋華橋新村，使僑胞先有安身之所。

孟拱、密支那、八莫、南坎、新維、臘戍等地，先後成立了華夏學校二十餘所，八莫是規模最大的中學。初期建築的校舍，都是因陋就簡，以木板竹蓬搭蓋而成，課桌用長木板建成。各校學生最多的有三百人，最少的有九十人。課本由各校教師自行編定，送軍政治部核定，統一印發。南坎華夏小學編的國語課本，開宗明義第一課便是：「人，中國人。我是中國人，我愛中國！」學生年齡平均在九歲以下，能說一口流利的緬甸話或擺夷話，學起國語來非常困難，起初聽到教師用國語講課，還要他們跟著去讀，都覺得好笑，很費力的才慢慢把他們矯正過來。一旦把他們興趣激發起來，進步倒是很快。當地華文教師非常缺乏，孫將軍又下令遣派政工人員擔任僑校教師，後來改由從軍的知識青年中，挑選師範學校畢業學生接充。迨新一軍凱旋歸國，這些教師就乾脆留下來。其中有密支那華夏學校校長張漢璽，教師鄒濤，八莫華夏學校校長黃希文，卡薩華夏學校校長李傳華，孟拱華夏學校校長陳政軒，西保華夏學校校長胡為民，援孟華夏學校校長張羽，莫馬克華夏學校校長王楚穆，仰光華夏中學校長孫文龍，教師葉魯、梅新民等，都是從國軍中下來，留在緬甸從事華僑教育工作。

❹

孫將軍對於戰後僑胞的生計，念念不忘，他在密支那要班師回國之前，曾經對一位老華僑說：「你們現在吃的米麵，都是國軍節餘送來的，但我們不久就要回國了，你們將來怎樣的打算呢？」那些老華僑用很有把握的語氣安慰他說：「請軍長放心，我們過去一點產業，是憑著血汗掙得來的，現在雖然是完了，但是我們還可以拼著血汗再去恢復。」事後，軍政治部副主任孫克剛又去問這位老華僑，他才嘆口氣說：「我也知道事情沒有那麼容易，但是，你看孫將軍，爲著憂勞國事，頭髮都累白了，我們怎能忍心再拿一切瑣事去麻煩他呢？」從這段對話可以看出孫將軍是多麼愛護和關心華僑，而華僑又是怎樣的愛戴孫將軍。

國軍在密支那候機班師回國的時候，當地華僑發起免費餽送國軍購物運動，卻爲新一軍官兵所婉拒。孫將軍曾出來與華僑話別，他說：「你們的盛情，我們心領了。」同時提出三點希望：第一，他希望密支那、八莫、南坎、芒友以及臘戍一帶的僑胞，要對當地的陣亡將士公墓隨時留心保護，以慰忠烈於地下。第二，他希望僑胞對於草創的華夏學校，要盡力使其發展。第三，他希望僑胞發揚中國固有道德，

孫立人將軍與索爾頓將軍在緬甸戰場上

爲國家民族珍重努力。

在班師回國的時候，孫將軍立下一個心願，他每年要回到緬北一次，祭悼忠勇陣亡將士公墓和察看華夏學校的發展。

中國軍隊十萬抗日健兒，出國遠征印緬，與英美盟軍併肩作戰，痛殲頑敵，取得了最後勝利，這是中國歷史上第一次！先後有二萬六千七百四十五名抗日將士，壯烈犧牲在異國他鄉，其中大多數陣亡官兵的忠骨，至今還長眠在緬甸的崇山密林之中，他們的忠骸雖然留在那片異域的土地上，但其驚天地泣鬼神的愛國犧牲精神和偉大英雄業績，將與山河並茂，日月同輝，永遠爲中華民族子孫所懷念！所景仰！

一九四五年二月二日，八莫全體華僑在僑領許太白先生率領下，向孫將軍致敬，獻錦旗一面，緬劍一把，並致頌詞曰：

古之孫武，中外頌揚；克密支那，救仁安羌；
莫勝利基，爲民族光；圖麟異域，躍馬扶桑；
非縱非擒，自服南荒；亦恩亦威，民皆悅氓；
天下與盟，大道康莊；拯我僑黎，復我國疆；
精弄巍巍，瑞麗泱泱；將軍英風，與國永強。❺

註釋：

❶ 孫克剛著《緬甸蕩寇誌》三十節〈活躍印緬的政工〉。
❷ 薛慶煜著《鷹揚國威》第三三一—三四二頁。
❸ 台北中國時報連載《孫立人回憶錄》第十一章〈緬甸華僑與新軍政工〉。
❹ 盧偉林撰〈造福僑社、嘉惠僑胞〉一文，載於《孫立人將軍永思錄》第二五〇—二五二頁。
❺ 揭鈞撰〈向印緬遠征軍烈士英雄致敬〉一文，載於民國七十七年五月二日台灣中國時報二十三版。

第十章　訪問歐洲戰場

一、歐洲盟軍統帥艾森豪邀訪

民國三十四年二月二十四日，新一軍三十師攻克舊滇緬公路上的重鎮新維，當面的日本部隊已潰不成軍，臘戍指日可下，眼看緬甸戰事就要結束。

這時正是初春時分，天氣溫暖。戰後的新維城，雖然到處都是頹垣殘壁，不過由於日軍沒有強烈抵抗，城內尚存留有許多完整的民房，老百姓因爲戰火早都跑光了，軍隊官兵分住在民房裡。在這一年多中，遠征印緬健兒，天天在那些沒有人跡的原始森林裡，馳騁於峰嶺溝壑荊棘之中，冒著強烈砲火，在槍林彈雨中與頑強的日軍搏鬥，斬關奪寨，從來沒有好好休息過，現在打到國門，住進民家，倍覺溫暖舒適。新維四週高山聳立，南杜河橫貫其間，河山妖姣，景色秀麗，在轉戰萬里的將士心目中，展現出一片好風光，也給他們帶來勝利在望的美好遠景。

從新維南下臘戍只有三十二英里，新一軍攻克新維之後，迅即沿著公路和兩旁的山地，分開三路向前推進。三月五日晚間，各路大軍，勢如驟風暴雨，攻佔老臘戍、飛機場與火車站，殘敵紛紛退入新臘戍陣地。當孫將軍陪同盟軍緬北戰區總指揮索爾登中將（Lt. Gen. Sulton）來到前線視察，退守新臘戍高地的敵軍，看到有幾輛吉普車在老臘戍街道上急馳，知道是盟軍高級將領前來巡視，砲彈紛紛落下。當時情況甚爲驚險，所幸中美兩位高級將領平安無事，卻給緬甸戰事憑添了一段佳話。

孫立人軍長與索爾頓中將回到新維城軍部，兩個人坐下來，談論中國駐印軍完成緬北戰事之後，將來調回中國本土繼續對日作戰問題。

這時，盟軍在歐洲戰場作戰已近尾聲，德京柏林在美蘇夾擊中，指日可下，但亞洲與中國戰場仍陷於膠著狀態。西太平洋戰事，美軍逐島攻擊，雖節節勝利，但傷亡代價太大。這種痛苦經驗，使美國對攻打日本本土時可能遭遇到的頑強抵抗，極感憂慮。歐洲戰場是二次世界大戰中規模最大的新式戰爭，因此索爾頓中將建議，孫將軍最好先至歐洲戰場觀摩盟軍對德作戰的實況，以供來日在中國戰場對日軍作戰的參考。❶

索爾頓中將此一建議，首先呈報美國陸軍部核准，再由艾森豪統帥備妥邀請函，送達華府，美國陸軍部正式行文，將艾帥邀請函於四月初送達緬北，由索爾頓中將轉交給孫立人將軍。孫將軍接到艾帥邀請函後，立即乘軍機飛往戰時首都重慶，向蔣委員長報告緬北作戰經過，同時將艾帥邀請赴歐洲戰場參觀的事提出來請示。委員長聞言大爲不悅，指責孫立人不該在戰事未結束之時，就活動出國遊玩。孫當即辯解說：「我從不認識艾帥，如何能去活動？」此時適値魏德邁將軍與索爾頓中將都在重慶開會，大家談到這件事，一致認爲有此必要，同向蔣委員長建議，這才獲得批准。

五月初，孫將軍由重慶經密支那回到八莫軍部，適值德國於五月八日正式向盟軍無條件投降。

孫將軍回到軍部之後，即將軍長職務交由副軍長賈幼慧代理，並將軍中重要事務作個交待。同時由緬北美軍總部安排赴歐參觀行程。一切辦理妥當之後，孫將軍便於五月十七日，由密支那乘專機啓程，英文秘書衣復得上校隨行。當日抵達印度加爾各答，停留兩日，稍事整理行裝。

註釋：

❶ 衣復得口述：〈孫立人將軍參觀歐洲戰場記〉載於《孫立人將軍緬甸作戰實錄》第一九一頁—二一三頁，台北學生書局。

二、赴歐途中

五月二十日，由加爾各答乘美方軍用專機向西飛行，途中經過印度佛教聖地蓋亞（Gaya）及艾格拉（AGRA），至印度首都新德里（NEW DELHI）小停，繼續西飛，航行中飛機撞到飛島，幸機件無損，傍晚時降落喀拉蚩（KARACHI），換機續飛九小時，抵達伊朗著名的油田區艾巴登（ABADAN）。該地五月夜間溫度達到華氏一百二十度，下機之後，覺得熱氣噴人，勢不可擋。當由該地美空軍基地司令招待晚餐，吃西式牛排，室內有冷氣設備，始感涼爽。飯後，繼續航行七小時，飛抵埃及首府開羅（CAIRO），在北非最大的拜尼（PAYNE）機場降落，美軍派有官員在機場接待，乘車至賓館休息。

因為日夜飛行了二十幾個小時，乘坐軍用機，又無避音及其他旅行設備，甚感疲憊，頭暈耳鳴不已。二十一日留在開羅休息，並去拜會我國駐埃及公使許念智，由他導遊開羅市區、埃及金字塔、獅身人面像，及中英美三巨頭蔣主席、邱吉爾首相及羅斯福總統在開羅開會的會場米納賓館（MENA HOUSE），以及蔣主席伉儷駐節過的第一號賓館。米納賓館原是開羅最大一家旅館，座落尼羅河西岸十五公里，落日啣沙，風景奇絕。古老巍峩的金字塔，和冷峻威嚴的獅身人面像，就展現在眼前，而今米納賓館已和金字塔與獅身人面像同為歷史名勝了。

五月二十二日，清晨由開羅乘專機起飛，經希臘古都雅典（ATHENS）小停，下午六時，降落意大利名城拿不勒斯（NAPLES）。該地為英軍歐洲總指揮亞歷山大伯爵（Gen. Sir ALEXANDER，後曾任英國防大臣）的防地。亞歷山大伯爵前在緬任英緬軍總司令時，與孫將軍並肩作戰。他對孫將軍率師援救英緬軍第一師七千多名官兵出圍，並掩護英軍全部安全撤離緬甸戰場，至為感佩。這次他聽說孫將軍路過拿不勒斯，事先便派人到機場迎接，邀請孫將軍在義大利停留三天，順便看看他的部隊。但因訪問行程早已排定，不便更改，乃向他婉謝。

五月二十三日，清早乘專機由拿不勒斯起飛，經過義京羅馬及法國名城馬賽（MARSEILLE），於下午五時抵達巴黎。下機後，艾帥已派官員在機場迎接，專車送孫將軍到艾帥在巴黎接待貴賓的瑞法爾旅館（HOTEL RAPHAEL）住下，並說明艾帥正在德國受降。

五月二十四日，孫將軍上午拜會我國駐法大使錢泰先生，相談歐洲局勢甚詳，下午錢大使導遊巴黎名勝。我國當時爲四強之一，所到之處，都可看到國旗飄揚，這是中國人近百年來揚眉吐氣的時光。孫將軍以盟軍統帥貴賓的身份，蒞臨初光復的巴黎，更是精神煥發，受到美法人民的歡迎。晚間，錢大使設宴款待。

五月二十五日，衣復得上校到美軍各單位接洽，安排參觀歐洲戰場日程。晚間，孫將軍應邀參加美國高級軍官在旅邸舉行的盛宴，同席有美國勞軍團團員著名歌星葛瑞絲・摩爾（Grace Moore），她是法國戴高樂將軍邀來法國演唱歌劇的。大家相聚，飲酒跳舞，談笑甚歡。席間，葛姬對英俊瀟洒的孫將軍，至表好感。

五月二十六日，清晨，衣復得先到餐廳進餐，聽到一個女人聲音招換他：「衣上校！」他循聲看去，是葛瑞絲・摩爾小姐。衣復得走過去，葛姬正在一個餐桌上與四位友人早餐。她開口問道：「孫將軍怎麼沒來早餐？」衣上校答稱：「他在房間盥洗，一會兒就會下樓來用餐的。」葛姬說：「孫將軍是我的英雄（Gen. Sun is my hero），英俊瀟洒，我很愛慕他。今天晚餐以後，你和將軍務必請到我的房中，喝香檳，好嗎？」

晚上孫將軍與衣上校應約到她房間裡喝香檳。葛瑞絲說：「後天她要在巴黎上演歌劇，邀請他們去聽歌劇。」可是，後天孫將軍要去佛蘭克福見艾森豪統帥，葛姬知道無法挽留。葛瑞絲當即約他們外出吃飯，飯後，開車出去逛巴黎夜市。花都正值新春，處處笙歌酣舞。葛瑞絲到一處酒店，就命開香檳爲將軍乾杯，非常有風趣地縱談見聞，還起立邀孫將軍與同行男友們跳舞。這一晚，大家都在巴黎浪漫的氣氛中盡興而歸。

事後衣復得上校常談及此事。他說：「抗戰勝利後，他在紐約任聯合國參謀首長會議中國軍事代表團秘書時，曾在葛瑞絲爲聯合國舉辦的演唱會後台，會晤葛瑞絲，葛姬帶笑告訴她的身邊友人說：「我很喜歡衣上校，但愛的卻是孫將軍。」

二年後，葛瑞絲又赴歐洲演劇，在從法國到瑞典的航行途中，飛機失事，不幸在比利時境內墜機喪生，遺骸運回到美國南部她的故鄉安葬。衣上校得知後，深感哀念。

五月二十七日午間，孫將軍偕衣上校乘坐一輛專供貴賓享用的禮車離開巴黎，經德國東部雷木斯（REIMS），此地係德國簽降地，稍事瀏覽一番後，於午後四時抵達艾帥總部所在地法蘭克福（FRANKFURT），當由盟軍統帥部派專人接待至城外風景優美的賓館住下。

孫將軍在走進旅館的時候，看到一位五十來歲的德國人，看樣子受過相當教育，衣服穿得也還整齊，卻正在撿地下的紙煙頭往嘴裡送。當他發現孫將軍在看他時，很不好意思苦笑了一下，孫將軍也還他一笑。當時孫將軍感到很驚奇，過去德國人很狂傲，民族自尊心極強，何以現今低下以至於此？可見德國戰後物資缺乏，人民生活窘困，因而使德國人竟喪失了自尊心。

孫將軍在旅館接見美國星條報（The Stars And Stripes）記者柔尼（Andy Rooney）訪問時稱：盟軍聯合中國軍隊，同時登陸日本本土及中國沿海重要港口，可於半年內擊敗日本。以他與日軍作戰的經驗，他認爲日軍士兵極爲頑強，而部隊長的指揮作戰能力甚差。孫將軍又稱：擊敗日本之後，盟軍如有需要，中國可派軍佔領日本。一九四五年五月三十日星條報刊出這則新聞之後，極受歐洲盟軍官兵重視。因爲德國投降後，盟軍官兵最關心的是對日戰爭的問題。

三、參觀德法比荷各國戰場

五月二十八日上午，前往歐洲盟軍總部拜會統帥艾森豪將軍。盟軍總部設於佛蘭克福之「法邦化學公司」（I. G. FARBEN）內，該公司是德國化學工業的托辣斯，規模之大，在當時是舉世無匹。

孫將軍抵達盟軍總部時，艾帥親自出面接見，由盟軍總部各部門主官簡報歐洲作戰經過。當時在座的美方高級將領有艾帥的參謀長史密斯中將（Lt. Gen. Walter Bedell Smith，戰後曾調任美駐蘇大使，續任美國副國務卿），歐洲佔領區軍政府長官葛萊將軍（Gen. Clay,

後任艾森豪總統軍事顧問），還有後來曾任美軍駐華顧問團團長的巴大維少將（Maj. Gen. David Barr，曾任美國裝甲學校校長）。艾森豪統帥與孫將軍進行了兩個多小時會談，他們談到中國部隊結束緬戰歸國後，應當如何扭轉中國國內戰場形勢的問題。艾帥還講述了盟軍聯合作戰時指揮統一的問題。因爲當時美國政府已決定派兵在華南登陸，同中國軍隊並肩作戰，統一指揮就成爲一個面臨迫切急待解決的問題。艾帥說：「歷史證明聯合作戰存在很多困難，從前兩個國家協力對一個共同敵人作戰時，其中的一國和另一國是強弱懸殊的，一切均由強國支配。現在盟國作戰，爲求有效的合作，必須完全出自自發地相互謙讓配合。這次戰爭的史實，尤其是地中海與西北歐洲戰場所締造的輝煌成就，乃是這種自發合作的成果。」艾帥如此精闢的議論，給孫將軍留下了深刻的印象。握別時，艾帥贈送孫將軍一把德軍將官佩劍，並合影紀念。❶

孫將軍對於這次與艾帥會晤，事後曾作如下的記述：「第二次世界大戰歐洲聯軍統帥艾森豪將軍，於一九四五年德國投降後，邀余參觀歐洲戰場。余應邀前往，晤之於德國佛蘭克福。時兵火甫息，戰跡猶存。艾帥於百忙之中，邀余暢談二小時，得觀摩之效，獲益良多，衷心感激。將軍受命於危疑震撼之秋，指揮龐雜疲憊之衆，而能三軍用命，迅奏膚功，必有其獨到之處。其人素養之深，有常人所不能及者。各國會師歐陸，難免時有齟齬，將軍輒勒抑其本國部屬，是以友軍相處，如蒙哥馬利之矜驕難予統帥者，也終能翕如。『師貴和』，此之謂乎？將軍老成深算，統顧全局，諾曼第登陸，一舉成功，直搗柏林。而歷屆戰役，凡

孫立人將軍與盟軍統帥艾森豪將軍歡談。

孫立人將軍與第二次大戰美國名將巴頓將軍攝於德國南部巴德托爾茲。

有建樹，輒歸功於當地將士，略無矜伐之意，胸懷坦蕩，廓然有容，以是萬衆歸心，樂於效命。『將兵難，將將尤難』，將軍有之矣。」

五月二十九日清晨，乘汽車出發，到達美十二方面軍（12th Army Group）司令部所在地威斯柏登（Wiesbaden），當時十二方面軍司令是後來出任美國三軍參謀總長的布來德雷將軍（Gen. Omar N. Bradley），他親自接待，主持會報，由美國十二方面軍高級幕僚，分別報告該軍情報，作戰以及補給業務，繼與各部負責人分別研討作戰實況。當晚即宿於威斯柏登，該地以溫泉著稱，風景秀麗，戰前是德國有名的休憩療養之地。

五月三十日，由威斯柏登乘車向東北行，沿途所看到的房屋倒塌，樹木殘折，幾無一塊完整的地方。微風吹來，空氣裡隱約還有人獸腐屍的臭味。途中看見一位德國老太太正在一座殘破房屋的門前台階上洗刷髒垢，孫將軍停下車來，走過去和她寒喧，問她家庭情形。她說：「她丈夫被炸死了，有三個兒子，都去從軍未回。」孫將軍問她：「妳的房屋被炸得如此破爛，如何能清洗乾淨？」她回答說：「我不斷的做，日復一日，總有一天會整理好的。」這句話就充分表現出日耳曼民族堅強不屈的奮鬥精神。

孫將軍抵達美國十五軍團（15th Army）司令部所在地巴德魯赫（Bad Nauheim），軍長葛柔少將（Maj. Gen. Leonard T. Gerow），是孫將軍在維吉尼亞軍校同學，招待極爲親切殷勤，整天陪同參觀，在一起談天，在一起吃飯，晚間邀請孫將軍住在司令部裡。司令部原是一個大旅館，居住甚爲方便。

五月三十一日上午，孫將軍與衣復得上校分乘葛柔軍長的聯絡專機，飛往德比交界安欽（Aachen）與柯恩（KOLN）一帶，低飛俯瞰德國齊格非國防線（Siegfried LINE），齊格非國防線與法國馬奇諾國防線齊名。專機飛得很低，地面看得很清楚。法國的馬奇諾防線構築在地下，只能看到地面的通氣管。德國的齊格非防線構築在地面上，建造了無數防阻坦克的縱深堡壘。順著萊茵河（Rhein River）的西岸，四道堡壘防線，蜿蜒在起伏的山丘上，雄偉態勢猶存，惟各項工事已給盟機炸毀得很徹底，沒有一處可以再能使用。專機沿萊因河低空飛行兩小時，所看到的幾十個橋樑，都被炸毀了，沒有一座完整的。同時看到萊茵河水清如鏡，碧波蕩漾，兩岸河堤整齊，風景如畫，樹木都是按照規劃，分類種植，比起法國的塞納河、馬恩河的河水混濁，有天壤之別。足證德國平時對於水上保持及環境維護工作做得很好。

繼而換機北飛，至柏恩施維格（Braunschweig）美第九軍團（9th Army）司令部，軍長是辛浦遜中將（Lt. Gen. William H. Simpson），軍參謀長是穆爾少將（Maj. Gen. Moore），在這裡很巧遇到新三十八師前美軍第一任總聯絡官布拉克上校（Col. Black），他是美國西點軍校畢業生，因在緬甸翻車受傷，回國療養，傷癒後，調至第九軍團司令部服務。他與孫將軍是在戰地共處過的生死朋友，異地相逢，備感親切。他殷勤招待，非常週到。

那時歐戰結束還不到一個月，柏恩施維格成爲美軍集散之地，歐洲戰場美軍大部先在這裡集中，一部遣返美國退伍，一部調往太平洋戰區繼續作戰。當時在第九軍團管轄下的部隊，達九十萬人之多。因部隊人數太多，而且都在移動之中，孫將軍便沒有去看他們的步兵部隊。

在軍部會談後，到柏恩施維格南邊的伍爾佛恩柏特（Wolf Enluttel），去看在法國作戰最有名的第二裝甲師，師長是懷特少將（Gen. White），戰後曾任美國裝甲兵學校校長，及在韓戰時任美軍軍團司令，因他對孫將軍早已聞名，特地把一個師的裝甲部隊都擺出來，請孫將軍校閱。先是逐排看他那整齊雄偉的裝甲隊伍，繼舉行閱兵式，用一個裝甲兵團分列行進，並由他師部高級幕僚陪同校閱，場面非常雄壯。當晚就在那裡一個小村住宿，四周環境幽雅。

六月一日上午，驅車到達艾爾瑞契（Ellrich），這裡是美軍第五裝甲師前進指揮所，指揮官是安德生上校（Col. Anderson），他們是佔領德國製造V1，V2飛彈工廠的最先部隊。德國製造V1及V2飛彈的魯德海森（Nordhausen）大兵工廠，完全在山洞裡。山洞是從岩石中挖出來的，高有三十幾尺，面積有好幾英畝，空氣乾爽，地面鋪有鐵道，製好的飛彈完全用火車運送。堆積在裡面的V2飛彈有二十幾尺高，直徑有七八尺長，在裡面堆積的很多，都是一個一個直立排列著。出入口有很好的偽裝網，盟軍雖曾派機轟炸多次，但都沒有炸到要害。

下午驅車東南行，到美國第七集團軍（7th Corps）司令部所在地賴普滋格（Leipzig），當時的第七集團軍軍長就是後來出任美國陸軍參謀長柯林斯將軍（Maj. Gen. J. Loaton Collins），他的參謀長是後來調任美國陸軍部第二廳廳長巴垂奇（Brig. Gen. Putridge）。當天未看部隊，柯林斯將軍邀請孫將軍同進晚餐，飯後談了一陣，住了一宵。

六月二日上午，驅車至桑敦赫森（Sondanhausen）看第七集團軍的砲兵團，都是口徑最大的砲。看畢，繼續南下，到達厄爾南根（Erhangen），這裡是美國第三集團軍（3th Corps）後方司令部所在地，軍長是聞名於世的巴頓將軍（Gen. George S. Patton, Jr.），他本人正在前方視察部隊，由其派員招待，夜宿於此。

第三集團軍前方司令部，設在阿爾卑斯山下的一個小村莊，名叫柏德陶爾滋（Bad Tolz）。巴頓將軍的大本營，設在過去納粹黨青年營的四方形大樓上。孫將軍乘汽車沿著德國國道急馳，行至離開第三集團軍軍部二十英里的一條交叉路口，巴頓將軍早派有四輛摩托車前來迎接，在前開道護行。到達軍部，第三集團軍參謀長曼道格斯（Brig. Gen Maddox）率領儀隊一連，在營門前歡迎，檢閱儀隊畢，走上軍部的四方大樓，就看到巴頓將軍。孫將軍與他握手寒暄後，巴頓將軍就叫他的衛士，從他的辦公桌上，取過來一支手槍，指給孫將軍看，手槍上每邊鑲著四顆星，還有他身上穿的軍服肩領上配戴有二十顆星。他說他為了這次從三星中將升到四星上將，所買的金星一共就有一百二十八顆。孫將軍聽到他榮升上將，當即向他敬禮祝賀，他握著孫將軍的手，哈哈大笑。其豪邁爽快，誠如外間所傳聞。同席進餐，更是妙語如珠，風趣橫生。他認為蘇聯蠻橫不講理，與其等待來日和他打仗，不如乘現在勝利餘威，將它同時和德國納粹一齊解決，以免遺禍後代。他說：「只要給我充足的汽油，我便可以率領我的裝甲部隊，一直開到莫斯科去。」孫將軍聽他說出如此豪語，不禁引為知音。飯後，巴頓將軍親自陪同孫將軍到司令部附近看德國俘虜做工，巴頓將軍看到德俘有不向他敬禮的，他就大罵他們，聲色俱厲。

回來時，他邀孫將軍在他的吉普指揮車前合照，很高興的指著指揮車說：「它就是我代步的鐵馬（Iron Horse）。」握別時，巴頓將軍把他作戰時所獲的戰利品，德國十字勛章一枚，手槍一把，及曲射步槍（槍管是彎的，能曲射消滅死角）一支，贈送給孫將軍作爲紀念。孫將軍返國後，也回贈送他一把日本武士刀。

在這裡遇到戰時美駐華大使赫爾利義子，當時他還是個上尉，招待孫將軍非常殷勤。夜宿山間柏樹林裡的招待所，環境非常幽美。夜聞風吹柏樹之聲，濤濤不絕，遙望阿爾卑斯山上的白雪皚皚，連日風塵，爲之一淨。

六月四日上午到凱尼奔仁（Kanebenren）美第三十六師司令部，看到師長德爾奎斯特少將（Maj. Gen. John. E. Dahlquist）及師參謀長史塔克（Brig. Gen. Stock），繼至野外看該師戰鬥演習。今天天氣晴朗，風和日麗。他們演習過程頗切實際戰場需要，毫無花招與作秀把戲，這才能得到眞的訓練效果。演習完畢，即在樹林裡午餐，別有一番風味。

下午驅車到海格斯堡（Augsburg），美國第七軍團（7th Army）司令部所在地，軍團司令是海斯立普少將（Maj. Gen. Haislip），在那裡，機場上擺滿了廢棄的德國製的噴射機，這是孫將軍首次看到的，他詢問德國工程師製造噴射機的過程時，他們表示很願意到中國工作，並把他們的通訊地址寫給孫將軍。

六月五日飛回艾帥總部所在地法蘭克福。六月六日在法蘭克福休息一天。

六月七日清晨，由法蘭克福驅車南下到海德堡（Heidelburg），美國第六方面軍（6th Army Group）司令部設在那裡一座小山上，風景很美。方面軍司令是戴伍斯將軍（Gen. Jacob L. Devers），參謀長巴爾少將（Maj. Gen. Barr），主管作戰的第三處處長任克斯（Gen. Jenkens），韓戰時曾任美軍第十集團軍軍長。

海德堡是德國文化古城，海德堡大學有五百多年歷史，是世界上最古老的大學之一。該城戰時受盟軍破壞最輕，孫將軍久聞此一文化城，順便一覽德國此一古都，參觀德國古老學府的文化風貌，並在那裡住了一夜。

六月八日清晨乘專機，飛往德國瑞士交界處林大（Lindau），去看法國第一集團軍（1st Franch Army）。飛至德瑞邊界，駕駛員不熟習機場位置，找不到林大在甚麼地方。還靠衣復得秘書從旁領航，先發現到包丹西（Bodansee）湖，再從地圖上看出林大是在湖的東南端，這才找到林大機場所在位置，安全降落。下機後，孫將軍對衣復得秘書說：「這位駕駛連機場都找不到，還不如把他打發回去，我們回去另外再坐別的飛機。」於是便請這位駕駛員先飛回去了。

到達法國第一集團軍軍部，由軍長塔西尼上將（Gen. Tassigni）親自接待，陪同檢閱法軍第四山地師（4th Mountain Division）裝備。法軍第四山地師是法國特種部隊之一，配備有大量裝甲車輛，戰力強大。林大是歐洲有名的風景區，世人前往遊覽療養的很多。繼到德國與奧地利交界處海斯丁（Hesdin）看法國的戰車部隊。當晚便在那裡夜宿，備受熱烈款待。

六月九日上午，看完法軍第五裝甲師部隊後，當天下午即乘車回法蘭克福。車在高速公路上行駛時，孫將軍起先還在打盹，漸漸覺得車行太快，他睜眼一看，速度表的指針已到了一百三十英里！他立即要司機開慢一點，司機回答說：「我替我們軍長開車，他不准我開低於一百二十哩，否則就要把我開除，而且假如我開得太慢，我就容易打瞌睡。」孫將軍告訴司機說：「我不習慣開快車，請你還是開慢一點好。」他放慢速度後，不久又漸漸開快起來，孫將軍只好不時提醒他，要他減速，可是一路上車速仍然保持在每小時一百英里以上。晚上十點半到達法蘭克福，司機看了看車輪後，對衣秘書說：「兩個後車輪胎都已經磨光了，不堪再用，否則，極可能有爆裂的危險，希望你們給我換兩個新的。」幸好這部車是美製卡迪來克（Cadillac），一路沒有出事，安全到達。衣秘書即向美軍交涉，替他的車換了新胎，讓他安返原部。

六月十日，在法蘭克福休息一天，午間應美軍佔領德國地區軍政府長官葛萊將軍（Gen. Clay）在其城外司令部設宴招待，談到美軍軍政府對於佔領德國地區所進行的各項民事行政工作。

這一天，巧逢艾帥招待蘇聯柴可夫元帥，在法蘭克福舉行大規模閱兵典禮，並頒授勛章。參加這次閱兵的軍機，就有一千三百架，其中包括各種各式的戰鬥機與輕重轟炸機。當天孫將軍住在郊外一個賓館裡，看到飛翔蔽日的機群，蔚爲壯觀。孫將軍認爲這是艾帥有意給蘇聯一個暗示，美國擁有強大的軍事戰力，使其不要作非份之圖。

六月十一日，乘專機飛往拜德歐海森（Bad Oeynhausen），英國第二十一方面軍（21th Army Group）司令部所在地，與蒙哥馬利元帥（Gen. Montgomery）及其高級幕僚在一起餐敘。談到德軍於五月四日向蒙哥馬利元帥投降情形，大家興緻高昂。

六月十二日，專機飛到荷蘭境內的艾帕道恩（Apeldoorn），那裡是加拿大第一方面軍（1st Army Group）司令部所在地，小城湖邊，風景絕好。軍長是克瑞拉將軍（Lt. Gen. H. D. G. Crerar），戰後曾任加拿大參謀總長。孫將軍由克瑞拉軍長及高級官員陪同，先看加軍俘虜德軍的各式各樣的武器，費了兩個多小時才看完。繼看加拿大第一方面軍所屬的第三師，師長是傅克斯中將（Lt. Gen. Foulkes），戰後他也曾做過加拿大參謀總長，並曾出任加拿大駐北大西洋聯盟的代表。克瑞拉軍長以上賓之禮招待孫將軍，晚宴席上，還有軍樂隊在一旁演奏，禮儀極爲隆重，並招待孫將軍在希特勒用過的專車上住宿。這節火車廂長三十公尺，設備堂皇舒適，有客房、浴室、餐廳，是荷蘭的一位有錢商人，專門設計做好後，送給希特勒作爲私人專車。戰後這節火車停放在湖濱，用來招待貴賓。貴賓簿上寫滿了要人的簽名，其中有英皇及邱吉爾首相等人。這輛專車招待貴賓（Very Important Person），縮寫爲V.I.P.，因而克瑞拉將軍給這輛希特勒的專車，起了個綽號叫「毒蛇窟」（VIPER DEN），就是在 VIP後加上ER，成爲VIPER DEN，意含雙關。孫將軍就在「毒蛇窟」住了一夜，衣復得秘書分住在荷蘭一個貴族的公館裡。自是之後，孫將軍與克瑞拉軍長成了很好的朋友，書信往還不斷。

六月十三日，由荷蘭乘車，經比利時首都布魯賽爾，回到法京巴黎。沿途二百多英里，道旁砲彈堆積如山，綿延不斷。巴黎城外跑馬廳擺放的裝甲車簡直看不到邊，有一個地方擺放的輪胎有六十多萬個，足見盟軍輜重之充足。

六月十四、十五兩日，在巴黎近郊觀摩美軍後方的補給機構，美軍後勤補給司令是李約翰（Maj. Gen. John C. H. Lee）。孫將軍和他的各級幕僚詳細研討美軍補給機構的組織及補給程序，並參觀各種武器彈藥倉庫。美軍後勤機構的完善，物資的充足，補給的順暢，乃是第二次世界大戰獲勝的因素之一，這是不容爭辯的事實。

六月十六日，乘軍機飛行一小時，到達奧塞瑞（AUXERRE），這裡是美軍十三傘兵師所在地，師長是查登少將(Maj. Gen. Chamdan)，他陪同孫將軍看傘兵降落表演，空投大砲及砲彈，並在那裡第一次看到五七及七五無後座力戰車防禦砲，還舉行了滑翔機表演。查登師長當場邀請衣復得秘書乘滑翔機試飛一次。衣上校愉快的踏入滑翔機內，被一架母機拖曳升空，美軍一位中校陪他坐在這架搖擺的機艙內，飛行一段空程，然後脫鈎滑飄，冉冉下降，落在指定的草地上。衣上校表示,這次親身體驗,並不舒服,他在空中滑翔時，差點嘔吐出來。

六月十七日，乘專機由巴黎飛往倫敦，途經卡堡半島（Cherbourg Peninsula），空中鳥瞰盟軍在諾曼第登陸的遺跡。盟軍登陸諾曼第，是在一九四四年六月六日，距孫將軍臨空觀看時，剛過一年多，因登陸地區地雷及未爆彈尚未清除完畢，不便在陸上參觀，只能從空中視察。沿海工事被破壞的情形，仍歷歷在目，港口被炸壞的船艦，還有許多漂浮在海面上，想見當時戰鬥的慘烈。

英國參謀總長布魯克上將獲悉孫將軍正在歐洲訪問，特電邀他前往倫敦，接受英王頒授的第二座「英帝國司令勳章」，美國參謀總長馬歇爾也來電邀請訪美，孫將軍經以電報告政府，順道前往，遂於當日飛抵倫敦。

註釋：

❶ 衣復得博士於四十二年春口述〈孫立人將軍訪問歐洲戰場經過〉，經著者記錄整理。

四、參觀英美軍事學校

六月十八日，在倫敦拜會我國駐英大使顧維鈞先生。下午訪問英國陸軍部，由英國參謀總長布魯克將軍（Gen. Sir. Alan Francis Brooke）親自接待，並在他的辦公室內舉行授勳典禮。由他代表英皇授予孫將軍英帝國司令勳章（Commander of British Empire，簡稱C.B.E.），以答謝新一軍在緬北孟拱之役，援救英軍第三十六師七十七旅的卓越戰功。這是孫將軍第二次接受英國的授勳，在旁觀禮的有英國首相邱吉爾的軍事顧問衣斯梅上將（Gen. Sir Hasting Lionel Ismay，後來他曾任北大西洋聯盟秘書長）和英國陸軍訓練司令麥斯頓將軍

(Lt. Gen. Maidstone)。典禮之後，還設盛宴慶賀。

六月十九日上午，前往坎貝里(Canberley)，參觀英國參謀大學，下午轉往沙豪斯特(Sandhurst)參觀英國皇家軍校。

六月二十日，前往格林維治(Greenwich)參觀英國皇家海軍學校。

六月二十一日，前往克瑞瓦(Crenwau)參觀英國皇家空軍學校。

當晚，中央社駐倫敦特派員樂恕人約請孫將軍和衣復得上校在一家中國飯店晚餐，爲他們洗塵。三十三年緬戰時，樂恕人曾任戰地記者，隨新一軍行動，與孫將軍相處甚熟，現在倫敦重聚，談笑甚歡。孫將軍一見到樂恕人便問：「聽說你要同一位英國小姐結婚？」樂恕人被他突然一問怔住了，遲疑一下回答說：「還在考慮呢！」席間，孫將軍便勸他打消這個念頭，列舉出許多理由和事實，說明中西通婚的不適合。❶孫將軍一向待人誠懇爽直，絕不虛假應付。樂恕人聽了他的話，雖終生未娶，不但不怪怨他，而且還在人前稱道孫將軍對他的愛護。

六月二十二日，遊覽倫敦名勝。晚間，顧維鈞大使設宴招待，暢談中英關係，甚歡。

六月二十三日，孫將軍又應美國參謀總長馬歇爾的邀請，專機離開倫敦，途經蘇格蘭、冰島、芬蘭，當天抵達紐約。

六月二十四日，飛往華盛頓，拜會我國駐美大使魏道明先生，魏大使分析美國政局及中美軍事合作的前景。

從六月二十四日至七月二日，均停留在華盛頓，曾分別拜會美國參謀總長馬歇爾上將（Gen. George C. Marshall）、副參謀總長韓定將軍（Gen. Thomas T. Handy）及索穆維爾少將（Maj. Gen. Somervell），藉以瞭解美國參謀本部對日作戰的策略及計畫與作業，並收集有關美軍後勤、訓練、及盟軍接收佔領區多項的資料，均交由我國駐美武官彙整呈報。

六月二十九日，乘汽車至貝魯堡（Fort Belvoil），參觀美國工兵學校，聽取校長簡述學校組織，教育訓練情況。

七月二日，乘軍機飛行三小時，抵達肯塔基州諾克斯堡，參觀美國裝甲兵學校，及坦克車的實彈射擊，學校對學員生的教育著重原理與指揮，對部隊訓練則偏重實用。

七月四日，續飛至班寧堡（Fort Benning）參觀美國步兵學校及附近的傘兵訓練中心，由步校示範部隊表演各種操練。

七月八日返回華盛頓，應美國參謀總長馬歇爾將軍邀請，參觀華盛頓地區及紐約附近的軍事基地及設施。

七月中旬，在紐約住了四天後，搭機經英屬百慕達（Bermuda），回到法國巴黎，停留兩天，啓程返國。途經葡萄牙屬地艾柔瑞斯（AZORES），換機續飛，路過義大利、希臘、開羅，原路回到印度加爾各答。在加爾各答住了兩天，於七月底飛往八莫。那時新一軍已奉命調回國內。孫將軍在八莫住了兩天，即飛回昆明。令衣復得秘書留在八莫，照顧待機運送回國的傷患官兵。

註釋：

❶ 薛慶煌著《鷹揚國威》，第三六二—三六三頁，台北，東大圖書公司。

五、訪問報告

孫將軍於八月三日飛抵廣西南寧指揮所。這時新一軍正奉令擔任雷州半島的攻擊任務，不久日軍投降，又奉命率軍至廣州受降，直到受降任務完成，孫將軍才於十一月九日搭機飛往戰時首都重慶。十日上午十時到上清寺官邸晉謁蔣委員長，報告參觀歐洲戰場的情形及遲未述職的緣由。蔣委員長對於孫立人自行赴英美參觀，表示不太高興，問孫：「誰叫你去的？」孫立人回答說：「報告委員長，能夠一看他們的參謀本部，幕後策劃及庙堂勝算的究竟，這是我們駐外武官得不到的資料，機會難得，故大膽應允英美的邀請，同時有電向鈞座請示。」蔣聽後就未再說甚麼。

這時孫立人遂將他在歐美考察以及與各國軍政首長交談心得，事先撰擬一份書面報告，當面呈給蔣委員長。報告主要內容指出：二次世界大戰以後，國際有兩大發展，一為蘇聯共產黨的勢力之膨脹，一為蘇聯與英美的對峙。他在報告中說：德國和日本崩潰之後，蘇聯急遽地控制整個東歐，同時在亞洲亦將控制朝鮮北部和我國東北，威脅鄰國安全，值得今後注意防範。

他對戰後英、美、法等國的關係亦有詳盡的分析。他認為英國人自知實力單薄，無法單獨與蘇聯的擴張政策抗衡，勢必與美國聯合共同抗俄。他指出法國雖在外交上與蘇聯友善，但戰後在經濟方面，須仰賴英美援助。法國朝野人士並無復興大志，國家並無建軍計畫，目前國內最嚴重的問題，為經濟困難，糧食不足，將來須靠美國來維持國防。他認為戰後美國將成為世界強國，對世界和平具有最大影響力。美國人民對蘇聯態度，可分為三種。一些人主張容忍，認為蘇聯實力充沛，未可輕與挑戰；一些人主張讓給蘇聯一些權益。因蘇聯在這次大戰中犧牲甚大，應略事補償；另一些美國人，見到蘇聯野心勃勃，得寸進尺，所以主張乘其準備未充分以前，一舉予以殲滅，以免貽患無窮。他復指出，美國人民生活舒適，經過數載兵戈，大多數人甚為厭戰，要用武力解決蘇聯，政府必須要花很長的時間，開導人民，才能形成社會輿論，獲得人民的支持。

關於中國應如何應付未來世界的發展，孫將軍在報告中提出明確的建議：

總之，蘇聯如欲遂行世界革命，勢必與英美發生正面衝突，因為英國在歐洲必須維持其固有之權利與地位，而美國在遠東，亦必須盡其維持和平之職責。就職觀察所及，美國朝野似皆欲協助我國，使其成為遠東和平之柱石。蓋如此，一則可以監視日本，一則可以防制蘇聯。惟我國目前尚缺乏強有力的組織與整個建國計畫。故美國雖欲衷心助我，

而苦於無從著手。為今之計，似宜提出整個建國及建軍方案，以與美國洽商，庶可按部就班逐一實現。❶

孫將軍在重慶公幹畢，於三十四年十一月中旬，飛回廣州，曾接受中央社記者專訪，就他訪問歐洲戰場的觀感，扼要提出兩點：第一，他覺得戰時英美盟邦人民，充滿了緊張熱烈的工作情緒，老弱婦孺都在全體動員，參加戰時生產工作，眞正做到了全面作戰和全民作戰的境界。他參觀過一個英國營房，只有十幾個女工，辦理幾千官兵的伙食，清潔整齊，有條不紊。一個英國中將告訴他說：他的全家連六十五歲的老母在內，一齊都參加了戰時的工作，由此可以看出盟國勝利不是僥倖得來的。第二，德國戰敗後，雖然是滿目瘡痍，但由於其民族性的強毅，和民族意識的堅定，故能忍受一切，團結不亂，社會秩序十分良好；惟盟國對德管制極嚴，政治區域各自分離，形成無政府狀態。限制人民自由行動，教育幾陷於停頓，工業毀滅，交通破壞，五十年內恐無東山再起希望。❷

註釋：

❶ 揭鈞著《小兵之父》，第一二五—一二七頁。

❷ 中央社特稿〈孫立人將軍訪問歐洲戰場〉一文，載於三十四年十一月廣州各報。

第十一章　廣州受降

一、凱旋返國準備反攻

民國三十四年四月，新一軍反攻緬甸任務完成後，奉命分別由空運、車運或徒步返國，先後由臘戍、密支那啟程，途經曲靖、陸良轉運，向廣西南寧集中，歸第二方面軍指揮序列，接受張發奎將軍指揮，準備反攻雷州半島，迅速打通海口，接應美軍陸戰隊登陸。孫立人軍長於八月二日自密支那飛到南寧，他晉見張發奎司令長官，會商作戰計畫，決定新一軍在九月底光復廣州灣，十二月底前光復廣州。

為了集中軍的主力能同時作戰，有利爾後的戰鬥任務，孫立人軍長於八月三日在南寧軍司令部，下令新三十八師在八月十日向玉林集中，新三十師向貴縣附近集中，五十師於八月六日開始沿貴縣向興業地區集中。

新三十八師行軍所經地區，沿途大小橋樑，不是早經破壞，即被洪水沖斷，通過大小河川多須徒涉。全師官兵不顧艱難險阻，克服惡劣的天候與地形，依限在玉林集中完畢。

這時新三十師尚在黔桂交界，沿著百邕公路行軍，向南寧前進中。時逢秋夏之交，傾盆大雨，連綿兼旬。復以內陸地勢低窪，河川壅塞，人馬難以通行。有時補給不足，一日不得一餐。然全師官兵以任務艱鉅，忍饑涉水前進。

軍直屬部隊及五十師行軍途中，也嚴重受阻，官兵排除一切困難，向興業行進。孫軍長一面呈請第二方面軍司令部，轉飭各縣組織民工搶修道路，一面令新三十八師作好各項備戰準備。八月十三日離開玉林向陸川廉江方面進發。

八月十五日一切作戰準備就緒，部隊冒雨兼程向石角推進，準備向雷州灣實施攻擊。當晚就地紮營，忽得軍部通信營傳來消息，日本政府接受同盟國波茨坦宣言，無條件投降了。❶

日寇投降消息證實後，官兵振奮若狂，雖處身敵我對峙的最前線，指揮官仍令第二線部隊，以連爲單位，用步機槍，各對空射擊若干發，並以曳光彈及信號彈同時對空射擊，在空中劃出一個V字形光環，慶祝抗戰最後勝利。射擊前，並派員向附近村民傳告勝利消息。於是在統一指揮下，槍聲大作，黑夜紅綠彈頭，凌空飛曳，交織成華麗耀眼的夜景。附近村莊老百姓紛紛走出家門，軍民歡呼聲，響徹四野，通宵達旦。

註釋：

❶《孫立人回憶錄》第三一二—三一五節，中國時報。

二、廣州接受日軍投降

日本正式宣告投降，新一軍奉命停止攻擊雷州灣任務，轉往廣州受降。爲了迅速光復廣州，接受華南日軍投降，孫立人軍長令新三十八師於八月底前在梧州集結完畢，船運廣州。部隊到達梧州，因船舶奇缺，不得不在梧州停留數日，於九月三日才分批沿西江，經高要三水，船運廣州。九月六日趕抵廣州，七日開進廣州市區。

進入廣州市區的部隊以連爲單位，由王東籬團長騎著一匹雄壯的駿馬領隊，前面是青天白日滿地紅的國旗開導，官兵一律穿黃呢軍服及皮鞋，打呢綁腿，通過大街小巷，號兵吹奏「進行曲」，隊伍齊步前進，步伐整齊，嚓嚓嚓的皮鞋聲，嘹亮的歌聲，帶給廣州同胞無比的歡欣與振奮。沿街兩旁佇立擁擠的人潮，有的舞動國旗，高聲吶喊，歡迎國軍勝利凱旋。有的商店燃放爆竹，敲鑼打鼓，織成一幅歡迎王師自然流露的萬衆歡慶圖。

日軍宣告投降後，我軍尚未到達廣州之前，在這段空檔期間，原在廣州外圍活動的別働隊，和其他雜牌部隊，各自假冒各種名義，趁機伺隙潛入市區，不肖份子更明目張膽封存日軍倉庫物資，敲詐勒索搶劫，因此人心危懼，全市陷入恐怖狀態。孫軍長率新一軍進駐廣州後，立即派特務營佔領沙面，設立軍指揮部。令新三十八師接防廣州市區各重要據點後，即以霹靂手段，迅速安定市內混亂狀態。飭令各雜亂部隊及僞軍一律迅速離開市區，並嚴厲責成各主官管制其官兵，不得藉機作危害人民擾亂治安的不法活動，同時剋令全市二萬餘日軍，於九月十六日全部解除武裝後，即離開市區，送往珠江南營集中管理。自此之後，新三十八師以嚴厲的軍紀，執行全部警備，廣州市區始日趨安定。

孫軍長同時命新三十八師佈防東莞及石龍一帶，擔任廣九鐵路沿線及以西地區的受降任務。五十師急趨香港、九龍，並予佔領。各部隊於接防後，即相繼解除各地區日軍的全部武裝，自九月十四日至十一月十一日，全部順利接防完畢。日軍雖然戰敗，但他們守紀律、守秩序，遵照命令實施，日本軍的守法及服從精神，雖在戰敗混亂之中，仍井然有序。

新一軍各部隊在接防時，一併接收該地區的倉庫、廠房及其散存的一切日偽物

民國三十四年國慶，孫立人將軍與張發奎將軍並轡閱兵。

資，當將日方呈交的所有物資及清單，完全封存，嚴密看管，以待政府派員前來接收。十月二十七日起，軍政部派來監交委員會開始分別清點接收，至十二月十三日，全部按日方原始清冊逐一點交清楚，如此可以遏止發「接收財」，中飽私囊，新一軍的清白，受到廣東人民一致的好評。❶

民國三十四年九月十六日，舉行受降儀式，地點在廣州市中心的中山堂。儀式由第二方面軍長官張發奎上將主持，參與觀禮的軍政高級首長，有廣東省主席羅卓英將軍、廣州市市長陳策。新一軍軍長孫立人、第十三軍軍長石覺及第五十四軍軍長闕漢騫等高級將領。日方投降代表爲「南支派遣軍」司令田中久一。田中由我新三十八師營長鍾山少校引導，自珠江南日軍集中營乘車抵達中山堂，就位後，向張發奎上將鞠躬致敬，然後在降書上簽字，簽字完畢，即將其佩劍解下，雙手捧獻給張發奎上將輸誠，然後鞠躬而退，再由典禮官鍾山營長領導，黯然離開會場，儀式歷時約十五分鐘。這是我中華民族最光榮偉大的歷史時刻，全國軍民八年艱苦浴血抗戰，終於得到最後的勝利，而倭寇日本，也嚐到了侵略者應得的苦果。❷

民國三十五年二月十日，國民政府蔣主席以新一軍完成「反攻緬甸」及「打通中印公路」之重大任務，特頒發新一軍及新三十八師榮譽虎旗各一面，由廣州行營主任張發奎將軍代爲頒授，同時曾對駐印軍頒佈嘉獎令，其文曰：「中國駐印軍，在緬北之種種成就，使我中華民眾對其遠征將士，深感殊榮。在世人之心目中，爾等實爲我中華民國一眞正而英勇之徵象也。」這是孫立人將軍和他率領的新一軍官兵，以無數生命和血汗爭來的最高榮譽。

第二戰區司令長官張發奎將軍率領的廣東軍，抗戰時被稱爲鐵軍，勇敢善戰，屢挫日軍。抗戰勝利初，第二方面軍司令長官部移駐廣州，令新一軍派一連官兵擔任長官部警衛。一天深夜，長官部有位處長外出歸來，說不出當天口令爲何，守衛士兵不許其入營。事後張發奎將軍聞悉，對新一軍如此嚴明的紀律，讚不絕口，並令該連調回新一軍歸建。張發奎將軍告訴孫軍長說：「我把這一連官兵調回歸建，不是看不起你的部隊。正好相反，我非常欣賞你的部隊的紀律，是一支作戰堅強的部隊，不能調來擔任勤務守衛的工作。」從此之後，張發奎將軍對孫立人更加敬重，兩人眞是英雄識英雄，相處甚爲相得。新一軍駐防廣東期間，與廣東部隊相處和睦，從未發生任何不愉快事件。

新一軍初接收廣州時，有一位新疆籍的中尉副官馬木提，他從緬北蠻荒之地，來到廣州這個花花世界，盡興吃喝玩樂，甚麼都來，賭錢輸了，負債還不起，他就打歪主意。一天，這個年輕軍官邀同一位美軍上尉，開吉普車到廣州白雲山郊遊，車開到荒僻郊外，馬木提就把美軍上尉打死了，將槍枝拿走，吉普車開去賣掉。案發後，美軍上尉屍首找到，美軍提出強烈抗議，依軍法判爲死刑。孫軍長看了全案，最後沒有辦法救了，要侍從官把馬木提叫到面前詢問，馬木提坦承都是他做的，孫軍長心有不忍的對他說：「你是新疆人，屬邊遠民族，雖有抗日戰功，但是軍人一定要遵守軍紀。今天你犯了大錯，我也沒辦法保護你了。你有什麼遺言，希望我能幫你一點忙。」他說他家有老爸媽家人，希望將遺物交給他的家人。孫軍長答應他，待他被槍斃後，孫軍長特別派人將遺物送給他新疆的家人。這件事傳開之後，新一軍駐防區內更是秋毫無犯了。

註釋：

❶《孫立人回憶錄》第三一八—三二二頁。

❷ 鍾山《藍鷹》，尚未出版。

三、修建新一軍陣亡將士公墓

孫立人將軍在廣州完成受降工作後，心中最惦念著隨他出國遠征印緬殉國的戰友。爲了崇功報德，使他們的忠烈事蹟光耀人間，他決定要爲新一軍陣亡將士建一座公墓。爲了選擇墓地，他曾乘飛機在廣州上空觀察三次，並親自登馬頭崗視察，而後才決定在廣州市郊的白雲山下，馬頭崗陽爲墓地，並親自爲公墓設計圖樣，徵集日俘六百名修築墓基。孫將軍明白告訴他們說：「你們讓我們流血，我要罰你們做工流汗。」日俘均很順服，而且勤勞做工，每天控土挑沙，搬運石頭，整整工作了四個多月，完成了墓地基礎工程。

公墓完成後，命名「新一軍陣亡將士公墓」，在公墓大門後建立一座青色大理石紀念碑，碑頂安裝重達一噸半的銅鷹雕刻。那個大藍鷹是新一軍的標誌，兩翼長達十英尺，高八英尺，栩栩如生，振翅欲飛，是用一千六百餘斤廢砲彈殼鑄成的。紀念碑旁樹立四根大柱，代表新一軍的軍訓「義勇忠誠」精神。

新一軍紀念公墓，是從三十四年十一月五日開始興建，三十六年九月六日落成。是日，孫將軍主持新一軍印緬陣亡將士追悼公祭典禮，在報告籌建公墓經過時很哀感的說：「我站在墓前，遙望西南，十分懷念那些印緬陣亡的袍澤。他們英容雄姿，彷彿就在我的眼前。我時時在懷念他們，

民國三十六年秋，孫立人將軍於新一軍印緬陣亡將士紀念公墓落成時留影。

我永遠在哀悼他們。」繼誦讀紀念碑文曰：「余忝長軍寄，於奏凱歸來，招魂隨旆，同返中原，永享春秋，長安窗夢。追憶患難之情，思英靈而何極，悠悠天地，可與垂庥。」在典成奏哀樂時，從緬甸帶回來的三隻大象，突然大吼三聲，好像大象亦有所感，悲傷吼叫，增添會場悲戚氣氛。

孫立人在公墓石碑上題有輓聯一副，來表達他永恒的追思：

立馬望南方，故壘迷離，每懷野火殘烽，戰血長隨伊水碧；
提師歸故國，瘡痍滿目，忍看孤兒寡婦，憂思獨共白雲深。

四、岳麓山下弔忠魂

孫立人將軍在反攻緬甸作戰期中，每當風雨之夜，隻身處在營幕中，就會想念在第一次緬甸保衛戰中失踪的新三十八師副師長齊學啓將軍。回想到他們兩人少年時在清華校園一同打籃球的歡樂，青年留學美國時的豪情壯志，以及壯年在軍中練兵作戰的種種情景，常常徹夜難眠，而今連齊副師長的生死何方都不知道，令他潸然淚下，不能自己！

齊學啓，字夢賚，湖南省寧鄉縣人，生於清光緒二十三年（一九〇一），較孫將軍小一歲，民國四年，考入北京清華學校，適孫因病休學一年，因而兩人在校同班共讀八年。他倆都喜歡運動，擅長籃球，且均有志於軍事，課外常在一起玩球，成爲莫逆好友。十二年，清華畢業，同船赴美深造。齊學啓初入德克薩斯州立理工暨農業學院，攻讀數理。十四年，齊學啓考入美國洛維其（Nor Witch）學校，孫立人獲得保送進入維吉尼亞軍校，兩人想學軍事的初衷，如願得償，極爲興奮。一個假日，兩位好友相約聚晤於一小市鎮，漫步街頭，細訴別情。突然遇見一爛醉水手，攔截一孤身少女，意欲施暴，少女呼救，兩人見狀，當即上前勸阻。水手自恃身強力壯，毫不將兩位中國青年看在眼裡，口出穢言，揮拳相向。那知這兩位中國青年都是軍校高材生，拳擊格鬥自是本行，只上前一人，三拳兩掌就將水手打翻在地，給少女解了圍。那水手倒頗有「費厄潑來（Fair Play）」精神，挨了頓揍，反倒伸出大姆指，對他們的好拳法表示敬佩。❶

民國十六年，因父親去世，母親年老無人撫養，乃由美返國，受省立湖南大學校長雷鑄寰先生聘請，擔任教職，以便就近迎養母親於長沙。

民國十七年，孫立人回國之初，到長沙謀事，就住在齊學啓家，每天無事可做，就與清華同學陳崇武、王之、趙君邁、齊學啓等人在一起玩球，談論時局軍事，各抒己見，雄辯激烈時，爭得面紅耳赤，有時齊老夫人就出來爲他們打圓場，大家這才相視大笑，歡聚了三個多月，終覺不是事業，孫才回到南京另謀工作。

民國十九年，陸海空軍總司令部成立憲警教導總隊，齊學啓應總隊長溫應星將軍的邀請，赴南京任該總隊第一大隊上校大隊長，孫立人亦在總隊任第二大隊大隊長，兩人開始共事，同心練兵。

民國二十年，憲警第一團成立，齊學啓首任團長，不久憲警改組，調任憲兵第六團團長，拱衛南京首都治安。

民國二十一年一月二十八日夜，日軍侵犯淞滬，齊學啓團長奉命率全團官兵赴上海增援，協同第十九路軍與日寇作戰，他以兩營兵力駐防上海南市，親率一營官兵，繞道襲敵於閘北，一舉奪回閘北火車站，因而揚名中外。

淞滬停戰後，憲兵第六團改編爲上海市保安處保安第二團，齊學啓仍任團長。二十三年夏，上海保安處裁編，齊將軍受排擠，隊伍被吃掉，自己成了編餘軍官，一氣之下，接受浙江大學聘書，當教授去了。

民國二十七年，孫將軍奉命在長沙成立緝私總隊，適逢齊學啓因母病返回湖南老家省親，兩位清華人相逢於長沙街上，應孫力邀，齊學啓出任緝私總隊少將參謀長。先在長沙岳麓山設立教練所，招收流亡學生，訓練幹部，陸續成立第一、二、三團。二十七年八月，武漢撤退，緝私總隊官兵，由湘徒步入黔，駐防都匀、獨山間，繼續操練。二十八年，緝私總隊擴編爲稅警總隊，齊學啓升任副總隊長，兩人同心協力，爲國家培訓一支新力軍。[2]

齊學啓待人寬厚，與孫立人將軍治軍嚴厲，恰能相濟配合，他對部下要求，只問效率，不講求形式，與孫立人將軍練軍精確，又能相輔，有時在孫將軍盛怒責難之下，爲僚屬解頤，故軍中對他二人有嚴父慈母之稱。

齊將軍歡喜讀書，治軍之外，總是手不釋卷，對兵學及儒學均有極深的造詣，所以能沉潛於仁義之中，從容乎疆埸之上。僚屬如有過失，他總能引經據典，說得你心悅誠服，但是他如果發現你有不忠或不誠實的行爲，少不得他也要厲聲痛斥。孫將軍最崇敬的是岳武穆，齊將軍最崇敬的是文天祥，所以「滿江紅」成爲人人必須會唱的軍歌，「正氣歌」成爲人人必讀的政治課程。❸

三十一年春，稅警總隊改爲新編三十八師，孫立人轉任師長，齊學啓任副師長兼政治部主任，率師遠征入緬，進駐瓦城。旋以右翼英軍第一師被圍告急，孫將軍即命齊副師長率劉放吾團星夜馳援。四月十九日打響了「仁安羌」大捷。二十六日，緬甸戰局逆轉，齊將軍奉命率劉放吾團參加卡薩戰役，掩護盟軍與友軍後撤。五月十九日深夜，在戰鬥最激烈的時刻，孫將軍曾與齊副師長通電話，約定當晚八時派車去約定地點接他回師部。後來葉遇春副官駕車到達約定地點，候了五個鐘頭，不見齊副師長的蹤影，從此失去了聯絡。

孫將軍率軍到達印度後，曾三番五次派諜報人員，偷回到當時緬北戰鬥地點，去探尋齊將軍的下落，卻毫無消息。

事隔半年，由英方醫院轉送來一名傷兵，他就是當時追隨齊副師長行動而唯一跳水脫險的，從他口中，才得到齊將軍那一段令人感泣的經過：

「當齊副師長接到孫將軍電話以後，即對劉放吾團長的未來行動詳細指示後，他便坐著第五軍派歸他指揮的裝甲車，趕往曼西第五軍軍部，把車輛歸還建制，並向杜聿明軍長報告劉團戰況，和孫立人師長要他回師部，得到杜軍長許可後，他就打算找車趕往約定地點，可是當時第五軍正在準備轉進，車輛十分困難，因而延誤了時間，不可能如期趕到約定地點。後來他又想起新三十八師有一部分負傷官兵，留在第五軍野戰醫院療治，放心不下，又跑到病房裡去撫視。這時負傷官兵已聽到撤退消息，往後沒有車輛再來接送他們，大家正在驚慌失措的時候，陡見到了齊副師長，簡直如同見到父母一般，不禁悲喜交集，異口同聲都要求隨他行動。齊副師長眼看著從戰多年袍澤的淒慘情狀，眼淚早已奪眶而出，慨然答應了他們的請求。

這時日軍正在大舉增援，猛撲一一三團陣地，在戰況緊張中，齊將軍便和劉團失了聯絡。他決心帶同傷病袍澤，相率向山林中覓路西進，追尋師部。他萬沒料到孫將軍會率三十八師主力趕回溫早去救援一一三團，全師撤退路線變爲從溫早向西北方向轉進，因此，齊將軍和傷患官兵又與本師失散。

於是，他率領這十八名傷員在山林中覓路西進，傷重的起初還能勉強撐著走，後來便漸漸的支持不住，扶創掙扎，傷痛難忍。齊將軍一一慰撫，用精神來鼓勵他們忘卻痛苦。又在村中買了幾條黃牛，讓眞正不能行走的騎坐前進，用盡了種種方法，才輾轉走到清得溫江岸的孟坎。重傷官兵的創口又發起炎來，連騎在牛背上都支持不住了。齊將軍再去設法買來竹子編成竹筏，趁著大水準備順河去荷馬林。五月十九日，竹筏漂划到荷馬林以南八英里地方，突被日軍騎兵追來，在輕重機關槍的横掃之下，除有兩個人僥倖跳水逃生外，其餘不是死亡便是重傷，齊將軍當時身中數彈昏迷了過去，從此下落不明。

這一驚人消息，使新三十八師每一位官兵都不安起來，大家朝夕祈禱著齊將軍早日脫險平安回來。

美軍攻入菲律賓以後，不知從那裡傳來一個喜訊，說美軍解放菲島的戰俘中，有新三十八師齊副師長在內，並說齊將軍還和蔣委員的顧問端納在一起。這一消息，曾使新一軍官兵歡喜一陣，奔走相告，大家都說這才是「吉人自有天相」！❸

三十四年九月十四日，大公報記者黎秀石先生從仰光發來一則專電，報導「齊學啓將軍拒敵誘降被刺死」的經過：

三十一年五月十九日，齊學啓將軍率領著滿載傷病袍澤的竹筏，順流而下時，遭到日寇騎兵狙擊，齊將軍率眾應戰，身中四彈，失去知覺，不幸被俘。

日軍從齊將軍所佩的符號，知道他是將官，就爲他裹傷搶救。齊將軍甦醒過來，發覺身陷敵營，拒絕換藥進食，以求速死。日寇無奈，又將齊將軍押送荷馬林旅團部，齊將軍大義凜然，厲聲斥責敵酋說：「中國軍人可殺不可辱，速斃我，勿多言！」猛奪刺刀自戕，敵酋左右慌忙奪下佩刀。日軍旅團長見狀，下座表示敬意。多方勸降，均遭將軍怒斥。日寇無計可施，遂將齊將軍押送仰光戰俘營。這時，汪精衛僞政府急欲羅致國軍高級將領組織僞軍，汪僞政府軍事委員會派葉蓬等一行赴仰光，威逼利誘，同樣遭到齊將軍的嚴厲斥責。汪僞政府最後僅求齊將軍赴南京一行，即可釋放，但均爲齊將軍嚴辭拒絕。因禁三年期中，數度遷易囚所。當時戰俘所居住的地方，都是自建的草棚，每日勞動，出力流汗，而飲食粗糲不堪，並受無端毆打凌辱，齊將軍均能怡然處之，大有文天祥的「當其貫日月，生死安足論」的氣慨。齊將軍常在夜間，爲同囚盟軍官兵講授數理課程，還以國語英文向難友曉喻中國抗戰必勝，世界反法西斯必勝的道理。同囚數百盟軍，莫不爲之動容，以當世賢哲敬之。甚至連日寇也凜其氣節，不敢堅持迫降。同囚難友中有國軍第五軍被俘排長蔡宗夫及列兵章吉祥等人，因通曉日語，曾將我方軍事機密告訴敵人，以取得日方歡心，並協助日寇勸降，受到齊將軍厲言申斥，他們懷恨在心。當日寇敗象已露，勝利在望前夕，蔡宗夫和章吉祥唯恐齊將軍將來歸國，會揭發其賣國行徑，在三十四年三月九日夜乘齊將軍如廁時，以暗藏之剪刀，猛刺齊將軍腰腹，獄中有位英國上校醫官，曾找來一些藥品，要來爲他診治，但被日寇制止。因爲天熱流汗，傷口發炎，三月十三日，齊將軍頭部又受到叛徒猛烈一擊，倒臥於仰光俘虜營的樓梯上，他就在盟國戰俘的悲痛和默禱下壯烈成仁了，得年四十有四。」

抗戰勝利後，新三十八師副營長蔣永暉自仰光俘虜營釋放歸來，向孫將軍報告齊副師長被叛徒章吉祥刺殺詳情，證實了上述的新聞報導，孫將軍極爲痛心氣憤，派諜報隊長王文邦偵察蔡宗夫、章吉祥行踪，後來得知蔡章二人已從仰光逃回昆明。此時孫將軍適在重慶，接到賈幼慧副軍長報告後，即電請昆明防衛司令部將蔡章二人緝捕，送交軍法總監部審詢，蔡宗夫與章吉祥供認屬實，遂以通敵叛國及刺殺高級長官罪行，依法判處死刑，於三十四年十二月十三日在重慶土橋刑場槍決。

三十五年九月間，孫將軍派原是越南華僑時在新一軍擔任翻譯官梁樹權前往仰光，經當地僑胞協助，尋獲齊學啓將軍忠骸，洽請英軍第十四軍團長史林姆將軍協助，派專機運回長沙。同時呈請國民政府明令褒揚，追贈中將軍銜，入祀忠烈祠，並優卹其遺族。另派專人在岳麓山下，蔡松坡（鍔）、黃克強（興）兩位先烈墓旁，為其營建墓地。安葬之日，孫將軍飛到長沙執紼送葬，主持祭禮。當孫將軍率僚屬一同向齊將軍靈前祭奠時，緬懷生死交誼，悲從中來，宣讀祭文，一字一淚。靈堂氣氛悲戚，孫將軍抑哀成禮後，退入休息室，淚下如雨。靈堂正中，懸掛一幅孫將軍輓聯，以表達他們兩人生死不渝的友情：

九載同窗，同筆硯，同起居，情逾手足，彪勛震異域，威名撼環宇，君酬壯志，功垂青史，湘水湘雲存浩氣；

十年共事，共生死，共患難，倚若股肱，殺身驚天地，成仁泣鬼神，我迎忠骸，淚洒紅葉，秋風秋雨悼忠魂。

註釋：

❶ 蔣元著《鷹揚異域紀實》第八十六頁〈憶齊副師長學啓〉。

❷ 曹濤撰〈當代管鮑，儒將風範〉一文，載於《孫立人將軍哀思錄》第二三三—二三七頁。

❸ 孫克剛撰：〈哭齊學啓將軍〉一文，載於重慶大公報。

五、出席聯合國軍事參謀團會議

第二次世界大戰之後，中、美、英、蘇四強爲維持世界和平，經多次會商，制定聯合國憲章，復經多數締約國批准生效，於三十五年一月十五日在倫敦舉行第一屆聯合國大會。依照憲章第七章規定，聯合國大會之下，設立軍事參謀團，由中、美、英、蘇、法五個常任理事國之參謀總長或其代表組織之，對於聯合國安全理事會爲維持世界和平而採取之軍事行動，提供意見，並予以協助。

我國政府當即選派商震上將爲代表團團長，桂永清海軍上將爲副團長，孫立人、田世英、衣復得、溫哈熊等人爲代表，組成十人軍事代表團，出席在倫敦舉行的聯合國第一屆軍事參謀團會議。

孫軍長在出國前夕，考慮到新一軍中有一千多名戰時從軍青年學生的前程，其中包括大畫家徐悲鴻先生之子徐伯陽，現在對日抗戰已經勝利結束，沒有必要叫他們再留在軍中當兵，他令全軍准許他們一次全部退伍，讓他們回其原校復學，爲國儲才。

廣州工商界領袖聞悉孫將軍即將離穗赴英出席聯合國軍事會議，由廣州星島日報董事長胡好、哥崙布大飯占主人李百堯、西關士紳何世勛、河南巨商羅明佐等人聯名，於十二月二十五日聖誕節，在廣州市唯一的五層樓上的愛群酒家舉行「英雄會」，歡送孫立人將軍及從軍學生們退伍。

當天孫將軍穿著畢挺軍裝，英姿煥發，準時前往參加，應邀作陪的還有副軍長賈幼慧、參謀長史說、師長李鴻、副師長陳鳴人，和當時即將退伍的智識從軍的青年學生及翻譯官，以及廣州工商、教育、新聞各界百餘人，場面非常盛大。

胡好董事長首先致詞，他說：「孫將軍是這次大戰中的世界名將，他率領的部隊是『天下第一軍』，我們廣州市民，今天在越王樓（五層樓又稱越王樓）舉行茶會，歡送孫將軍及從軍青年戰士，是具有歷史性的英雄會。」

廣州名人羅明佑接著說：

這裡，我年紀最大，讓我說說『天下第一軍』。我年輕時，從家裡望白鵝潭，都是英國兵艦，中國的船艦是不准靠近的。沙面種滿木棉樹，春夏間開遍英雄花（木棉花又稱英雄花），中國人不准進入沙面，只能遠遠偷看。這次我從廣西回來，是隨新一軍在沙面登岸的，是我一生六十年來第一次踏進沙面。從前坐船，只能坐英國人的船，否則就不能通過虎門領海及停靠皇家碼頭。上星期我自香港坐太古輪回廣州，到了虎門，情況完全不同了。船上須升青天白日的國旗，同時要鳴放氣笛。英國船員說，虎門是新一軍防區，如不先行通知並懸掛中國國旗是不准通過的。這是『天下第一軍』帶給國人的光榮。」

最後孫將軍應邀致詞說：

首先我要代表所有參加盛會的袍澤弟兄們，向諸位女士先生們，敬致最誠懇的謝意。我是軍人，家父給我的訓示是『義勇忠誠』，個人守則是『不怕死，不貪財，愛國家，愛百姓』，各位剛才的鼓掌和歡呼，一定認爲我很榮耀！（掌聲和歡呼聲再度響起，他停了好久，面容嚴肅地說：）其實不然，我內心感到很慚愧。因此我希望大家不要把新一軍看爲『天下第一軍』，而要認爲它是具有『義勇忠誠』精神的中國軍隊。❶

民國三十四年十二月間，孫立人軍長接到中國駐日代表團團長朱世民一封密電，說他已與盟軍統帥麥克阿瑟將軍談妥，由中國派新一軍一師人徒手前往日本九州駐防，到達日本後，完全由美國裝備補給。朱世明將軍還說：「中國人與外國人辦交涉，從未有如此佔便宜的，望早作準備。」這時新一軍全部官兵已集中在廣州附近地區，孫立人下令各部隊開始加強訓練，積極準備去日本擔任佔領任務。他計畫把新一軍調一個師去日本佔領，另兩個師調往台灣駐防，這樣可以相互呼應，亦可靈活指揮。官兵聽說要去日本擔任佔領任務，無不興高采烈，歡呼「打到東京去」！

三十五年元旦，新一軍正準備在廣州沙河大場坪舉行一次盛大閱兵典禮，恰好就在這天之前，孫將軍接到電報，令其立即整裝前往倫敦開會，他不及主持這個閱兵大典，於元旦清晨，即飛赴南京辦理手續，轉飛倫敦。

這時倫敦各國代表雲集，美國所派軍事代表，多半都是孫將軍在歐洲戰場見過的將領，其中如葛柔將軍（Gen. L. T. Gerow）、辛浦遜中將（Gen. W. H. Simpson）等，英國軍事代表亦多是孫將軍舊識，有的是在緬甸作戰的戰友，有的是在上次訪問倫敦見過面，這次老友再見，大家更感到愉快。例如英國史林姆將軍，那時已因戰功封爲爵士，他邀孫將軍到他倫敦郊外家中，暢談緬戰往事。孫將軍也見到亞歷山大將軍，他那時也封爲爵士，他還未忘記孫將軍在緬甸伊烏與他分手時說的話：「倫敦再見（See you in London）。此話眞的應驗，彼此見面談及，都哈哈大笑。

孫立人在出席聯合國參謀首長會議期間，與美國軍事代表團經常保持密切聯繫，因而與美國軍事代表團團長李奇威將軍（General M. B. Ridgeway）建立起深厚的友誼。自此之後，一九五一年（民國四十年），李奇威將軍接替麥克阿瑟將軍出任盟軍駐遠東統帥兼駐韓聯軍總司令，一九五二年五月，李奇威調任歐洲盟軍統帥，一九五三年七月，李奇威調任美國陸軍參謀長，兩人間常有信使往還，維持著良好的友誼。

一月後，因聯合國會址遷至美國紐約，我國代表團也轉赴美國紐約開會。這次會議，主要討論事項計有：戰後戰勝國對戰敗國佔領軍之分配，受害國如何補償，戰敗國主權的恢復，軍備重整，戰犯處理，軍備管制，以及對於使用新武器及集體防禦的安排問題。每週舉行兩次會議，其餘時間則從事各種有關資料的蒐集與整理。❷

孫將軍追述當時會議情形說：

> 有一次參謀團會議，由我擔任主席，中、美、英、法、蘇五國代表參加，議定要各國代表各提出一份整軍草案，限兩日交卷，以便討論。到期中、美、英、法四國代表都已交卷，獨蘇聯代表不但不交卷，反向秘書處索取其他四國所提的草案觀看，藉口用作參考。到了開會討論時，他仍是不拿出草案來。我就責怪他，不但不遵守議決案交出草案，反而要看其他國家草案，是不光明的行爲。那位蘇聯代表就面紅耳赤的說：『請原諒我，我是蘇聯人，不像你們可以自由說話啊！』由此可見蘇聯限制人民的自由，已到了如何的地步。❸

聯合國大會一開始，就受到蘇聯的杯葛，戰後國際間的重大問題，都得不到解決。聯合國參謀團之設置，原本是爲維持國際和平及安全所需之聯合國武力，提供各項協助，現亦因蘇聯阻撓，形同虛設，每次會議，都得不到具體結論。孫立人每天週旋在這種國際外交壇坫上，對於各國代表每於會中發表冗長的高言空論，聽得久了，漸漸感到厭煩。

在這四個月會議期間，他一直很關心國內軍事情勢的發展。對於新一軍調往東北作戰情形，更是牽掛放不下心，因而想早日回國，回到自己部隊中去。

註釋：

❶ 鍾山《藍鷹》，尚未出版。

❷《孫立人回憶錄》第三二四—三二五頁。

❸ 孫立人講〈統馭學〉，載於《鳳山練軍實錄》，台灣學生書局。

第十二章　東北戡亂

蘇聯於日軍投降前夕，民國三十四年（一九四五）八月九日對日宣戰，第二天蘇軍大批開入東北，日本關東軍不戰而降，蘇軍輕易進佔我東北各地，並乘機搶奪東北物資與工廠機器設備，運回蘇聯。同時協助中共軍隊進入東北，用日軍遺留下來的武器彈藥，裝備共軍，令其坐大。

政府爲了早日接收東北，於民國三十四年九月一日，設置東北行營，任命熊式輝爲行營主任，蔣經國爲外交特派員，主管對蘇交涉。及至十月二十六日，復派杜聿明爲東北保安司令長官，統一指揮軍事。先後調集第十三軍、五十二軍、新一軍及新六軍迅速開赴東北，光復東北主權。

依照新簽訂的中蘇同盟友好協定的規定，蘇軍應於戰爭結束後三個月內自東北撤軍，到期蘇聯軍隊遲遲不肯撤走。及至三十五年（一九四六）四月十四日蘇軍撤離，林彪所率領的東北共軍業已壯大，並已將東北各軍事要點完全佔領。這時國軍開往接收，國共兩軍對壘，東北已成爲國共爭奪的戰場了。

一、新一軍調往東北

三十五年元月三十日，新一軍代軍長賈幼慧將軍接奉何應欽總司令的電令，全軍須於二月十日前集結九龍，預定二月十五日搭美軍登陸艇，駛往秦皇島。

五十師於二月十二日前在九龍集中完畢，完成一切上船準備。至二月十五日因美軍登陸艇尚未到達，上船碼頭也未修復，延到二月十七日始行裝運，先頭部隊爲五十師第一四八團，每團約三千六百人，由八艘登陸艇載運，兩艘小型護航艦護航，以後依照船運序列，五十師裝運畢，繼爲新三十師及新三十八師。上船前官兵每人加發禦寒的服裝，及一個鴨絨的睡袋。

部隊離開香港，是春暖花開季節，官兵身穿單衣，到達秦皇島，白雪滿山遍野，氣溫突降到零度以下，大家穿起禦寒軍衣，仍感冷氣刺骨。

部隊在秦皇島碼頭登陸後，行進到秦皇島鐵路和北寧鐵路交接的車站，才見到鐵路員工。據他們說：「附近地區八路（當地居民稱中共軍隊爲八路）甚爲活躍，鐵路沒有中央軍保護就不敢通行。」

三月廿五日，新三十八師全師沿北寧鐵路北出山海關，開到綏中，接到東北司令長官命令，進軍錦州，驅逐俄軍。行進至黑山及大虎山，繼續進軍瀋陽，解救已在瀋陽被圍困的中央接收大員。

三月廿六日清晨，第一一二團沿鐵路東側，第一一三團沿鐵路西側，展開廣正面攻擊前進，在興城以北遭遇俄軍戰車四輛。俄軍戰車先向我正面發射了幾砲，我軍避免與俄軍衝突，恐引起國際問題，延誤向瀋陽進發時間，沒有反擊，仍繼續向其後方前進，他們便急轉退回錦西去了。

當天下午，隊伍開到錦西南邊。當地老百姓說：錦西鐵路廣場有老毛子（東北同胞稱俄國人爲老毛子）步兵兩三百人，戰車十幾輛。我軍爲了防止俄軍戰車攻擊，第二天黎明前，我軍由居民帶路，先把俄軍包圍，安放火箭發射位置妥當。天亮後，發現俄軍戰車十二輛，履帶裝甲車二十餘輛，都集中在鐵路廣場，除了有幾個哨兵在外圍警戒，全無作戰準備，步兵更是零零落落，並非穿著軍服，而是和北方的牧人相彷，除了每人都有步槍一支，否則就無法認爲是俄軍了。當地居民說：「他們才來了幾天，沒有營地，都散住在民家，也不開伙食，搶奪民家食物，姦淫擄掠，無所不爲。如果當時視他們爲敵人的話，可在片刻之間將其消滅。無奈上級沒有明確指示，部隊長又怕引起國際問題，只有派員交涉，要其撤回瀋陽。經過一再周折，找到俄軍官長，又因語言不通，相持了很久，最後我方乃向空發射火箭砲，才將他們趕跑。俄軍撤退時，他們亂吹哨子，大家忙亂上車，並不集合，也不查點人數，便開走了。後到的人，不論如何喊叫或追趕，均不理會，全被丟下。沒有趕上車的俄軍散兵，僅在片刻之間，便被居民立刻殺死，共有二十多人。

三月廿四日，新一軍新三十師攻佔鐵嶺，並將市區共軍肅清。三月三十日，五十師攻佔開源。

三月卅一日，新三十八師分三路進軍瀋陽。第一路爲張潔之團長率領，自大虎山東向，經遼中北轉，至瀋陽南門外。第二路爲王東籬團長率領，沿鐵路經新民，至瀋陽之鐵西進入瀋陽市，第三路爲彭克立團長率領至新民，東進至瀋陽市之北陵，進佔北大營兵工廠。三路進程約爲一百五十公里至一百八十公里，指定四月五日到達瀋陽。

四月二日傍晚，王東籬團長率全團官兵乘車到達瀋陽鐵西外站，地方居民說：「俄軍已乘火車北撤，只有市內的韓國小學，仍留有數十名俄兵，正在搶劫民物和強姦婦女。」王東籬團長派鍾山營長率全營官兵前往韓國小學。王東籬團長自率兩營兵力，請當地居民帶路，連夜前往原日軍關東軍司令部，保護中央派來的接收人員。鍾營於四月三日清晨到達韓國小學時，看到當地老百姓持著刀棒，正在打殺俄國的散兵。

四月五日，新三十八師全部到達瀋陽，李鴻師長坐鎮北大營兵工廠。北大營是和北站相連，面積龐大，一座四層樓的單身宿舍，每一層單身房竟達萬間，可見當年東北王張作霖建軍的規模。據兵工廠留守人員說：「俄軍沒有時間破壞，只搬走了製造戰車、火砲、火車頭及載重車的母機，廠內半成品都未來得及搬走。」

據當地老百姓說：日本投降時，俄軍約有十萬之衆，戰車千輛，穿軍服俄國兵不多，大部分不穿軍服，他們從通化開入瀋陽，相繼北轉去了。留在北大營和韓國小學的俄國兵約三、四百人，雜兵千餘人。聽說雜兵都是俄國集中營的人犯，他們沒有紀律，見到婦女，不論老幼，竟會當衆強姦，俄國軍官根本不管，隨便把他們槍殺，也不收屍，就丟進所挖的大溝裡。

我軍到達後，瀋陽保安已無問題，東北長官部人員繼續到達。情報證實，共軍已自俄方獲得日軍武器，裝備齊全，林彪率大軍佔據了四平街，正揮軍南下。爲著先鞭，李鴻師長率部於四月五日下午，自北大營乘火車進駐鐵嶺。❶

註釋：

❶ 鍾山《藍鷹》第十一章〈血濺山河〉。

二、四平街大戰

新一軍自三月十六日奉東北長官部命令爲左接防兵團，三月十九日沿中長鐵路兩側向開源、昌圖、四平街推進。新六軍主力爲右接防兵團，於三月十八日向遼陽推進，五十二軍爲中央接防兵團，於三月十九日向撫順推進。

四十五年四月五日夜，接獲東北長官部通報，林彪率兵號稱二十萬衆，已自四平街沿中長鐵路南下。

爲捕捉戰機，李鴻師長當夜乃令全師自鐵嶺北上開源。四月六日清晨，唐守治師長率新三十師在開源以北前線下車。四月七日新三十八師沿鐵路西至老昌圖，新三十師沿鐵路至新昌圖，兩師平行，相隔約十公里左右。

四月八日，新一軍右翼五十師向藉家嶺、紅山堡陣地攻擊。共軍憑藉防禦工事，至死頑抗，整日激戰，正面未獲顯著進展。

共軍爲據守四平街以北地區，必須在四平街以南地區阻止新一軍前進，而以泉頭附近地區，東自虎石子，南出藉家嶺，西亘興隆嶺之線，爲最理想攻勢防禦地帶，復利用後方靈活之交通狀況，運用大部隊之機動，及戰略戰術之有利地位，作有計畫之全線攻勢轉移。

八日晚，五十師當面敵軍即行發動全面反攻，對該師一五〇團後台子陣地猛烈攻擊，激戰至翌日清晨，始被該團擊退。

據原十三軍八十九師第二六六團上等兵趙玉山，由共軍第七旅逃回報稱及根據各方情報：證實在五十師當面之共軍爲第三師所屬精銳之第七旅，轄十九、二十、二十一等三個團，新三十八師當面之敵爲共軍第十旅。並稱這些共軍兵員全爲關內人，裝備優良，每連人數足額，連有輕機關槍六挺，營有重機關槍四挺，團有迫擊砲五門，旅有日式山砲，分別佈署在藉家嶺至長春堡之線，企圖死守，阻止新一軍前進。

四月七日，新三十八師第一一三團進佔興隆泉，下午四時許，孫蔚民營的正面，發現上萬的共軍，展開廣正面，自鴛鷺樹向他們前進。入夜之後，孫營的正面約一千公尺，全被佔領，鍾山所率的一營陣地全被包圍，半夜之後，距興隆泉南方六公里的師指揮所，也遭到東側的攻擊。幸好新三十八師久經戰鬥的部隊，官兵沉著強韌，衝鋒槍火力熾盛，白刃戰又是好手，在整夜裡雖是各自爲戰，完全採防守，不僅陣地沒有遭到敵人衝破，同時傷亡也很輕。

八日天亮之後，激戰開始。共軍除有絕對優勢的重機槍，也擁有大量的擲彈筒，還使用殘酷的「人海戰術」。他們先用擲彈筒從北、西、南三個方向對陣地射擊，共軍躲在乾溝裡，在擲彈筒發射快要停止時，三面衝出乾溝，每面展開約百公尺，分爲三個梯次，每一梯次約爲一連步兵，相距約五十公尺，實施第一波次的「人海」衝鋒。孫蔚民營官兵在緬甸作戰時，擊退過許多次日軍的衝鋒肉搏戰，可是對手都是同仇敵愾的倭寇，從未面對過自己的同胞，但是三個正面確有三百多名「敵人」向前衝過來，機槍也只有發射了。在五十至一百公尺途中，他們都倒臥途中。接著又實施第二波次，第三波次，一直到第七波次。我方發現向我衝擊的「人海」，並不是穿軍服的共軍，而是穿東北馬車伕的衣服，都是頭戴瓜皮帽，身穿黑長衣長褲，長筒布襪，短毡鞋的老百姓。

到了四月八日上午九時，接到上峰通知，共軍是三個縱隊，約四萬之衆，爲俄國在哈爾濱將日軍武器交給林彪所組成。被俘的日軍，被迫充當共軍的機槍兵，穿軍服的共軍，爲林彪自延安帶來的，或是北韓的士兵。他們使用兩個縱隊圍攻興隆泉，一個縱隊沿鐵路南下，目的地爲老新昌圖中間空隙，預備在新一軍孤軍深入，立足未穩之時，一舉予以消滅。

這時李鴻師長乃令一一二團，自遼河之東向鸞鷺樹急進，自率一一四團向東攔擊老新昌圖中間空隙之敵。唐守治師長令八十九團自鐵路西進軍鷺鷥樹，八十八團沿鐵路北上雙廟子。

不料到了四月八日下午三時，共軍開始使用砲兵，他們的射擊雖不準確，可是第九連最東端竟命中了三發三八式野砲，除排長及八名弟兄陣亡外，民房及院牆均被炸毀，衝進來數十名共軍。爲了恢復陣地，鍾山營長親率戰槍排及機槍連步兵，反撲侵入的共軍。他發現隔院約有六、七十人，只有不到十人是穿軍服的。他乃下令射殺穿軍服的，同時喊話：「老鄉，放下武器，我們是中央軍。」這一喊，竟發生非常大的作用，他們都把槍丟了，自通路跑了過來，其中也有兩個穿軍服的。他們都叫喊著說：「他們都不願衝鋒，而是早就排好次序，不衝就會被槍斃，退回去也會被打死，他們是無可選擇。」兩位穿軍服的是韓國士兵。

督戰的共軍，看見我方的射擊減少，而且衝進來的人數兩百多了，他們以爲我方沒有了抵抗力量，於是集結一連穿軍衣的正式軍隊，有點實行進佔的樣子，完全不作相互的掩護，那裡知道我們的衝鋒槍一響，他們就立刻倒地，這時張潔之團的迂迴側擊部隊，已在共軍的西側背，開始反包圍攻擊，敵趕緊開始撤退。

四月十日清晨，敵軍被我軍兩日夜之截擊反包圍及各正面之猛擊，全線動搖，開始潰退。但卻趁我視線集中於前線激烈戰鬥之際，復糾集七百餘人，秘密側出，襲擊我新三十八師在九間房的指揮所，不僅未行得逞，反被我全部殲滅。綜計連日被我擊破之敵軍，總數在五千以上，傷者實無法統計。

四月九日，新一軍全部主力向雙廟子進軍。新三十師全部兵力沿鐵路北上，新三十八師沿鶯鷺樹老式馬車路北上，兩師相隔約十公里，齊頭並進，正面達二十公里，人數已達三萬。雙方約好，只要遭遇敵人，即集中力量將其擊破，並予窮追，使其潰散爲止，部隊北進至雙廟子後，未遇抵抗。居民報告，四平街有共軍十萬，林彪親自前來坐鎮指揮，要和新一軍的孫「猴子兵」決戰。

四平街是中長鐵路自長春南下瀋陽的中間站，是梅河口西向至遼原鐵路的交叉點，依十字形鐵路區分，其東南、西南、西北都是開闊的平地，但東北卻是山崗起伏的台地，自雙廟子東側北上，且有早年設置的邊堡，種滿柳條樹，厚達數百尺，是防止騎兵衝擊的柳條長城，所以四平街成爲軍事要地，其東北區易守難攻。新一軍採取自南向北，自西迂北，以三面包圍形勢進軍。

四月二十一日，右翼新三十師於拂曉向四平城區攻擊，惟市區前全爲平坦稻田，毫無掩蔽，敵軍及其輕重火器，則全隱蔽於堡壘及掩蔽部內，且城區爲一逐漸上升之地形，敵軍既得梯次排列之堅固建築物掩護，復可收瞰制之效。我全線在輕重砲火掩護下，經整日猛攻，進展遲緩，傷亡慘重。❶

五月三日，長官部命令新一軍確保現態勢，以待後續部隊之到達。當即變更佈署，新三十師及新三十八師以主力固守現陣地，以一部分兵力機動使用，應付任何情況。自是之後，戰事陷於膠著狀態。

新一軍圍攻四平街，久攻不下，代軍長賈幼慧內心焦急，每天坐著吉普車，親往前線督戰，催促各師向前進攻。三位師長均不願攻堅，以致全軍行動遲緩。一天，賈副軍長帶著衛士，到前哨觀察敵情，看到山邊有隻雉鷄，衛士連開三槍不響，賈幼慧看到這種情形不妙，馬上掉頭就向後走，這時共軍砲彈已經射到他原先站的地點爆發，賈倖免於難。特務連連長胡道生不相信有這種事，他說：「我的槍那有打不響的！」把衛士的原槍拿過來，連打四發子彈都響了，從此賈副軍長不敢隨意再到前線去了。

東北行營主任熊式輝認爲東北保安副司令官鄭洞國曾任新一軍軍長，全軍官兵都是他的舊部，容易掌握指揮，乃於四月十日調鄭前往督戰，但三個師依然無法攻下四平街。

東北保安司令部長官杜聿明此時正在北平養病，奉令趕回瀋陽，他將此種情況呈報蔣主席，蔣來電徵詢新一軍軍長人選問題，有意換人。杜認爲不如等孫立人回來，親自指揮該軍，看看他的表現再說，倘再攻不下，便有藉口將孫撤換。❷

五月十日，孫立人正在華盛頓參加聯合國軍事參謀團會議，迭連接奉蔣主席四通電報，令他剋日返國，火速返部，指揮其部隊作戰。

孫將軍奉到命令後，立即束裝搭機啓程。途經舊金山時，史迪威將軍聞訊曾至機場相迎。兩位戰友，久別重逢，握手言歡。史迪威對孫說：「他一向認爲中國軍人是很能作戰的，但需要現代的裝備和訓練，目前在中國能擔任此項訓練工作的，只有你了。」

孫將軍途經東京時，曾往拜會遠東盟軍統帥麥克阿瑟將軍（Gen. Douglas MacArthur），兩人晤談甚歡，麥帥曾以他的戎裝照片及日本軍官佩劍相贈，互道珍重握別。

孫立人飛抵上海，稍作停留，持著美國駐聯合國軍事代表團團長李奇威將軍（Gen. M. B. Ridgeway）的親筆信，拜會了時在中國擔任特使的馬歇爾將軍（General Marshall），馬歇爾對於這位同是維吉尼亞軍校出身的孫立人非常賞識，認爲他是中國最優秀的一位將領，祝賀他前往東北指揮作戰，馬到成功。後來他還向蔣主席推薦，畀孫以練軍重任。

孫立人於五月十三日飛抵南京，下機後，即逕往官邸晉謁蔣主席。蔣當面告訴孫說：「蘇聯軍隊於四月十四日自長春撤退，國軍在東北行動遲緩，影響國際聲譽甚大。新一軍久攻四平街不下，無法接收長春。你馬上回部隊指揮，務求早日攻佔四平街，迅速進取長春，不得延誤。」

這時孫夫人張晶英女士已自重慶遷回南京，住在庇盧寺廟裡一間破爛不堪僅蔽風雨的房間。孫將軍從官邸出來，匆忙趕到庇盧寺。天色已近黃昏，孫夫人突然見到夫婿破門而入，驚喜萬分。孫將軍看到愛妻孤獨一人寄居在廟裡，情景十分可憐，內心深感愧疚。兩人就在這間破屋裡，敘述別後離情，談到深夜。次晨起身，孫將軍不敢多事逗留，只好與夫人告別。蔣主席派美齡號專機送孫飛往瀋陽。

五月十五日，孫軍長到了瀋陽，下機後，即去東北長官司令部見杜聿明將軍，這是他們兩人自緬北戰地分手後，頭一次見面，寒暄過後，杜簡單地說明當前敵我作戰態勢。據稱共軍約有七個縱隊，兩個日本原有的韓國軍，一個新組成的日本兵重機槍師，一個日本兵三八式砲兵大隊，由林彪率領在四平街據險頑強抵抗。

當天孫軍長趕到虻牛哨新一軍指揮所，立即召集賈副軍長、參謀長史說及高級參謀人員開會，聽取作戰簡報。當晚集合各師師長談話，商討當面敵我情況。知道這時共軍利用既設陣地，對我作頑抗死守，而側後方則集結絕對優勢的兵力，作機動攻擊轉移。我軍以兵力分割，過於分散，不敷使用，同時長官部不時下令干涉部隊行動，束手絆腳，不能讓部隊長放手行動，影響部隊機動作戰甚大。

當時東北長官部命令新一軍爲中央兵團，應與左兵團七十一軍和右兵團新六軍協力，將敵包圍於新四平街以北地區而將其殲滅。爲達成此項任務，孫軍長決定變更部署，當即下令潘裕昆師長率五十師攻正面哈福屯地區，唐守治師長率新三十師爲右翼，攻新四平街北側，李鴻師長率新三十八師迂迴到共軍後面，同時於五月十六日開始向當面之敵攻擊，限於四日內佔領新四平街。

新一軍官兵聽到孫軍長回到軍部，士氣大振。

十六日清晨，孫軍長赴五十師及新三十師前方視察，午後到新三十八師視察。每到一處都告誡他們：儘量避免正面強攻，而應以優勢火力，由側面施行主攻，或迂迴後側突擊，正面則以火力作牽制性佯攻，以收「出其不意，攻其不備」之效。當前方官兵弟兄們看到孫軍長時，都非常興奮，面露笑容，向軍長敬禮問好。孫軍長在路上看到前方送下來的負傷官兵，前去慰問他們，他們都欣然回答說：「請軍長放心，傷勢不要緊，很快就可以回隊。」孫軍長聽了非常感動。他說：「部隊官兵這些表現，都顯出高昂的士氣和上下一心，使我感覺有

四平街作戰簡圖

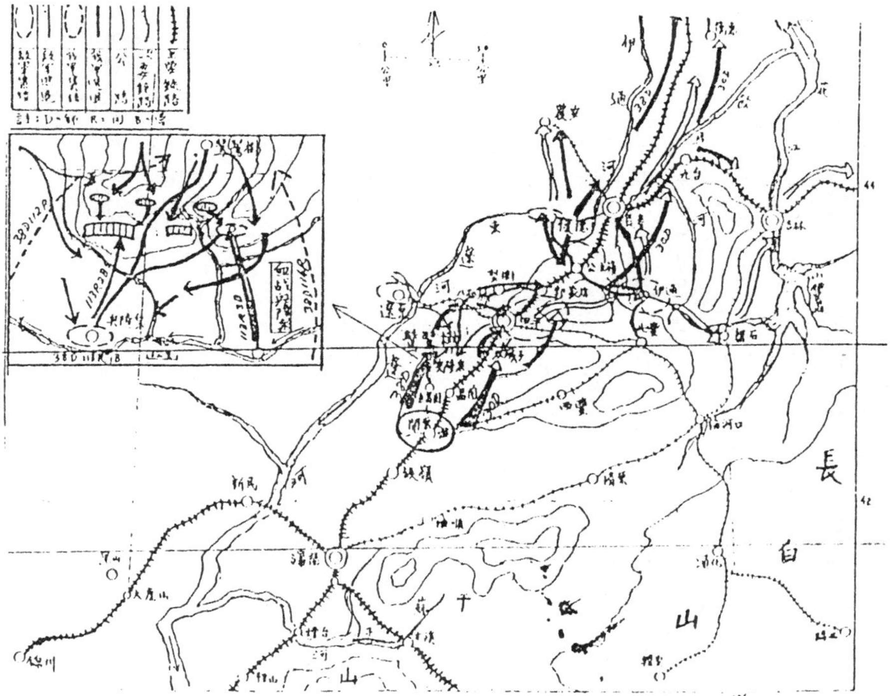

更充分的信心擊滅敵人。」

五月十七日晨八時半，孫軍長到五十師前進指揮所察看，右翼一五〇團猛烈攻佔五頂山。十八日清晨，孫軍長赴新三十八師前進指揮所視察戰況，該師配屬戰車一排，全線向四平街攻擊。當天午後，孫軍長又視察新三十八師戰況，該師第一一四團對當面堅固陣地之敵猛烈攻擊，攻佔陣地三處。

十八日夜，孫軍長即留在新三十八師前進指揮所親自督戰指揮，下令新一軍全線向四平街市區及外圍攻擊。新三十師於午夜對堅守塔山之敵三面圍攻，將敵大部殲滅，殘敵北竄，該師當即施行猛烈果敢之超越追擊。

是時攻城之八十八團經整日的戰鬥，十八日夜一舉攻入四平街市區，激戰至拂曉，已攻佔車站及天主教堂，正加緊肅清市區殘敵。

是夜新三十八師已將鐵路西之敵陣放全攻佔，繼續向東肅清殘敵，並向西北追擊。

五月十九日，新三十師八十八團將四平街城區殘敵完全肅清，至上午六時許，完全佔領城區，該師並為協同全盤戰術之追擊行動，當即以主力乘勝向北追擊，擴張戰果。

當天日報頭條新聞報導：「廖耀湘部攻下四平街」，孫軍長把隨軍記者找來，很不高興地對他們說：「你們惟恐天下不亂！」記者回答說：「報上消息是長官部發表的。」

實際上，新一軍自四月三日攻佔昌圖，隨即開始圍攻四平街。由於林彪大軍據險頑抗，攻勢一時頓挫。及至孫軍長於五月十五日到達前線後，重新佈署兵力，十六日下令全軍攻擊，不到四日，即克復四平街，充分顯現出孫將軍作戰指揮才能。

新一軍進攻四平街，前後歷時月餘，歷經藉家嶺、興隆嶺及四平街城區外圍與攻城之連續艱苦激戰，將共軍第三師精銳之第七、八、十、三個旅，第一師三個團，及第十二旅、第二十四旅、第十九旅、第二十二旅、獨立第一旅，保安第二十旅，獨立第七旅，保安第一旅，第七師義勇軍團及其輔助部隊等十餘萬人擊潰，斃敵兩萬五千餘名以上，生俘六二三人，鹵獲武器及其他軍用品無數。我軍亦陣亡官長四十五員，士兵一〇二五名，傷官長九十五員，士兵二〇〇二名，失踪官兵二四九名，這是一場血濺山河的戰爭，打垮了林彪部隊所向無敵的信心，開啓了東北整個軍事的勝利。❸

註　釋：

❶ 鍾山著《藍鷹》第三十七節〈血戰四平街〉。

❷ 杜聿明撰〈進攻東北始末〉，載於文史資料出版社編審的《遼瀋戰役親歷記》第五六一頁。

❸《孫立人回憶錄》第四編第四節〈四平地區〉。

三、克復長春

三十五年五月十九日上午，新一軍攻佔四平街之後，孫軍長立即下令，集中全軍車輛，除留一個團防守四平街外，另一個團隨軍沿線佈防，其餘七個團。兵分三路，搭乘車輛。以雷震萬鈞之勢，乘勝向北追擊，使敵無喘息佈署新陣地之機會，期一舉攻克長春。

孫軍長親率五十師，沿中長路北上，日夜不停，跟踪追擊殘敵。他限令全軍一天追三十里，預計七天就可克復長春。五月二十一日，五十師攻佔郭家店後，準備次日拂曉北渡遼河。

郭家店是中長鐵路上一個車站，地方不大，但是南來北往必經之地，築有圍寨自衛。部隊到達該地後，共軍早已逃竄，因此並未受到砲火破壞，老百姓對中央軍表示熱烈歡迎，自動將家中的木板拿出來，給國軍製做臨時渡河工具，官兵對老百姓的愛國熱忱，非常感動。

孫軍長回憶說：

第二天一早，老百姓還準備了稀飯給我們吃，有一大户人家的楊姓老者，一定要請我們到他家用飯，我們本來因趕著渡河而婉拒了他，但楊老先生認爲我們連夜辛勞準備渡河工具，堅持要請我們去，我們便去了，當時就在大院子地上坐下，吃起稀飯來。我覺得他們煮的稀飯好香，楊老先生說：那是東北出產的白高粱米做的稀飯，特別的香。我當時也實在是餓，於是連吃了三大碗，非常可口。後來有時想起，就煮點來吃，卻再也不如當時的那樣芳香好吃了。

我當時深感東北同胞，受日本人近二十年蹂躪，再加上俄共與土共殘暴壓迫得喘不過氣來。一旦我軍到臨，眞是把我們看作自家兄弟一般，親切不可言喻，說是『簞食壺漿，以迎王師』，亦不爲過。我當時只有以愧疚心情來謝他們，那是我一生最難忘的一頓早餐。

拂曉時分，五十師已將渡河工具準備就緒，當即渡河攻擊。強渡後，一舉將敵擊潰，乘壓倒之威勢，不避一連數日夜連續不斷猛烈追擊的辛苦，向公主嶺猛烈追

民國三十五年，孫立人將軍率領新一軍進駐長春，民衆夾道歡迎。

擊，激戰竟日，二十一日下午六時，將公主嶺全部攻佔。

爲徹底殲滅敵軍，使無喘息及抵抗機會，孫軍長當令該師排除險阻艱難，再接再厲，迅速猛力向長春進攻。

二十三日上午十時，五十師以出敵意表之奇襲行動，越過鐵路，將八里堡攻佔。該師全體官兵目睹長春市區在望，軍心倍增振奮，勢如破竹，所向披靡，至十二時十五分，先頭一五〇團副團長陳玉坡率兵一營，乃由八里堡一舉突進長春市區。隨後該師主力相繼到達市區及市郊，擴大掃蕩殘敵，全國矚目之長春，遂爲我軍攻佔。

五月二十四日，五十師已全部進入長春市區，新三十八師主力在長春北郊，掃蕩殘敵，新三十師在向懷德進攻。

當五十師攻佔長春的同一天，東北保安司令長官杜聿明將軍立即任命新六軍軍長廖耀湘爲長春警備司令，並令新二十二師及五十七師進入長春，歸廖司令官指揮，維持秩序，其餘一律駐長春五公里以外附近村落，還發給新六軍獎金東北流通劵一百萬元，犒賞它最先進城。以上措施，顯然意存偏袒原屬第五軍之新二十二師，所謂「司馬昭之心，路人皆知。」

這時北滿敵軍主力爲恐被擊滅，全線分向吉林及哈爾濱方向潰退，我軍接收東北重要城市的艱鉅任務已初步告成。

在此同時，共軍爲牽制我軍向北滿行動，就在遼南發動大規模攻勢，鞍山、海城等地，相繼再淪敵手，大石橋、營口亦陷入情況不明。五月二十四日夜晚，杜長官不顧新一軍兩個多月攻戰之辛苦，以電話命令新一軍三十師，限於二十六日集結四平街，新三十八師限於二十七日集結四平街，開赴遼南解救我守軍之圍，五十師留在北滿擔任追擊敵軍任務，歸長春警備司令廖耀湘將軍指揮。

杜長官此一命令顯屬不公，引起新一軍官兵普遍不滿，認爲杜長官賞罰不明，厚親薄疏，歧視非黃埔系出身的孫立人部隊。孫立人亦深爲憤慨，認爲「四平街是新一軍獨力攻下的，其後以機不可失，遂以迅雷不及掩耳之勢，直取長春。上級不以殲敵爲重，不令右翼新六軍截擊向永吉逃竄之敵，反而令其與新一軍爭取長春，結果新六軍仍隨後遲來一步。實際上我與新六軍廖軍長友善相處，三十一年，在緬北國軍撤退時，我師曾三次援助他師脫險。一是在溫藻，二是在卡薩，爲該師苦戰斷後，三是在新平洋，泥淖中拯救他們抵達印度雷多。之後，在反攻緬甸作戰的兩年多，新一軍和新六軍均相互支援，合作無間，只是以國家利益爲重。功利對我是無所謂的，不過我們對於事實眞相，必須要辨明。也就是孔子說的：『君子無所爭，必也射乎。』那就是說，正義與眞理是我們必爭的，這也是國家民族存亡命脈之所繫。而時賢論者，卻以爲我是爲意氣而爭，爲權利而爭，實在對我是一大侮辱，也太不公平了。」❶

五十師於收復長春後第三日，繼續向松花江南岸農安及懷德推進，掃蕩殘敵，共軍亡命向北奔逃。我軍得以迅速收復農安、德惠各縣及松花江南岸地區。此時敵已成驚弓之鳥，向三岔河、雙城逃遁。五十師一四九團第二營營長羅道章率隊追到松花江南岸，鐵道橋樑已被共軍破壞，共軍利用北岸橋頭碉堡工事，阻止我軍渡江。松花江面一千公尺，水寬二百公尺，水深而流緩。六月三日渡江準備完畢，四日拂曉，第一四九團第四連附工兵一排，一部分自正面利用橋礎掩蔽，逐礎橫渡前進，主力則自橋東一千公尺處，利用蘆草掩護，偷渡成功，登岸後，潛行敵後，與敵增援部隊發生激戰，我軍遂佔領北岸橋頭堡陣地。據當地老百姓說，共軍全部已向哈爾濱退去。五日，羅道章營長率第六連及師搜索連攻佔陶賴昭車站。孫軍長隨後令派該連固守陶賴昭橋頭堡，以爲爾後進攻哈爾濱作準備。

六月七日，國、共、美三方面合組之「三人軍事調解小組」，下令新一軍停戰和談。

孫軍長指揮作戰一向企圖心旺盛，他認爲新一軍若能繼續追擊，判斷共軍無法抗拒，不過旬日，哈爾濱必爲新一軍收復。爲此孫立人親向杜聿明長官請示，他願親率新一軍，渡過松花江，直取哈爾濱，制敵機先，使共軍無生存餘地。杜長官卻說：「長春以南尚未鞏固，一旦部隊北上，形成後方空虛，北進部隊倘被共軍吸住，無法後撤，共軍一旦南下，將不可收拾。」這次孫所提出的攻其無備的戰術，不爲杜聿明接受，使孫有志難伸，一直引爲終生遺恨！❷

當時杜聿明如果同意孫立人率師北攻，共軍是無法抵擋的。現據中共公開的史料證實，林彪曾於六月一日在給中共「中央周（恩來）、張譚」的電報中說：「準備游擊，放棄哈爾濱。」中共東北局於六月二日在給「中央並林（彪）」的電報也說：「我們準備放棄哈爾濱。」毛澤東於六月三日答覆中共「東北局並告李黃（克誠）」的電報中說：「同意你們作放棄哈

爾濱之準備，採取運動戰與游擊戰之方針。」❸

註釋：

❶《孫立人回憶錄》第四編第五節〈長春地區〉。
❷胡德華撰〈孫立人與杜聿明是是非非經緯〉一文，載於《孫立人研究》一書第二三九—二四六頁。
❸張正隆著《雪白血紅——國共東北大決戰歷史眞相》第一八四頁，香港大地出版社。

四、遼南掃蕩

國軍攻佔長春前一天，蔣委員長飛抵瀋陽，杜聿明報告說：「孫立人軍長回到部隊後，新一軍反不如他未回來時好指揮。現遼南方面情況非常危急，我已令新一軍星夜前往解圍，倘孫立人前來晉見時，請命令他一定要迅速去解鞍山、海城之圍。」次日，蔣召見孫立人，對新一軍攻下四平街迅速進取長春，甚爲嘉許，並令新一軍趕快去遼南解救一八四師之圍。孫軍長報告說：「新一軍自秦皇島登陸後，兩個多月來，參加大小戰鬥不下百餘次，攻下四平街，進取長春，追擊共軍，直到松花江岸，從未有片刻喘息整頓機會，現杜長官又電令新三十八師趕往遼南，這樣不顧部隊的疲憊，把部隊拖來拖去，最後一定會把整個部隊拖垮。」蔣委員長同意孫的要求，讓新三十八師休整三天再行出發。當時杜聿明認爲蔣放縱孫立人，影響到他的指揮權，甚表不滿，後悔不該建議要孫返國。❶

新三十八師於六月八日以急行軍，南下公主嶺，改搭火車至鞍山，攔擊自海城北上的東北共軍李紅光支隊。

李紅光支隊不是林彪所屬的部隊，而是一支盤據在遼南及安東地區的東北地方共軍，包括張學詩部，及原爲日軍所有的韓國部隊兩個師，號稱擁有八萬大軍。張學詩部盤據在海城，張學詩是張作霖的兒子，用張大帥的旗幟，號召東北人民歸向共軍。

新三十八師到達瀋陽之後，兵分三路，張潔之團長率一一二團東南進攻本溪，王東籬團長率一一三團西南進攻鞍山，李鴻師長親率彭克立的一一四團進駐遼陽爲預備隊，首要目標在爭奪共軍盤據的摩天嶺。摩天嶺是唐朝薛仁貴東征的有名戰場，嶺高約五百餘公尺，山頭山腰是松樹林，各山之間多爲高粱田和馬車通道，西通湯崗子，北至本溪，地形甚爲複雜。東北民謠說：「遼南林山千萬重，馬賊土匪樂無窮。」這裡原就是土匪馬賊出沒的地方。

新三十八師有了興隆泉血戰的經驗，不再進攻共軍預設的陷阱。這次張潔之團便不自北南下摩天嶺，而是沿安瀋鐵路之東先至廟兒溝，再南下至摩天嶺之東南，繞道至敵人背後，先擊潰其背後的部隊，再回擊其主力，讓其首尾不能相顧。王東籬團也採取同一戰術，不在湯崗子東進摩天嶺，而是先南下三公里，再轉東進到摩天嶺的東南，兩路軍隊夾擊敵軍主力的背後，李鴻師長率一一四團自鞍山至摩天嶺公路前進，防止敵人對鞍山的襲擊。

六月十五日下午三時，王東籬發現湯崗子東南約三公里，距中長鐵路僅里許兩個山頭上有敵人活動，和興隆泉情況幾乎一樣，是在誘引我軍進攻山頭，然後進駐山頭西邊民屋，待入夜之後，他們便將我軍包圍吃掉。

王東籬團長看破敵人詭計，便將計就計，命鍾山營進佔山頭，共軍只放了幾槍便退到後山去了。山頭有三處小平頂，都有淺淺的散兵壕和散兵坑，明顯的是引誘我軍佔領。鍾山營長一面叫士兵挖工事，假裝要佔據山頭，一面偵察到山後北面有共軍數千人，都是穿日軍制服，還配屬有騾馬砲隊，他們都是在摩天嶺的南端至東西橫山以東地帶。

發現敵人之後，張潔之團即自摩天嶺東麓南下，直指青城子。彭克立團則自東西橫山之南，向東南截斷共軍退向析木城的後路，形成反包圍。

天黑前，共軍野砲開始對鍾營佔領的山頭射擊，用的是空炸砲彈，證明共軍步兵一定是沿摩天嶺南北的山腰，利用松林的掩蔽向我軍駐地前進了。鍾山營長立即命令隊伍急退至原先預定的鐵路以東的陣地，同時通知孫蔚民營進佔鐵路以西高地掩蔽，蔣又新營迂迴至山頭南面的背後，截斷敵軍的後路。共軍發射了近百發的砲彈便停止了，依照地形和距離研判，共軍攻擊的步兵，會在半小時左右，到達南北山腰的兩側及西端的村莊，三營約好，到時一齊發射六〇迫擊砲，給敵人一次殲滅性的面積射擊。三個營合計有幾十門六〇砲，射擊不到十分鐘，發現敵人發射信號彈，表示共軍開始撤退。

六月十六日探悉共軍撲空之後，便全部撤走。李鴻師長決定改變進攻路線：張潔之率團自青城子進軍鷄冠山，再進佔鳳城。王東籬率團進攻馬風屯，再經析木城進佔岫岩，李鴻師長率主力進軍海城，再進攻蓋平，把遼寧省南部的千山完全佔領。

馬風屯地處要衝，四通八達，李紅光的指揮所就設在這裡。六月十八日，王東籬團到達馬風屯西北邊緣，有十餘山丘，從北到南約有五里以上正面，如果由正面攻擊，一定又是進入其預設的陷阱。所以李鴻師長乃改採強力南北迂迴的包圍行動，令張潔之團自青城子由東向西直指析木城，彭克立團自海城向東直撲馬風屯之南，王東籬團集中兵力，自馬風屯之北平地，南攻馬風屯之東。六月十九日早晨，我軍三面攻擊馬風屯之勢形成，共軍便在我軍到達之前先行撤走了。

共黨初到東北時，控制地方人民的手法，是懷柔與鎮壓相互使用。他們初到一個地方，都異口同聲的說：共軍是人民的軍隊，是解救人民的。共軍到的地方，人民不要繳糧納稅，凡過去是官家的糧食、土地、財產，完全沒收，交給窮民，大家一律平等，同樣富足。又欺騙人民說：中央軍是南蠻子，沒有風紀，胡作非爲。無論是中央軍或地方部隊的行動，人民都要向共軍報信，共軍在地方上留有幹部，如果那家對中央軍好，將來都要被鬥死。誰望中央，誰就遭殃。他們還到處宣傳說：新一軍是孫悟空帶的一群猴子兵。他們編了一句順口溜說：「吃菜要吃白菜心，打仗要打新一軍，不怕多少猴子兵，難逃如來手掌心。」不是孫悟空不行，而是如來佛有「金箍咒」。共黨這一套騙人的把戲，初期確實收到效果，新三十八師駐進馬風屯時，老百姓都不敢和官兵接近。問他們原因，他們都說：「中央軍不會久住的，你們走，我們怎麼辦？」

這時偵悉，張學詩的一師已自蓋平退往大連，李紅光部亦潰退安東，按照當時形勢，新三十八師如繼續追擊，無論收復大連或安東，肅清遼東半島殘敵，使瀋陽沒有後顧之憂，應是必要的行動。不料王東籬團剛到析木城，便奉命退回馬風屯駐防。結果，這次軍事行動，我軍控制中長鐵路的大石橋，千山要地的馬風屯，及安瀋鐵路的中途站，而把東面的鳳城，中心的岫岩，和西面的蓋平三個主要軍事要衝，都留給敵人，眞不知東北長官司令爲何作如此決定，竟犯了上次不攻佔哈爾濱同樣的大錯。❷

六月間，孫軍長到鞍山視察駐軍，發現日本人辦的鞍山中學規模宏大，原是日本爲在鞍山鋼鐵廠工作人員子女就讀的學校，有很好的校舍、圖書館，動植物標本室及室內外的運動場。孫立人將軍一向重視教育，遠在稅警總隊時期，就在駐地貴州都勻開辦一所子弟小學和中學。現在他很想辦一所理想中學，於是就申請將鞍山中學改爲鞍山清華中學，聘請正在軍中服務的清華大學畢業生王伯惠擔任校長兼教務主任，第一次緬戰時從軍的清華政治系畢業生關品樞任事務主任，當時退伍的一批從軍翻譯官的西南聯大同學張世珷、戴祖德、王德碩、周明道等人充任各科教師，經兩個多月的積極籌備，粗具規模，開始招收東北失學的流亡學生二千餘人。三十五年十月十二日舉行開學典禮，孫軍長親來參加主持，並宣佈「禮健智誠」四字作爲校訓，逐字解釋其意義，要師生身體力行。

鞍山有如美國的匹茲堡，將來必定會發展成爲中國的鋼鐵中心，需要大量的建設人才。孫立人有心想把這所學校辦成爲美國麻省理工學校（MIT）同樣有名的大學，所以特成立一個校董會。孫任董事長，賈幼慧、夏彥儒（清華一九二三級校友，留美學機械工程，時任新一軍軍務處長）、譚廣德（清華一九二五級校友，留美學經濟，時任英文秘書）、高惜氷（清華一九二三級校友，留美學紡織，時任安東省政府主席）、李惟果（時任中宣部副部長）、何永佶（時任新一軍高參）等人爲董事。用董事會名義，通過東北、北平、上海、美國各地清華同學，爲學校募集基金。這個學校附近，還有一個以前日本人經營的大蘋果園，申請爲「一新農場」，收入作爲新一軍官兵的福利，及鞍山清華中學的基金，聘請果樹專家史玉壤爲場長，大量種植蘋果及桃李。春季來臨，桃李花開，一片欣欣向榮氣象。❸

註釋：

❶ 杜聿明撰〈進攻東北始末〉，載於文史資料出版社發行的《遼瀋戰役親歷記》第五五九頁。

❷ 鍾山著《藍鷹》〈血戰遼南〉一節。

❸ 中國時報刊載的《孫立人回憶錄》的第四二五節。

孫立人軍長於三十五年六月間進駐長春，他認爲杜聿明長官派員到北海收編僞蒙的軍隊，至關重要，雖然當時南京方面已發出不接受收編僞軍的命令，但是當時東北所發行的流通券已信用穩定，如能編用僞滿軍隊，亦可自行補給。

五、長春警備

抗戰期間，中俄邊界新疆發生北塔山事件後，鎮守北塔山一位騎兵團長金鎮中，因爲俄軍越界侵略我國土，他沒奉到最高當局的指示，就悍然自衛，把俄國人打跑了。蘇俄提出嚴重抗議，蔣委員長迫於形勢，必須處罰這位抗俄英雄，手諭永不錄用。新一軍到了東北，一天孫軍長聽到金鎮中來見他，馬上接見，英雄惜英雄，兩人談得很投機。金鎮中說：蔣委員長下令不許任何單位用他。抗戰勝利後，他回到東北，召募些弟兄，成立騎兵隊，可是沒有番號，只能打打游擊。金鎮中希望孫將軍能提供他部隊一些槍械。孫問他要多少槍砲，並且答應親自去校閱他的部隊。隨從參謀陳良壎知道軍長要親自校閱金鎮中的游擊部隊，非常緊張，恐怕金鎮中的部隊對孫將軍不利，建議不要親自前往。孫軍長說：「金鎮中不是那種人。」決定要陳參謀開著車子同去。當天風雨蕭索，陳參謀一路提心吊膽。到了荒郊野外，一看到金鎮中部隊兵強馬壯。孫將軍很高興，回到司令部馬上就批可，照他所要求的再加了些裝備，還問他補給的事，金鎮中說：「補給問題找林彪好了（意謂打擊共軍奪取他的彈藥糧秣）。」

從此之後，金鎭中的騎兵部隊在共區出入，如入無人之境。可惜後來孫將軍離開東北之後，東北行政長官妒嫉這支部隊，就將這支騎兵師整個分割吃掉了。❶

孫立人軍長當時已看出東北軍事形勢對我不利，所以他便利用廖耀湘的新六軍駐防長春的時機，調動唐守治的新三十師及潘裕昆的五十師主力，收復永吉市，進佔瀋陽到永吉鐵路的梅河口，及長春至圖門鐵路的拉法兩個軍事要地。

這時傳來消息說，在黑龍江省小興安嶺有僞滿的兩個軍，不願接受共軍的收編，集體拉上小興安嶺，盼望中央軍前往接應收編。孫立人建議進軍哈爾濱，既可分割共軍盤據的北滿，又可號召僞滿軍來歸。他說：「長官部只要把駐守遼南的新三十八師歸建，他即可率師渡江完成此一任務。待造成事實之後，他會和三人小組力爭，相信美方無法不承認事實。」他對當時主持軍事的要員，沒有戰略形勢的觀念，極感氣憤。

三十五年夏，東北長官部終於同意孫立人的建議，自遼南調回新三十八師歸建，接替廖耀湘的新六軍駐防長春的任務。

八月初，蔣主席任命孫立人爲東北第四綏靖區司令官兼長春警備司令，新六軍撤出長春，而由孫司令官率部分駐長春、永吉，沿松花江南岸佈防。孫司令官遂派新三十八師一一二團駐守老爺嶺，控制圖門江至長春鐵路和拉法至哈爾濱鐵路。一一四團駐守永吉市，控制小豐滿及舒蘭。一一三團駐守長春，維持長春市區的治安。新三十師八十八團駐守下九台，控制長春至永吉的鐵路。九十團駐守中長鐵路越松花江鐵橋的南北橋頭堡，控制長春至松花江的中長鐵路；唐守治師長率八十九團坐鎮德惠。五十師潘裕昆師長率一四八團坐鎮農安，一五〇團駐守哈拉海，控制長春至洮安鐵路，一四九團駐守伏龍泉，控制農安以西的草原。新一軍佈防，東自老爺嶺，西至農安，正面廣達五百公里，分兵駐守，可說是兵力使用已到了極限。

十月初，長春第一次下雪，共軍開始了冬季攻勢。他們實施兩面夾擊長春以南的戰略行動。東南路共軍攻佔了梅河口、海龍、盤石，向伊通進軍，威脅公主嶺。西北路兵分兩路，一路自遼東北上懷德，威脅公主嶺；另路自乾安南下伏龍泉，威脅農安。

這時孫立人司令官手中已無預備部隊可以調動，東北軍政機關都有共黨人員滲透，但他爲確保作戰機密，在夜裡用電話口述下達命令：

1. 駐長春的王東籬團，連夜開赴公主嶺，以急行軍進懷德，迎擊自遼原東北前進的一個縱隊共軍，然後轉進長嶺，和進擊伏龍泉的彭克立團會合，進擊乾安。
2. 李鴻師長親率彭克立團直開農安，進佔伏龍泉，和王東籬團會合進襲乾安，再進大賚和潘裕昆五十師會合。
3. 潘裕昆師長率主力自哈拉海進擊扶餘，再進大賚和李鴻新三十八師會合。
4. 各部隊均秘密行動，不接受其他命令。

這次孫立人親自下達最迅速秘密的口令，本想扭轉長春被兩面包圍的形勢，應該可以成功，無奈功虧一簣。結果我軍追到乾安附近和扶餘南部，全軍又被「和談三人小組」下令停戰，共方反噬一口，說我軍沒有遵守「停戰協定」，大軍又撤回農安，共軍已逃遁無踪了。

當時東北的鄉村已全被共黨控制，他們利用無業流氓及貧窮農民，實施政治鬥爭，清算地主富農，瓦解地方原有行政系統，另組共黨政權，控制地方，只要我方軍隊撤離，該地又立刻歸其控制。

十一月初，伏龍泉已天寒地凍。我軍撤回龍安時，遇到伏龍泉地方老百姓攔路痛哭。他們說：「只要我軍一離開，他們又會被共軍清算鬥爭，要求中央軍不要撤走。」我軍在無可奈何下，派了大車，把他們運到農安。他們帶了簡單的衣物，願隨軍逃難，給我軍增添了負擔。東北老百姓都有一個信念：「那兒有新一軍，那兒就安全。」

松花江北岸逃來長春的難民，一天一天增加，其中尤以青年人爲多，投誠的共軍及僞滿軍隊也接踵而來，他們寧願拋家離鄉，來到這裡過自由的生活。但是流浪生活極爲痛苦，他們都想要回家，東北未接收地區的人民，組織請願團，赴南京向中央請願，沉痛呼籲「我們要回家」，要求國府戡亂。他們都在問：「爲什麼一支曾經揚威印緬擊潰日寇的最精銳部隊，還不能進佔哈爾濱呢？」東北人民已經不能忍耐了。

孫立人在長春警備司令任內，對於爭取民心，發揮民力，促進軍民合作，極爲重視。他嚴禁軍隊擾民，常用一種最現實的教訓，啓導官兵愛民觀念。他說：「我們軍人都是來自民間，責在保國衛民，今天剿共也就是爲的安民，如果大家不盡責任，不去積極戡亂，甚至擾亂人民，那就等於不知愛護自己，等於擾亂自己的父母兄弟妻兒子女。」部隊官兵對於這樣剴切的訓示，都能體會領悟。同時他在民衆大會場合要求人民自動檢舉不法軍人，幫助他整飭軍風紀。他愛撫人民，不遺餘力。自共軍中擄來而不宜軍用的馬匹，送給老百姓去耕田。勸令全軍官兵節衣縮食，用來救濟飢寒交迫的淞北流亡學生。他隨時隨地接見來訪問的父老民衆及學生，聽取人民的意見。他對東北當地政府的接收工作，只是誠懇的協助，從不干預。這種賢明的作風，大受東北人士的讚譽。

在這期間，有個姓金的班長，與一位寡婦有感情的瓜葛，那位寡婦欺騙他的行爲，這班長一氣之下，放火燒死那寡婦。案發後，省議會聯合控告，東北行政長官指令要嚴辦此案，看來這人非槍斃不可了。軍法處將這件待決的案子，用最急件的紅卷宗呈送孫司令官批示，即可行刑。可是過了一陣子，卻沒有動靜。風聲越來越緊，共產黨份子更策動民衆抗議，報上也呼籲要趕快處理。軍法處處長彭煉派員來催，陳良壎參謀發現司令官將紅卷宗壓到公文底下去了，他就拿到最上面來，好讓司令官優先處理。過了三個禮拜，還是沒動靜，軍法處彭處長親自來催，陳參謀進到室內問司令官要如何處理？司令官說他看過了，正在考慮這件事。他說：「這人作戰很勇敢，殺敵有功，現在要槍斃他，應該要愼重考慮。」

最後孫司令官要軍法處提來犯人，親自審訊。他問這位班長：「案情有無冤枉之處？」金班長回答說：「沒有，人是我殺的，我該死。」孫司令官又問：「有無刑求？」金說：

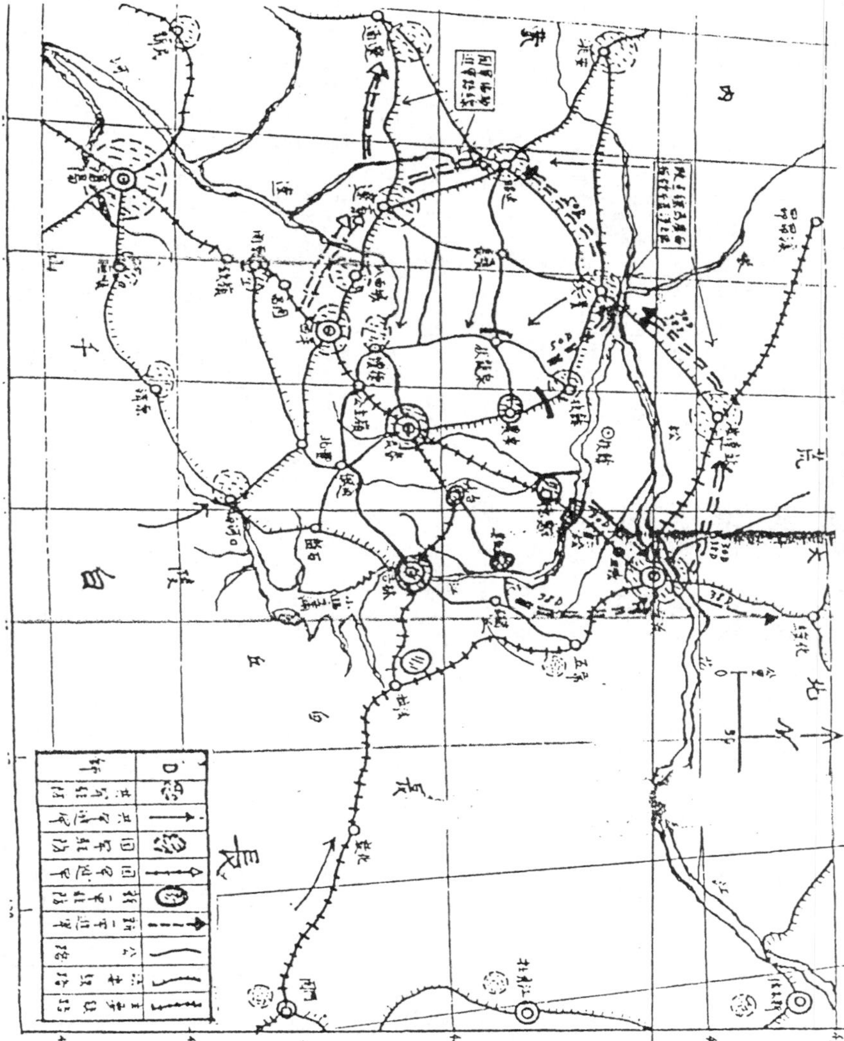

新一軍保衛遼北攻防圖

「沒有，人是我殺的，我都承認了。」孫說：「一個兵訓練出來不容易，我想救你，又沒有辦法？」遂將案件擱下。過了幾天，孫司令官還不忍心批判，再提金班長前來審問，他仍是一口認罪，最後問他有沒有遺言，這位班長還是說他是該死的。孫司令官乃要總務處長爲他買一副最好的棺材，準備紙錢，死後由他親去祭奠，一切後事準備好了，他才判刑。戰時軍隊長官說槍斃人就槍斃人，不像他這樣重視人命，再三衡斟案情，爲維護軍紀，眞到不得已時，囑將後事都安排好，才判處死刑。[2]

三十五年嚴冬，在舊曆年前半個月，共軍發動二十一萬人，號稱二十一個師，利用松花江水面凍結，渡江南下，攻擊長春外圍國軍據點永吉、九台、德惠、農安等地。此次來侵的共軍，號稱「白蟻隊」。他們將白羊皮大衣反穿，頭戴白羊皮帽，槍支也裹紮著棉花，成千成萬的人在雪地裡行動，是不容易被發現的。這在利用天時上，的確是一種很費心機的隱蔽法，無奈總敵不過孫司令官指揮下衛戍松花江的精銳國軍，在除夕前一天，共軍的攻勢徹底崩潰了。共軍傷亡慘重，士氣沮喪，紛紛向東北部潰退。因此松花江南岸的居民，得在安靜的環境中度過一個春節。

東北長官部新年犒賞國軍，按照各部隊的戰績和功勞，決定犒賞金額的比例。自國軍進入東北接收，主要戰場的每次戰鬥，都是派新一軍單獨執行，得不到友軍協助，部隊長已經覺得上級不公平。這次犒賞，駐防東北各軍幾乎全被評定爲「特等」、「優等」，而戰功赫赫的新一軍，反被列入「甲等」，連保安團隊都是特等與優等，戰功列在新一軍之上。孫立

人司令官雖未講話，官兵們知道了，無不感到杜長官有欠公允，因而影響全軍的士氣。❸

爲著蔣主席給孫立人一封嘉獎電，在長春華聲報原文披露了，長官部還給他一頓申斥，說這樣會把密電碼洩露出去。其實差不多是在同時，蔣主席給別的將領的嘉獎電，也曾在東北報紙上原文披露過，卻沒問題。

三十六年元旦下午，駐守其塔木蔣又新營長突來急電，說敵人分五路縱隊前來包圍他們，每路超過千人。李鴻師長來到九台，決定派王東籬團長率部馳援。部隊自張家屯至其塔木的公路，是在兩山環抱的一個窪地通過，遭到敵人的埋伏。共軍採取「圍點打援」的戰術，當部隊行進至張麻子溝盡頭，剎那間，共軍砲彈劈頭而來，王東籬團長所率的警衛排被擊中數彈，排長陣亡了，敵人是居高臨下，直接瞄準我軍發射，顯然是敵方已佈好火網，讓我軍進入火網之後，才開始作殲滅性射擊。

在這零下三十度的原野，前後方的電話已被切斷，不得已改用無線電話，乾電池業已失靈，改用手搖機，竟因嚴寒而凝固，更不幸的是裝甲車上的機關槍也被凍結不能發射，連手槍、衝鋒槍、輕機槍都不能擊發，步槍有的擊發後射不出去，子彈被夾在槍膛裡。而共軍所用的武器，是日本特別製造給寒帶部隊使用的，在這種情況下，被圍的我軍只有被挨打的份。

共軍仍舊用重重包圍，以大吃少，對我軍一班一班的侵蝕。因爲地形高低不平，窪地很多，我軍乃以班排爲據點，用手榴彈投擲，阻止敵人前進。天色漸近黃昏，戰槍排長向王東籬團長報告，南面敵人不多，可以突圍。王東籬乃下令所有人員攜帶步槍，裝上刺刀，孫蔚民營長領著二十多人衝出陣地，戰槍排排長領著十餘人，保護著王東籬團長在後面跟進。天黑得很快，當他們南退約四公里，以爲到了安全地區，在迷朦的情況中，竟走進敵人行軍縱隊的腰間，因無法回答共軍口令而被射殺及被俘，王東籬團長陣亡了。孫司令獲悉後，非常痛心，連忙調兵遣將，把圍困其塔木的共軍擊退。❹

自其塔木戰役後，共軍竄回松花江北岸，一面整編殘部，一面由牡丹江、佳木斯抽兵補充，企圖在松花江未解凍前，再圖大舉南下，以期牽制遼南遼東作戰，擊破我軍準備的春季攻勢。

二月二十一日，共軍第六縱隊三個師附砲兵兩個團，由陶賴昭渡江南下，直薄城子街；第一縱隊三個師附砲兵一團由秀水甸子南下，進佔城子街外圍；共軍第五六兩師繞至德惠城子街中間地區；共軍第四師由伏龍泉東竄。

連日來，各地戰鬥至爲激烈。二十七日夜晚，潘裕昆師長忽接杜聿明長官電報，令該師即刻突圍，向長春方面轉進。這時潘裕昆立刻召集作戰幹部開緊急會議，商討應否突圍問題。大多數幹部認爲現今雙方正在對陣中，倘我軍突圍，當面共軍近四萬，必跟踪追擊，可將我軍擊散，只應固守。潘師長裁決時說：「我師戰況並無不利，軍人雖應服從命令，原則我應聽從軍長命令。」當時已經是午夜十一時，潘裕昆當眾立即向軍長請示，他報告說：當面共軍以三、四萬絕對優勢兵力及砲火，向我軍陣地猛攻，情勢緊急，杜長官命令該師突圍，各級幹部認爲突圍甚爲危險，均主張固守，要求立即派兵增援。孫司令官聽潘師長說話，語氣急切，頗以爲慮，當即多方予以鼓勵，勉其「沉著固守，千萬不可突圍，應俟機突擊，乃許以三日內將親率大兵來援，絕不有誤。」講完電話後，孫司令官以救兵如救火的心情，決定調動部隊前往救援。他一面請示長官部，一面調集當時正在長春訓練的教導總隊學生爲骨幹，加上軍特務營一部分官兵，編爲一個加強營，令陳鳴人爲該營營長，由他親自率領，向德惠挺進。

二十八日拂曉，共軍砲火猛轟我守城部隊，雖經我砲火還擊，但共軍砲火佔有三倍以上優勢，致使若干碉堡及通訊線路多被擊毀，雙方戰鬥激烈。當晚十時半，情勢更加危急，潘師長再向孫司令官報告，問增援部隊何時可以到達？當時孫司令官告訴他：「我親率攻擊兵團於明日拂曉出發，預計三月三日拂曉前可到德惠，望沉著固守爲要。」

三月一日，孫司令官調動三個團之兵力，攜帶大量彈藥，分爲五縱隊，由永吉、長春兩方面分頭出發，是晚與新三十八師司令部及一四八團宿營於李家屯附近。

三月二日黃昏，我主力攻擊部隊，因不受任何障礙之限制及阻力，能夠迅速越過布海，猛追北進。當時爲了窮追共軍，孫司令官令五十師一四八團輕裝向德惠前進。該部是日前進一百三十里，連夜將沿途共軍擊潰，至三日上午四時，與德惠守軍取得聯絡，開始內外夾攻。

三月三日，德惠四週外圍地區共軍，分向東北、西北潰逃，我軍爲追殲敗退之共軍，孫司令官令五十師派一四九團沿中長鐵路向松花江追擊，同時令新三十師所指揮的一一四團、一四八團、八八團分成兩縱隊，超越德惠向大房身追擊。

這次德惠之役，共軍傷亡無數。共軍公報自認損失七個旅之多，屍橫遍野，德惠城郊工事外圍，敵屍堆積如山，內多是共軍犧牲人命，以慘無人道的人海戰術，一波一波的衝鋒，被我火焰發射器活活燒死。因爲冬季共軍穿棉軍服，容易著火，死屍形同柴炭，人獸難分，殊令人心痛！

爲避免與共軍膠著，孫司令官令各部隊於任務完成後，仍退據松花江南岸各防守區，僅留五十師一四九團第一營第二連（欠一排），由連長鄭明發率領，固守松花江北岸賴德昭橋頭堡。共軍自上次攻擊橋頭堡未逞並慘敗後，即處心積慮，非設法攻破不可。故此次春季攻勢圍攻德惠時，於二月二十五日拂曉，共軍突以一團兵力向我橋頭堡攻擊，來勢洶洶，其企圖似必得才甘心。經我輕重火器還擊，終將共軍擊退。入夜共軍又不斷以小部隊偷襲，均未得逞。二十六日共軍未有任何行動，判知必另有陰謀，果然，二十七日午夜後三時，共軍突以輕重火砲，在距我五百公尺內，直接對著我軍據守之橋頭堡陣地轟擊，竟日不斷，致我碉堡中彈數十發，擊毀一部份。夜間又以步兵連衝鋒，激戰至二十八清晨，仍被我軍擊退。共軍以攻擊未逞，再施砲擊，至下午三時，砲聲更加猛烈；雖碉堡又被擊毀一部份，但共軍的企圖終被我粉碎，夜晚共軍再次全力猛撲，戰至三月一日晨間二時，又被擊退。是晚因連日來傷亡慘重，已成強弩之末。二日白天祇有小戰鬥，共軍趁黑夜潰走。四日，竄擾松花江南岸共軍北逃，又襲擊我橋頭堡守軍，均被擊退。同日正午，我一四九團北上追擊部隊到達，與橋頭堡守軍取得聯絡。❺

這一仗，新一軍扼守松花江北岸橋頭堡的五十師一四九團第一營第二連，孤懸在敵後五十多公里，被二十四倍以上的共軍圍攻二十四天，始終屹立不動，及堅守德惠的一四九團，均因戰功顯赫，軍事委員會蔣委員長特賜名為「中正連」及「中正團」，並頒發「中正連」及「中正團」正式關防給該連團，這是國軍從未有過的殊榮。這次戰役之後，孫軍長在長春召開的軍事會議上，代表政府頒授勛章給一四九團上校團長胡煜、中校副團長張永齡，及砲兵營中校營長胡德華三人，以表揚他們的戰功。

蔣委員接到德惠大捷的報告，直接電令新一軍孫立人軍長及七十一軍軍長陳明仁率師渡松花江追擊，杜聿明長官恐共軍乘虛偷襲長春，期期認為不可，趕快打電話給孫陳兩位軍長，快把部隊撤回原防，孫陳兩人堅持非渡江追擊不可。孫立人公開宣稱：「五日內可攻下哈爾濱！」杜聿明又親自趕到德惠，當面向孫陳兩人說明，他接獲情報，發現共軍有捲土重來之勢，命孫陳兩軍部隊迅速撤回原防，孫立人不禁嘆息說：「一將無能，累死三軍。」當杜聿明連夜趕回長春時，在路上遇到共軍正由東向西前進，杜乘小汽車冒險衝出，回到長春，對孫陳兩位軍長深表不滿。❻

註　釋：

❶ 三十五年十二月二十九日中央日報〈長春通訊〉。

❷ 〈司馬中原（吳延玫）先生訪問記〉，載於中央研究院近代史研究所口述歷史紀錄叢書《女

青年大隊訪問記錄》第三三五—三三六頁。
❸ 民國三十六年二月二十五日紐約華僑民氣日報。
❹ 鍾山著《藍鷹》書中〈收復吉林及拉法〉一節。
❺ 《孫立人回憶錄》第四三二—四六八節，中國時報刊載。
❻ 鄭洞國撰〈從大舉進攻到重點防禦〉，載於文史資料出版社發行的《遼瀋戰役親歷記》第五七八頁。

六、調離東北

當林彪率共軍脫離四平戰場逃抵北滿後，已經潰不成軍，幸得半年喘息機會，收編了東北僞滿軍隊與地方部隊，再加上日本關東軍所留下的武器，實力大爲增強。從三十五年十一月起，先後渡過松花江，發動四次攻勢。第一次爲三十五年十一月，第二次爲三十五年十二月，第三次爲三十六年一月，第四次爲三十六年二月，幾乎是一個月一次。每次都被第四綏靖區司令官孫立人將軍調動他的新一軍，一一予以擊退。從此之後，共軍喊出的口號，不再是「打仗要打新一軍」，改成「只要不打新一軍，不怕中央百萬兵。」

三十六年二月共軍發動第四次攻勢時，動用第一縱隊的第一、二、三三個師及附屬砲兵一團，第二縱動的第四、五、六三個師，及第六縱隊的第十六、十七、十八三個師及三五九旅和附屬砲兵兩團十餘萬衆，於二月二十一日分別渡過松花江南下，強行軍日行一百三十里，連晚到達城子街地區，主力包圍城子街。

二月二十二日，守軍新三十八師八十九團團長曾琪認爲城子街地形不良，工事不堅，決定在敵軍未圍攻前，先將輜重撤退，並用一部兵力掩護，主力向西南轉移。未料輜重撤退時，共軍四面包圍已經形成，並逐步迫近輜重部隊，當與敵發生戰鬥，輜重一部爲敵掠奪，一部自行焚毀，共軍即乘勢由四面近迫圍攻，致該團撤退之計畫無法實施，乃佔領陣地以行防禦。共軍第十六、十七、十八三個師及砲兵團，自廿二日午前九時起，全力圍攻城子街，復在猛烈砲火掩護下，以密集隊形反覆衝擊。到了廿三日，八十九團已與共軍混戰二天一夜，因彈藥隨輜重先行撤退，被共軍掠奪，留存彈藥經連日激戰後，已經用盡。乃於當天下午四時空投，以期能固守待援。未料空投的彈藥，竟投入敵手。二十三日晚，該團以彈藥用盡，復傷亡慘重，團長及副團長均失去聯絡，戰鬥無法繼續，該團團長失踪，僅有五六百人突圍。

城子街戰鬥後，共軍主力加緊包圍德惠，並分兵於布海，下九台中間區域南下，企圖打擊我援軍。孫立人親率大軍前往救援，長春兵力空虛，爲了警備需要，未及報告東北保安司令部，即將駐守懷德的項殿元團長的一團部隊調回長春，擔任長春防守任務。

東北保安司令長官杜聿明與長春警備司令孫立人司令官對駐守懷德兵力多少問題，兩人原先就有不同的意見。

杜聿明認爲懷德縣突出中長鐵路北側，在長春市之西，公主嶺之北，恰爲一三角的尖端，面對著廣大的未收復區，懷德肩負著拱衛此地區中長鐵路暢通的重大任務。因此命令新一軍派出一個團前往駐守，以鎮懾共軍的騷擾與蠢動，遇有大股共軍來犯時，亦可就地作堅強的抵抗，以待國軍增援部隊，藉保中長鐵路之安全。

孫立人則認爲，懷德縣爲屏衛中長鐵路長春至四平街的重要據點，是絕對正確的。但問題是懷德縣在地形上以及當時國軍兵力分佈上，如果在懷德駐屯重兵，在先天上有無法克服的缺點：

第一、懷德縣四郊，沒有可資佈放崗哨的據點，作爲懷德駐軍的耳目，以防範共軍之突襲。

第二、懷德通往公主嶺或長春途中，亦缺少接援據點，懷德有警時，唯有靠公主嶺方面國軍大部隊的增援。

第三、懷德位於沙土地帶，本身物產不足，駐屯大軍不易維持。

孫立人認爲，只要把懷德作爲一個前哨據點，派上一排兵力即足敷應用，平時放崗佈哨，監視共軍動向，小部隊來襲時，可以就地抵抗；倘爲大部隊進犯，最好放上幾槍即行撤退，一面且戰且走，一面給公主嶺、長春國軍作爲戒備訊號，情形嚴重時，這一排兵犧牲了亦無關大局。孫立人就任長春警備司令後，他奉命派了一個團，由項殿元團長率團抵達懷德，佈防駐守。這一個團是純機械化部隊，火力及作戰能力，遠超過當時共軍一個師，甚至可足抵擋共軍一個縱隊（軍）。

孫立人於是向東北保安司令部提出他的意見，認爲懷德縣在戰略上不宜駐屯大軍，亦無需駐屯大軍，只能作爲一個監視敵人的前哨據點。東北保安司令部經過一番考慮之後，也認可了孫立人的意見，准其所請，將項團調長春，只在懷德留了少數輕便部隊駐守。經過了一段時間後，林彪開始向松花江以南各據點進行騷擾，懷德縣當然也不例外，時聞槍聲。杜聿明睹此情況，深恐懷德有失，影響公主嶺的安全，而使中長鐵路的瀋陽與長春交通發生問題，於是命令孫立人，把調走的項團調回懷德，以資鎮懾共軍的騷擾。❶

三十六年二月初，林彪率十萬餘衆兵力，度過松花江，分三路向吉林長春地區，發動第四次進攻！

第一路，左翼截斷永吉、長春間鐵路，佔領九台。

第二路，正面包圍國軍重要基地德惠。

第三路，右翼撲向長春西北的戰略要地農安。

國軍針對林彪這次攻勢，分兩路予以反擊：一路以孫立人所率的新一軍爲主力，沿中長路北上，與據守德惠的五十師潘裕昆部隊，內外夾攻包圍德惠的共軍。另一路由杜聿明親自率領陳明仁的七十一軍爲主力，自農安出擊，打退共黨進攻部隊，進而側擊德惠，策應孫立人解圍之師，終於解除了德惠之圍。

粉碎林彪第四次攻勢後，東北保安司令長官杜聿明發現駐守懷德的一團人已調到長春，頗為不悅，立即命令項團長火速帶領其部隊回防懷德，這一團人就像皮球似的，被踢來踢去，一會懷德，一會長春。三十六年五月十五日，正當項團長率領其一團機械化的部隊，甫行回抵懷德，正人困馬乏尚未展開佈署時，林彪適時帶領大部隊發動第五次攻勢，避開長春，直撲懷德。項團長因其部隊態勢未行展開，無法作有效抵抗情形下，苦戰兩天兩夜，終因張盡被圍，一團機械化部隊，輕易的被共軍解決，懷德就在這種情形下易手了。

孫立人一向視部隊如生命，一次戰役損失他九分之一的部隊，孫極爲痛心，他氣憤的說：「杜聿明的戰術思想，只夠當一個排長！」❷

共軍攻陷懷德後，很容易把當地戰況封鎖。東北保安司令杜長官親往前線指揮，不知懷德已失陷，仍派七十一軍軍長陳明仁率八十七及八十八兩師兵力，自四平趨公主嶺，轉而增援情況不明的懷德時，誤入已佔領懷德的共軍佈好的口袋陣地裡，蒙受嚴重損失，陳明仁軍長僅以身免。

德惠解圍後，新一軍鋒銳之師繼續向東北掃蕩之際，林彪秘密糾集了增援部隊，三月十三日，共軍第二縱隊主力圍攻農安七十一軍，共軍第一縱隊亦反轉到農安德惠之間地區。杜聿明長官親率新六軍的新二十二師，五十四軍，正沿長洮鐵路兩側地區向農安反攻。

這時，林彪偵知杜聿明在農安親自指揮作戰，遂傾其全部主力突然竄抵杜聿明指揮所附近，予以包圍，不分晝夜輪番猛攻。農安守軍雖拚死作戰，據守最後防線堅決不退，但因敵衆我寡，逐漸感到難以支持。杜長官乃以十萬火急電令唐守治新三十師配屬新三十八師一一四團，策應新二十二師，攻擊農安地區敵軍。杜長官南望長春援軍久久不至，眼看著就要到緊急關頭，適有伏龍泉國軍突圍撤退農安，加入戰鬥，情勢才賴以緩和。唐守治率三十師兼程南折急進，敵軍以爲我軍是由九台增援來的大軍，在我軍未到達懷德以前，便向西北潰退而去，農安之圍得以解除，惟杜長官對於唐守治率軍珊珊來遲，致七十一軍八十七、八十八兩個師及新二十二師一部遭受重大損失，大爲震怒。

杜聿明到了長春，立即召開作戰檢討會議，責成新三十師曾琪團長所率的八十九團在城子街作戰失利，唐守治師長應負全責，不顧八十九團被共軍五個師包圍，激戰兩晝夜，彈盡援絕的實際情況，即予唐守治以調職處分。杜長官接著說：「這次德惠解圍之役，七十一軍損失奇重，主帥蒙困，是孫軍長未遵照長官部的作戰指導採取行動，以致未獲殲敵之戰果。」當時孫立人乍聞之下，以事出突然，站起來辯解說：「我的任務是解圍德惠，解了圍就是任務達成，至於如何行動，是指揮官自己應有的判斷。」杜長官說：「因你沒有遵照作戰指導而行動，所以祇達到解圍的任務，而沒有收到殲滅敵人的效果。」孫立人反駁說：「上級指揮官祇能授予下級指揮官以任務，而不能限制其行動。」杜長官從衣袋中拿出作戰綱要，朗讀總綱中一條說：「軍以作戰爲主，作戰以殲滅敵人爲目的。」他接著說：「你不僅違背長官部的作戰指導，而且違背了作戰原則。」孫立人氣憤地說：「唐守治師長作戰有功不賞，反而諉之以過，實乃兵家大忌。唐師長如眞有過失，本人願負一切責任。」

散會之後，杜長官派東北保安司令部參謀長趙家驤乘專機飛往南京，晉謁蔣主席報告此事經過。趙自南京返瀋陽後，東北保安司令部立刻正式發表調孫立人任東北保安司令部副司令長官，所遺新一軍軍長職務，由五十師師長潘裕昆升任。❸

當時孫立人爲挽回僵局急電蔣主席，報告實際作戰情形，懇請將唐守治師長從輕議處，准其暫帶原職，續效馳驅。如唐師長萬一不能保留，擬請簡拔新三十八師副師長陳鳴人接充新三十師師長。他在三月廿九日呈主席信中申述說：「關於城子街本軍新三十師曾（琦）團失利之事，責任該師長唐守治負責，並予調職處分。查當時情況發生時，唐師長係奉軍部命令尚在長春主持本軍軍官訓練事宜，該師九台指揮所爲副師長文小山負責指揮該團及駐九台之八十九團。城子街失利之咎，實為曾團長猶豫攻守之間，缺乏決心，以致指揮錯亂，為敵所乘，其過失應由該團長直接負責，似非唐師長之責任。」

孫在信中繼續申辯說：

至於農安一役，七十一軍蒙受重大損失以及戰略錯誤，致使匪眾逃逸，事後乃責本軍未獲戰果，似欠允當。是時新三十師由職親自率領，爲避免暴露企圖，出敵意表，自德惠迂迴至雙廟子與布海地區，然後利用夜間行動，一舉而趨郭家屯，攻其無備，則收效必速。因當時職判斷圍攻農安之敵，最多只四個師，東南西三方兵力較厚，北方較薄，如能迅速攻佔郭家屯，然後向西直援農安，進擊匪之側背，出其不意，使匪卒不及防，不但可早解農安之危，亦可獲重大之戰果，當時將此一方案，電呈杜長官，曾邀同意。三月十六日晨正在三道溝郭家屯附近戰鬥之際，忽奉杜長官十萬火急電報云：「奸匪第一、二、六縱隊猛撲我新二十二師，戰況激烈，飭限本日十二時前，將部隊折回八吉溝以北地區，策應我新二十二師作戰。」不得已遵令移動，卒因此種移動之空隙時間，匪已先逃，事倍無功，徒勞無獲。實則奸匪反撲我新二十二師，係掩護撤退行動，而杜長官判爲奸匪第一、二、六縱隊對我新二十二師之圍攻，致有十萬火急電報發出，使部隊作不必要之移動而予匪以脫逃之機。

四月二日，蔣主席復電稱：「新三十師瑣事，應照杜長官之意遵辦，不必略有異議。」孫立人於四月三日向杜長官呈請辭去所兼各職，杜於五日復函慰留。四月十二日，孫立人復電杜長官，請假三月以資安心靜養。杜長官於四月十四日復電稱：「本部尤賴匡輔，尚祈先行來瀋就職，嗣再呈請假休養。」

孫立人調離長春的消息發表之後，長春市民大爲震驚。長春市參議會立即通電東北行轅及中央政府請求挽留，同時推請副議長霍戰一代表長春市民拜會孫立人當面挽留說：「孫將軍你粉碎林彪共軍五次強大攻勢，東北父老稱你是遼北長城，你離開長春，遼北難保，遼北一失，整個東北保不住，林彪等人，因你被調走，他們在哈爾濱開慶祝會，所以爲國家，爲東北人民，你不能走。」孫將軍答覆說：「軍隊是國家的，不能不移交，軍人要服從命令，上級命令我怎樣，我就得服從。」長春市民知道政府成命難改，乃舉行盛大餞別宴會歡送孫將軍，並懇切要求孫將軍把長春視作第二故鄉，宴會中甚至有人激動地痛哭流淚，孫將軍在此感人氣氛中，與長春父老依依話別。

右：民國三十五年，孫立人將軍鎮守長春，時人譽為「塞外長城」之英姿。

上：孫立人將軍交卸新一軍軍長前的最後一次閱兵。

四月二十六日上午八時，新一軍軍長職務交接，在長春神武殿前，舉行隆重的閱兵典禮，集合全軍人員、武器、裝備，孫將軍戎裝騎著駿馬校閱，他看見官兵都面帶愁容，幾乎要哭出來。他強忍著內心的激動，對全體官兵告別說：「我最親愛的官兵弟兄們，今天我要向大家告別了，我的身體雖然離開了你們，而我的精神卻始終與大家永遠在一起，希望大家都能站在各人的崗位上，努力於自己的職務和事業。更希望對於用自己血汗建成的新一軍，要特別愛惜它，使它的光榮更加發揚光大！」

接著孫立人就把政府頒發給新一軍的一面虎旗（緬北戰役特著功勛榮譽旗）及新一軍軍旗授給潘裕昆軍長，並將他自己領上兩顆星的中將領章拿下來，親自給潘軍長戴上，一再叮囑說：「這得來不易的榮譽，是大家以血和汗累積而成的，這支精銳部隊是國家的至寶，希望你多多珍惜，完成我們軍人所負的使命。」

隨後，孫將軍便在全體官兵高唱新一軍軍歌：「吾軍欲發揚，精誠團結無欺罔，矢志救國亡……」歌聲中，黯然離開了新一軍。

孫將軍回到住處，一位跟隨他多年的老兵跑來說：「軍長不幹了，我也不幹了。」孫就問他：「你爲新一軍流過血沒有？」老兵說：「我是負過兩次傷的。」孫又問他：「你願意愛護本軍嗎？」老兵說：「當然。」於是孫再問他：「那你爲什麼要走？」這個老兵卻反問道：「軍長爲什麼要走？」孫就告訴他：「我並沒有走，我精神上永遠不會與你們分離的。」這位老兵只好快快的回去。

孫立人卸任新一軍軍長時，許多追隨他多年的老部屬都表示消極，請求脫離軍隊。孫氏嚴肅的勗勉他們說：「軍隊是屬於國家的，不可因爲他個人的離去，而志氣消沉鬆懈報國的工作，大家應該繼續努力奮鬥，發揮本軍的光榮歷史，完成國家賦予的使命。」孫氏這樣光明磊落忠忱爲國的胸懷，充分顯示他一向主張軍隊國家化的初衷。

國內外對於孫立人的調職，傳說紛紜，風風雨雨。有的是說「孫與杜鬧意見」，有的說「杜忌妒孫」，有的認爲「孫受排斥，因爲他非黃埔軍校系統」，有的說「這次農安一役，杜幾爲匪所俘，因而遷怒於孫。」以上種種，均非事出無因。孫立人自己解釋說：「至於我與杜鬧意見，只是在戰略運用方面，因杜在作戰時，諸多干涉部隊行動與兵力之使用，這犯了指揮原則，有所爭辯。至於私人方面，我對他絕無意氣之爭。我一向做事只對事不對人，始終以國家爲重，絕不因私而廢公，事事容忍，豈知欲委曲求全而不可得！」

美國紐約霍華德論壇報（Herald Tribune）於一九四七（民國三十六）年五月十七日以「中國在搞些甚麼」爲題發表評論說：

直到最近爲止，在滿州里（東北）的中國新一軍，一直是由孫立人將軍所指揮。許多公正的觀察家認爲，孫將軍是中國軍隊中受過最好訓練的軍官，他俱有中國傳統的教養，並且獲得美國維吉尼亞軍校的學位。新一軍在他的領導下，在印度受訓完畢後，反攻緬甸，成爲中國最精銳的軍隊。去年新一軍從中共手中，收復了長春及其他東北的重要城市。新一軍是中國政府在東北整個軍事局勢的礎石，而東北又是最重要的地區。幾個禮拜以前，孫將軍被解除了職務，『晉陞』爲東北保安司令長官杜聿明將軍的副司令長官。

新的職務沒有實權，一般人普遍認爲孫將軍是被『置之高閣』。而這次調職主要是因杜與孫之間摩擦所引起。據說杜忌妬屬下有這麼好的聲望及軍隊，而蔣委員長非常信任杜，因此大家相信蔣任由杜以自己的方式來處置孫。

孫將軍的調職，使對實際情況很瞭解的美方觀察家感到震驚。他們表示這件事已經打擊了新一軍士氣，因爲孫將軍非常愛護自己的軍隊，這在中國將領中是很少見的。

三十六年五月八日，孫立人奉召離開長春，飛往南京。次日上午十一時，在官邸晉見蔣主席，報告新一軍在德惠與農安作戰的實際情形及新一軍軍長交接經過。歷陳「自總髦從軍，廿有二年，攻無不克，戰無不勝，守無不固，從未邀功，也不敢諉過，更不屑玩政治手段，作欺上蒙下勾當，汲汲於功名利祿，五中所存者，惟此耿耿精忠之寸衷，期克盡保國衛民之責任。」蔣主席看孫將軍講話有點激動，就慰勉他說：「這些情形我都瞭解，你回去要與杜長官合作，共負時艱，切不可鬧意見。」語畢，就邀孫共進午餐。席間，孫面遞一份簽呈，建議新一軍要在兵員、編制、武器及器材等方面，加以補充，以增強其戰力。他說：「關外地形適宜於騎兵及大車之運動，在關外作戰無騎兵，則步兵無耳目，無掩蔽。無大車，則裝備無法攜行，請於軍之編制內，將搜索營改為五連制之騎兵團，師增設二連制之騎兵營，團增設騎兵連。將全軍所有馱馬輜重，一律改為大車，由後勤部發給購置大車經費。對於國軍在東北作戰指揮方面，他建議兩點：㈠不爭一城一地的得失，而殲滅共軍的主力；㈡兵力宜集中使用，不宜分散防守。」

吃完飯後，蔣主席問孫何時返防？孫回答說：「大概在本月十六日之前。」蔣囑咐孫要趕快回去，並說：「在你未走以前，再來見我一次。」

孫立人遵於十四日上午十時，再去官邸晉見蔣主席，蔣主席一開始就說：「你的簽呈我已看過了，已交國防部核辦。」並要他遵照命令，暫回瀋陽，聽候命令，不久會另有任用。

孫立人於十五日飛平，十六日抵瀋陽，住在鐵路賓館。一天下午，他在賓館前廣場散步，遇到中央社駐東北記者陳嘉驥，兩人握手交談，未數語，孫即邀陳進入他下榻的二樓房間詳談。事後陳嘉驥追記當年的談話如次：

陳問：孫副長官已到長官部辦公了嗎？

孫：我辦什麼公？我有什麼公好辦？

問：你看四平街情形如何？不知道能不能解圍，長官部已兩天未發戰報了。（當時鎮守四平街的七十一軍，已失去市區十分之九土地，侷促鐵東市區一角。）

孫：四平街情形，現在我不太清楚，我未參與指揮，他們也根本沒有人來問我的意見。

目前已不是四平街一地失與守的問題，問題是由這些無軍事常識的人來指揮作戰，不衹四平街，就是整個東北也早晚被他們斷送。

問：那麼如何可扭轉目前局勢？

孫：他們在東北指揮作戰，扭轉局勢很難，如想挽救四平街，目前戰局只有一條路好走，但我說出來，杜聿明也不敢去做！就是命令長春、吉林所有部隊，現在立刻以全部力量，渡松花江去打現在是空城的哈爾濱。果能如此，四平街之圍自然可解，但我相信杜聿明絕無此膽量。

問：如這樣一來，長春、吉林等地再丟了，不更糟了嗎？

孫：你這想法與杜聿明想法可能一樣，你是新聞記者，當然難怪。杜聿明一向就是這樣畏首畏尾，所以坐失許多良機。共匪戰術一向是阻援打點，他們可能留有兵力，準備阻擋長春國軍南下支援四平街，但是絕對不會，而且也想不到我們長春部隊北上去打哈爾濱。同時，國軍如去打哈爾濱，匪軍必全力去救哈爾濱，那有心還去攻打長春。再者，就是長春丟了，又有什麼關係，瀋陽國軍不會跟進再收復嗎？我們今天不能與共匪死拚，他們有的是人，我們需要的是戰勝，而不是死拚，作戰最忌畏首畏尾。

問：孫副長官，你爲什麼不把現在打哈爾濱計畫，向杜長官建議，他也許會採納。

孫：杜聿明這種人有膽量去做嗎？我絕對不相信。我告訴你一個事實，在松花江北岸，中長鐵路大橋底下的陶賴昭橋頭堡，我在那裡擺了三百多人，到今天他們與長春失去聯絡半年多了，可是現在還在堅守著。林彪發動第四次攻勢時，杜聿明讓我把這三百人撤到德惠，我沒有撤。我們如不想光復松花江以北地區，那沒話講，如將來想接收北滿，還想拿哈爾濱，有這個橋頭堡就方便多了。將來作戰時，不知可省多少力量，可少死多少人。陶賴昭橋頭堡那裡有糧食、有彈藥、有水、有發電設備，這是日本關東軍預備和俄國作戰，所經營的永久工事。林彪如想拿這個橋頭堡，他們非準備犧牲很多人不可，我有一萬分把握，共匪絕不會隨便去攻這個橋頭堡。

（筆者按：孫立人作此談話時間爲民國三十六年六月二十五日左右，到了三十七年十月二十三日，長春淪陷時，筆者在南京看到報載，我空軍飛臨長春上空，偵察確實情況，空軍報告，是日長春市區死寂，中央銀行建築物（國軍司令部）已看不到國旗，但孫立人部屬所防守的松花江北岸陶賴昭橋頭堡上，青天白日滿天紅旗幟仍在迎風招展。）

問：在杜長官與孫副長官之間，是否有人在挑撥離間？

孫：誰在挑撥！我知道他們在造謠，說我接近民主聯盟份子，那完全是胡說八道！

筆者看到孫立人那種氣憤的樣子，自知勸也勸不了，乃行告辭。❹

三十六年秋，參謀總長陳誠兼任東北行轅主任，集東北軍政大權於一身，他要將新一軍分割爲兩個軍，把五十師及新三十師編爲新一軍，仍由潘裕昆任軍長，以新三十八師爲基幹，與暫編五十六師及暫編六十一師，合編爲新七軍，由李鴻師長升任軍長，並將新一軍原有裝備，分配給其他各軍。當時已在台灣練軍的孫立人聽到此事，期期以爲不可，立即致函陳誠將軍，痛言「軍分則勢孤，勢孤則力弱，將不足以應戰。」又謂「目前我國軍隊之訓練，精疏不一，以致兵器之使用，生熟各殊，就其表面言之，裝備之配給各軍，應求一致，以示公允。然就其實際言之，則新式精良之武器，如無精熟之使用技術，每不易發揮其效力，如重兵器及汽車等項分配，給素無訓練使用之軍隊，則運動遲滯，偶一不慎，反以資匪，寧非國家一大損失！」當時陳誠以整頓國軍爲己任，那裡聽得進這些話。

到了三十六年底，孫立人接到李鴻軍長電稱：「新三十師於十一月三十日奉命空運瀋陽，潘裕昆軍長率新一軍直屬部隊及五十師開抵四平，新三十八師護送到公主嶺，於景家台激戰後返長春。」

李鴻將軍玉照

孫立人立刻於十二月三十日電東北行轅副主任羅卓英，力陳長春兵力單薄，請予免調，並電復李鴻，請其據理力爭，審慎處理，否則無一倖全。

孫立人遠在台灣，不能與東北新一軍官兵弟兄們浴血疆場，時時感覺寢食難安。他北望雲天，無限慨嘆說：「大敵當前，爲統率者應好好珍惜兵力，集中全力以求勝。乃計不出此，而竟胡亂調動部隊，以軍隊護送軍隊，分散精銳，使部隊疲於奔命，消耗戰力，不知是何居心！」

三十七年二月，林彪率所部共軍，由東北北部渡過松花江南下，無所忌憚，大膽的施展陸上「跳島」戰術，越農安打懷德，越長春打四平，越四平打鐵嶺，越瀋陽打錦州……終至糜爛了整個東北。而長春新一軍新三十八師以殘破的一團兵力，孤軍奮鬥，困守十月有餘。這時在台灣忙著練新軍的孫立人，每天聽到東北傳來的壞消息，他眞是心如刀割，恨不得插翅飛降長春，與多年袍澤們共拼一死！

三十七年秋，東北局勢已不堪收拾。新六軍軍長廖耀湘曾親筆寫信給孫立人說：「東北局勢，以兄我二人，可以底定，不意演變至此，實令人痛心！」

到了九月，孫立人從台灣給長春警備司令李鴻發去一封電報，說他願帶領新訓練的軍隊去長春接應，「我將與兄等共同飲馬於松花江！」

當十月間長春危在旦夕時，孫立人曾向蔣總統當面請求，派軍用飛機送他入長春，他可親自帶領這支子弟兵突圍，未蒙允准，終致全軍覆沒。孫將軍日後每念及此，總是引爲終生痛憾！

註釋：

❶中央社記者陳嘉驥撰〈杜聿明、孫立人將帥失和〉，載於《孫立人事件始末記》一書一四五—一五〇頁，天元圖書公司。

❷《孫立人回憶錄》第五章〈新一軍軍長調職經過〉。

❸胡德華撰〈孫立人與杜聿明是是非非經緯〉一文，載於《孫立人研究》書中第二三九—二四六頁。

❹陳嘉驥撰〈杜聿明、孫立人將帥失和〉，載於《孫立人事件始末記》第一五五—一五九頁。